L.1264.
6.49.d.19.

COLLECTION
DES MÉMOIRES

RELATIFS

A L'HISTOIRE DE FRANCE.

—

CONTINUATION DE L'HISTOIRE DES CROISADES DE GUILLAUME DE TYR, PAR BERNARD LE TRÉSORIER.

PARIS, IMPRIMERIE DE LEBEL,
Imprimeur du Roi, rue d'Erfurth, n° 1.

COLLECTION
DES MÉMOIRES

RELATIFS

A L'HISTOIRE DE FRANCE,

DEPUIS LA FONDATION DE LA MONARCHIE FRANÇAISE JUSQU'AU 13ᵉ SIÈCLE;

AVEC UNE INTRODUCTION, DES SUPPLÉMENS, DES NOTICES
ET DES NOTES;

Par M. GUIZOT,

PROFESSEUR D'HISTOIRE MODERNE A L'ACADÉMIE DE PARIS.

A PARIS,

CHEZ J.-L.-J. BRIÈRE, LIBRAIRE,
RUE SAINT-ANDRÉ-DES-ARTS; N° 68.

1824.

NOTICE

SUR LA

CONTINUATION DE GUILLAUME DE TYR.

En 1725, Muratori publia, dans le 7ᵉ volume de sa Collection des historiens d'Italie, une *Histoire de la conquête de la Terre-Sainte*, de l'an 1095 à l'an 1230, qu'il avait découverte dans la bibliothèque d'Est. Le manuscrit portait en tête : « Ici com-
« mence l'histoire de la conquête de la Terre-Sainte,
« que l'auteur de ce travail a traduite du français en
« latin; » et à la fin : « Toutes ces choses sur les faits
« et gestes du roi Jean [1] sont tirées de l'*Histoire* de
« Bernard le Trésorier; quelle en fut l'issue, c'est ce
« ce je n'ai pas trouvé, soit que Bernard n'ait pas
« achevé son ouvrage, soit que le manuscrit dont
« je me suis servi fût imparfait [2]. » Le traducteur latin qui parle ainsi s'appelait François Pipin de Bologne, de l'ordre des Frères prêcheurs; il écrivait au commencement du 14ᵉ siècle, et nomme, en plusieurs autres passages, Bernard le Trésorier comme l'auteur français qu'il traduit, sans donner

---

[1] Jean de Brienne, roi de Jérusalem, de 1210 à 1223.
[2] *Rerum italicarum scriptores*, t. 7, p. 659 et suiv., Milan 1725.

d'ailleurs sur cet écrivain, sa vie et son ouvrage, aucun renseignement.

En 1729, dom Martenne trouva, dans les manuscrits du cardinal de Noailles, une *Histoire de la conquête de la Terre-Sainte*, de l'an 1095 à l'an 1275, en vieux français; il eut d'abord l'intention de la publier en entier; mais bientôt il se convainquit que, de l'an 1095 à l'an 1184, ce n'était qu'une traduction libre de Guillaume de Tyr, avec quelques additions, et plus souvent avec des retranchemens. Il se décida alors à ne publier que ce qui faisait suite à l'ouvrage de l'archevêque de Tyr, c'est-à-dire l'histoire du royaume de Jérusalem et des Croisades, de l'an 1184 à l'an 1275, époque où s'arrêtait le manuscrit, qui ne portait aucun nom d'auteur, ne donnait à ce sujet aucune indication, et finissait seulement par ces mots : « Cest livre fu es-
« crit et accompli à Rome, l'an de l'incarnation
« nostre Seignor J. C. 1295, u mois de mai, u tans
« du pape Boniface huictiesme [1]. »

En comparant, dans les époques correspondantes, c'est-à-dire de 1184 à 1230, la version latine de l'ouvrage français de Bernard le Trésorier, donnée par Muratori, et la vieille Chronique française publiée par dom Martenne, le père Mansi fut frappé de leur similitude, et il en conclut que

---
[1] Collection de D. Martenne et Durand, t. 5, col. 583.

François Pipin avait traduit sur un manuscrit incomplet cette dernière Chronique, qu'elle avait été écrite vers la fin du 13ᵉ siècle, et que Bernard le Trésorier en était l'auteur [1].

Nous avons renouvelé cette comparaison, et la conclusion du père Mansi nous paraît fondée. La version latine de Pipin ne coïncide pas exactement avec le vieux texte français publié par dom Martenne; elle l'abrége en général et y ajoute quelquefois; mais, à tout prendre, la ressemblance est telle, et tant de longs morceaux sont parfaitement identiques, qu'il est impossible de méconnaître dans la Chronique française le texte original de la version latine, et de ne pas l'attribuer à ce Bernard le Trésorier, dont le manuscrit de dom Martenne ne dit rien, sur lequel on ne découvre ailleurs aucun renseignement, mais qui est formellement nommé, et à plusieurs reprises, par un traducteur à peu près contemporain.

Nous n'hésiterions même pas à regarder cette conjecture comme certaine, si nous ne lisions dans la *Bibliotheca historica* de Meusel : « Le nom de l'au-
« teur de la Chronique en vieux français publiée par
« dom Martenne, et qui fait suite à Guillaume de Tyr,
« est demeuré inconnu aux éditeurs; c'est Hugues

---

[1] Voir les notes du père Mansi sur les *Annales ecclésiastiques* de Rainaldi, t. 20.

« Plagon [1]. » Fontette, dans ses supplémens à la *Bibliothèque historique* du père Lelong, forme la même conjecture et cite Ducange [2]. Sur quelle autorité se fonde leur assertion? dans quels documens l'ont-ils puisée? Nous l'ignorons. L'exactitude ordinaire de ces érudits donne lieu de croire qu'ils ne l'ont point hasardée sans motif. Cependant, dans l'impossibilité de la vérifier, et même d'en connaître l'origine, nous avons cru devoir nous en tenir à une conjecture qui se fonde sur des faits, et placer décidément en tête de notre Chronique le nom de Bernard le Trésorier.

Nous doutons pourtant qu'elle lui appartienne toute entière; la version latine s'arrête, comme on l'a vu, vers l'an 1230, et le traducteur Pipin ignorait si Bernard avait terminé là son ouvrage, ou s'il n'avait eu lui-même qu'un manuscrit incomplet. Celui qu'a publié dom Martenne conduit l'histoire jusqu'en 1275; mais plusieurs circonstances nous portent à croire que la dernière partie, de l'an 1230 à l'an 1275, n'est pas de la même main que la première; la différence du style est assez grande pour se faire remarquer malgré la grossière imperfection du langage qui est commune aux deux parties; le récit devient dans la seconde

[1] Meusel, *Bibliotheca historica*, t. 2, part. 2, p. 294.
[2] Tome 2, page 140.

plus confus et plus surchargé d'erreurs ; enfin de nombreuses et évidentes contradictions, à l'occasion des mêmes noms propres et des mêmes faits, semblent indiquer que le continuateur de Guillaume de Tyr a été continué à son tour, et que la portion qui n'existait pas dans le manuscrit traduit par Pipin est l'œuvre de quelque autre chroniqueur. Peut-être est-elle de cet Hugues Plagon dont parlent quelques érudits, et auquel ils attribuent l'ouvrage entier.

Quoi qu'il en soit, cette Chronique méritait une place à la suite du grand ouvrage de l'archevêque de Tyr, qu'elle complète, bien qu'avec un mérite fort inférieur. On ne peut douter qu'elle soit contemporaine. La narration est confuse, mutilée et pleine d'erreurs en ce qui se rapporte à l'histoire générale de l'Europe au 13e siècle; mais elle abonde en détails curieux sur les affaires du royaume de Jérusalem, sur les relations des Chrétiens avec les Musulmans, et ils y sont souvent racontés avec une vérité naïve et piquante. Les querelles du roi Gui de Lusignan avec ses barons, le siége et la prise de Jérusalem par Saladin, la tentative de deux clercs pour convertir le sultan d'Egypte, en sont des exemples remarquables. En aucune autre chronique peut-être, la supériorité de civilisation et de générosité des Musulmans sur les

Occidentaux ne s'y fait si bien sentir et n'est avouée par le chroniqueur avec tant de simplicité. Une foule d'anecdotes intéressantes dont les historiens modernes ont orné leur récit des croisades, sont empruntées au sien.

Il n'a raconté qu'en passant, et comme pour compléter son ouvrage, les grands événemens étrangers au royaume de Jérusalem, comme la croisade qui aboutit à la fondation de l'empire latin de Constantinople, et celles de saint Louis. C'eût été un immense et inutile travail que de relever toutes les omissions et les erreurs qui se rencontrent dans cette partie de sa narration. Ces brillantes expéditions sont racontées avec autant de détail que de charme dans les *Mémoires* de Villehardouin et de Joinville, insérés dans la Collection de M. Petitot, et nous n'aurions pu qu'en extraire ce qui manque à Bernard le Trésorier. Nous nous sommes contentés, dans nos notes, de rappeler ou de rectifier les dates, et de réformer les erreurs les plus grossières, ou celles qui portent le trouble dans le tableau des événemens.

Si nous nous étions bornés à publier le texte original de cette Chronique, elle fût demeurée à peu près inintelligible ou du moins très-pénible à entendre pour la plupart des lecteurs. Indépendamment d'une multitude de mots et de tours qui auraient obligé tout homme peu familier avec notre vieux langage de recourir sans cesse à des glossaires presque toujours insuffisans, le style en est embarrassé, souvent obscur, et la bizarrerie ainsi que les continuelles variations de l'orthographe augmentent encore la difficulté. Nous avons donc placé en regard du texte une traduction en langage plus moderne, et dans laquelle nous nous sommes pourtant appliqué à conserver la physionomie simple et naïve du vieux récit.

Quant au texte même, l'édition qu'en a donnée dom Martenne est étrangement défectueuse. Parmi ces innombrables fautes, les unes proviennent sans doute du manuscrit, les autres ne peuvent être imputées qu'à la négligence de l'éditeur Il a fallu faire sur ce texte un travail analogue à celui des érudits sur les auteurs grecs ou latins, deviner quel mot se cachait sous un assemblage de lettres qui n'en formaient aucun, rechercher quel devait être le sens d'une phrase évidemment mutilée ou défigurée, introduire une ponctuation qui vînt au secours de l'intelligence, purger enfin l'ouvrage des méprises de l'éditeur ou des copistes, et le rétablir tel qu'il a dû sortir des mains de l'auteur. Il est impossible, dans ce minutieux travail, de refuser quelque latitude aux conjectures; nous avons expliqué dans de courtes notes les corrections les plus importantes, nous bornant à faire dans le texte celles qui ne nous ont pas paru susceptibles de contestation. Les lecteurs qui se donneront la peine de comparer notre édition avec celle de dom Martenne jugeront du mérite de cette révision.

Il existe une autre continuation de Guillaume de Tyr, écrite en latin par Jean Hérold, savant allemand du 16e siècle, et qui conduit l'histoire des expéditions en Palestine de l'an 1185 à l'an 1521 [1]. Mais cet ouvrage, de peu de mérite et écrit d'ailleurs plus de deux siècles après les événemens, ne pouvait, à aucun titre, entrer dans notre collection.

F. G.

[1] *Belli sacri continuatio;* lib. vi; *ab a.* 1185 *ad a.* 1521. Cet ouvrage se trouve à la suite de l'édition de Guillaume de Tyr donnée par Poyssenot à Bâle en 1564. Jean Hérold était né en 1511, à Hochstædt en Souabe, et mourut à Bâle après 1581.

CONTINUATION

DE

GUILLAUME DE TYR,

Par BERNARD LE TRÉSORIER.

HISTOIRE
DES CROISADES.

CONTINUATION DE GUILLAUME DE TYR.

Si grans haine estoit entre le roi et le cuens de Jaffe que chascun jor creissoit plus et plus, et jusque à tant estoit la chose venuë que le roi queroit achaison par quoy il peut desevrer tot apertement le mariage qui iert entre lui et sa seror. Il requist le patriarche qu'il les ajornast, et dist qu'il voloit acuser ce mariage, mostrer par raison qu'il n'estoit ne bon ne loyal. Le cuens oi ce dire; si se parti des autres barons tot celeement, et s'en vint en Jerusalem, où sa fame sejornoit lors, et li pria mult quele se partist de la ville ançois que le roi vienist, qui retornoit de son ost. Car il doubtoit que se le roi la trovoit iluec, qu'il ne la laissast pas revenir à lui; por ce li prioit mult que ele le suist à Escalone, où il s'en ala tot droit. Le roi oi dire que le cuens s'estoit parti de l'ost, si envoya messages aprés lui, qui le semonstrent de venir à sa cort. Cil respondi qu'il ne pooist aler, parce qu'il estoit dehaitie. Plusors messages i envoya les uns aprés les autres, qui onques amener ne le porent, car il s'escusoit tosjors de sa maladie. Le roi dit que puisqu'il ne voloit venir à lui, il iroit à lui parler et semondroit il meismes. Li baron li suirent. Il se vint tot droit à Escalone, mes il trova les portes mult bien

HISTOIRE DES CROISADES.

CONTINUATION DE GUILLAUME DE TYR.

Si grande haine étoit entre le roi et le comte de Jaffa que chaque jour elle croissoit de plus en plus, et à ce point la chose en étoit venue que le roi cherchoit une occasion par où il pût rompre tout ouvertement le mariage qui étoit entre le comte et sa sœur. Il requit le patriarche qu'il les ajournât, et dit qu'il vouloit attaquer ce mariage, et montrer par argumens qu'il n'étoit ni bon ni légitime. Le comte, ayant ouï dire ceci, laissa tout secrètement les autres barons et s'en vint à Jérusalem où sa femme séjournoit alors, et la pria très-fort qu'elle partît de la ville avant qu'arrivât le roi, qui revenoit de son armée. Car il craignoit que, si le roi l'y trouvoit, il ne la laissât pas revenir à lui, et pour cela prioit très-fort qu'elle le suivît en Ascalon, où il s'en alla tout droit. Le roi ayant ouï dire que le comte s'étoit parti de l'armée, envoya après lui messagers qui le sommèrent de venir à sa cour. Celui-ci répondit qu'il n'y pouvoit aller parce qu'il étoit malade. Le roi lui envoya plusieurs messagers les uns après les autres qui jamais ne le purent amener, car il s'excusoit toujours sur sa maladie.

fermées ; il appella et commanda que l'en li ouvrist, trois fois toucha de sa main la porte, mais nus ne vint. Avant que son commendement feist, li borgois de la ville estoient montez sur les murs et sur les tornelles, ne ne s'osoient movoir, ains atendoient la fin de cele chose. Le roi se parti d'iluec mult corociet, et s'addressa por aler à Jaffe. Asses encontre chevalieres et borgois de la cité, qui le menerent ens sans point de contredit. Il saisi la ville à son eus [1], et i mist son baillif. Puis se parti d'iluec et vint en Acre, et fist semondre iluec un grand parlement de ses prelats et de ses barons.

Quant il furent assemblez, le patriarche prist avec lui le maistre du Temple et le maistre de l'Ospital ; si s'en alerent tot droit devant le roi, et li prierent mult humblement, et l'enchirent au pié qu'il pardonast son mautalent au cuens de Jaffe et voulsit qu'il venist devant lui. Le roi ne les en voult escouter, ainçois lor respondi tout plainement qu'il n'en feroit mie. Cil orent grant desdaing de ce que homme qui estoit en si povre point de son cors, portoit encore si grant rencune en son cors. Par corout se partirent de la cort et s'en issirent hors la cité. Le parlement devoit estre assemblé, parce que l'on debvoit envoyer bon messages as princes de France et des aultres terres, por eux requerent qu'il secorussent le païs JESUS-CHRIST et sa gente.

[1] *A son eus*, probablement *à son eur*, à son heure, à son loisir.

Le roi dit que, puisqu'il ne vouloit venir, il iroit lui parler et le sommeroit lui-même. Les barons le suivirent, et il vint tout droit à Ascalon; mais il trouva les portes très-bien fermées. Il appela et commanda qu'on lui ouvrît; il toucha trois fois de sa main la porte, mais personne ne vint. Avant qu'il fît son commandement, les bourgeois de la ville étoient montés sur les murs et sur les tourelles et n'osoient se mouvoir, mais attendoient la fin de cette affaire. Le roi se partit de là très-courroucé et prit la route de Jaffa. A sa rencontre vinrent beaucoup de chevaliers et bourgeois de la cité qui l'y firent entrer sans nulle contradiction; il saisit la ville à son loisir et y mist son bailli; puis s'en partit et vint à Acre, et fit là convoquer un grand parlement de ses prélats et de ses barons.

Quand ils furent assemblés, le patriarche prit avec lui le maître du Temple et le maître de l'Hôpital; ils s'en allèrent tout droit devant le roi, le prièrent très-humblement et le supplièrent, en se mettant à ses pieds, qu'il apaisât ses mauvaises idées contre le comte de Jaffa, et permît qu'il vînt devant lui. Le roi ne les voulut écouter sur cela, mais leur répondit tout uniment qu'il n'en seroit rien. Ils eurent grande colère de ce qu'un homme si mal en point en son corps portoit si grande rancune en son cœur, et de courroux ils se partirent de sa cour et s'en allèrent hors de la cité. Le parlement avait dû s'assembler pour aviser à envoyer d'efficaces messages aux princes de France et des autres pays, à cette fin de les requérir qu'ils secourussent le pays de Jésus-Christ et son peuple.

Le patriarche, quant l'en dut premierement parler de cele besoingne, commença l'autre que je vous ai dite, et parce que le roi ne voult faire por li, s'en parti il d'iluec lui et ses compaignons. Ce furent li dui maistres du Temple et de l'Ospital; si n'ot rien fait de la besoingne porcoi il estoient ensemble. Le cuens de Jaffe oi dire que le roi ne voloit avoir nul merci de lui, et que por amor ni por priere ne pooit avoir sa pes. Deslors se porpensa comment il le porroit corocier. Il prist chevalier avec lui tant comme il en pot avoir et s'en ala tot droit vers le chastel du Daron. Iluec s'estoient logiés Turs d'Arabe, que l'on apele Beduins, et gardoient grant plente de bestes par les pastures; car il avoit tant donné du l'or au roi qu'il les i soffroit, et avoit en son conduit. Sus ce estoient tuit seur, et ne cuidoient avoir garde de nulli. Le cuens et li chevalier vindrent tot sodainement sur iceux et les sorpristrent, aucuns en occistrent, et tote la proie emmenerent et quant qu'il troverent de robes et d'avoir emporterent à Escalone. La novele en vint au roi, qui en fut tout desue; si manda le conte de Triple, et parce qu'il se fioit en son sens et en sa loyauté, tantost li bailla tot le pooir et toute la baillie du roiaume. Trop en orent grant joie li baron et li menu pueple, parce qu'il avoit dit des ançois que autrement ne pooit estre la terre en bon point. Tandis com l'or du roi estoient sinon puissant[1], se tot le fes et le gouvernement des besoingnes n'estoient baillées au conte de Triple[2].

[1] *Unica enim et singularis videbatur omnibus salutis via, si,* etc. (il paraissait à tous que la seule et unique voie de salut était, etc.) Telle est la phrase de Guillaume de Tyr. Loin que la phrase du texte françois en offre la traduction, elle ne présente aucun sens. Il y a évidemment erreur de copiste, et il faut la rétablir ainsi: *Tandis com lors du Roi essoient* (*d'essir, issir,* sortir) *sinon poisances,* (chagrins, malheurs) *si,* etc.

[2] Jusqu'ici le continuateur n'a fait que répéter le commencement

Le patriarche, quand on avoit été sur le point de parler de cette affaire, avoit commencé l'autre que je vous ai dite, et comme le roi ne voulut rien faire pour lui de ce qu'il lui demandoit, il se partit de là avec ses compagnons, à savoir les deux maîtres du Temple et de l'Hôpital; ainsi ils ne firent rien de l'affaire pour quoi ils étoient rassemblés. Le comte de Jaffa ayant ouï dire que le roi ne vouloit avoir nulle merci de lui, et que par amour ni prière il n'en pourroit obtenir la paix, commença à penser dans son esprit comment il le pourroit chagriner. Il prit avec lui des chevaliers tant qu'il en put avoir, et s'en alla tout droit vers le château de Daroun. Là s'étoient logés des Turcs d'Arabie que l'on appelle Bédouins, et qui gardoient une grande abondance de bétail dans les pâturages, car ils avoient donné tant d'or au roi qu'il les y souffroit et avoit sous sa protection; sur quoi ils étoient tout-à-fait tranquilles et ne croyoient avoir à se garder de personne. Le comte et les chevaliers vinrent tout soudainement sur eux, les surprirent, en tuèrent quelques-uns, et emmenèrent de proie, de butin et d'avoir, tout ce qu'ils trouvèrent, et l'emportèrent à Ascalon. La nouvelle en vint au roi qui en fut tout irrité. Il manda le comte de Tripoli, et comme il se fioit en son sens et en sa loyauté, il lui conféra tout le pouvoir et toute l'administration du royaume. Les barons et le menu peuple en eurent une très-grande joie, car ils avoient dit, dès auparavant, que autrement ne pourroit être le pays en bon état, car lors il ne pouvoit venir du roi que malheurs, tant

---

du 23ᵉ livre de Guillaume de Tyr. Ici s'arrête le récit de l'archevêque et commence celui du continuateur.

Le cuens de Triple respondi que volontier en recevroit la baillie, parce qu'il ne fust garde de l'enfant[1], porce que se li enfes moroit par aventure dedens dix ans, que on ne deist qu'il fust mort par lui, et si voloit que li chastel et li fermetés fussent mises en la main de l'Ospital et du Temple, qu'il n'en voloit pas estre mescreus, ne que l'on parlast sus lui mille mauvaissetiez, et si voloit estre asené où il se tendroit s'il u roïaume mestoit nul cost, qu'il n'avoit lors nulles trives as Sarrazin, ne la terre n'estoit pas rendant qu'il peust ost tetur contre les Sarrazins sans grant coust; porce voloit com l'assurast d'avoir la baillie dix ans, en tele maniere que, si li enfes moroit dedens dix ans, la baillie revenroit aussi comme devant, jusqu'à cele hore, que par le conseil de l'apostole de Rome et l'empereur d'Allemaigne et le roi de France et le roi d'Engleterre, feroit jugier le roiaume à une des deux sorors, ou à la soror qui est ainsnée, ou à la mains née, porce que le roi Haimeri fu parti de la terre à la mains née seror, ains qu'il fust roi et la mains née fu de roi et de Rome[2]; porce ne s'accorderent mie li baron, que l'ainsnée se fu, se li enfes moroit, sans le conseil de ces quatre que je vous ai nommés, et porce l'atira ainsi le cuens de Triple qu'il ne voloit mie qu'il y eust discorde en la terre, se li enfes moroit, et porce en voloit estre tenant de ci alor que les quatre i eussent mis conseil.

[1] Baudouin v.

[2] *Porce que le roi Haimeri fu parti de la terre*, etc. lisez : *fu parti de la mere. Et la mains née fu de roi et de Rome*, lisez : *fu de roi et de roine*. Amaury en effet, pour obtenir que le patriarche le couronnât roi de Jérusalem, avait été obligé de se séparer d'Agnès de Courtenai, mère de Baudouin et de Sibylle, qu'il avait enlevée à Hugues d'Ibelin, seigneur de Ramla, à qui elle était fiancée, et qu'il avait épousée malgré l'opposition du patriarche. Agnès, de qui il avait eu deux enfans, re-

que toutes les charges et le gouvernement des affaires n'étoient point donnés au comte de Tripoli.

Le comte de Tripoli répondit que volontiers il en recevroit le gouvernement, pourvu qu'il ne fût pas chargé de l'enfant, afin que, si l'enfant mouroit dans les dix ans, on ne pût dire qu'il étoit mort par son fait; et il vouloit que le château et les forteresses fussent mis en la main des chevaliers du Temple et de l'Hôpital, parce qu'il ne vouloit pas être soupçonné, ni qu'on dît sur lui mille mauvais propos; et il vouloit qu'on lui assignât où il pourroit avoir recours si pour le royaume il faisoit aucune dépense, disant qu'il n'avoit alors nulle trève avec les Sarrasins et que le pays ne rapportoit pas de sorte qu'il pût tenir une armée contre les Sarrasins sans de grands frais, et que pour cela il vouloit qu'on l'assurât qu'il auroit le gouvernement dix ans, de telle manière que si l'enfant mouroit dans les dix ans, le gouvernement lui reviendroit comme devant, jusqu'à ce que, par le jugement de l'apostole de Rome, de l'empereur d'Allemagne, du roi de France et du roi d'Angleterre, le royaume fût adjugé à une des deux sœurs, ou à la sœur aînée, ou à la cadette, parce que le roi Amaury s'étoit séparé de la mère de la sœur aînée avant qu'il fût roi, et que la cadette étoit sortie de roi et de reine. Les barons ne consentirent point que l'aînée fût nommée, si l'enfant mouroit, sans le jugement de ces quatre que je vous ai dit, et c'est pour cela que le comte de Tripoli régla ainsi la chose, parce qu'il ne vouloit pas qu'il y eût discorde dans le

---

tourna à son premier fiancé, le seigneur de Ramla, et Amaury épousa, après son couronnement, Marie, fille du sébastocrator Isaac, et petite fille d'Andronic Comnène, dont il eut Isabelle.

Ceste chose fu au gré du roi et des barons tot ainsi comme le cuens le devisa. Iluec atirent que le cuens JOCELIN, qui estoit oncle à la mère à l'enfant le garderoit, et que le cuens de Triple auroit Barust et les garandit, porce que, s'il mettoit coust u roiaume, par les barons de la terre fust asené la tans qu'il r'auroit eus ses cous.

Quand ainsi orent atiré lor affaire, si commanda le roi que l'en coronast l'enfant. L'en le mena au sepulcre et le corona l'en. Si le fist l'emporter à un chevalier entre ses bras jusqu'au temple *Dominus*, porce qu'il estoit petit, qu'il ne voloit mie qu'il fust plus bas deus. Le chevalier estoit grant et elevé et si avoit nom Belian Dibelim, un des barons de la terre. Costume est en Jerusalem quand le roi porte corone au sepulcre, il la porte en son chief de ci au temple où Jesus-Christ fu offert; là si offre sa corone, mes il l'offre par rachat. Ainsi soloit l'en faire que tantost comme la fame avoit son enfant malle, que ele l'offroit premierement au temple, si le rachetoit d'un agnel, ou de deux colombiaus, ou de deux tourterelles. Quand le roi avoit offert sa corone au temple, si avaloit uns degrés qui sont dehors le temple, et entroit en son pales u temple de Salomon, où li Templiers manoient. Là estoient mises les tables por mengier où le roi s'asseoit, et si baron, et tuit cil qui mengier voloient, fors seulement li borgois de Jerusalem qui servoient; que tant devoient-ils de servise au roi, que quand le roi avoit porté corone, qu'ils servoient li et ses barons au mengier. Ne demora guaires, puisque le jone roi ot porté corone, que le viceroi mesel [1] fu mort. Devant ce qu'il fust mort man-

[1] Probablement *le vieil roi mesel*, c'est à dire le vieux roi *lépreux*.

pays si l'enfant mouroit, et qu'il vouloit en avoir le gouvernement lorsque les quatre en auroient ainsi avisé.

Le roi et les barons s'accordèrent à ce que le comte proposoit. Ils convinrent que le comte Josselin, qui étoit oncle de la mère de l'enfant, le garderoit, et que le comte de Tripoli auroit Béryte et les forts, afin que, s'il mettoit du sien au gouvernement du royaume, il y fût maintenu par les barons du pays jusqu'à temps qu'on l'eût remboursé de ses dépens.

Quand ils eurent ainsi arrangé leur affaire, le roi commanda que l'on couronnât l'enfant; on le mena au sépulcre et on le couronna. Il le fit porter dans les bras d'un chevalier jusqu'au temple du Seigneur, parce que l'enfant étoit petit, et que le roi ne vouloit pas qu'il fût au-dessous des autres. Le chevalier étoit grand et de belle taille, il avoit nom Balian d'Ibelin, et étoit un des barons du pays. La coutume est en Jérusalem que, quand le roi prend la couronne au sépulcre, il la porte sur sa tête de là au temple où Jésus-Christ fut offert: mais il l'offre pour la racheter. Ainsi avoit-on coutume de faire pour la femme qui y portoit un enfant mâle : elle l'offroit premièrement au temple, et puis le rachetoit d'un agneau ou de deux pigeons, ou de deux tourterelles. Quand le roi avoit offert sa couronne au temple, il descendoit un degré qui est au dehors du temple, et entroit dans son palais ou au temple de Salomon où demeuroient les Templiers. Là étoient mises les tables pour manger, et le roi s'y asseyoit avec ses barons et tous ceux qui vouloient manger, hors seulement les bourgeois de Jérusalem, qui servoient et devoient au roi ce service que, quand il pre-

da-t-il tous ses barons, qu'ils venissent à lui en Jerusalem, et il i vindrent. A ce point qu'ils vindrent trepassa li roi mesiaus de cest siecle, et furent tuit à sa mort li baron de la terre. Lendemain l'enfouirent u mostier du Sepulcre, là ou les autres rois ont esté enfouis puis le tans au roi Go-DEFROI DE BUILON. Il estoient enfouïs entre monte Calvaire là où Jesus-Christ fu mis en croix, et le sepulcre où il fu cochié et tot est dedens le mostier du sepulcre, monte Cauvaire et Golgotas.

Quant ileque le roi fu mort, et li enfes ont porté corone, li fist-il faire à tous les barons de la terre feute et hommage com à seignor et à roi; aprés le fist faire au comte de Triple com de baillif; et si fist jurer à tous les barons et as chevaliers de la terre qu'ils atireroient si com il avoit esté dit des deux serors, et tenroient et aideroient au comte de Triple la terre à maintenir et à garder, si li enfes moroit dedens dix ans. Quand le roi mesiaus fu mort, et li enfes ot porté corone, si le charia lon au conte Jocelin à garder, et il l'emmena en Acre; si l'en garda au miex qu'il pout, et le cuens de Triple fut baillif de la terre.

Il avint cel premier an qu'il ne plut point en la terre de Jerusalem, ne que es citernes ne reçut l'on point d'eüe; si que n'avoit por boire fort mult poi. En Jerusalem avoit lors un borgois qui mult volontiers faisoit bien por Dieu. Cil avoit nom Germain. Il avoit en Jerusalem en trois lieus caves de marbre, encelées en masieres, et si avoit en chascunes des trois caves deux bacins en chaanes et les faisoit

noit la couronne, ils le servoient à table lui et ses barons. Il ne tarda guère après que le jeune roi eut pris la couronne que le roi mesel[1] mourut. Avant qu'il fût mort il manda tous ses barons pour qu'ils vinssent avec lui en Jérusalem, et ils y vinrent. Au moment qu'ils arrivèrent le roi mesel trépassa et tous les barons du pays furent à sa mort. Le lendemain ils l'enfouirent au couvent du sépulcre, là où ont été enfouis tous les rois depuis Godefroi de Bouillon. Ils étoient enfouis entre le mont Calvaire, là où Jésus-Christ fut mis en croix, et le sépulcre où il fut déposé; et tout cela est dans le monastère du sépulcre, le mont Calvaire et Golgotha.

Quand le roi fut mort et que l'enfant eut pris la couronne, il fit faire à tous les barons du pays foi et hommage en qualité de seigneur et roi. Il le fit faire aussi au comte de Tripoli en qualité de bailli, et fit jurer à tous les chevaliers et barons du pays qu'il en seroit des deux sœurs comme il avoit été dit, qu'ils tiendroient pour le comte de Tripoli, et l'aideroient à retenir et garder le pays si l'enfant mouroit dans dix ans. Quand le roi mesel fut mort, et que l'enfant eut pris la couronne, on le conduisit à garder au comte Josselin qui l'emmena à Acre et le garda le mieux qu'il put, et le comte de Tripoli fut bailli du pays.

Il advint cette première année qu'il ne plut point dans la terre de Jérusalem, et qu'on ne reçut point d'eau dans les citernes, en sorte qu'on n'avoit que très-peu à boire. En Jérusalem étoit pour lors un bourgeois qui très-volontiers faisoit le bien pour l'amour de Dieu. Ce bourgeois avoit nom Germain;

[1] *Lépreux.*

tous jors tenir tousjours pleins d'euë. Là aloient bouire tuit cil et totes celes qui bouir voloient. Quant Germain vit que en ses cisternes n'avoit guaires d'euë, et qu'il ne plovoit point, si en fu mult corocié et dolent, porce qu'il avoit grant paor qu'il ne perdist l'ausmone qu'il avoit commencié à faire as povres gens, por l'amor de Dame Dieu. Lors li souvint de ce qu'il avait oi dire as anciens homes de la terre, que de jouste la fontaine de Siloë avoit un puis ancien que Jacob i fist, et estoit couvert et empli, et gaagnoit lon pardessus et à peine seroit trové. Lors fit li prodome sa priere à nostre Seignor qu'il li donna ce puis troveir et qu'il li donna maintenir le bien qu'il avoit commencié à faire, et qu'il li laissast faire par son plaisir que son povre pueple eust secors d'euë. Lendemain par matin se leva, et alla au mostier, et pria Dieu qu'il le conseillast. Après ce il ala en la place, et print ouvriers, et s'en ala en ce lieu u l'en li avoit dit que cil puis estoit; si fit fouïr tant que on trova le puis. Quant ils l'ot trové, si le fit voider et maçonner de nuef, et tot à ses cous. Puis fist faire pardessus une roe, où il avoit pos que un cheval tornoit; que si li pot plain estoit venant à mont et li vuit aloit à val, et si avoit lon fait mettre cuves de pierre là où cele euë coroit que l'on traoit du puis, et la venoient tuit cil de la terre qui voloient de l'euë, si la portoient en la cité. Li borgois faisoient traire l'euë jor et nuit à ses chevax, et donnerent à tous ceux qui prendre en voloient, et tost à son cost, tant que Dame Dieu leur envoya pluie es cisternes; et encore ne s'en faisoit pas à tant le prodome, ains avoit deux somiers et trois serjans, qui ne faisoient autres choses que porter euë en ces cuves qu'il avait en la cité, por abreuver la povre gent. Cil puis dont il faisoit traire cele euë avoit bien cinqante toises et plus de parfont; puis le depecierent et empli-

il avoit en trois endroits de Jérusalem des cuves de marbre enfermées entre des murs, et en chacune des trois cuves étoient deux bassins en manière de canaux, et il les faisoit chaque jour tenir continuellement pleins d'eau. Là alloient boire tous ceux et toutes celles qui boire vouloient. Quand Germain vit qu'il n'avoit guère d'eau en ses citernes, et qu'il ne pleuvoit point, il en fut très-fâché et dolent, parcequ'il avoit grand' peur de ne pouvoir plus continuer l'aumône qu'il avoit commencé à faire aux pauvres gens pour l'amour du Seigneur Dieu. Alors il lui souvint avoir ouï dire aux anciens du pays que près la fontaine de Siloë étoit un ancien puits qui avoit été fait par Jacob; qu'il étoit bouché et couvert, que l'on labouroit par dessus, et qu'à grand peine seroit-il trouvé. Alors ce preudhomme fit sa prière à notre Seigneur pour qu'il lui accordât de trouver ce puits et lui donnât le pouvoir de continuer le bien qu'il avoit commencé, et que par sa volonté il lui permît que son pauvre peuple fût secouru d'eau pour boire. Le lendemain, de grand matin, il se leva et alla au monastère, où il pria Dieu qu'il le conseillât, et après il alla sur la place et prit des ouvriers, et s'en alla à l'endroit où on lui avoit dit qu'étoit le puits, et il fit fouir jusqu'à ce qu'on eût trouvé le puits. Quand il l'eut trouvé il le fit vider et maçonner à neuf, et tout à ses frais; puis fit faire par dessus une roue où il y avoit des brocs qu'un cheval tournoit, et quand le broc plein montoit, le vide descendoit, et on avoit mis des cuves de pierre où l'on faisoit couler cette eau que l'on tiroit du puits, et là venoient tous ceux du pays qui vouloient de l'eau, et ils l'apportoient dans la cité. Les

rent li citaien, quant il oire dire que li Sarrasin d'Egypte venoient la cité asegir.

Ci emprès vous dirons de la fontaine de Siloë qui près du puis est. Ele n'est mie bonne à boire, ains est salée. De cele euë tanoit l'on les cuirs de la cité; si en lavoit l'on les dras et en abreuvoit l'on les chevax et les jardins qui desous en la vallée estoient. Cele fontaine ne cort mie le samedi, ains est tote coie. Si vous dirai qu'il avint à cele fontaine : un jor au tans que Jesus-Christ aloit par terre, estoit un jor en Jerusalem entre ses apostres; si passerent parmi une rue, et virent un homme n'avoit nus ieus. Lors demanderent li apostres à Jesus-Christ si ce estoit por li pechié de son pere, ou de sa mere, ou de parent qu'il eust, qu'il estoit sans ieus. Jesus-Christ respondit que ce n'estoit pas por le pechié du pere, ne de la mere, ne de parent qu'il eust, mais por ce qu'il ovrast en lui. Lors Jesus-Christ escopi à terre, et prist un poi de boe; si la mist là où les ieus devoient estre, et li dit qu'il s'en allast à la fontaine de Siloë, si se lavast. Il ala et si se lavast et ot ieus si vit, dont revint ariere en la cité de Jerusalem à ses parens, qui mult se merveillerent de ce qu'il avoit ieus, et

bourgeois faisoient tirer l'eau jour et nuit par ses chevaux et en donnoient à tous ceux qui en vouloient prendre, et tout à ses frais, jusqu'à ce que le Seigneur Dieu leur envoyât de la pluie dans les citernes ; et encore ne s'en tenoit pas là le prud'homme, mais il avoit deux bêtes de somme et trois domestiques qui ne faisoient autre chose que de porter de l'eau aux cuves qu'il avoit dans la cité pour abreuver les pauvres gens. Le puits dont il faisoit tirer cette eau avoit bien cinquante toises et plus de profondeur. Les citoyens le démolirent ensuite et le comblèrent quand ils apprirent que les Sarrasins d'Égypte venoient assiéger la cité.

Nous dirons ici de la fontaine de Siloé, qui est près du puits, l'eau n'en est pas bonne à boire, mais salée. On tannoit avec cette eau les cuirs de la cité, on en abreuvoit les chevaux et on en arrosoit les jardins qui étoient au-dessous dans la vallée. Cette fontaine ne coule pas le samedi, mais demeure tout-à-fait en repos. Je vous dirai ce qui avint à cette fontaine. Un jour, au temps que Jésus-Christ vivoit sur la terre, il étoit en Jérusalem parmi ses apôtres. En passant au milieu d'une rue, ils virent un homme qui n'avoit pas du tout d'yeux; lors les apôtres demandèrent à Jésus-Christ si c'étoit à cause des péchés de son père ou de sa mère, ou de quelque autre de ses parens, qu'il étoit sans yeux. Jésus répondit que ce n'étoit pas pour un péché de son père ou de sa mère, ou d'aucun de ses parens, mais pour qu'il opérât sur lui. Alors Jésus cracha à terre et prit un peu de boue, et la mit où les yeux devoient être, et lui dit qu'il allât à la fontaine de Siloé et qu'il s'y lavât.

li demanderent comme c'estoit, et il lor conta, et il ne le vodrent mie croire, ains manderent s'il estoit certain que ce fust-il; il dist que oïl.

Or vous dirons du conte de Triple qui baillif estoit du roiaume de Jerusalem. Quand le cuens vit qu'il ne plovoit point et qui li blé ne creissoient qui semés estoient, si ot paor de chier tans. Il manda les barons de la terre et les maistres du Temple et de l'Ospital; si lor dist: « Seignors, que conseil donrez vous de ce qu'il ne pluet ne li blé ne creissent? J'ai paor que li Sarrazin ne s'aperçoivent que nous aions cher tans et qu'ils ne nos corent sus; quel conseil en donrez vous? Ferai-je trives as Sarrazin par paor de chier tans? » Li barons li loerent qu'il feïst trives a Salahadin, et il les requist, et Salahadin li dona volontiers jusques à quatre ans. Quand il ot trives entre les Sarrazins et les Chrestiens, li Sarrazins amenerent tant de viandes as Chrestiens, que bon tans orent durement; et se l'on n'eust fait trives, tuit fussent morts de faim, dont le cuens de Triple, por ces trives qu'il fist as Sarrazins, fu mult amé des gens de terre, et mult li en orerent de beneisçons.

Je vous avoie oblié à dire, quand je vous parlai de la fontaine de Siloë, d'une aumosne que li borgois de Jerusalem faisoient. Mes or la vous dirai. Et la quarantaine la faisoient le jor com list l'evangile du povre homme à qui Jesus-Christ

Il alla et se lava, et il eut des yeux, en sorte qu'il vit; après quoi il revint en la cité de Jérusalem, vers ses parens qui s'émerveillèrent très-fort de ce qu'il avoit des yeux, et ils lui demandèrent comment c'étoit arrivé, et il leur conta, et ils ne le voulurent pas croire, mais demandèrent s'il étoit certain que ce fût lui, il dit qu'oui.

Maintenant nous vous parlerons du comte de Tripoli qui étoit gouverneur de Jérusalem. Quand le comte vit qu'il ne pleuvoit point et que les blés qui étoient semés ne croissoient point, il eut peur qu'il ne vînt une grande cherté. Il manda les barons du pays et les maîtres du Temple et de l'Hôpital, et leur dit : « Seigneurs, qu'aviserez-vous sur ce qu'il « ne pleut point et que les blés qui sont semés ne « croissent point ? J'ai peur que les Sarrasins ne s'aper- « çoivent que nous avons la cherté et ne nous cou- « rent sus. Quels conseils donnerez-vous à cela? ferai- « je trève avec les Sarrasins de peur de la cherté? » Les barons approuvèrent qu'il fît trève avec Saladin. Il la lui demanda; et Saladin lui accorda volontiers jusqu'à quatre ans de trève. Quand il y eut trève entre les Sarrasins et les Chrétiens, les Sarrasins amenèrent tant de vivres aux Chrétiens qu'ils eurent grandement du bon temps, et si l'on n'eût fait trève, tous fussent morts de faim; dont le comte de Tripoli fut très-fort aimé des gens du pays pour cette trève qu'il fit avec les Sarrasins, et ils lui en donnèrent, dans leurs prières, beaucoup de bénédictions.

J'avois oublié de vous dire, quand je vous parlois de la fontaine de Siloë, d'une aumône que faisoient les bourgeois de Jérusalem, mais je vous la dirai maintenant; ils la faisoient en carême le jour où se

rendit la vuë d'un poi de boe, et il le roua aler à la fontaine de Siloë, et si lavast, et il si fist, si ot ieus et si vit; et por ceste remembrance faisoient li borgois de Jerusalem ceste aumosne que je vous dirai. Il faisoient mener cuves sus la fontaine, si les faisoient toutes emplir de vin, et si faisoient les somiers charger de pain et de vin, et mener en tele place que totes les povres gens qui venoient avoient du pain et du vin à grant plente, de l'argent avec, et si i aloient les homes et les fames à procession à celui jor et por faire ceste aumosne.

Je vous ai di de l'aumosne que l'on faisoit à la fontaine de Siloë. Or vous dirai d'un haut home de Lombardie, qui avoit nom Bonifaces, qui estoit marchis de Montferrat. Cil marchis estoit aiel le roi Baudouin, quand il oit dire que son nies estoit roi de Jerusalem, si en fu lie mult et joieus; il se croisa et laissa sa terre à son aisné fils. Si passa oultre mer. Quant il fu arrivé, le roi et le cuens de Triple et tuit li baron de la terre li reçurent mult hautement, et furent mult lies de sa venuë. Lors li donna le Roi un chastel qui est es desers deça le flun, près de là où Dieu jeuna la quarantaine; cil chastel si est à sept milles de Jerusalem et à trois milles du flun, et si est en une haute montagne; si l'appelle-l'on Saint Helye, porce l'appelle l'on ainsi que l'on dit que c'est le lieu où Helye jeuna quarante jors et puis s'endormi, et que Dieu li envoia iluec une piece de pain et de l'euë en un vessel. Si le fist eveiller à l'angele, porce qu'il beust et menjast, il but et menja. Et porce avint là ou cil chastel est, l'apelent cil du pais Saint Helye. Cil Boniface le marchis avoit un fils qui avoit nom

lit l'évangile du pauvre homme à qui Jésus-Christ rendit la vue avec un peu de boue, puis le pria d'aller à la fontaine de Siloé, ce qu'il fit, en sorte qu'il eut des yeux et qu'il vit. En souvenance de cela, les bourgeois de Jérusalem faisoient cette aumône que je vous dirai : ils faisoient conduire des cuves sur le bord de la fontaine, et les faisoient toutes remplir de vin; ils faisoient charger des chevaux de pain et de vin que l'on conduisoit au même lieu : en sorte que les pauvres gens qui venoient avoient en grande abondance du pain et du vin et de l'argent avec, et les hommes et les femmes y alloient ce jour-là en procession pour y faire cette aumône.

Je vous ai dit l'aumône que l'on faisoit à la fontaine de Siloé, maintenant je vous parlerai d'un seigneur de Lombardie qui avoit nom Boniface et étoit marquis de Montferrat. Ce marquis étoit aïeul du roi Baudouin. Quand il ouït dire que son neveu étoit roi de Jérusalem il en fut très-content et joyeux. Il se croisa et laissa sa terre à son fils aîné, puis passa outre mer. Quand il fut arrivé, le roi, le comte de Tripoli et tous les barons du pays le reçurent avec grand honneur et furent très-réjouis de sa venue. Alors le roi lui donna un château qui est au désert, en deçà du fleuve, près de l'endroit où Dieu jeûna quarante jours. Ce château est à sept milles de Jérusalem et à trois milles du fleuve, sur une haute montagne, et appelé Saint-Élie; on l'appelle ainsi, parce que c'est, dit-on, l'endroit où Élie jeûna quarante jours, puis s'endormit, et alors Dieu lui envoya un morceau de pain et de l'eau en un vase, et l'ayant fait éveiller par l'ange pour qu'il bût et mangeât, il

Coraut. Cil se croisa por aler en la terre d'outre mer apres son pere, et por veoir son neveu qui estoit roi de Jerusalem. Il mut et fu su mer, mes adonc ne vout mie nostre Sire qu'il passast. Ains li envoia un tans qu'il le mena en Constantinople, porce qu'il avoit porvue la perdicion de la terre, et par celui Coraut en seroit secourue une partie si com vous oirés avant. Nostre-Sire ne vout pas tot destruire, ains en laissa un poi ausi com il fist au fils Salomon. Car Dex se corousa à Salomon por le pechié de luxure qu'il ot fait d'une fame paiene qu'il tenoit, qu'il ne deust pas tenir. Tant l'aima qu'il fist faire por lui trois mahomeries sus trois montagnes, dont chacune est à trois milles de Jerusalem. Dont nostre Sire se courouca plus de la mahomerie qu'il avoit fait sus mont Olivete, que de tout l'autre pechié qu'il avoit fait devant; porce que de mont Olivete monta-il ès cieus par devant ses apostres quand il fu resuscité de mort à vie, et descendra au jugement. Lors dist nostre Sire à Salomon qu'il l'avoit coroucié et ce por le grant amor qu'il avoit eue à son pere David ne fust, il le destruisist du tot. Mes or s'en s'offendit à tant à son vivant. Mes bien sceust il que apres lui ne tenroit mie le roiaume son fil, fors tant seulement un poi, et de ce petit li lairoit por l'amor qu'il avait eue à son pere David. Ausi ne vout pas nostre Sire la chrestienté deseriter du tot, por aucun prodome qui en la terre estoit. Ausi com il laisa au fils Salomon por David, ainçois laisa une cité qui a nom Sur por Coraut qui en Constantinople estoit, si com vous oirés aprés. En ce point que Coraut fu arrivé en Constantinople estoit Quirsac empereor, et n'avoit pas encore les eus crevés. Il avoit un haut home en Constantinople, qui avoit nom Livernas, qui avoit esté cosin l'empereor Manuel. Cil Liver-

but et mangea; et parce que cela est advenu au lieu où est le château, ceux du pays l'appellent Saint-Élie. Ce Boniface le marquis avoit un fils nommé Conrad. Celui-ci se croisa pour aller au pays d'outremer après son père, et pour voir son neveu qui étoit roi de Jérusalem. Il partit et se mit en mer, mais notre Seigneur ne voulut point qu'il arrivât, et lui envoya un temps qui le mena en Constantinople, parce qu'il avoit décidé la perte du pays, et que Conrad l'auroit en partie sauvé, comme vous l'apprendrez tout-à-l'heure. Notre Seigneur ne voulut pas tout détruire, mais laissa un peu du pays comme il avoit fait au fils de Salomon; car Dieu se courrouça contre Salomon pour le péché de luxure qu'il avoit commis avec une femme païenne qu'il tenoit avec lui, et ne devoit pas y tenir. Il l'aima tant qu'il fit faire pour elle trois mahomeries [1] sur trois montagnes, dont chacune est à trois milles de Jérusalem. Notre Seigneur se courrouça davantage de la mahomerie qu'il avoit bâtie sur le mont des Oliviers que de tous les autres péchés qu'il avoit faits auparavant, parce que c'est du mont des Oliviers que, devant ses apôtres, quand il fut ressuscité de la mort à la vie, il est monté aux cieux, d'où il descendra au jour du jugement. Alors notre Seigneur dit à Salomon qu'il l'avoit courroucé, et que, n'eût été le grand amour qu'il avoit eu pour son père David, il l'auroit fait périr tout-à-fait. Il l'épargna le temps de son vivant, mais il sut bien qu'après lui son fils n'auroit pas le royaume,

---

[1] *Mahomerie*, mosquée, temple mahométan. Pour les Chrétiens d'alors et la plupart de leurs historiens, tout infidèle, de quelque époque que ce pût être, étoit sarrazin ou mahométan.

nas s'estoit repost et destorné au tans que Androines estoit empereor, et porce se destorna il que Androines ne le desfigurast ausi com il avoit fait ses parens. Quand cil Livernas oï dire que Androines estoit mort et cil Quirsac estoit empereor, et qu'il avoit d'Androines ainsi le siecle delivré, si com je vous dirai. Une nuit quant Androines ot la teste coupée à Alexe qui avoit l'empire de Constantinople en sa garde et l'enfant qui fu fil l'empereor Manuel, il se porpensa d'une grant traïson, et por le conseil d'un sien escrivaint qui avoit nom Langosse, fist une nuit prendre le jeune enfant, qui baron estoit, à la fille le roi Lois de France, qui devoit garder en bonne foi, fit mettre en un sac et porter par mer en un batel, et fist getter ens, si fu noiés. Ainçois que cete chose fut scue, manda Androines les parens l'empereor, et, ainsi com il venoient, les faisoit mettre en une chartre, et lors faisoit les eus crever, et tex i avoit à cui il faisoit les nés coper et les baulevres. Ainsi fist atirer plusors des parens l'empereor, puis fu il empereor et porta corone u mostier de Sainte-Sophie, et fist tant de malice, com vous oïrés.

mais seulement un peu, et que ce peu lui seroit laissé
pour l'amour que notre Seigneur avoit eu envers son
père David. De même, à cause de quelques prud'hommes qui étoient en ce pays, notre Seigneur ne voulut pas déshériter tout entièrement la chrétienté, et,
comme au fils de Salomon pour l'amour de David,
il leur laissa une cité qui a nom Tyr pour l'amour de
Conrad qui étoit en Constantinople, ainsi que vous
l'ouïrez ci-après. Au temps que Conrad arriva en
Constantinople, Isaac étoit empereur et n'avoit pas
encore eu les yeux crevés. Il y avoit en Constantinople un homme puissant nommé Livernas, qui étoit
cousin de l'empereur Manuel. Ce Livernas s'étoit tenu
en repos et à l'écart du temps qu'Andronic étoit empereur, et s'étoit mis ainsi à l'écart pour qu'Andronic
ne le défigurât pas comme il avoit fait ses parens.
Enfin ce Livernas ouït dire qu'Andronic étoit mort
et qu'Isaac étoit empereur, et qu'il avoit délivré le
monde d'Andronic, ainsi que je vais vous le dire.
Andronic ayant une nuit coupé la tête à Alexis
qui avoit en sa garde l'empire de Constantinople et
le fils enfant de l'empereur Manuel, il médita une
grande trahison, et par le conseil d'un sien secrétaire
qui avoit nom Langosse, il fit une nuit prendre le jeune
enfant de la fille du roi Louis de France, qui étoit son
baron, et qu'il devoit garder sur sa foi. Il le fit mettre
en un sac, porter par mer à un bateau, et le fit jeter
en la mer, en sorte qu'il fut noyé. Avant que cette
chose fût sue, Andronic manda les parens de l'empereur, et à mesure qu'ils venoient il les faisoit mettre
dans une prison et leur faisoit crever les yeux; et
il y en eut plusieurs à qui il fit couper le nez et les

Quant Androines fu empereor en Constantinople, il ne demoroit bele none en abaie, ne fille à chevalier, ne à borgois, si ele li pleust, qu'il ne la prist à force et geust à lui. Trop fu haï de tos por la malice qu'il faisoit. Un jor avint que Langosse vint à lui, si li dist: « Sire, il a en ceste ville un chevalier qui fu parent l'empereor Manuel; se vous m'en créés vous le manderés et mettrés en prison, ou vos le ferés occire, car je sçais vraiment, si vous li laissés ainsi, il vous guerroira, que il est rous de putaire[1]. » L'empereor li manda qu'il venist parler à lui. Cil chevalier avoit nom Quirsac et avoit un frere qui avoit nom Alexe. Quant Quirsac oi ce mandement, il dit au message qu'il s'en alast et il iroit aprés lui. Lors manda son frere et ses compaignons et lors dist qu'ainsi l'avoit l'empereor mandé. « Je soi bien, dist-il, que je sui acusé à l'empereor por moi occire, quel conseil me donnés vous? » Son frere et ses compaignons li distrent : « Nous loons bien que vous i alliés, et nous irons avecques vous, si oirons qu'il dira. — Puisque vous lo loés, dit Quirsac, je irai. » Lors s'arma par dessous ses draps et caint l'espée; si monterent li et ses compaignons, et ala à Blaquerne, ou l'empereor estoit. Blaquerne est un manoir l'empereor, qui siet au chief de Constantinople devers terre. Si comme Quirsac aloit à l'empereor, et il vint en une estroite rue, si encontra Langosse qui aloit disner à son ostel. Quirsac vit que Langosse ne pooit retorner, qu'il ne

[1] *Putaire* pourrait être pris ici pour *puterie* débauche, ce qui irait fort bien au caractère d'Isaac, mais nullement à la suite du raisonnement de Langosse; il faut donc lire probablement *povaire* ou *povair*, monter, s'élever.

lèvres, et il accommoda ainsi plusieurs des parens de l'empereur, puis fut empereur, prit la couronne au monastère de Sainte-Sophie, et fit toutes les méchancetés que vous allez voir.

Quand Andronic fut empereur en Constantinople, il ne demeuroit une belle nonne dans une abbaye ni une fille de chevalier ni de bourgeois, si elle lui plaisoit, qu'il ne la prît de force et ne couchât avec elle. Excessivement fut-il haï de tous pour les méchancetés qu'il faisoit. Il arriva un jour que Langosse vint à lui et lui dit : « Sire, il y a en cette ville un chevalier « qui étoit parent de l'empereur Manuel; si vous m'en « croyez vous le manderez et le mettrez en prison, « ou vous le ferez tuer, car je sais vraiment que, si « vous le laissez ainsi, il vous fera la guerre, car il est « rongé de s'élever. » L'empereur lui manda qu'il vinst parler à lui. Ce chevalier avoit nom Isaac et avoit un frère nommé Alexis. Quand Isaac ouït ce commandement, il dit au messager qu'il s'en allât, et qu'il iroit après lui. Lors il envoya chercher son frère et ses compagnons, et leur dit comment l'empereur l'avoit mandé : « Je sais bien, dit-il, qu'on m'a accusé à « l'empereur, et qu'il veut me tuer; quel conseil me « donnez-vous? » Son frère et ses compagnons lui dirent : « Nous vous conseillons bien que vous y alliez; « nous irons avec vous et entendrons ce qu'il dira. — Puisque vous le conseillez, dit Isaac, j'irai. » Alors il s'arma sous ses habits et ceignit son épée, puis ils montèrent à cheval lui et ses compagnons, et allèrent à Blachernes où l'empereur étoit. Blachernes est un manoir de l'empereur situé à l'entrée de Constantinople du côté de la terre. Comme Isaac alloit à l'em-

venist par lui, il li corut sus et li copa la teste. Lors torna ariere ferant des esperons, et s'en ala l'espée traite aval la ville : « Seignors, venés aprés moi, car j'ai tué le diable. » Quant le cri leva dans la ville que Quirsac avoit occis Langosse, il alerent tuit aprés lui à la Boche-de-Lion. Lors prist Quirsac Boche-de-Lion, si le garni, et mist ses homes dedans Boche-de-Lion. Ce estoit un manoir de l'empereor, qui siest sus mer; la estoit le plus de son trésor. Lors prist Quirsac la corone et les vestemens l'empereor, et si ala à Sainte-Sophie et se corona à empereor. Quant il ot porté corone, il manda tous ceux de la cité, et les fist armer por aler assaillir Blaquerne.

Quant Androines oi dire que Quirsac avoit occis Langosse, et qu'il avoit prist Boche-de-Lion et saisi son tresor, et porté corone, si ne sot que faire. Il fist armer tant de gent com il avoit avec lui por li defendre, mes valu riens. Quant Quirsac vint devant Blaquerne, et cil dedens virent que lor defense ne voudroit rien, il se rendirent. Lors fist Quirsac prendre Androines et mener à Boche-de-Lion. Après se pensa qu'il le feroit morir de vil mort, por son seigneur droiturier qu'il avoit fait noyer en la mer, qui fil avoit esté l'empereor Manuel, et por autres malices qu'il avoit fait. Lors le fist Quirsac despouller tot nu, et aporter une reis d'aus, mes li ail ni estoient mie. Si l'en fist faire une corone et coroner com roi, puis le fist bertauder et tondre en crois, puis le fist monter sus une asnesse à devant deriere, et tenoit la cou de sa main com frain. Ainsi le fist mener par tote les rues de Constantinople. Si vous dirai

pereur, il vint en une rue étroite où il rencontra Langosse qui alloit dîner à son hôtel. Isaac vit que Langosse ne pouvoit retourner et étoit obligé de passer près de lui; alors il lui courut sus et lui coupa la tête. Puis il tourna en arrière donnant des éperons, et descendit toute la ville l'épée à la main, disant : « Seigneurs, « suivez moi, car j'ai tué le diable. » Quand le bruit fut dans la ville qu'Isaac avoit tué Langosse, ils le suivirent tous à Bouche-de-Lion. Alors Isaac prit Bouche-de-Lion, y mit garnison, et plaça ses hommes dans Bouche-de-Lion. C'étoit un manoir de l'empereur, situé sur la mer, où étoit la plus grande partie de son trésor. Alors Isaac prit la couronne et les vêtemens de l'empereur, alla à Sainte-Sophie, et se couronna empereur. Quand il eut pris la couronne il manda tous ceux de la cité et les fit armer pour aller assaillir Blachernes.

Quand Andronic eut ouï dire qu'Isaac avoit tué Langosse, qu'il avoit pris Bouche-de-Lion, saisi son trésor et mis la couronne sur sa tête, il ne sut que faire. Il fit armer tout ce qu'il avoit de monde avec lui pour se défendre, mais cela ne servit de rien. Quand Isaac vint devant Blachernes et que ceux qui étoient dedans virent que leur défense ne leur serviroit de rien, ils se rendirent. Alors Isaac fit prendre Andronic et le fit mener à Bouche-de-Lion, puis songea qu'il le feroit mourir de vile mort parce qu'il avoit fait noyer en la mer son seigneur légitime, fils de l'empereur Manuel, et pour les autres méchancetés qu'il avoit faites. Alors Isaac le fit dépouiller tout nu et fit apporter une botte d'ail où n'étoient pas les gousses, lui en fit faire une couronne dont on le couronna comme roi, puis il le fit bertauder et tondre en croix, et ensuite

que les fames faisoient : eles avoient apareillée pisas et longuamis, si li getoient sus la teste par totes les rues. Ainsi porta Androines corone en Constantinople, tant qu'il fu hors de la cité. Lors le livra à fames et eles li corurent sus com le chien à la charoigne. Si le depecierent tout piece à piece, et cele qui en pout avoir aussi gros com une feve, si le mangoit, et en roioient les os au cotel. Onques ni demora oselet ne jointe que eles ne mangassent, et disoient que toutes celes qui avoient mengié de lui estoient sauvées, parceque eles avoient aidié à venger la malice qu'il avoit faite [1].

Cil empereor Quirsac fu mult amé de le gent de la terre por la malice d'Androines et de Langosse, qu'il avoit si bien vangié; et des abaies mesmes fu il mult amé et n'out abaies en Constantinople où son image ne fust escrit en la porte. Il n'avoit pas fame quand il porta corone. Il manda au roi de Honguerie qu'il li envoiast une seror qu'il avoit por prendre à fame. Cil li envoya mult volontier et liement. Quant ele fu en Constantinople, l'empereor l'espousa et lui fist porter corone, puis orent un fil qui out nom Alexe [2]. Un jor avint que l'empereor Quirsac chevauchoit par sa terre et vint à une abaie qui prés estoit de Felippe. En cele cité de Felippe fu le roi

[1] Andronic mourut le 12 septembre 1185. Les détails de notre chroniqueur sur son supplice diffèrent à quelques égards de ceux que donnent les historiens grecs.

[2] Cette princesse s'appelait Marguerite, et était fille et non pas sœur

le fit monter sur une ânesse sens devant derrière, tenant la queue en sa main en manière de bride, et le fit mener ainsi par toutes les rues de Constantinople. Je vous dirai ce que les femmes faisoient : elles avoient apprêté des pois et des fèves, et les lui jetoient sur la tête le long des rues. Andronic porta ainsi la couronne jusqu'à ce qu'il fût hors de la cité; alors on le livra aux femmes, et elles lui coururent sus comme le chien à la charogne; elles le dépecèrent tout, pièce à pièce, et celles qui pouvoient en avoir gros comme une fève, le mangeoient. Elles racloient ses os au couteau, et il n'en demeura osselets ni jointures qu'elles ne mangeassent, et elles disoient que toutes celles qui en avoient mangé étoient sauvées, parce qu'elles avoient aidé à venger toutes les méchancetés qu'il avoit faites.

Cet empereur Isaac fut fort aimé des gens du pays pour ce qu'il avoit si bien vengé les méchancetés d'Andronic et de Langosse. Il fut même très-aimé des abbayes, et il n'étoit abbaye à Constantinople où son image ne fût sur la porte. Il n'avoit pas de femme quand il prît la couronne; il manda au roi de Hongrie qu'il lui envoyât une sœur qu'il avoit afin qu'il la prit pour femme. Le roi de Hongrie la lui envoya très-volontiers et joyeusement. Quand elle fut en Constantinople, l'empereur l'épousa et lui fit prendre la couronne; puis ils eurent un fils qu'on nomma Alexis. Un jour il advint que l'empereur Isaac, chevauchant par le pays, vint à une abbaye qui étoit près de Philippe. En cette cité de Philippe étoit né le roi

---

de Béla, roi de Hongrie. Le fils qu'elle eut d'Isaac l'Ange porta le nom de Manuel et non d'Alexis. Isaac avait eu Alexis d'une première femme

Alexandre né; si est à cinq jornées de Constantinople. En cele cité fist Saint-Pol une partie de ses epistres dont l'on dit à Félipenses. A cele abaie sejorna l'empereor Quirsac. Quant son frere Alexe oi dire qu'il sejornoit là à poi de gent, il le fist prendre, et li fist les eus crever [1]. En l'abaie le laisa et s'en revint ariere en Constantinople; si fu empereor et porta corone. Aprés manda son frere Quirsac et le fist amener en Constantinople, iluec le fit garder et servir et livrer ce que mestier li estoit.

Quant l'emperis sot que Alexe avoit ainsi à son seignor l'empereor crevé les eus, mult fut dolente, et ot paor qu'il ne fist son fil Alexe, qui enfes estoit, occire; ele le charia coiement à chevaliers et à serjans, et l'envoia au roi d'Onguerie son frere, cui nies qu'il estoit, en garde. Il le garde et norri jusques à un tans que muete fu de France et d'autres terres qui outre mer aloient. Alexe qui fist à son frere les eus crever, qui empereor estoit, si com je vous ai dit, tint l'empire et gouverna. Mes Livernas dont je vous ai parlé ci-dessus, porce qu'il estoit plus près a l'empereor Manuel de lingnage que Alexe, assembla grant gent, et lor promist et donna l'argent. Devant Constantinople vint à ost. Quant l'empereor sot qu'il venoit sus li à ost, il pria le marquis Coraut qui en Constantinople estoit venu lors, qu'il demorast avec lui, et si home tant qu'il eust sa guerre finie. Le marquis i demora. Livernas quant il vint devant Constantinople rengea ses batailles totes armées et fu tot devant. L'empereor ne voult issir contre Livernas, porce qu'il avoit grand lignage dedens la cité. Mes le marquis s'arma et issi hors contre Livernas. L'en li mostre et il poinst contre lui. Livernas et tuit cil de sa ba-

[1] Le 8 avril 1195.

Alexandre. Elle est à cinq journées de Constantinople. En cette cité aussi saint Paul a fait une partie de ses épîtres, d'où on les appelle *aux Philippiens*. L'empereur Isaac s'arrêta dans cette abbaye. Quand son frère Alexis ouït dire qu'il étoit là avec peu de monde, il le fit prendre et lui fit crever les yeux. Il le laissa en l'abbaye et s'en retourna à Constantinople, où il fut empereur et prit la couronne; ensuite il manda son frère Isaac et le fit venir en Constantinople, où il le fit garder, servir, et lui fit donner ce dont il avoit besoin.

Quand l'impératrice sut qu'Alexis avoit ainsi fait crever les yeux à l'empereur son seigneur, elle en fut très-fort dolente et eut peur qu'il ne fît tuer son fils Alexis qui étoit enfant. Elle le fit conduire secrètement par des chevaliers et hommes d'armes, et l'envoya en garde au roi de Hongrie, son frère, dont il étoit neveu. Il le garda et nourrit jusqu'au temps de l'expédition qui partit de France et autres pays pour aller outre mer. Alexis, qui, comme je vous l'ai dit, avoit fait crever les yeux à son frère l'empereur, tint l'empire et gouverna. Mais Livernas, dont je vous ai parlé ci-dessus, qui étoit plus proche parent de l'empereur Manuel qu'Alexis, assembla beaucoup de gens et leur promit et donna de l'argent. Il vint avec une armée devant Constantinople. Quand l'empereur sut qu'il lui venoit sus avec une armée, il pria le marquis Conrad, qui étoit pour lors arrivé en Constantinople, de demeurer avec lui, aussi bien que ses hommes, jusqu'à ce qu'il eût fini sa guerre. Le marquis y demeura. Livernas, quand il vint devant Constantinople, rangea en bataille toutes ses troupes sous les armes et se mit devant. L'empereur ne voulut pas sortir contre Li-

taille cuidoient qu'il eust quitté la cité por venir lui aidier, et quant il fu prés de Livernas, il brocha le cheval de ravine, et le feri parmi le corps, si l'abati mort, puis retorna en Constantinople. Quant cil dehors virent que lor seignor estoit mort, si retornerent en fuië, Coraut retorna en la cité à l'empereor, qui avecque lui le retint porce qu'il ne voloit mie que cil de la cité, cui parent il avoit occis, li fesissent ennui ne malice. Si se tint avec l'empereor jusques à tant qui fu tans d'aler en la terre d'otre mer por garder la cité que Dieu li avoit porveuë, qu'il lairoit à Chrestien. Ci lairons à parler de Coraut, et dirons du roi Baudoin.

L'enfant qui en Acre estoit en la garde le cuens Jocelin, oncle de sa mere, maladie le prist, si fu mort [1]. Le cuens Jocelin se porpensa d'une grant traïson; il vinst au cuens de Triple et li dist qu'il n'alast pas en Jerusalem avec le roi enfouir le cors, ne n'y laissa aler nus des barons de la terre, ains bailla l'on le cors as Templiers qui l'emportassent en Jerusalem. Le cuens de Triple crut le conseil Jocelin comme fol. Li Templiers porterent le cors le roi en Jerusalem, et le cuens de Triple ala à Tabarie. Lors saisi le cuens Jocelin la cité d'Acre, puis ala à Baruth que le cuens de Triple avoit en guages. Si entra ens par traïson, et la garni de chevaliers et de serjans. Aprés manda à la contesse de Jaffe, mere le roi, que ele alast en Jerusalem, et si chevalier

---

[1] Au commencement de septembre de l'an 1186.

vernas parce que celui-ci avoit beaucoup de parens dedans la cité, mais le marquis s'arma et sortit contre Livernas. On le lui montra et il piqua devers lui. Livernas et tous ceux de sa troupe croyoient qu'il avoit quitté la ville pour venir l'aider. Quand il fut près de Livernas, il lui perça son cheval d'un coup d'épée, puis le frappa dans le corps, l'abattit mort, et retourna à Constantinople. Quand ceux qui étoient dehors virent leur seigneur mort, ils s'en allèrent fuyant; et Conrad retourna en la cité vers l'empereur, qui le retint avec lui parce qu'il ne vouloit pas que ceux de la cité dont il avoit tué le parent lui fissent de peine ou de mal, et il se tint avec l'empereur jusqu'à ce qu'il fût temps d'aller au pays d'outre mer pour garder la cité que Dieu lui avoit destinée, afin qu'elle restât aux Chrétiens. Nous laisserons ici Conrad pour parler du roi Baudouin.

L'enfant qui étoit à Acre en la garde du comte Josselin, oncle de sa mère, fut pris de maladie et mourut. Le comte Josselin médita une grande trahison. Il vint au comte de Tripoli, et lui dit qu'il n'allât pas en Jérusalem pour enfouir le corps du roi, et qu'il n'y laissât point aller aucun des barons du pays, mais qu'il falloit bailler le corps aux Templiers pour qu'ils l'emportassent en Jérusalem. Le comte de Tripoli fut assez fou pour croire le conseil de Josselin. Les Templiers portèrent le corps du roi en Jérusalem, et le comte de Tripoli alla à Tibériade. Alors le comte Josselin saisit la cité d'Acre, puis alla à Béryte qui avoit été donnée en gage au comte de Tripoli. Il y entra par trahison, et la remplit de chevaliers et d'hommes d'armes, puis manda à la comtesse de Jaffa,

tuit, et quant le roi son fils seroit enfoui, si saisisse la cité
et la garnisse, et porte corone.

Quant le cuens de Triple sot que le cuens Jocelin l'avoit
ainsi traï, il manda tous les barons de la terre, qu'il venissent à lui à Naples : il i alerent tuit, fors seulement le
conte Jocelin et et le prince Renaut. Le cuens Jocelin ne
voult pas laissier Acre, et la contesse de Jaffe fu en Jerusalem, entre lui et son mari et ses chevaliers, et fit enfouir
son fils le roi; le marquis Boniface son aiel issi, et li patriarche, le maistre du Temple et cil de l'Ospital.

Quant le roi fu enterrés, la contesse de Jaffe vint au
patriarche, et au maistre du Temple et à celui de l'Ospital,
et lor pria qu'il la conseillassent. Le patriarche et le maistre
du Temple li distrent qu'ele ne fust mie à malaise, qu'il la
coroneroient maugré tous ceux de la terre; le patriarche
por l'amor de sa mere, et le maistre du Temple por la
haine qu'il avoit au conte de Triple. Il manderent le conte
Renaut, qui estoit au Crac, qu'il venist en Jerusalem. Il i
vint; lors pristrent conseil que la contesse mandast au conte
de Triple et as barons qu'il venissent à son coronement,
car le royaume li estoit escheu; ele i envoia ses messages.
Li barons respondirent qu'il n'iroient pas, ains i envoierent
deux abez de Cistiaus au patriarche et au maistre du
Temple et de l'Ospital, et defendirent, de par Dieu et de par
l'apostole, qu'il ne coronassent mie la contesse de Jaffe
jusques à tans qu'il auroient conseil de ceux dont il avoient
fait le serement au tans le roi mesel. Li abez alerent en
Jerusalem por faire le message. Le patriarche, le maistre
du Temple distrent qu'il ne tenroient ja foi ne serement,
ains coroneroient la dame. Le maistre de l'Ospital ni vot

mère du roi, qu'elle allât en Jérusalem avec tous ses chevaliers, et que, quand le roi son fils seroit enfoui, elle saisît la cité, y mît garnison et prît la couronne.

Quand le comte de Tripoli sut que le comte de Josselin l'avoit ainsi trahi, il manda à tous les barons du pays qu'ils vinssent le trouver à Naplouse. Ils y allèrent tous, hors seulement le comte Josselin et le prince Renaud. Le comte Josselin ne voulut pas quitter Acre, et la comtesse de Jaffa fut en Jérusalem avec lui, son mari et ses chevaliers, et fit enfouir le roi son fils, et eut avec elle le marquis Boniface son aïeul, le patriarche, le maître du Temple et celui de l'Hôpital.

Quand le roi fut enterré, la comtesse de Jaffa vint au patriarche, aux maîtres du Temple et de l'Hôpital, et les pria qu'ils la conseillassent. Le patriarche et le maître du Temple lui dirent qu'elle ne fût pas en peine, qu'ils la couronneroient malgré tous ceux du pays, le patriarche pour l'amour de sa mère, et le maître du Temple pour la haine qu'il avoit pour le comte de Tripoli. Ils mandèrent au comte Renaud, qui étoit à Krac, qu'il vînt en Jérusalem. Il y vint, et alors ils avisèrent que la comtesse mandât au comte de Tripoli et aux barons qu'ils vinssent à son couronnement, car le royaume lui étoit échu. Elle leur envoya ses messagers ; les barons répondirent qu'ils n'iroient pas, mais envoyèrent deux abbés de Cîteaux au patriarche et aux maîtres du Temple et de l'Hôpital, et défendirent, de par Dieu et de par l'apostole, qu'ils couronnassent la comtesse de Jaffa jusqu'à ce qu'ils eussent pris conseil de ceux à qui ils avoient fait serment de le demander du temps du roi mesel. Les abbés allèrent en Jérusalem pour faire le mes-

onques estre, ains dit que ce seroit contre Dieu et contre lor serement. Lors furent fermées les portes de la cité que nus ni pooit entrer ni issir; car il avoient paor que li barons qui estoient à Naples à douze milles d'iluec, n'entrassent en la cité en dementieres qu'il coroneroient la dame, et qu'il ne meussent meslée. Quant li baron qui estoient à Naples oirent dire que ainsi estoit la cité en Jerusalem fermée com ni pooit entrer ne issir, il vestirent un serjant qui de Jerusalem estoit nés ausi comme moine, et l'envoierent en Jerusalem espier comment la dame porteroit corone. Il i ala, si ne pout entrer parmi la porte. Il vint à la maladerie de Jerusalem qui tient as murs. La avoit une posterne petite, par la on entroit en la cité. Si fit tant vers le maistre de la maladerie, qu'il le mist ens par cele posterne. Si ala au Sepulcre, et fu iluec tant qu'il ot veu et seu ce porquoi l'en li ot envoié. Le maistre du Temple et le prince Renaut prinstrent la dame et la menerent au sepulcre por coroner. Quant la dame vint au Sepulcre, le patriarche demanda au maistre du Temple les cles du tresor où les corones estoient. Cil li bailla, et puis manderent le maistre de l'Ospital qu'il baillast la soue cles; cil respondi qu'il n'en bailleroit point, se n'estoit par le conseil des barons de la terre. Et lors le patriarche, le maistre du Temple, le prince Renaut alerent à li por les cles, mes le maistre se destorna et fu prés de none ains qu'il l'eussent trové. Lors li prierent qu'il lor bailla la clef. Il respondi qu'il ne lor bailleroit pas; tant le prierent et ennuierent qu'il s'aira les cles qu'il tenoit en sa main par paor qu'aucun rendu de la maison ne les prist et les bailla au patriarche; il les geta emmi la maison. Lors les prist le patriarche et alerent au tresor; si en mistrent hors deux corones et les porterent au Sepulcre. Le patriarche en mist l'une sus l'autel, et de l'autre corona la contesse de Jaffe.

sage. Le patriarche et le maître du Temple dirent qu'ils ne tiendroient ni foi ni serment, mais couronneroient la dame. Le maître de l'Hôpital n'y voulut pas être, mais dit que ce seroit contre Dieu et contre leurs sermens. Alors furent fermées les portes de la cité, et nul ne pouvoit ni entrer ni sortir : car ils avoient peur que les barons qui étoient à Naplouse, à douze milles de là, n'entrassent en la cité pendant qu'ils couronneroient la dame, et qu'ils n'élevassent une rixe. Quand les barons qui étoient à Naplouse eurent ouï dire que la cité de Jérusalem étoit ainsi fermée, qu'on ne pouvoit ni y entrer ni en sortir, ils vêtirent un de leurs gens, natif de Jérusalem, d'un habit de moine, et l'envoyèrent en Jérusalem épier le couronnement de la dame. Il y alla, mais ne put entrer par la porte. Il vint à la maladrerie de Jérusalem qui tient aux murailles; là étoit une petite poterne par où l'on entroit dans la cité. Il fit tant que le maître de la maladrerie lui donna entrée par cette poterne. Il alla au Sépulcre, et y demeura jusqu'à ce qu'il eût vu et su ce pourquoi on l'avoit envoyé. Le maître du Temple et le prince Renaud prirent la dame et l'emmenèrent au Sépulcre pour la couronner. Quand la dame vint au Sépulcre, le patriarche demanda au maître du Temple la clef du trésor où étoient les couronnes : il la bailla ; puis ils mandèrent le maître de l'Hôpital pour qu'il baillât aussi sa clef. Il répondit qu'il ne la bailleroit point, si ce n'étoit par le conseil des barons du pays. Lors le patriarche, le maître du Temple et le prince Renaud allèrent à lui pour avoir les clefs ; mais le maître se cacha, et il étoit près de la neuvième heure avant

Quant la contesse fu coronée, le patriarche li dist : « Dame, vous estes fame, il convien que vos aies avec vos qui vostre roiaume vous ait à governer, qui masle soit. Prenés ceste corone et la donné à tel home qui vostre roiaume puisse governer. » Ele prit la corone, si apela son seignor qui devant lui estoit, si li dist : « Sire, venés avant et recevés ceste corone, car je ne sai où je la puisse miex emploier. » Cil s'agenolla devant lui, et cele li mist la corone en la teste. Si fu roi et ele fu roine.

Quant le serjan qui vestu fu de robe de moine vit ce, si s'en retorna par la posterne où il estoit venu. Les malades le mistrent hors, si s'en revint à Naples, la ou li barons estoient, et lor conta tout ce qu'il avoit veu. Quant Baudoin de Rames oi ce que Guy de Liseignen estoit roi de Jerusalem, si dist : « C'est par un convenant qu'il n'en sera pas un an roi; » et il ne fu, car il fu coroné en mi septembre, et perdi terre à la Sainct Martin bouillant qui est devant aost. Lors dit Baudoin au conte de Triple et as autres barons : « Seignors, faites au miex que vous porrés, que la terre est perduë, et je m'en irai hors, porce que je n'en veul avoir blasme ne reproche

qu'ils l'eussent trouvé. Alors ils le prièrent qu'il leur baillât la clef, et il répondit qu'il ne la leur bailleroit pas. Tant le prièrent et le tourmentèrent qu'il se courrouça contre les clefs qu'il tenoit en sa main, de peur que quelque moine de la maison ne les prît et ne les baillât au patriarche, et il les jeta par la maison. Alors le patriarche les prit, ils allèrent au trésor, en tirèrent deux couronnes, et les portèrent au Sépulcre. Le patriarche en mit une sur l'autel, et de l'autre couronna la comtesse de Jaffa.

Quand la comtesse fut couronnée, le patriarche lui dit : « Dame, vous êtes femme, il convient que vous « ayez avec vous un homme qui vous aide à gouverner « votre royaume. Prenez cette couronne, et la donnez « à tel homme qui puisse gouverner votre royaume. » Elle prit la couronne et appela son seigneur qui étoit devant elle ; elle lui dit : « Sire, avancez et re- « cevez cette couronne, car je ne saurois comment la « mieux employer. » Il s'agenouilla devant elle, et elle lui mit la couronne sur la tête. Ainsi il fut roi et elle fut reine.

Quand l'homme qu'on avoit vêtu d'une robe de moine vit cela, il s'en retourna par la poterne par où il étoit venu. Les malades le firent sortir, et il revint à Naplouse, où étoient les barons, et leur conta tout ce qu'il avoit vu. Quand Baudouin de Ramla ouït ceci, que Gui de Lusignan étoit roi de Jérusalem, il dit : « C'est pour gager qu'il ne sera pas un an roi ; » et il ne le fut pas, car il fut couronné à la mi-septembre, et perdit son pays à la Saint-Martin d'été, qui est avant l'août. Alors le comte Baudouin dit au comte de Tripoli et aux autres barons : « Seigneurs, faites du

que j'ai esté à la perdition de la terre ; car je conois tant le roi que ore est à fol et à musart, que par mon conseil ne par le vos il n'en feroit noient, ains vodra ovrer par le conseil de ceux qui riens ne savent ; por ce voiderai le païs. » Lors dist le cuens de Triple : « Sire Baudoin, aies merci de la crestienté, et prenons conseil comment nous porrons la terre guarantir. Nous avons ci la fille le roi Amauri et son baron Honfroi[1] ; nous irons en Jerusalem, si le coronerons, car nous avons la force de tous les barons et du maistre de l'Ospital, fors du prince Renaut qui est avec le roi en Jerusalem. J'ai trives a Sarazins, et aurai tant com si voudrai, ne ne seront grevés par eux, ains nos aideront si mestier en avons. » Ainsi s'accorderent tuit et creanterent qu'il coroneroient lendemain Honfroi, et quant Honfroi sot que l'en le vout coroner, si se pensa qu'il ne porroit soffrir la paine de garder le roiaume, à la nuitier monta il, et si chevalier, si entrerent tant qu'il vindrent en Jerusalem. Mes à lendemain, quant li barons furent appareillé et il vodrent Honfroi coroner, il oirent dire qu'il s'en estoit alé en Jerusalem. Quant Honfroi vint en Jerusalem devant la roine que seror il avoit, il la salua, mais ele ne le salua mie, parce qu'il ot esté contre lui et n'avoit pas esté à son coronement. Il commença à grater sa teste aussi comme li enfes honteux, et dist : « Dame, je n'en puis mes, com me voloit faire roi maugré mien, si m'en sui ça fui. — Puisque vous ainsi l'avez fait, dit la roine, je vous pardoins mon mautalent, mes faites homage au roi. » Lors fist homage au roi, et remest avec la roine en Jerusalem. Quant le cuens de Triple et li baron qui à Naples estoient sorent que Honfroi s'en estoit fui en Jerusalem, mult en furent dolens, ne ne sorent que faire. Lors distrent au conte de Triple : « Sire, conseillés-nous du

[1] Honfroi de Toron venait d'épouser Isabelle, seconde fille d'Amaury.

« mieux que vous pourrez; le pays est perdu, et je
« m'en irai parce que je ne veux pas avoir le blâme et
« reproche que j'aie assisté à la perte du pays, car je
« connois si bien le roi de maintenant pour fou et
« musard, qu'il ne fera rien par mon conseil ni par
« les vôtres, mais voudra agir par le conseil de ceux
« qui ne savent rien, et pour cela je veux vider le
« pays. » Alors le comte de Tripoli lui dit : « Sire Bau-
« douin, aiez pitié de la chrétienté, et avisons com-
« ment nous pourrons garantir le pays. Nous avons
« ici la fille du roi Amauri et son mari le baron
« Honfroi; nous irons en Jérusalem et le couronnerons,
« car nous avons pour nous tous les barons et le
« maître de l'Hôpital, hors le prince Renaud qui
« est avec le roi en Jérusalem. J'ai une trève avec les
« Sarrasins, et l'aurai tant que je voudrai ; ils ne nous
« tourmenteront pas, mais nous aideront si nous en
« avons besoin. » Ainsi ils s'accordèrent tous et s'engagèrent à couronner le lendemain Honfroi ; mais quand
Honfroi sut qu'on vouloit le couronner, il pensa
qu'il lui faudroit prendre, pour garder la couronne,
plus de peine qu'il ne pourroit en souffrir. A la nuit
il monta à cheval avec ses chevaliers, et ils allèrent
tant qu'ils vinrent en Jérusalem. Quand le lendemain
les barons furent prêts et voulurent couronner Honfroi, on leur dit qu'il étoit allé en Jérusalem. Quand
Honfroi fut en Jérusalem devant la reine, qui étoit
sa sœur, il la salua, mais elle ne le salua pas, parce
qu'il avoit été contre elle et n'étoit pas venu à son couronnement : il commença à se gratter la tête comme les
enfans honteux, et dit : « Dame, je n'en puis mais.
« Comme on vouloit me faire roi malgré moi, je me

serment que le roi mesiaus nous fist faire, car nos ne volons faire chose où nous aions blasme ne reproche. « Le cuens loa qu'il tenissent le serement qu'il avoient fait. Li barons pristrent conseil et distrent au conte : « Sire, puisqu'ainsi est qu'il a roi en Jerusalem, nos ne poons regnier contre lui que blasme ni aions; si vous prions que vous ne nous en sachiés maugré, mes alés à Tabarie, soiens iluec, et nous irons au roi faire nos homages, et toute l'aide que nous porrons vous ferons, sauves nos honors, et porchaceron que tous les coustremens que vous avés mis en la terre dont le roi mesiaus vous mist Barut en gages, que vous les r'aurés. » A cest conseil ne vout pas estre Baudoin de Rames.

Quant le cuens de Triple vist que les barons li estoient tous a faillis, si s'en vint à Tabarie et li barons alerent en Jerusalem faire les homages au roi, fors seulement Baudoin de Rames, mes il y envoya un sien fil jone, et dist as barons qu'ils priassent le roi qu'il mist son fil en saisine de la terre et prist son homage. Quant li baron orent fait homage au roi, ils li prierent du fil Baudoin de Rames qu'il le mist en saisine de la terre son pere et receust son homage. Le roi respondi que en saisine de la terre ne le

« suis enfui. — Puisque vous l'avez fait ainsi, dit la
« reine, je n'ai plus de mauvais vouloir contre vous,
« mais faites hommage au roi. » Lors il fit hommage au roi, et demeura avec la reine en Jérusalem.
Quand le comte de Tripoli et les barons qui étoient à
Naplouse surent que Honfroi s'étoit enfui en Jérusalem, ils en furent très-dolens et ne surent que faire.
Ils dirent au comte de Tripoli : « Sire, conseillez-nous
« touchant le serment que nous a fait faire le roi me-
« sel, car nous ne voulons rien faire qui nous attire
« blâme et reproche. » Le comte leur conseilla qu'ils
tinssent ce serment qu'ils avoient fait. Les barons prirent conseil et dirent au comte : « Sire, puisqu'il y a
« un roi en Jérusalem, nous ne pouvons le renier
« sans blâme; nous vous prions donc de ne pas nous en
« savoir mauvais gré; mais allez à Tibériade, demeu-
« rez-y, et nous irons rendre hommage au roi et vous
« donnerons toute l'aide que nous pourrons, nos fiefs
« sauvés; et nous nous efforcerons que vous soient
« rendus tous les dépens que vous avez faits pour le
« pays, et pourquoi le roi mesel vous a donné Bé-
« ryte en gage. » Baudouin de Ramla ne voulut pas
être de cet avis.

Quand le comte de Tripoli vit que les barons lui
défailloient tous, il s'en vint à Tibériade et les barons
s'en vinrent en Jérusalem rendre hommage au roi, hors
seulement Baudouin de Ramla; mais il y envoya un sien
jeune fils, et dit aux barons qu'ils priassent le roi de
mettre son fils en possession de la terre et de recevoir
son hommage. Quand les barons eurent fait hommage
au roi, ils le prièrent qu'il mît le fils de Baudouin de
Ramla en possession des biens de son père, et reçût

metroit il pas, ne son homage ne recevroit il pas, jusque le pere li auroit fait homage, et lors il i avoit bon conseil de mettre le fil en saisine de la terre. Et bien seeust Baudoin que s'il ne li faisoit hommage, il saisiroit sa terre. Quant Baudoin entendist qu'il li convenoit faire homage au roi Guion, il fu mult dolent. Il vint devant le roi, si ne le salua pas, ains dist : « Roi Gui, je vous fais homage, comme cil qui de vous ne voudra tenir terre. » Ainsi fit Baudoin de Rames son homage au roi, mais il ne le baisa pas, ains fist son fil revestir de la terre et faire son homage. Lors s'en issi et bailla à Beleen Dibelim son frere son fil à garder tote sa terre, puis print congié et s'en parti, dont ce fut grant domage à la terre; mes mult en furent les Sarazins lie, car il le doutoit plus que baron de la terre li et son frere Beleen; si chevalier le convoierent tant qu'il fust hors du pooir le roi. Il prist congié à Beleen son frere et as autres chevaliers, et s'en ala au prince d'Antioche qui bien le receut, et fu mult lie de sa venuë, et li donna li tant de terre qu'il n'avoit laissié. Or lairon ci de Baudoin de Rames, et dirons du roi Gui qui demores estoit en Jerusalem.

Le roi Gui prit conseil au maistre du Temple qu'il porroit faire du conte de Triple, qu'il ne li voloit faire homage. Cis li conseilla qu'il semonsist ses os et alast aseoir Tabarie. Quant le cuens de Triple sout que le Roi avoit semons ses os por venir sus lui, il ne fu pas lie. Lors manda à Salahadin qui sires estoit de Damas, que le roi Gui avoit assemblé ses os por venir sus lui, si li prioit que, s'il avoit

son hommage. Le roi répondit qu'il ne le mettroit pas en possession de la terre et ne recevroit pas son hommage jusqu'à ce que le père lui eût fait hommage, et qu'alors il seroit sage de mettre le fils en possession de la terre ; et Baudouin sut bien que s'il ne lui faisoit pas hommage il saisiroit sa terre. Quand Baudouin apprit qu'il lui falloit faire hommage au roi Gui, il en fut très-dolent ; il vint devant le roi, mais ne le salua pas, et dit : « Roi Gui, je vous fais hommage comme un homme « qui ne veut pas tenir de terres de vous. » C'est ainsi que Baudouin de Ramla fit son hommage au roi, mais il ne le baisa pas. Il fit ensuite investir son fils de la terre, et lui fit faire son hommage, puis il s'en alla et laissa à son frère Balian d'Ibelin son fils à garder, ainsi que toute sa terre, puis prit congé et s'en partit, ce qui fut grand dommage pour le pays ; mais les Sarrasins en furent fort joyeux, car ils le redoutoient, lui et son frère Balian, plus qu'aucun des barons du pays. Ses chevaliers lui firent escorte jusqu'à ce qu'il fût hors du pouvoir du roi. Il prit congé de Balian son frère et des autres chevaliers, et s'en alla au prince d'Antioche qui bien le reçut et fut très-joyeux de sa venue, et lui donna autant de terres qu'il en avoit laissé. Ici cesserons-nous de parler de Baudouin de Ramla pour nous occuper du roi Gui qui étoit demeuré en Jérusalem.

Le roi Gui demanda conseil au maître du Temple sur ce qu'il pourroit faire touchant le comte de Tripoli qui ne vouloit pas lui faire hommage. Le maître du Temple lui conseilla d'assembler son armée et d'aller assiéger Tibériade. Quand le comte de Tripoli sut que le roi avoit assemblé son armée pour lui venir sus, il ne fut pas content ; alors il manda à Saladin,

mestier de s'aider, qu'il le secorust. Salahadin li envoia chevaliers et serjans à armes assés, et li manda que, si le roi l'asseoit au matin, il le secorroit au vespre. Lors manda Salahadin ses os et les assembla à Belinas [1], une cité qui est à cinq lieues de Tabarie. Le roi Gui, qui ot assemble ses os à Nazareth, fu mult pensis. Beleen Dibelim vint à lui, si li dist : « Sire, porquoi avés vous cest ost assemblé? Où volez vous aler? Il n'est mie tans de tenir ost contre yver. » Le roi li dist qu'il voloit aseoir Tabarie. « Par quel conseil, Sire, dit Beleen, volez vous ce faire? Cist conseul est mauvés, ne onques sage home tel conseul ne vous dona, et sachiés, Sire, que par mon conseil ne par le conseil de vos barons, importerés vous ja les pies, qu'il a grand chevalerie dedens Tabarie de Crestiens et de Sarazins, et vous avés poi de geans por eus aseoir. Si sachiés, se vous i alés, que ja pie n'en eschapera, et sitost com vous l'aurez asegié, Salahadin le secorra à tot grant gent. Mes departée cest ost, et moi et aucuns de vos barons irons au conte de Triple, si ferons pes entre vos et li, se nous poons, car la haine ni est pas bone. » Le roi crut son conseil, si departi ses os et envoia à Tabarie ses messages.

Quant ils vindrent au conte, il parlerent de pes. Le cuens lor respondi que nulle pes il ne feroit devant qu'il seroit resaisi de ce dont l'en l'avoit desaisi; mes se l'on l'en resaisissoit, il

[1] Panéade.

sire de Damas, que le roi Gui avoit assemblé son armée pour lui venir sus, et qu'il le prioit, s'il avoit besoin d'aide, qu'il lui donnât secours. Saladin lui envoya beaucoup de chevaliers et d'hommes d'armes, et lui manda que, si le roi l'assiégeoit au matin, il le secourroit au soir. Alors Saladin manda ses armées et les assembla à Bélinas, une ville qui est à cinq lieues de Tibériade. Le roi Gui, qui avoit assemblé ses armées à Nazareth, étoit très-pensif; Balian d'Ibelin vint, et lui dit : « Sire, pourquoi avez-vous assemblé cette armée? « Où voulez-vous aller? Il n'est pas temps de tenir une « armée sur pied en hiver. » Le roi lui dit qu'il vouloit assiéger Tibériade. « Par quel conseil, Sire, lui « dit Balian, voulez-vous faire cela? ce conseil est mau- « vais, et jamais homme sage ne vous donna un con- « seil semblable; et sachez, Sire, que ce n'est ni par « mon conseil ni par les conseils de vos barons que « vous avancerez plus loin. Il y a dans Tibériade une « grande quantité de chevaliers chrétiens et sarrasins, « et vous n'avez pour les assiéger que peu de gens ; sa- « chez que, si vous y allez, personne n'en échappera, « et que, sitôt que vous l'aurez assiégée, Saladin la se- « courra avec une grande troupe. Renvoyez cette ar- « mée ; et moi et quelques-uns de vos barons nous « irons au comte de Tripoli, et ferons, si nous pou- « vons, la paix entre vous et lui, car la haine n'y est « pas bonne. » Le roi crut son conseil, sépara son armée, et envoya des messagers à Tibériade.

Quand ils vinrent au comte, ils parlèrent de paix ; le comte leur répondit qu'il ne feroit aucune paix jusqu'à ce qu'on l'eût ressaisi de ce dont on l'avoit dépouillé ; mais que, si on l'en ressaisissoit, il feroit tant

feroit tant que le roi et li baron li en sauroient bon gré. Li messages retornerent au roi et li conterent ce qu'il avoit trové. A tant demora li affaire tot l'iver jusques à la Pasque. Lors oï dire le roi Gui que Salahadin assembloit ses ost por entrer en sa terre. Si manda les arcevesques, les evesques, qu'il venissent à lui en Jerusalem. Quant il furent venus, si lor demanda conseil qu'il feroit de Salahadin qui assembloit ses ost por venir sus lui. Li baron li loerent qu'il s'acordast au conte de Triple; car autrement il ne se porroit pas tenir contre les Sarazins; car le cuens de Triple avoit grant trives a Salahadin, et estoit sage home et bon chevalier, et s'il estoit bien de lui et il voloit croire son conseil, petit porroit douter les Sarazins, et il avoit perdu les meillors chevaliers de la terre, ce estoit Baudoin de Rames, et s'il perdoit l'aide du conte de Triple, i paravoit tot perdu. Le roi repondi que volantiers feroit pes à lui, et s'accorderoit à ce qu'il l'en loeroient en bonne foi. Lors dit au maistre du Temple et à l'arcevesque de Sur, et à Beleen Dibelim et à Renaut de Sajete, qu'il alassent au conte de Triple por faire pes, et tel pes comme il feroient il tenroit. Lors vinrent li trois, et s'en alerent la nuit gesir à Naples. Renaut de Sajete ala un autre chemin. La nuit dist Beleen à ses compagnons que lendemain estoit la jornée de gesir à La Feuë [1], et il demoroit à Naples, où il avoit à faire un poi, et se hasteroit tant qu'il les acouseroit lendemain.

Ci vous lairons un poi des messages, et vous dirons d'un

[1] Il faut lire probablement *Saphet* ou *Zephet*, petite ville entre Naplouse et Tibériade.

que le roi et les barons seroient contens de lui. Les messagers revinrent au roi et lui contèrent ce qu'ils avoient trouvé. L'affaire demeura ainsi tout l'hiver jusqu'à Pâques. Alors le roi Gui ouït dire que Saladin assembloit son armée pour entrer en son pays. Il manda aux archevêques et aux évêques qu'ils vinssent à lui en Jérusalem. Quand ils furent venus, il leur demanda conseil touchant ce qu'il devoit faire à cause que Saladin assembloit son armée pour venir sur lui. Les barons lui conseillèrent de s'accorder avec le comte de Tripoli, et qu'autrement il ne pourroit pas tenir contre les Sarrasins, car le comte de Tripoli avoit trève avec les Sarrasins; il étoit homme sage et bon chevalier, et si le roi étoit bien avec lui et vouloit suivre ses conseils, il pouvoit ne pas craindre beaucoup les Sarrasins; mais il avoit perdu le meilleur chevalier du pays, à savoir Baudouin de Ramla, et s'il perdoit l'aide du comte de Tripoli, ils prévoyoient que tout étoit perdu. Le roi répondit qu'il feroit volontiers la paix avec lui et s'accorderoit à ce qu'ils lui conseilleroient de bonne foi. Alors il dit au maître du Temple, à l'archevêque de Tyr, à Balian d'Ibelin et à Renaud de Sidon, qu'ils allassent au comte de Tripoli pour faire la paix, et que telle paix qu'ils feroient avec lui il la tiendroit. Les trois premiers partirent et allèrent cette nuit coucher à Naplouse. Renaud de Sidon passa par un autre chemin. Le soir Balian dit à ses compagnons qu'on devoit coucher le lendemain à Saphet, mais qu'il demeuroit à Naplouse où il avoit un peu affaire, et qu'ensuite il se hâteroit tant qu'il les joindroit le lendemain.

Nous négligerons ici un peu les messagers pour vous

4.

des fils Salahadin qui nouvelement à Doubes ¹ estoit. Il manda au conte de Triple que lendemain le laissast entrer en la terre des crestiens parmi sa terre por faire une course. Quant le cuens oi ce, il fu mult dolent, et pensa que, s'il l'en escondisoit, il doutoit perdre l'aide et le conseil son pere Salahadin, et s'il li ottroioit, grant honte et grant blasme en auroit de la crestienté. Aprés se pensa qu'il en garniroit si les Crestiens qu'il ni perdroient noient, ne le fils Salahadin maugré ne l'en sauroit. Lors manda au fils Salahadin que bien li donnoit congié d'aler parmi sa terre et d'entrer en la terre as Crestiens, par tel convenant qu'il au soleil levant passeroit le flun, et dedens soleil cochant le repasseroit arriere; ne guident ² dedens ville ne dedens maison riens ne prendroit ne damage ne feroit. Ainsi le creanta le fils Salahadin, et lendemain par matin passa le flun, et vint par devant Tabarie, et entra en la terre des Crestiens. Le cuens de Triple fit fermer les portes de Tabarie, que cil dedens ni fissent hors pour eux faire damage. Le cuens savoit ja bien que les messages au roi Gui venoient à lui. Por ce fist faire lettres et les envoia à un chevalier de la terre qui estoit à Nazareth en garnison et autres avec lui, et par tot où il savoit que li Turc devoient aler, que por chose que il veissent celui jor ne se meussent de lor villes, ne de lor maisons; car li Turc devoient entrer en la terre, et s'il se tenoient coi il n'auroient garde, mais s'il issoient hors à champ, l'en les prendroit tous et occiroit. Aprés envoia au chastel de la Feuë la où li messager le roi estoient, que lendemain ne se meussent.

---

¹ Il faut lire probablement : *à Damas*. — ² Lisez: *en guidant*.

parler d'un des fils de Saladin qui étoit nouvellement
à Damas. Il manda au comte de Tripoli que le lendemain il le laissât entrer aux terres des Chrétiens en
passant sur sa terre pour faire une course. Quand le
comte ouït ceci, il fut très-fort dolent, et pensa que, s'il
refusoit le fils de Saladin, il avoit à craindre de
perdre l'aide et le conseil de son père, et que s'il lui
octroyoit sa demande, il en auroit grande honte et
grand blâme parmi la chrétienté ; mais après il pensa
qu'il en garantiroit si bien les Chrétiens qu'ils n'y perdroient rien, et que le fils de Saladin ne lui en sauroit
mauvais gré. Alors il manda au fils de Saladin que
bien lui donnoit-il congé de passer à travers sa terre
et d'entrer au pays des Chrétiens, à condition qu'il passeroit le fleuve au soleil levant et le repasseroit avant
le soleil couchant, et que pendant ce temps à ceux qui
seroient dedans ville et dedans maison rien ne prendroient et ne feroient aucun dommage. Ainsi le promit
le fils de Saladin ; et le lendemain de grand matin il
passa le fleuve, vint par devant Tibériade et entra
aux terres des Chrétiens. Le comte de Tripoli fit fermer
les portes de Tibériade afin que ceux qui étoient dedans ne sortissent pas, de peur qu'il ne leur arrivât
dommage. Le comte savoit déjà bien que les messagers
du roi Gui venoient à lui ; pour cela il fit faire des
lettres et les envoya à un chevalier du pays qui étoit
en garnison à Nazareth et d'autres avec lui ; et partout
où il savoit que les Turcs devoient aller il manda que,
quelque chose qu'on vît ce jour-là, personne ne sortît
ni des villes ni des maisons, car les Turcs devoient
entrer en la terre, et ceux qui se tiendroient cois n'auroient rien à craindre, mais s'ils sortoient dans les

Quant le maistre du Temple oï que li Sarrazin devoient entrer en la terre lendemain, il envoia batan à un covent du Temple, qui estoit à quatre milles prés d'iluec, à une ville qui a nom Caco, et lor manda que sitost com il verroient ses lettres, montassent et venissent à li, car lendemain par matin devoient entrer li Sarrazin en la terre. Si tost com li covent oï le mandement du maistre, il monterent et vindrent à lui ains qu'il fust mie nuit, et se logerent devant le chastel, à lendemain matin murent et alerent à Nazareth. Li chevalier de la garnison de la Feuë estoient quatre-vingt et dix, que du Temple que de l'Ospital, et pristrent à Nazareth quarente chevalier qui estoient en garnison laïens de par le roi. Il se partirent de Nazareth et alerent bien sept milles avant envers Tabarie, et troverent les Sarrazins à une fontaine qui a nom la fontaine du Creson. Car il estoient jà retorné jusqu'à le port por passer le flun, et por rentrer en lor terre, sans ce qu'il eussent fait nul damage as Crestiens; car li Crestien s'estoient si gardé com le cuens de Triple lor avoit mandé. Los se feri le maistre du Temple et cil qui avec lui estoient es Sarrazins. Li Turc les receurent hardiement et les enclostrent, si que les Crestiens ne parurent entre eus. Car les Turc estoient bien sept mil et li Crestiens n'estoient que sept vingt. La fu occis le maistre de l'Ospital, et tuit les chevaliers du Temple et de l'Ospital ausi, fors solement le maistre du Temple qui s'en eschapa, soi tiers de chevaliers, et li quarente chevaliers qui estoient à Nazareth en garnison de par le Roi furent tuit occis. Quan li escuier du Temple et de l'Ospital virent que lor maistres s'estoient feris entre

champs, on les prendroit et on les tueroit tous; puis il envoya au château de Saphet où étoient les chevaliers du roi pour leur mander qu'ils ne se missent pas en route le lendemain.

Quand le maître du Temple sut que les Sarrasins devoient entrer le lendemain dans le pays, il envoya son courrier à un couvent du Temple qui étoit à quatre milles de là, dans une ville nommée Caco, et leur manda que, sitôt qu'ils verroient cette lettre, ils montassent à cheval et vinssent à lui, car le lendemain matin les Sarrasins devoient entrer dans le pays. Sitôt que le couvent eut reçu l'ordre du maître, ils montèrent à cheval et vinrent à lui avant qu'il fût nuit, et s'hébergèrent devant le château, puis le lendemain matin se mirent en marche et allèrent à Nazareth. Les chevaliers de la garnison de Saphet étoient quatre-vingt-dix, tant du Temple que de l'Hôpital; ils prirent à Nazareth quarante chevaliers qui y étoient en garnison pour le roi; ils partirent de Nazareth, et firent bien sept milles vers Tibériade, et trouvèrent les Sarrasins à une fontaine qui a nom la fontaine du Cresson, car ils étoient déjà retournés jusqu'au pont pour repasser le fleuve et rentrer dans leur pays, sans avoir fait nul dommage aux Chrétiens, parce que les Chrétiens s'étoient gardés comme le comte de Tripoli le leur avoit mandé. Alors le maître du Temple et ceux qui étoient avec lui en vinrent aux coups avec les Sarrasins. Les Turcs les reçurent vaillamment et les entourèrent, en sorte que les Chrétiens ne paroissoient pas au milieu d'eux, car les Turcs étoient bien sept mille, et les Chrétiens étoient sept vingts. Là fut tué le maître de l'Hôpital et aussi tous les cheva-

les Sarasins, et qu'il en avoient le pejor, si tornerent en fuce à tot lor hernois, si que du hernois as Crestiens ni ot noient perdu.

Or vous dirai que le maistre du Temple fist quand il passa Nazareth tot deconfit. Il envoia à Nazareth un serjant, et fist crier parmi la cité que tuit cil qui armes porroient porter alassent aprés lui au gaaing, car il avoit les Turcs desconfis. Cil le suirent et s'en issirent tuit de Nazareth qui aler pooient, et corurent tant qu'il vindrent la où la bataille avoit esté. Si troverent les Crestiens mors et desconfis. Li Turc lor corurent sus et les pristrent tous.

Quand li Coredin le fils Salahadin ot nos Crestiens desconfis et occis à l'aide de ses Turcs, il mist les testes des chevaliers du Temple et de l'Ospital et les fist atachier à Turcs sus les fers de lor lances; si emmenerent les prisoniers liés, et passerent en cette maniere pardevant Tabarie. Quant cil de Tabarie virent que les Crestiens avoient esté desconfis, et que li Turc emportoient lor testes sus lor lance, et amenoient les autres pris et liés honteusement, trop orent grant duel. Ainsi passa le fils Salahadin au soleil levant le flun, et le repassa dedens le soleil cochant. Bien tint au comte de Triple son convenant; car onques en chastel ne en maison ne en ville ne fist mal ne damages, fors de ceux qu'il trovent à chans. Cele bataille fu

liers du Temple et de l'Hôpital, hors seulement le maître du Temple qui s'en échappa, lui troisième de chevaliers; et les quarante chevaliers qui étoient en garnison pour le roi à Nazareth furent tous tués. Quand les écuyers du Temple et de l'Hôpital virent que leurs maîtres étoient aux mains avec les Sarrasins et qu'ils avoient du pire, ils se mirent en fuite avec tout le bagage, si bien que du bagage des Chrétiens il n'y eut rien de perdu.

Or je vous dirai ce que fit le maître du Temple quand il passa à Nazareth tout déconfit. Il envoya à Nazareth un homme d'armes, et fit crier par la cité que tous ceux qui pourroient porter les armes vinssent après lui au butin, parce qu'il avoit déconfit les Turcs. Tous ceux qui le pouvoient le suivirent, sortirent de Nazareth, et coururent jusqu'à l'endroit où avoit été la bataille. Ils y trouvèrent les Chrétiens morts et déconfits; les Turcs leur coururent sus et les prirent tous.

Quand le fils de Saladin eut occis et déconfit nos Chrétiens à l'aide de ses Turcs, il mit les têtes des chevaliers du Temple et de l'Hôpital et les fit attacher sur les fers des lances des Turcs. Ils emmenèrent les prisonniers liés, et passèrent de cette manière devant Tibériade. Quand ceux de Tibériade virent que les Chrétiens avoient été déconfits, et que les Turcs en emportoient les têtes sur leurs lances et emmenoient les autres pris et liés honteusement, ils eurent une très-grande douleur. Ainsi le fils de Saladin passa le fleuve au soleil levant, et le repassa au soleil couchant. Il tint bien au comte de Tripoli ses conventions, car il ne fit, ni en château, ni en mai-

à un vendredi en l'an de l'incarnation de nostre Seignor mil cent et quatre-vingt et dix, le jor de la feste S. Jacques et S. Phelippe, le premier jor de may.

Or vous dirons de Beleen qui à Naples estoit remes. Quand vint à la nuitier, Beleen, si com il avoit en covent au maistre du Temple et de l'Ospital, mut de Naples por aler après eus. Quant il ot erre deux milles, il vint à une cité qui a nom le Sabat. Il se pensa qu'il estoit beau jor, et qu'il n'iroit avant jusque qu'il auroit oi messe. Il torna à la maison l'evesque, si le fist lever, et parlerent tant ensemble que la guete corna le jor. Lors fist l'evesque revestir un sien chapelain qui li chanta. Quant Beleen ot oi messe si s'en ala grant à l'eure, tant qu'il vint au chastel de la Feuë. La trova hors du chastel les tentes au covent de Caco tendues, et ni avoit nulli qui li deist que ce pooit estre. Lors fist un sien vaslet entrer dedens le chastel por enquerre quest ce que pooit estre. Le vaslet entra à chastel, ne nulli trova qui novelles li deist de ce qu'il queroit, fors que deus malades qui gesoient en une chambre, cil ne l'en sorent riens dire. Cil revint à son seignor et dist qu'il n'avoit trové qui riens li en seust dire. Lors alerent vers Nazareth. Quant il orent un poi esloingnié du chastel de la Feuë, un frere du Temple s'en issi à cheval et vint grant erre jusques à eux. Beleen li demanda queles novelles. Il dist : Mauvaises ; et lors li conta comment le maistre de l'Ospital avoit le chief coupé, ne de tous les freres du Temple n'estoient eschapés que trois, le maistre du Temple et deus autres, et les chevaliers que le roi avoit laissiés en garnison en Nazareth estoient tuit pris et occis. Quant Beleen oi ces novelles, mult ot grant duel. Il envoia un serjant ariere à Naples à la roine sa feme dire ces no-

son, ni en ville, aucun dommage, mais seulement à ceux qu'il trouva aux champs. Cette bataille fut un vendredi, l'an de l'incarnation de notre Seigneur 1190, le jour de la fête de saint Jacques et saint Philippe, le premier jour de mai [1].

Maintenant nous vous parlerons de Balian qui étoit retourné à Naplouse. A l'entrée de la nuit, Balian, comme il en étoit convenu avec le maître du Temple et de l'Hôpital, sortit de Naplouse pour aller après eux. Quand il eut fait deux milles, il vint à une cité qui a nom le Sabat. Il pensa qu'il étoit jour de fête et qu'il n'iroit pas plus avant sans avoir ouï la messe. Il se tourna donc vers la maison de l'évêque, le fit lever, et ils parlèrent ensemble jusqu'à ce que la sentinelle sonnât le jour. Alors l'évêque fit habiller un de ses chapelains, qui lui chanta la messe. Quand Balian eut ouï la messe il s'en alla grand train jusqu'à ce qu'il arrivât au château de Saphet ; là il trouva hors du château les tentes du couvent de Caco tendues, et personne pour lui dire ce que pouvoit être ; alors il fit entrer dans le château un sien valet pour s'enquérir de ce qu'il en pouvoit être. Le valet entra au château et n'y trouva personne pour lui donner nouvelle de ce qu'il demandoit, hors deux malades couchés dans une chambre qui ne purent lui en rien dire. Il revint à son seigneur, et lui dit qu'il n'avoit trouvé personne qui lui en sût rien dire : alors ils allèrent vers Nazareth. Quand ils se furent un peu éloignés du château de Saphet, un frère du Temple en sortit à cheval, et vint en grande hâte jusqu'à eux. Balian lui demanda quelles nouvelles ; il dit : « Mau-

[1] Ce combat eut lieu le 1er mai 1187 et non 1190.

veles et quele commandast que tous les chevaliers de Naples venissent à lui à Nazareth. Prés d'iluec rencontra les escuiers et le hernois à chevaliers du Temple, qui eschappés estoient de la deconfiture. Et saches que si Beleen ne fust torné au Sabat por oir messe, il fust bien venu à point à la bataille. Quand il fu venu à Nazareth, il oi si grant duel par la cité por ceus qui avoient esté mors et pris en bataille, que poi i avoit de maisons dont il n'i eust de mors et de pris. La trova le maistre du Temple qui eschapé estoit. Iluec attendi Beleen ses chevaliers tant qu'il vindrent; quand il furent venus il fist savoir au conte de Triple qui estoit à Tabarie, qu'il demoroit à Nazareth. Quant le cuens de Triple oi que Beleen n'avoit mie esté à la bataille, si en fu mult lie. A lendemain li envoia cinquante chevaliers por li conduire. Beleen demanda au maistre du Temple comment cele bataille avoit esté. Il dist que bien si estoient les Crestiens proüé et mult avoit occis de Sarrazins et desconfis les eussent, quant un embuschement qu'il avoient en une montaigne les enclostrent, par quoi il furent desconfis. Lors envoierent la où la bataille avoit esté por les cors des chevaliers enfoüir, et les enfouirent et lendemain murent l'arcevesque de Sur, Beleen Dibelim et le maistre du Temple, por aler à Tabarie. Quant il vindrent fors la cité, le maistre du Temple retorna, pource qu'il ne pout chevauchier. Beleen et l'arcevesque alerent à Tabarie. Quant le cuens sot qu'il venoient, il ala encontre mult dolent de l'aventure qui s'y estoit avenuë le jor devant, et tot par l'orgueil au maistre du Temple. Il les receut hautement et les mena à son ostel. Lors conterent cil lor message. Le cuens lor dist qu'il estoit mult dolent et honteux de l'aventure qui avenuë estoit, et quant qu'il atireroient entr'eus, il feroit, car

« vaises, » et lui conta comment le maître de l'Hôpital avoit eu la tête coupée, et que, de tous les frères du Temple, il n'en étoit échappé que trois, le maître du Temple et deux autres, et que les chevaliers que le roi avoit laissés à la garde de Nazareth étoient tous pris et occis. Quand Balian ouït ces nouvelles il en eut très-grande douleur. Il envoya un messager à Naplouse à la Reine sa femme pour lui dire ces nouvelles, et qu'elle commandât que tous les chevaliers qui étoient à Naplouse vinssent à lui à Nazareth. Près de là il rencontra les écuyers et le bagage des chevaliers du Temple qui étoient échappés de la déconfiture ; et sachez que si Balian ne se fût détourné au Sabat pour ouïr la messe, il seroit arrivé juste au moment de la bataille. Quand il fut venu à Nazareth, il trouva un si grand deuil par la ville pour ceux qui avoient été tués et pris dans la bataille, qu'il y avoit peu de maisons où il n'y en eût de tués et de pris. Là il trouva le maître du Temple qui étoit échappé. Balian y attendit ses chevaliers, et quand ils furent venus il fit savoir, à Tibériade, au comte de Tripoli qu'il s'étoit arrêté à Nazareth. Quand le comte de Tripoli ouït que Balian n'avoit pas été à la bataille, il en fut très-joyeux, et le lendemain lui envoya cinquante chevaliers pour le conduire. Balian demanda au maître du Temple comment avoit été la bataille. Il lui dit que les Chrétiens avoient bien fait des prouesses et occis beaucoup de Sarrasins, et qu'ils les eussent déconfits, mais qu'une embuscade que les Sarrasins avoient dans la montagne vint les entourer, et que par là ils furent défaits. Alors ils envoyèrent où avoit été la bataille, pour enfouir les corps

il savoit bien qu'il ne le mesconseilleroient mie. Il li distrent qu'il meist les Sarazins hors de la cité et venist au roi, et tot aussi comme il s'estoit mis en eus, si estoit mis le roi de la pes faire. Le cuens si accorda bien ; lors envoyerent un message batant au roi, et li firent à savoir qu'il amenoient le conte avec eus.

Quant le roi oi ces novelles mult en fu lie. Il s'esmut de Jerusalem où il estoit, et ala encontre le conte de Triple ; si qu'il s'entreencontrerent devant un chastel que l'en claime Saint Job, et de si loing com le roi vit le conte, il descendi à pié et ala contre lui. Quant le cuens vit qu'il estoit descendu, il descendi ausi et vint contre lui. Quant l'un fut prés de l'autre, le cuens s'agenouilla devant le roi. Le roi l'enleva et le baisa, puis retournerent à Naples. La prit le roi conseil au conte de Triples et as autres barons qu'il feroit. Le cuens li loa qu'il semonsist ses os et les ajousta à la

des chevaliers, et ils les enfouirent; et le lendemain l'archevêque de Tyr, Balian d'Ibelin et le maître du Temple partirent pour aller à Tibériade; mais quand ils furent hors de la cité, le maître du Temple y retourna parce qu'il ne pouvoit aller à cheval. Balian et l'archevêque allèrent à Tibériade. Quand le comte sut qu'ils venoient il alla à leur rencontre, bien dolent de l'aventure qui étoit arrivée le jour précédent, et le tout par l'orgueil du maître du Temple. Il les reçut avec grand honneur et les mena à son hôtel. Alors ils lui contèrent leur message. Le comte leur dit qu'il étoit très-fort honteux et dolent de l'aventure qui étoit arrivée, et que ce qu'ils décideroient entre eux il le feroit, car il savoit bien qu'ils ne lui donneroient pas de mauvais conseils. Ils lui dirent qu'il mît les Sarrasins hors de sa cité et vînt vers le roi, car de même comme il s'étoit remis à eux, le roi s'y étoit remis aussi pour faire la paix. Le comte y consentit bien, et alors ils envoyèrent par courrier un message au roi, et lui firent savoir qu'ils amenoient le comte avec eux.

Quand le roi ouït ces nouvelles, il en fut très-joyeux. Il partit de Jérusalem, où il étoit, et alla à la rencontre du comte de Tripoli. Ils se rencontrèrent devant un château que l'on nomme Saint-George; et d'aussi loin que le roi vit le comte il descendit à pied et alla vers lui. Quand le comte vit qu'il étoit descendu il descendit aussi et vint vers lui. Quand ils furent l'un près de l'autre, le comte s'agenouilla devant le roi. Le roi le releva et le baisa, puis ils retournèrent à Naplouse. Là le roi prit conseil du comte de Tripoli et de ses autres barons sur ce qu'ils

fontaine de Saforie, car il savoit bien que Salahadin rassemble les siens os por entrer en sa terre : il li conseilla qu'il mandast au prince d'Antioche qu'il le secorust. Le roi fit ce que le cuens li conseilla, et ala à Saforie et auna ses os. La li envoia le prince d'Antioche un sien fils à tot cinquante chevaliers. Li patriarche fit porter la vraie croi en l'ost, et manda au roi qu'il avoit essoine qu'il ni pooit aler. Ici fut averée la prophetie que l'arcevesque de Sur dit quant l'on l'eslu à patriarche, que Eracle [1] avoit conquise la vraie crois en Perse et raportée en Jerusalem, et que Eracle l'en geteroit, et seroit perduë à son tans. De celé hore geta Eracle la vraie crois hors de Jerusalem, conques puis ni entra, ains fu perduë en la bataille, si com vous oires aprés.

Quant la sainte crois fust en l'ost aportée, le maistre du Temple conseilla au roi qu'il mandast par toute sa terre que tuit cil qui sous vodroient avoir, venissent à li, et li lor donroit bon sous, et lors abandonneroit le tresor que le roi Henri d'Angleterre avoit en la maison du Temple.

Or vous dirai du tresor que le roi Henri avoit au Temple et à l'Ospital. Quant le roi d'Angleterre ot fait martyrier S. Thomas de Cantorbire, si se porpensa qu'il avoit fait mal et qu'il iroit outre mer, et s'accorderoit à nostre Seignor de ce meffait et des autres dont il avinst que chascun an puis que S. Thomas fust martiries, qu'il

---

[1] L'empereur Héraclius.

feroient. Le comte lui conseilla de convoquer son armée, et de la rassembler à la fontaine de Séphorim, car il savoit bien que Saladin rassembloit une armée pour entrer en ses terres. Il lui conseilla de demander au prince d'Antioche qu'il le secourût. Le roi fit ce que le comte lui conseilla, alla à Séphorim et rassembla ses troupes. Le prince d'Antioche lui envoya en ce lieu un sien fils avec cinquante chevaliers. Le patriarche fit porter la vraie croix en l'armée, et manda au roi qu'il étoit empêché et n'y pouvoit aller. Ici fut vérifiée la prophétie de l'archevêque de Tyr, quand on élut ledit Héraclius patriarche, « Qu'Héraclius avoit conquis la vraie croix et « l'avoit apportée à Jérusalem ; et qu'Héraclius l'en « mettroit dehors et qu'elle seroit perdue de son « temps. » Dès ce moment Héraclius mit la vraie croix hors de Jérusalem, et oncques depuis elle n'y rentra, mais fut perdue en la bataille, comme vous le verrez ci-après.

Quand la sainte croix fut apportée en l'armée, le maître du Temple conseilla au roi qu'il mandât par toute sa terre que tous ceux qui voudroient avoir solde vinssent à lui, qu'il leur donneroit bonne solde et leur abandonneroit le trésor que le roi d'Angleterre avoit en la maison du Temple.

Or je vous parlerai du trésor que le roi Henri avoit au Temple et à l'Hôpital. Quand le roi d'Angleterre eut fait martyriser saint Thomas de Cantorbéry, il pensa en soi-même qu'il avoit fait mal, et qu'il iroit outre mer et se réconcilieroit avec notre Seigneur pour ce méfait et les autres, d'où il avint que chaque année, après que saint Thomas eut été martyrisé, il y en-

5

i envoiroit grant avoir por mettre en tresor à la maison du Temple et de l'Ospital en Jerusalem, et voloit, quant il vienroit là, trover l'avoir tot prest por secore la terre. Cil tresor que le maistre du Temple avoit donna il au roi Guion, et li dist qu'il voloit qu'il aunast tant de gens qu'il peust assembler as Sarrazins por combattre et por vengier la honte et le damage qu'il i avoit fait. Lors prist le roi le tresor du Temple, et si le donna as chevaliers et as serjans, et commanda à connestables des serjans que chascun feist une banniere des armes le roi d'Angleterre, porce que ce fu de son avoir dont il estoit paies et retenus. Quant le roi ot esté iluec encor cinq semaines à tot ses gens, Salahadin passa le flun, asseia Tabarie. La fame le conte de Triple estoit dedans quand Salahadin l'asega. Il n'avoit dedens nul chevaliers, ains estoit tuit en l'ost avec le roi et quatre fils chevaliers que ele avoit, qui furent fils au chastelain de Saint-Homer. Li ainsné des fils avoit nom Huon de Tabarie, li autre Guillaume, le tiers Raoul, et le quart Otes.

Quant la contesse vit que li Turc lorent asise, et qu'ele ne se poroit tenir contre tant de Sarrazins, ele envoia un message au roi Guion et à son seignor le conte, et lor manda que, s'il ne la secoroit prochainement, ele perdroit la cité, que ele n'avoit pas gent de soi tenir contre si grant ost com li Sarazins avoient. Le message vint au roi de par la contesse. Quant le roi oit le message, il manda le maistre du Temple et les barons. Quant il furent assemblez il lor dit que Salahadin avoit asise Tabarie et li avoit mandé la contesse qu'il la secorust prochainement, ou autrement ele perdroit la cité, et por ce i convenoit conseil mettre.

voyoit de grosses sommes pour les mettre en trésor aux maisons du Temple et de l'Hôpital en Jérusalem, voulant, quand il y viendroit, l'avoir tout prêt pour secourir le pays. Ce trésor qu'avoit le maître du Temple, il le donna au roi Gui, et lui dit qu'il vouloit qu'il assemblât autant de gens qu'il pourroit pour combattre les Sarrasins, et pour venger la honte et le dommage qu'ils lui avoient faits. Alors le roi prit le trésor du Temple et le donna aux chevaliers et aux hommes d'armes, et ordonna aux chefs des hommes d'armes que chacun d'eux eût une bannière aux armes du roi d'Angleterre, parce que c'étoit de son avoir qu'ils étoient entretenus. Quand le roi eut été là cinq semaines avec tous ses gens, Saladin passa le fleuve et assiégea Tibériade. La femme du comte de Tripoli étoit dedans quand Saladin l'assiégea ; elle n'avoit dedans la ville aucun chevalier ; tout étoit à l'armée avec le roi et quatre fils chevaliers qu'elle avoit eus du châtelain de Saint-Omer. L'aîné des fils avoit nom Huon de Tibériade, l'autre Guillaume, le troisième Raoul, et le quatrième Othon.

Quand la comtesse vit que les Turcs l'avoient assiégée, et qu'elle ne pourroit tenir contre tant de Sarrasins, elle envoya un message au roi Gui et au comte son seigneur, et leur manda que, s'ils ne la secouroient promptement, elle perdroit la cité et qu'elle n'avoit pas assez de gens pour tenir contre une si grande armée comme l'avoient les Sarrasins. Le message de la comtesse vint au roi, et quand le roi ouït le message il manda le maître du Temple et les barons. Quand ils furent assemblés, il leur dit que Saladin avoit assiégé Tibériade et que la comtesse lui avoit mandé

5.

« Sire, dit le conte de Triple, je vous donroi bon conseil se je en estoi creu; mais je sai bien com ne m'en croira mie. — Toutes voies, dit le roi, dites que vous voulés. — Sire, fait-il, je le croie com laissast Tabarie perdre, si vos dirai porquoi : Tabarie est moie, et ma fame i est, nus ni perdra tant comme je ferai si ele est perdue. Si sai bien se li Sarrazins la prenne, il ne l'entameront mie, ains l'abatront, ne il ne nous venront mie requere en cest lieu; et s'ils prennent ma fame et mes homes et abattent ma cité, je les r'auroi quant je porrai. Car encore auroi-je plus chier que ma cité soit prise et abattuë, que toute la terre fust perduë; car je sais bien, si vous l'alez secore, si est-elle perduë, et vous dirai comment: entre ci et Tabarie na nulle euë, fors une petite fontaine, c'est la fontaine du Creisson. Ce est petit à ost, et sitost com vous serés meus por aler la secore, li Sarrazins vous seront au devant, et hardoieront tousjors jusqu'à Tabarie, et vous feront herberger à force, si que vous ne porrez combattre à eus por le chaut et que li serjans n'auront que boivre; et se vous poigniez, li Sarrazins s'espandront et s'enfuiront vers les montagnes, ne vous ne porrez aler sans vos serjans; et si vous font hebergier, que bevront vos gens et vos chevaux? ainsi de boivre seront mors. Lendemain il vous prendront tous, car il auront euës et viandes et seront tos fres, et nous serons tous affamés et mors de soif et de chaut, ainsi serons tous mors ou pris. Porce vouslo que vous laissiés Tabarie perdre ains que la terre soit perdue. » Lors dist le maistre du Temple « que encore i avoit du poil du leu. » Le cuens ne prit pas garde à cette parole, ains dit au roi : « Sire, si tot ce n'avient que je vous ai dit je vous otroie ma teste à couper se vous i alés. » Le roi demanda as barons qu'il lor ensembloit de cest conseil que le cuens donoit : il

qu'ils la secourussent prochainement, ou qu'autrement elle perdroit la cité, et qu'il falloit aviser à cela. « Sire, « dit le comte de Tripoli, je vous donnerois mon con- « seil si j'en étois cru, mais je sais qu'on ne m'en « croira pas. — Toutefois, dit le roi, dites ce que « vous voulez. — Sire, fit-il, je conseille qu'on laisse « perdre Tibériade, et vous dirai pourquoi : Tibé- « riade est à moi et ma femme y est ; si elle est perdue « nul n'y perdra autant que je ferai ; mais je sais bien « que si les Sarrasins la prennent, ils ne l'entameront « pas, mais l'occuperont et ne nous viendront pas « chercher en ce lieu ; et s'ils prennent ma femme et « mes hommes, et se logent dans ma cité, je la raurai « quand je pourrai ; car encore aimerai-je mieux que « ma cité soit prise et occupée que si tout le pays étoit « perdu ; or je sais bien que si vous l'allez secourir « il est perdu ; et je vous dirai qu'entre ici et Tibé- « riade il n'y a pas du tout d'eau, hors une petite fon- « taine, savoir la fontaine du Cresson ; c'est bien peu « pour une armée ; et sitôt que vous serez en route « pour aller secourir Tibériade, les Sarrasins vien- « dront au-devant de vous, et vous harcèleront tou- « jours jusqu'à Tibériade, et vous feront camper for- « cément, en telle sorte que vous ne pourrez les com- « battre à cause du chaud, et que les hommes d'armes « n'auront pas de quoi boire ; et si vous combattez, les « Sarrasins se disperseront et s'enfuiront dans les mon- « tagnes, et vous ne pourrez avancer sans vos hommes « d'armes ; et s'ils vous obligent d'héberger, que boiront « vos gens et vos chevaux ? ils mourront de soif. Le « lendemain les Sarrasins vous prendront tous, car « ils auront de l'eau et des vivres et seront frais, et nous

distrent que le cuens disoit voir, et bien si accordoient tuit. Le roi meismes et li Ospitaliers s'y accordoient et tous si accordoient, fors le maistre du Temple. Toutes voies acreant a le roi et tuit li baron qu'il ainsi si feroient. Lors ala chascun à sa tente, et il estoit la prés de mie nuit. Le roi allist à souper; quant il ot soupé, le maistre du Temple vint à lui, si li dist : « Sire, crees vos le conseil que cil troitor a donné? Ce est por vous honir. Vous estes nouvelement roi, ne onques mes roi de ceste terre na une si grant gent en si petit d'ore. Si sera grant honte, se vous laissiez à cinq milles de vous perdre une cité, et si est le premier besoing qui vous est creus. Sachiez que ançois metroient li Templiers les blans manteaus jus et vendroient quant qu'il ont que la honte ne fust vengié que li Sarrazins m'ont faite. Sire, faites crier par l'ost qu'il s'arment et voist chascun à sa bataille, si i vieigne la sainte crois. » Le roi ne l'osa desdire porce qu'il l'avoit fait roi et abandonné le grand tresor au roi d'Angleterre. Si fist crier son ban que tuit s'armassent et se traisist chacun à sa bataille. Quant li baron oirent crier le ban à le roi, il s'esmerveillerent tuit, et demanderent l'un à l'autre par quel conseil le roi faisoit ce faire. Il alerent tuit à la tente le roi por destorner qu'il ne se meussent. Le roi ne les en vout oir, ains dist qu'ils s'allassent armer et le suissent. Il vindrent à leur hernois et firent le commandement le roi. Ils s'armerent mult dolens, com ceux qui bien savoient que nul bien n'en pooit venir. Ce jor la fit Beleen Dibelin l'arriere-garde, et mult i perdist de ses chevaliers; aincois que le roi se partist des herberges, furent li Turc ainsi comme le cuens de Triple l'avoit dit, et commencierent mult espessement à traire.

« serons tous affamés et morts de soif et de chaud.
« Ainsi nous serons tous tués ou pris. A cause de cela
« je vous conseille que vous laissiez perdre Tibériade,
« plutôt que le pays soit perdu. » Alors le maître du
Temple dit « qu'il y avoit encore là du poil de loup. »
Le comte ne prit pas garde à cette parole, mais dit au
roi : « Sire, si vous y allez, je vous donne ma tête à
« couper si tout ce que je vous ai dit n'arrive pas. »
Le roi demanda aux barons ce qu'il leur sembloit de
ce conseil que donnoit le comte; ils dirent que le
comte disoit vrai, et s'y accordèrent tous. Le roi même
et les Hospitaliers s'y accordèrent aussi, et tous, hors
le maître du Temple. Toutefois le roi promit à tous les
barons qu'il le feroit ainsi. Alors chacun alla à sa tente
qu'il étoit déjà près de minuit. Le roi alla souper. Quand
il eut soupé, le maître du Temple vint à lui et lui
dit : « Sire, croyez-vous ce conseil que vous a donné
« ce traître? C'est pour vous faire honnir. Vous êtes
« nouvellement roi, et jamais roi de ce pays n'a eu
« une si grande troupe de gens en si peu de temps.
« Ce sera donc grande honte si vous laissez, à cinq
« milles de vous, perdre une cité, quand c'est la pre-
« mière besogne qui vous soit venue. Sachez que les
« Templiers mettroient bas leurs blancs manteaux et
« vendroient tout ce qu'ils ont plutôt que de ne pas ven-
« ger la honte que m'ont faite les Sarrasins. Sire, faites
« crier par tout le camp qu'on s'arme et que chacun
« aille à son poste, et que la sainte croix y vienne. »
Le roi ne l'osa dédire, parce qu'il l'avoit fait roi et lui
avoit abandonné le grand trésor du roi d'Angleterre.
Il fit crier son ban pour que tous s'armassent et que
chacun s'allât ranger à son corps. Quand les barons

Ançois que je vous die plus de l'ost vous dirai d'une merveille qui avint, com tendra par avanture à fable. Li serjant de l'ariere-garde de l'ost troverent une vieille Sarazine sus une asnesse, qui estoit esclave à un Surien de Nazareth, et la pristrent et mistrent en detresse, tant qu'ele dist que ele estoit et que ele queroit en cel l'ost. Ele dist que ele aloit entor l'ost lier par son enchantement et par ses paroles dont ele l'avoit ja deus nuit environné, et se ele le peust encore cele nuit avoir environné, il fussent si liés que ja pied n'en eschapast de la bataille où il aloient, et seussent devoir que, s'il aloient avant, ja pié n'en eschaperoit se mult poi non, et celui poi en eschaperoit porce que ele ne pooit faire son tor, et Salahadin l'en avoit donné grant avoir por le liement faire. L'en li demanda se ele le pooit deffaire. Ele respondi oïl bien, par si que chascun r'alast en sa tente, ausi com il estoient quant ele lia, et, s'il n'y aloient, ele ne le porroit deffaire. Lors firent li serjans un grant feu de lor loges por li ardoir, si la ge-

entendirent crier le ban du roi, ils s'émerveillèrent tous, et se demandèrent les uns aux autres par quel conseil le roi faisoit faire cela. Ils allèrent tous à la tente du roi pour le détourner de se mettre en marche. Le roi ne les en voulut ouïr, mais dit qu'ils s'allassent armer et le suivissent. Ils allèrent à leur bagage et firent ce que leur commandoit le roi. Ils s'armèrent fort dolens, comme des gens qui savoient bien qu'il ne pouvoit en avenir rien de bon. Ce jour-là Balian d'Ibelin fit l'arrière-garde et y perdit beaucoup de ses chevaliers. Avant que le roi fût parti du lieu où il étoit, les Turcs firent ce que le comte de Tripoli avoit dit, et commencèrent à donner sur eux en grand nombre.

Avant que je vous en dise davantage sur l'armée, je vous raconterai une merveille qui arriva, et que par aventure on pourra prendre pour une fable. Les hommes de l'arrière-garde de l'armée trouvèrent une vieille Sarrasine sur une ânesse, qui étoit esclave d'un Tyrien de Nazareth; ils la prirent et la mirent à la géhenne jusqu'à ce qu'elle leur dît qui elle étoit et ce qu'elle venoit chercher dans le camp. Elle leur dit qu'elle venoit tout autour du camp pour le lier par ses enchantemens et ses paroles, dont elle l'avoit déjà environné pendant deux nuits, et que si elle l'avoit pu encore environner cette nuit-là, ils auroient été si liés qu'il n'en eût pu échapper un seul de la bataille où ils alloient, et qu'ils sussent que, s'ils alloient en avant, il n'en échapperoit que bien peu, et que ce peu en échapperoit seulement parce qu'elle n'avoit pas pu faire son tour, et que Saladin lui avoit donné beaucoup d'argent pour les lier ainsi. On lui demanda

terent ens, et cle issi hors conques ne pot ardoir. Il la rebouterent u feu, et cele en issi com devant, ne tant ne la savoient bouter ens qu'ele ne s'en resist; dont il avint qu'un serjant la feri d'une hache, si la tua. Or ne tenés mie à fable de ceste vieille, que l'on trove en Escripture qu'il avoit jadis un home en Jerusalem qui si liast un ost, por que il eust alé entor qu'il n'avoit home en l'ost à qui se peust aidier de membre qu'il eust. Cil home avoit nom Balaan li prophete, et fuce lui qui prophetia qu'une estoile istroit de Jacob. Cele estoile fu de madame sainte Marie qui est apelée estoile de mer. Car ausi com li marinier sont avoiés par l'estoile, sont li pecheor ravoiés par madame sainte Marie qui issi de la lignée de Jacob. Il avint une fois à Balaan, qui en Jerusalem estoit, que grant gent vindrent devant Jerusalem à ost. Quant cil de Jerusalem les virent, si orent grant paor; si prierent tant Balaan et donnerent qu'il issi hors por l'ost lier. Quant il vint en une tertre dehors Jerusalem, son asne s'arroista, Balaan le feri et l'asne recula, et com plus le feroit plus reculoit. Lors parla li asnes et dist à Balaan : « Porquoi me fiers tu? Je ne sent nul mal de choses que tu me faces. L'angele Dame Dieu me fiert d'une espée emmi le musel, que je ne puis avant aler. » Lors sot Balaan certainement que Dieu ne voloit pas que il alast avant, si retorna arriere, et dist à ceux de Jerusalem qu'il feissent au miex qu'il porroient, qu'il ne pooit rien faire de son mestier, car Dex ne voloit mie qu'il alast avant; car ainsi avoit son asne parlé à lui. Lendemain assaillirent cil de l'ost la cité. Quant li citaien virent qu'il estoient assaillis si durement il prierent, por Dieu, à Balaan qu'il feist ou deist aucune chose par quoi ils se peussent defendre de ceus. Balaan dist qu'il n'en pooit rien faire contre la volonté Dame Dieu. Toutes voies li

si elle les pourroit délier ; elle répondit oui bien, pourvu que chacun retournât en sa tente, comme ils étoient quand elle les lia, et que, s'ils n'y alloient pas, elle ne les pourroit délier. Alors les hommes d'armes firent un grand feu de leurs baraques pour la brûler. Ils la jetèrent dedans, et elle en sortit sans pouvoir brûler ; ils la remirent au feu, et elle en sortit comme devant ; et ils ne l'y pouvoient mettre si bien qu'elle ne s'en retirât, dont il avint qu'un homme d'armes la frappa d'une hache, et ainsi la tua. Or vous ne devez prendre pour fable ce que je dis de cette vieille, car on trouve en l'Écriture que, jadis en Jérusalem, il y avoit un homme qui lia une armée en marchant tout autour, en telle sorte qu'il n'y avoit pas dans l'armée un seul homme qui se pût aider d'aucun de ses membres. Cet homme avoit nom Balaam le prophète [1] ; c'est lui qui prophétisa qu'une étoile sortiroit de Jacob ; cette étoile fut madame sainte Marie, qui est appelée étoile de mer ; car ainsi que l'étoile met les mariniers sur la voie, ainsi les pêcheurs sont remis sur la voie par madame sainte Marie, qui est sortie de la lignée de Jacob. Il avint une fois à Balaam, qui étoit en Jérusalem, qu'une grande troupe vint mettre son camp devant Jérusalem ; quand ceux de Jérusalem les virent, ils eurent grand'peur, et prièrent tant Balaam, et lui donnèrent tant qu'il sortit dehors pour lier l'armée. Quand il vint sur un tertre hors de Jérusalem, son âne s'arrêta ; Balaam le frappa, et l'âne recula ; et plus il le frappoit et plus il reculoit. Alors l'âne parla et dit à Balaam : « Pourquoi me frappes-tu ? Quelque

---

[1] Le chroniqueur défigure ici l'histoire de Balaam. (*Nombres*, ch. 22.)

prierent qu'il les conseillast qu'il porroient faire. Il lor conseilla que totes les jones fames de la cité feissent bien vestir et atorner et les envoiassent en l'ost, et, s'il les renvoioient ariere, qu'il rendissent la cité. Autre conseil ne lor savoit-il donner, et s'il les retenoient deux jors ou trois, si ouvrissent au quart les portes de la cité et ississent hors, si le combatissent à eus, si les desconfiroient. Cil le firent ainsi com Balaan lor conseilla; il envoierent lor fames en l'ost. Cil ne les refuserent mie, ains prist chascun la soue et en fist sa volonté. Cil dedens virent que cil de l'ost ne les renvoierent mie et qu'il faisoient d'eles lor volonté, si ovrirent les portes et lor corurent sus. Tous les occirent et desconfirent. Ainsi fu le siege levé de la cité. En ce lieu où l'asne parla à Balaan estoit la maladerie de Jerusalem des fames; car la maladerie des fames n'est pas avec la maladerie des homes; car la maladerie des fames tenoit as murs de Jerusalem et la maladerie des homes estoit en sus grant piece. Or vous dirai d'Eracle le patriarche de Jerusalem.

« chose que tu me fasses, je n'en ressens nul mal;
« mais l'ange de Dieu me frappe d'une épée dans le
« museau, en sorte que je ne peux aller en avant. »
Alors Balaam sut certainement que Dieu ne vouloit
pas qu'il allât en avant. Il retourna donc, et dit à ceux
de Jérusalem de faire du mieux qu'ils pourroient;
qu'il ne pouvoit rien faire de son métier, car ainsi lui
avoit parlé son âne. Le lendemain ceux du camp assaillirent la cité. Quand les citoyens se virent assaillis
si rudement, ils prièrent, pour Dieu, Balaam de faire
ou dire quelque chose par quoi ils se pussent défendre; Balaam dit qu'il n'en pouvoit rien faire contre la
volonté du Seigneur Dieu. Toutefois ils le prièrent
de leur conseiller ce qu'ils pourroient faire. Il leur
conseilla de faire bien vêtir et parer toutes les
jeunes femmes de la cité, et de les envoyer dans le
camp, et si on les leur renvoyoit, de rendre la cité;
qu'il ne leur savoit donner autre conseil; et si ceux
du camp les retenoient deux jours ou trois, qu'au
quatrième ils ouvrissent les portes de la cité, en sortissent et les combattissent, et qu'alors ils les déconfiroient. Ils firent comme Balaam le leur avoit conseillé;
ils envoyèrent leurs femmes dans le camp : ceux-ci ne
les refusèrent pas, mais chacun prit la sienne et en
fit à sa volonté. Ceux du dedans virent que ceux du
camp ne les renvoyoient pas et qu'ils en faisoient à
leur volonté; alors ils ouvrirent les portes et leur coururent sus, et tous les occirent et déconfirent. Ainsi
fut levé le siége de la cité. En ce lieu où l'âne parla
à Balaam étoit la maladrerie des femmes de Jérusalem, car la maladrerie des femmes n'est pas celle des
hommes. La maladrerie des femmes tenoit aux murs de

Si com je vous ai dit devant, il ot deus clers en Jerusalem au tans le roi Baudoin mesel, dont l'un estoit l'arcevesque de Sur et l'autre arcevesque de Cesaire. Ce n'est pas cele Cesaire que l'en apele Cesaire la Felippe, ains est une autre. L'arcevesque de Sur ot nom Guillaume et fu né de Jerusalem; si ne savoit l'on meillor clerc de la terre. L'arcevesque de Cesaire fut né d'Auvergne, et ot nom Eracles; biau clerc estoit et par sa biauté l'ama la mere le roi, et le fit arcevesque de Cesaire. Au tans de cil deus clers morut le patriarche de Jerusalem. Le roi manda les arcevesques et les evesques de la terre qu'il venissent en Jerusalem por eslire patriarche; il vindrent. Quant il furent assemblés, l'arcevesque Guillaume de Sur dist as chanoines du Sépulchre, à cui l'eslection appartenoit du patriarche à faire : « Seignors, j'ai trové escrit que Eracles conquist la sainte crois en Parse, si la porta en Jerusalem, et que Eracles l'en geteroit hors, et qu'à son tans seroit perduë, et por ce vous pri, por Dieu, que vous ne l'eslisiés mie à patriarche. Que se vous le nommés en vostre eslection, je sai bien que le roi le prendra, et sachiés que la terre sera perduë à son vivant s'il est patriarche. Por Dieu només un des autres, et se vos ne le trovés en cest païs, nous vous conseillerons bien d'un prodome querre en France por estre patriarche. » Li chanoines ne firent noient, car la mere le roi l'avoit ja prié de Eracle l'arcevesque de Cesaire qu'il le nommassent en lor eslection. Si le nomerent premierement et l'arcevesque de Sur aprés. Car cele est l'eslection du patriarche de la terre d'outre mer et des arcevesques, qu'il en noment deux et les presente au roi. Le roi en prent un; si l'on li presente au matin il le doit prendre dedens ves-

Jérusalem, et celle des hommes étoit fort loin au-dessus. Maintenant je vous dirai d'Héraclius le patriarche.

Comme je vous l'ai dit, il y avoit en Jérusalem, au temps du roi Baudouin mesel, deux clercs, dont l'un étoit archevêque de Tyr, et l'autre archevêque de Césarée. Ce n'est pas cette Césarée qu'on appelle la Césarée de Philippe, mais une autre. L'archevêque de Tyr avoit nom Guillaume, et étoit né de Jérusalem. On ne connoissoit pas dans le pays un meilleur clerc. L'archevêque de Césarée étoit né d'Auvergne, et avoit nom Héraclius. Il étoit beau clerc, et la mère du roi l'aima pour sa beauté, et le fit archevêque de Césarée. Au temps de ces deux clercs mourut le patriarche de Jérusalem. Le roi manda les archevêques et les évêques de la terre pour qu'ils vinssent en Jérusalem élire un patriarche : ils y vinrent. Quand ils furent assemblés, Guillaume, archevêque de Tyr, dit aux chanoines du Sépulcre, à qui appartenoit de faire l'élection du patriarche : « Sei« gneurs, j'ai trouvé écrit qu'Héraclius conquit la « sainte croix en Perse et la porta en Jérusalem, et « qu'Héraclius la mettroit dehors, et qu'en son temps « elle seroit perdue; et pour cela je vous prie, pour « Dieu, que vous ne l'élisiez pas patriarche; que si vous « le nommez en votre élection, je sais bien que le roi « le prendra, et sachez que, s'il est patriarche, le pays « sera perdu en son vivant. Pour Dieu, nommez-en « un autre; et si vous ne le trouvez pas en ce pays, « nous vous conseillons bien de faire quérir en France « un prud'homme pour être patriarche. » Les chanoines n'en firent rien, car la mère du roi les avoit déjà priés qu'ils nommassent en leur élection l'archevêque de Césarée, Héraclius. Ils le nommèrent donc

pres sonans; si l'on li presente au soir, il le doit prendre dedens· la grant messe au matin. Cele eslection firent li apostres. Quand Judas fu mort il en eslirent deux, Joseph et Mathias, et geterent sort et le sort ché sus Mathias. Ainsi le font encore en la terre de Surie. Le roi prent lequel qu'il veut. Presenté furent les deus arcevesques au roi; le roi prist Eracles, porce que sa mere l'en avoit prié. En tele maniere fu Eracles patriarche de Jerusalem. Quant il fu patriarche, il commanda as arcevesques et as evesques de la terre qu'il li feissent obedience, et il li firent tuit, fors l'arcevesque de Sur. Cil apela à Rome, et dit qu'il mostreroit raison par quoi il ne devoit pas estre patriarche. Quant l'arcevesque ot fait son apel, si appareilla son erre et ala à Rome. L'apostole fu mult lie de sa venuë et li cardinal. Puis fist-il tant vers le pape et vers les cardinaux que, s'il eu tans vescu que le patriarche fu venu à Rome, il eust esté deposé. Si vos dirai coment il fu mort ainsi que le patriarche venist là.

Quant li patriarche Eracle sot que l'arcevesque de Sur fu alé à Rome por lui grever, bien sout que, si vivoit longuement, qu'il seroit desposé; porce dist à un sien fuisicien qu'il alast aprés, et qu'il l'empoisonast, et cil si fist, si fu mort [1]. Aprés ala le patriarche à Rome et fist ce qu'il vout;

[1] Voir la Notice sur Guillaume de Tyr.

premièrement, et l'archevêque de Tyr après, car l'élection des patriarches et des archevêques au pays d'outre mer se fait ainsi. On en nomme deux et on les présente au roi; le roi en prend un, et si on le lui présente le matin, il le doit prendre avant vêpres sonnant; si on le lui présente au soir, il le doit prendre au matin avant la grand'messe. Les apôtres usèrent de cette sorte d'élection quand Judas fut mort; ils en élurent deux, Joseph et Mathias, puis jetèrent le sort, et le sort tomba sur Mathias. C'est ainsi qu'ils font encore au pays de Syrie; le roi prend celui qu'il veut. Les deux archevêques furent présentés au roi. Le roi prit Héraclius, parce que sa mère l'en avoit prié. De telle manière fut Héraclius patriarche de Jérusalem. Quand il fut patriarche il commanda aux archevêques et évêques du pays qu'ils lui rendissent obéissance, et ils la lui rendirent tous, hors l'archevêque de Tyr. Celui-ci appela à Rome, et dit qu'il montreroit la raison pour laquelle Héraclius ne devoit pas être patriarche. Quand l'archevêque eut fait son appel, il s'apprêta à son voyage et alla à Rome. L'apostole fut très-joyeux de sa venue et les cardinaux aussi. Puis il fit tant auprès du pape et auprès des cardinaux, que, s'il eût vécu assez pour que le patriarche vînt à Rome, celui-ci eût été déposé; et je vous dirai comment il mourut avant que le patriarche y vînt.

Quand le patriarche Héraclius sut que l'archevêque de Tyr étoit allé à Rome pour lui faire tort, bien sut-il que, si l'archevêque vivoit longuement, il seroit déposé. Pour cela il dit à un sien médecin qu'il allât après l'archevêque et l'empoisonnât; celui-ci le fit ainsi, et il mourut. Ensuite le patriarche alla à Rome, et fit ce

si s'en retourna en Jerusalem. Quant il fu revenu de Rome, il acointa la fame à un mercier qui estoit à Naples, à douze mille de Jerusalem. Il la demandoit sovent. Cele i aloit. Il li donoit assés de son avoir por estre bien de son baron. Ne demora guaires que son mari fu mort. Aprés ce le patriarche la fist venir en Jerusalem et li acheta bonne maison de pierre. Si la tenoit, voiant le siecle, ausi com li hons fait sa fame, fors tant que ele n'estoit mie avec lui. Quant ele aloit au mostier ele estoit ausi atornée de riches dras com ce fust une emperris, et si serjant devant lui. Quant aucunes gens la veoient qui ne la conoissoient pas, il demandoient qui cele dame estoit. Cil qui la conoissoient disoient que c'estoit la fame du patriarche. Ele avoit nom Pasques de Riveri. Enfans avoit du patriarche, et les barons estoient [1] que là où il se conseilloient vint un fol au patriarche, si li dist : « Sire patriarche, donés moi bon don car je vous aport bones novelles. Pasque de Riveri vostre fame a une belle fille. » Por ce li di que le patriarche estoit en tel vie, si prenoient essemple à lui li clerc et li provoire de la cité. Quant Jesus-Christ vit le peschié et l'ordure que l'on faisoit là où il fu crucifié, il ne le pout plus soffrir, ains en netoia si le lieu des abitans qui estoient en la cité au tans Eracles, qu'il ni demora que deus homes, dont l'un ot nom Robert de Corbie, et l'autre Fouque Fiole, et furent les dui premiers homes qui furent nés en la cité. Saladin lors fist donner quanque mestier. Lor fu tant com il vesquirent en la cité.

[1] *Estoient*, probablement il faut lire *estoirent*, d'*estoirer*, *estoirier*, *historier*, raconter.

qu'il voulut, puis s'en retourna en Jérusalem. Quand il fut revenu de Rome, il s'accointa de la femme d'un mercier qui vivoit à Naplouse, à douze milles de Jérusalem ; il la mandoit souvent, et elle y alloit : il lui donnoit beaucoup de son avoir pour être bien vu de son mari. Il ne tarda guère que son mari mourût. Alors le patriarche la fit venir en Jérusalem et lui acheta une bonne maison de pierre. Il la tenoit, au vu du siècle, ainsi comme un homme fait sa femme, hors seulement qu'elle n'habitoit pas avec lui. Quand elle alloit au monastère, elle étoit aussi parée de riches étoffes que si c'eût été une impératrice, et elle avoit devant elle six valets. Quand des gens la voyoient qui ne la connoissoient pas, ils demandoient qui étoit cette dame ; ceux qui la connoissoient disoient que c'étoit la femme du patriarche. Elle avoit nom Pasques de Riverie. Elle avoit des enfans du patriarche ; et les barons racontoient que là où ils étoient en conseil vint un fou vers le patriarche, qui lui dit : « Sire pa-
« triarche, donnez-moi un bon don, car je vous apporte
« bonne nouvelle : Pasques de Riverie votre femme
« a une belle fille. » Et on dit que le patriarche menant telle vie, les clercs et les prêtres de Jérusalem prenoient exemple sur lui. Quand Jésus-Christ vit le péché et l'ordure que l'on faisoit là où il avoit été crucifié, il ne le put souffrir, et nettoya tellement le lieu des habitans qui étoient dans la cité au temps d'Héraclius, qu'il n'en demeura que deux, dont l'un avoit nom Robert de Corbie, et l'autre Foulque de Fiole. C'étoit les deux premiers hommes qui fussent nés en la cité. Saladin leur fit donner ce qui leur étoit besoin, et ils le gardèrent tant qu'ils vécurent en la cité.

6.

Or vous dirai du roi Guion et de son ost qui vint des fontaines de Saforie por aler secorre la cité de Tabarie. Mes si tost com il murent, li Sarrasins lor furent au devant por hardoier, ainsi come le cuens de Triple lor avoit dit; si qu'il fust bien none quant il furent en mie voie de Tabarie et des fontaines. Lors dist le roi au comte de Triple quel conseil il donoit et qu'il feroient. Le cuens dona lors mauvés conseil; car il loa que l'on tendist les tentes et que l'en se herberjast. Mes aucun de cele ost distrent por voir que qui eust lors point contre les Sarrazins, li Sarrazins fussent desconfit. Lors crut le roi Gui le mauvés conseil, qui le bon ne vout croire devant. Quant li Sarrazins virent nos Crestiens logier, si furent mult lies. Ils se herbergierent si prés d'eus, que les uns pooient parler as autres, ne qu'un chat ne peust mie issir de l'ost à Crestiens, que les Sarrasins ne le veissent. Cele nuit furent à grant meschief en l'ost, qui ni ot home ne beste qui la nuit beust. Le jor qui parurent[1] de Rames estoit vendredi. Landemain le samedi fu feste Saint Martin bouillant devant l'ost[2]. Cele nuit virent li Crestiens armés, et creut grant mesaise de soif. A lendemain murent tuit armé et apareillé de combatre, et li Sarrazins ausi de l'autre part qui se traistre arriere, qu'il ne voloit mie combatre tant que le chaut fu levés. Il avoit un grant brucroi d'erbe là où nos Crestiens estoient. Li Sarrazins bouterent le feu dedens, porce que li nostre fussent greignor meschief que du feu que du soleil, si les tindrent ainsi jusque à hores de tierce. Lors se partirent cinq chevaliers de l'eschiele au conte de Triple, et vindrent à Saladin, si li distrent : « Sire, que atendés vos? Poignés sus eus, il ne se puent mes aidier: il sont tuit mort. » Les serjans à pié sans faille jetoient lor armes jus, et se rendoient à Sarrazins, sans coup ferir, par destrece

---

[1] Lisez : *qu'ils partirent.* — [2] Lisez : *aost.*

Or je vous dirai du roi Gui et de son armée qui vint à la fontaine de Séphorim pour aller secourir la ville de Tibériade. Mais aussitôt qu'ils se mirent en route, ils trouvèrent les Sarrasins devant eux pour les harceler, comme le leur avoit dit le comte de Tripoli; en sorte qu'il étoit bien la neuvième heure quand ils arrivèrent à mi-chemin de Tibériade et des fontaines. Alors le roi demanda au comte de Tripoli quel conseil il lui donneroit, et qu'y avoit-il à faire. Le comte donna alors un mauvais conseil, car il conseilla que l'on dressât les tentes et que l'on s'hébergeât. Plusieurs de l'armée dirent que, si on eût alors poussé contre les Sarrasins, ils eussent été déconfits. Alors le roi Gui crut ce mauvais conseil, lui qui auparavant n'avoit pas voulu croire le bon. Quand les Sarrasins virent nos Chrétiens demeurer, ils en furent très-joyeux; ils s'hébergèrent si près d'eux qu'ils pouvoient se parler les uns aux autres, et qu'un chat ne pouvoit sortir du camp des Chrétiens qu'on ne le vît dans celui des Sarrasins. Cette nuit fut très-fâcheuse au camp, car il n'y eut homme ni bête qui pût boire pendant la nuit. Le jour qu'ils partirent de Ramla étoit un vendredi; le lendemain, samedi, étoit la fête de Saint-Martin d'été avant l'août. Les Chrétiens passèrent cette nuit armés, et le malaise de la soif s'accrut beaucoup. Le lendemain ils se mirent en mouvement, tout armés et prêts à combattre, et les Sarrasins, de l'autre part, se retirèrent en arrière, ne voulant pas combattre que la chaleur ne fût commencée. Il y avoit une grande bruyère là où étoient nos Chrétiens. Les Sarrasins y mirent le feu, afin que les nôtres eussent plus grande souffrance, tant du feu que du soleil, et ils les tin-

de soif que les baces. Quant le roi veist l'angoisse et la destrece des serjans qui se rendoient à Sarrazins, il manda au conte de Triple qu'il pouissist premier, porce que, en sa terre fu la bataille, devoit-il avoir la premiere pointe. Le cuens poinst sus les Sarrazins par contreval un pendant. Si tost com li Sarrazins le virent venir et poindre sus eus, il se partirent et li firent voie, et le cuens s'en passa outre. Quant il fu outre passé, li Sarrazins si reclostrent et corurent sus le roi, si le pristrent et tos les barons de sa compagnie, fors seulement ceus de l'arriere garde qui s'en eschaperent. Quant le cuens de Triple, qui les Sarrazins ot trespercies, oï dire que le roi estoit pris, si s'en fu et s'en ala à Sur. Si n'estoit Tabarie qu'à deus milles d'iluec, il ni osa torner porce qu'il ne fust pris. Le fils au prince d'Antioche et li chevalier qu'il avoit amenés s'enfuirent o lui, et si quatre fillastre ausi; Beleen d'Ibelin, qui en l'ariere garde estoit, eschapa et s'enfui à Sur, et Renaut le sire de Sajettes.

En cele bataille fu la sainte crois perduë, ne sot l'en quele devint fors grant piece; au tans que le cuens Henri de Champagne fu sires du roiaume de Jerusalem, que un frere du Temple qui à la bataille avoit esté li dist : « Sire,

rent ainsi jusqu'à l'heure de tierce. Alors partirent cinq chevaliers du corps de troupes du comte de Tripoli, et ils vinrent à Saladin, lui disant : « Sire, qu'at-« tendez-vous? tombez sur eux, ils ne se peuvent aider, « et ils sont tous morts. » Les hommes d'armes à pied jetoient tout ouvertement leurs armes et se rendoient aux Sarrasins, sans coup férir, par détresse de soif. Quand le roi vit l'angoisse et la détresse des hommes d'armes qui se rendoient aux Sarrasins, il manda au comte de Tripoli qu'il attaquât le premier, parce que le combat se passant sur sa terre, il devoit avoir la première attaque. Le comte attaqua les Sarrasins en descendant le long d'une colline; sitôt que les Sarrasins le virent venir et pousser contre eux, ils s'ouvrirent et lui firent passage; en sorte que le comte passa outre. Quand il fut passé, les Sarrasins se refermèrent, et coururent sur le roi et le prirent avec tous les barons de sa compagnie, hors seulement ceux de l'arrière-garde qui s'en échappèrent. Quand le comte de Tripoli, qui avoit passé à travers les Sarrasins, ouït dire que le roi étoit pris, il s'en fut et s'en alla à Tyr. Tibériade n'étoit pourtant qu'à deux milles de là, mais il n'osa y retourner, de peur d'être pris : avec lui s'enfuirent aussi le fils du prince d'Antioche et les chevaliers qui l'avoient accompagné, et aussi ses quatre beaux-fils. Balian d'Ibelin, qui étoit à l'arrière-garde, s'échappa et s'enfuit à Tyr, et ainsi fit Renaud le sire de Sidon.

En cette bataille fut perdue la sainte croix; et on ne sut pas, pendant un long temps, ce qu'elle étoit devenue. Au temps où le comte Henri de Champagne fut devenu seigneur du royaume de Jérusalem, un frère du Temple qui avoit été à la bataille lui dit : « Sire, si

se l'on peust trover mille [1] home en ceste terre qui me sceust mener en la place où la bataille fu, je troveroie bien la sainte crois; car je l'enfoui a mes mains en demantieres que la bataille fust. » Le cuens Henri manda un sien serjant qui de la terre estoit né, et li demanda s'il savoit asener à la place où la bataille avoit esté. Cil dist oil bien, et la place enseignier où le roi fu pris. Lors li commanda qu'il i mena le frere du Temple qui la sainte crois i avoit enfouie. Cil dist com ni pooit aler se par nuit non, que s'il y aloient des jor il seroit pris et retenus. Il i alerent de nuit et i fouirent par trois nuis, mes onques ni troverent riens.

Quant Salahadin ot desconfis nos Crestiens et pris, si se herberja et rendi grace à nostre Seignor de l'onor qu'il li avoit faite; puis commanda que on li amenast en sa tente tous les chevaliers qu'il avoit pris, et l'en li fist; et commanda que l'on li amenast les barons et les haus homes d'une part, qu'il les voloit veoir devant lui, et les autres laissa l'on dehors, et l'en li fist. Le roi fu amené, le prince Renaut du Cras [2], Honfroi du Taron, le maistre du Temple, le marquis Boniface de Monferrat, le comte Jocelin, le connestable Hemeri, le mareschal le roi. Tuit cil haus homes furent pris en la bataille avec le roi. Celui jor fu samedi et feste Saint Martin le boillant. Ceste desconfiture fut faite l'an de l'incarnation nostre Seigneur mil cent et quatre-vingt et sept, le cinquiesme jor de juignet [3].

Quant Salahadin vist le roi et les barons devant li, qui estoient en sa merci, mult en fu lie. Il vit que le roi avoit

---

[1] Lisez : *nullui*, aucun. — [2] Renaud de Châtillon, autrefois prince d'Antioche, depuis sire de Krac. — [3] Elle commença le 3 juillet et dura trois jours.

« l'on peut me trouver aucun homme en ce pays qui me
« sache mener en la place où a été la bataille, je trou-
« verai bien la sainte croix, car je l'enfouis de mes
« mains pendant la bataille. » Le comte Henri manda
un sien homme d'armes qui étoit né dans le pays, et lui
demanda s'il pourroit assigner la place où avoit été la
bataille; celui-ci dit oui bien, et qu'il pourroit montrer
la place où le roi avoit été pris. Alors il lui commanda
d'y mener le frère du Temple qui avoit enfoui la
sainte croix. Celui-ci dit qu'on n'y pouvoit aller sinon la nuit, que, s'ils y alloient de jour, ils seroient
pris et retenus. Ils y allèrent de nuit, et fouirent pendant trois nuits, mais ils ne trouvèrent rien.

Quand Saladin eut déconfit et pris nos Chrétiens, il
s'hébergea et rendit grâces à notre Seigneur de l'honneur qu'il lui avoit fait, puis commanda qu'on lui
amenât en sa tente tous les chevaliers qu'il avoit pris:
ainsi fit-on. Il commanda qu'on lui amenât, d'une part,
les barons et les seigneurs, qu'il les vouloit voir devant lui, et qu'on laissât les autres dehors : ainsi fit-
on. Le roi fut amené, et aussi le prince Renaud de
Krac, Honfroi de Toron, le maître du Temple, le marquis Boniface de Montferrat, le comte Josselin, le connétable Aimery, le maréchal du roi. Tous ces seigneurs
avoient été pris en la bataille avec le roi. Ce jour-
là étoit le samedi et la fête de Saint-Martin d'été.
Cette déconfiture arriva l'an de l'incarnation de notre
Seigneur 1187, et le cinquième jour de juillet.

Quand Saladin vit devant lui le roi et les barons
qui étoient à sa merci, il en fut très-joyeux. Il vit que
le roi avoit chaud et sut bien qu'il boiroit volontiers.
Il fit apporter une pleine coupe de sirop à boire pour

chaut, si sout bien qu'il bevroit volontiers. Il fist aporter plaine coupe de sirop à boire por refroidier. Quant le roi ot beu, se tendi la coupe au prince Renaut por boivre. Quant Saladin vit que le roi avoit doné à boivre au prince Renaut, l'ome du monde qu'il plus haioit, si en fu mult ires, et dist au roi que ce pesoit li que doné li avoit, et puisque ainsi estoit bien le beust, mes que ce seroit pour un convenant que james d'autre ne bevroit. Lors demanda une espée, si li coupa il meismes la teste de sa main, porce que onques foi ne serement ne li tint de trives qu'il li donast. Lors fist prendre la teste du prince Renaut, et commanda que ele fust trainée par totes les cités et par tous les chastiaus de la terre, et ele si fu. Aprés Saladin fist prendre le roi et tous les prisonniers et mener à Domas en prison, puis se parti d'iluec, et s'ala logier devant Tabarie.

Quant la contesse sout que roi estoit pris et les Crestiens desconfis, si rendi Tabarie à Saladin; à jor meismes envoia Saladin une partie de ses chevaliers à Nazareth, et li rendi l'on. Le mercredi ala à Acre, si li rendi l'on; aprés cela à Sur, mes ne la vout mie asegier, porce que encore i estoit la chevallerie dedens qui de la bataille estoit eschapée. Lors manda Beleen d'Ibelin à Salahadin qu'il li donast conduit d'aler en Jerusalem por amener en la roine sa fame [1] et ses enfans. Il li dona volontiere par si qu'en Jerusalem ne demorroit qu'une nuit, ne que armes ne porteroit contre lui.

Quant Beleen vint en Jerusalem, mult furent liés cil de

---

[1] Balian II, d'Ibelin, avoit épousé, en 1276, la reine Marie, veuve du roi Amaury, et fille d'Isaac Comnéne.

le rafraîchir. Quand le roi eut bu, il tendit la coupe au prince Renaud pour boire. Quand Saladin vit que le roi avoit donné à boire au prince Renaud, l'homme du monde qu'il haïssoit le plus, il en fut très-irrité, et dit au roi qu'il lui fâchoit beaucoup qu'il le lui eût donné; que puisqu'il en étoit ainsi il pouvoit bien le boire, mais à condition qu'il ne boiroit jamais plus. Alors il demanda une épée, et lui-même coupa de sa main la tête au prince Renaud, parce que jamais ledit prince n'avoit tenu ni foi ni serment dans les trèves qu'il lui avoit données; puis il fit prendre sa tête et commanda qu'elle fût traînée par toutes les cités et tous les châteaux du pays; et ainsi fut. Après Saladin fit prendre le roi et tous les prisonniers, les fit mener en prison à Damas, et s'alla loger devant Tibériade.

Quand la comtesse sut que le roi étoit pris et les Chrétiens déconfits, elle rendit Tibériade à Saladin. Le jour même Saladin envoya une partie de ses chevaliers à Nazareth, et on le lui rendit. Le mercredi il alla à Acre, et on le lui rendit; après cela à Tyr, mais il ne le voulut pas assiéger parce qu'il y avoit encore dedans des chevaliers qui étoient échappés de la bataille. Alors Balian d'Ibelin demanda à Saladin qu'il lui donnât un sauf-conduit pour aller en Jérusalem, afin d'en ramener la reine sa femme et ses enfans. Il le lui donna volontiers, à condition qu'il ne demeureroit qu'une nuit en Jérusalem, et ne porteroit les armes contre lui.

Quand Balian vint en Jérusalem, les gens de là en furent très-joyeux et firent grande fête de sa venue, et ils le prièrent, pour Dieu, de défendre la cité et en

la jens, et grant joie firent de sa venuë, et li prierent, por Dieu, qu'il gardast la cité et en fust sires. Il dit que ce ne pooit-il faire, car il avoit creance à Saladin qu'il ne demoreroit qu'une nuit. Le patriarche li dist : « Sire, je vous asoul du pechié et du screment que vous avés fait à Saladin, et sachiés que greignor pechié aurés du screment tenir que du laissier. Car grant honte sera à vous et à vos hoirs, se vous en ceste point laissiés la cité de Jerusalem, ne james honor ne devriés avoir en terre. » Lors creanta Beleen d'Ibelin qu'il i demoreroit. Cil de la cité li firent homage et le recurent à seignor. Encore estoit lors en Jerusalem la roine la fame le roi Guion. Il n'avoit adonc à la cité que deus chevaliers qui estoient eschappés de la bataille. Lors fist Beleen d'Ibelin cinquante fils di borgois chevaliers; et sachiés que la cité estoit si plaine de fames et d'enfans qui s'en estoient fuis dedens quant il oirent dire que le roi estoit pris et li Crestiens desconfis, si en i ot tant afin qu'il ne pooient estre dedens les maisons, ains les convenoit estre parmi les rues. Lors fist le patriarche, entre lui et Beleen, descovrir le monument de sus le Sepulcre, qui couvert estoit d'argent, et en firent faire monoie por doner as chevaliers et as serjans. Et chascun jor aloient li chevalier et li serjant par la terre entor la cité, et amenoient la jens ce qu'ils poient de viandes; car il savoit bien qu'il seroit asegié. Or vous lairons à parler de Jerusalem et vous dirons de Saladin qui vint devant Sur.

Saladin se pensa qu'il ne feroit neânt devant Sur por la chevalerie qui i estoit. Il passa outre, et ala aseoir une cité

être seigneur. Il dit qu'il ne le pouvoit faire, qu'il avoit donné sa foi à Saladin qu'il ne demeureroit qu'une nuit. Le patriarche lui dit : « Sire, je vous absous du « péché et du serment que vous avez fait à Saladin, « et sachez que ce seroit plus grand péché de tenir le « serment que d'y manquer, car sachez que ce seroit « grande honte, à vous et vos hoirs, si vous laissiez en « ce point la cité de Jérusalem, et que jamais sur « terre ne retrouveriez plus aucun honneur. » Alors Balian d'Ibelin promit qu'il y demeureroit. Ceux de la cité lui firent hommage et le reçurent pour seigneur. Encore étoit à Jérusalem la reine femme du roi Gui. Mais il n'y avoit en la cité que deux chevaliers qui étoient échappés de la bataille. Alors Balian d'Ibelin fit chevaliers cinquante fils de bourgeois; et sachez que la cité étoit si pleine de femmes et d'enfans qui s'y étoient enfuis quand ils apprirent que le roi étoit pris et les Chrétiens déconfits, qu'après qu'on en eut mis dans les maisons tant qu'il en pouvoit tenir, il fallut que les autres demeurassent par les rues. Alors le patriarche et Balian firent découvrir le monument du Sépulcre, qui étoit couvert en argent, et en firent faire de la monnoie pour donner aux chevaliers, sergens et hommes d'armes. Et chaque jour les chevaliers et les hommes d'armes alloient par le pays autour de la cité, et y faisoient entrer ce qu'ils pouvoient de vivres, car ils savoient bien qu'ils seroient assiégés. Maintenant nous cesserons de parler de Jérusalem, et vous dirons de Saladin qui vint devant Tyr.

Saladin pensa qu'il ne feroit rien devant Tyr à cause des chevaliers qui y étoient. Il passa outre et alla assiéger une cité qui est à six milles de Tyr,

qui est à six milles de Sur, qui a nom Sajette [1]. Si la prist une cité qui a nom Gibelet [2]. Après prist un chastel qui a nom Boterim [3]. De ce chastel fu la dame que le cuens de Triple ne vout doner à Gerart de Rochefort, qui se rendi au Temple par mautalent, dont la haine commença par quoi la terre fu perduë. Quant le cuens de Triple sot que Saladin estoit entré en sa terre, il entra en mer, li et le fils au prince d'Antioche, à quant qu'il pot avoir de chevaliers, si s'en ala à Triple; mes, puis qu'il y fu venu, ne vesqui guaires, ains fu mort de duel, si comme l'en dit, et laissa sa terre au fils le prince d'Antioche, qui puis en fu cuens. Quant Renaud de Sajete et le chastelain de Sur virent que tous les chevaliers s'en estoient alés, et qu'il avoit poi gent et poi viande, il manderent Saladin qu'il retornast de la où il estoit et il li rendroient Sur. Quant Salahadin oi cele novele, mult en fu lies, il prist un chevalier, si li bailla sa baniere Salahadin sus le chastel; mes le chastelain li respondi qu'il ne li oseroit mettre por les gens de la ville; mais sitost come Salahadin vendroit, il li metroit, et la baniere retendroit. Le chevalier retorna et le dist à Salahadin. Lors se hasta mult Salahadin de venir à Sur; mesançois qu'il i parvenist i envoia Dex secors, qu'il ne voloit mie qu'ele fust perduë, ains voloit laissier cele cité as Crestiens, si comme vous avés oi dessus qu'il ne lairoit qu'un poi de terre as Crestiens. Si vous dirai quel conseil et quel secors Dex y envoya.

Coraut le marchis, qui en Constantinople demoroit, vint

[1] Saïde ou Sidon. — [2] Gébaïl ou Gabul. — [3] Botryum.

et qui a nom Sidon. Il y prit là une cité qui a nom Gabul, et puis après un château qui a nom Botrye. De ce château étoit maîtresse la dame que le comte de Tripoli ne voulut pas donner à Gérard de Rochefort, qui entra au Temple par fâcherie : et de là commencèrent les haines qui perdirent le pays. Quand le comte de Tripoli sut que Saladin étoit entré en sa terre, il se mit en mer avec le fils du prince d'Antioche et tout ce qu'il put avoir de chevaliers, et s'en alla à Tripoli; mais il ne vécut guère après y être arrivé, et mourut de chagrin, à ce que l'on dit, et laissa sa terre au fils du prince d'Antioche, qui ensuite en fut comte. Quand Renaud de Sidon et le châtelain de Tyr virent que tous les chevaliers s'en étoient allés, et qu'ils avoient peu de monde et peu de vivres, ils mandèrent à Saladin qu'il revînt de là où il étoit, et qu'ils lui rendroient Tyr. Quand Saladin ouït cette nouvelle, il en fut très-joyeux; il prit un chevalier et lui donna sa bannière à mettre sur le château; mais le châtelain lui répondit qu'il ne l'oseroit pas mettre à cause des gens de la ville, mais que, sitôt que Saladin viendroit, il la mettroit, et qu'il gardoit la bannière. Le chevalier retourna et le dit à Saladin. Alors Saladin se hâta très-fort de venir à Tyr; mais avant qu'il y parvînt Dieu y envoya secours, car il ne vouloit pas qu'elle fût perdue, mais vouloit laisser cette cité aux Chrétiens, comme vous avez entendu ci-dessus qu'il ne vouloit laisser qu'un peu de terre aux Chrétiens; et je vais vous dire quels conseils et quels secours Dieu y envoya.

Le marquis Conrad, qui demeuroit à Constantinople, vint à l'empereur, et lui dit : « Sire, mes che-

à l'empereor et li dist : « Sire, mi chevalier volent aler au Sepulcre, ne je ne les puis retenir; mes il m'ont creanté que sitost com il fait auron lor pelerinage, il revandront à moi. » Ce fist-il entendant à l'empereor, parce qu'il ne voloit mie que il ne cil de la cité seussent qu'il s'en vosist aler, porce qu'il avoit paor que les parens Livernas qu'il avoit occis ne l'espiassent et l'occissent. L'empereor fit appareiller nés et mettre viande et armes assez. La maisnie au marchis entrerent ens, et quant il orent tans, se murent. L'empereor et le marchis estoient lors à Boche-de-Lion. « Sire, dit-il à l'empereor, j'ai oublié une besoigne que je devoie dire à mes gens. » Lors entra en une nef, si ala aprés, et se mist avec ses gens. Il orent bon vent et ne finerent de sigler tans qu'il vindrent devant Acre. Quant il durent geter ancre il ne virent nus bastiaus venir contre eus, si ne vodrent encre geter, ains se traistrent ariere. Quant les Sarazins d'Acre virent qu'il ne prendroient port, un chevalier sarazin vint à la nef por savoir ques gens c'estoient. Quant le marchis le vit venir, il desfendi à ses gens que nus ne parlast et qu'il parleroit. Li Sarazin vint devant la nef, et demanda quel gens il estoient. Le marchis respondi qu'il estoient marcheant. « Porquoi ne prenez-vous donc terre? » dit le Sarazin. Le marchis respondit qu'il n'i arriveroient mie, porce qu'il ne savoient ques gens il avoit dedens Acre. Li Sarazin dist que bien pooient arriver en la fiance Salahadin, car Acre estoit soue, et il l'avoit conquise, et le roi de Jerusalem pris et tous ses barons emprisonés, et avoit toute la terre conqueste, fors Sur et Jerusalem, où il estoit à siege, et s'il voloit descendre en la fiance Saladin, si descendissent. Quant le marchis oi ces noveles, mult fu dolent, si se trait ariere, et commanda au marinier qu'il pensast de l'esploitier.

« valiers veulent aller au Sépulcre, et je ne les puis
« retenir; mais ils m'ont promis que, sitôt qu'ils auront
« fait leur pélerinage, ils reviendront à moi; » ce qu'il
fit entendre à l'empereur, parce qu'il ne vouloit pas
que lui ni ceux de la cité sussent qu'il vouloit s'en
aller, car il avoit peur que les parens de Livernas,
qu'il avoit tué, ne l'épiassent et ne le tuassent. L'empereur fit apprêter des vaisseaux où l'on mit beaucoup de vivres et d'armes. La suite du marquis y entra,
et quand le temps le permit ils partirent. L'empereur
et le marquis étoient alors à Bouche-de-Lion : « Sire,
« dit-il à l'empereur, j'ai oublié une affaire que j'a-
« vois à dire à mes gens. » Alors il entra en un navire, alla après ses gens, et se mit avec eux. Ils eurent bon vent et ne cessèrent de naviguer jusqu'à ce
qu'ils vinssent devant Acre. Quand ils voulurent jeter
l'ancre ils ne virent nul bateau venir devers eux, et
alors ne voulurent pas jeter l'ancre, mais se retirèrent
en arrière. Quand les Sarrasins d'Acre virent qu'ils
n'entroient pas dans le port, un chevalier sarrasin vint
au navire pour savoir quelles gens c'étoient. Quand
le marquis le vit venir, il défendit à ses gens qu'aucun d'eux parlât, et dit que lui parleroit. Le Sarrasin
vint devant le navire, et demanda quelles gens ils
étoient. Le marquis répondit qu'ils étoient marchands.
« Pourquoi donc ne descendez-vous pas à terre? » dit
le Sarrasin. Le marquis répondit qu'ils n'en approcheroient pas, parce qu'ils ne savoient quelles gens il y
avoit dedans Acre. Le Sarrasin dit que bien pouvoient-
ils s'en approcher sur la foi de Saladin, car Acre étoit
à lui, et il l'avoit conquise et avoit pris le roi de Jérusalem, emprisonné tous ses barons et conquis tout

Quant li Sarazin vit qu'il ne prendroient port, il retorna ariere por faire armer les vaissiaus d'Acre por la nef prendre s'il peussent. Mes Dieu, qui li avoit envoié por secore Sur, ne le vout sofrir, ains li envoia bon vent. Quant il vindrent devant Sur, cil de la cité vindrent devant eus por savoir ques gens c'estoient. Quant le marchis les vist venir, mult en fu lie, porce qu'il estoient crestiens. Tant li prierent qu'il arrivast à Sur que ce fu merveil, et qu'il eust pitié de la crestienté. Il i arriva volontiers. Quant cil de Sur sorent qu'il estoit fils au marchis de Monferrat, mult en furent lies. Il issirent contre lui à procession, et le mistrent dedens le chastel, lui et ses chevaliers.

Quant Renaut de Sajette et le chastelain de laiens [1] virent que la cité de Sur estoit rendue au marquis, il orent grant paor, porce qu'il l'avoient ottroiée à rendre à Salahadin. Il entrerent la nuit en un batel et s'enfuirent à Triple. Quant le marchis fu dedens le chastel, il le sercha por savoir comment il estoit garni d'armes et d'autres choses. La trova les deux banieres Salahadin qu'il avoit envoiée por mettre sus le chastel. Il demanda qui ces banieres estoient. Un home li dist que c'estoit les banieres Salahadin que on devoit demain mettre sus le chastel, que la cité li devoit estre rendue. Le mar-

---

[1] Lisez : *de là iens*, ou *la i ens*.

le pays, hors Tyr et Jérusalem où il mettoit le siége, et que s'ils vouloient descendre à terre sur la foi de Saladin, qu'ils descendissent. Quand le marquis ouït ces nouvelles il fut très-fort dolent; il se retira en arrière, et commanda au marinier qu'il s'efforçât de continuer sa route.

Quand le Sarrasin vit qu'ils n'entroient pas au port, il retourna en arrière pour faire armer les vaisseaux d'Acre, afin qu'ils prissent le navire s'ils pouvoient; mais Dieu, qui les avoit envoyés pour secourir Tyr, ne le voulut pas souffrir, et il leur envoya bon vent. Quand ils arrivèrent devant Tyr, ceux de la cité vinrent au devant d'eux pour savoir quelles gens c'étoient. Quand le marquis les vit venir, il en fut très-joyeux parce qu'ils étoient chrétiens; ils le prièrent qu'il abordât à Tyr et qu'il eût pitié de la chrétienté, tant que c'étoit merveille. Il y aborda volontiers, et quand ceux de Tyr surent qu'il étoit fils du marquis de Montferrat, ils en furent très-joyeux; ils sortirent devant lui en procession, et le mirent dans le château, lui et ses chevaliers.

Quand Renaud de Sidon et le châtelain de là-dedans virent que la cité de Tyr étoit rendue au marquis, ils eurent grand'peur, parce qu'ils s'étoient accordés de la rendre à Saladin. Ils entrèrent la nuit dans un bateau et s'enfuirent à Tripoli. Quand le marquis fut dans le château, il le visita partout pour savoir comment il étoit garni d'armes et autres choses. Il y trouva les deux bannières que Saladin avoit envoyées pour mettre sur le château. Il demanda ce que c'étoit que ces bannières; un homme lui dit que c'étoient les bannières de Saladin qu'on devoit mettre

chis fist prendre les deux banieres, et si les fist geter es fosses de la cité.

Lendemain que le marchis fu venu, Salahadin vint devant Sur, que bien cuida que la cité li deust maintenant estre renduë; mes Dex i envoia secors. Quant Salahadin vist qu'il n'auroit mie Sur, mult s'esmerveilla de ce que l'on l'avoit mandé. Si demanda porquoi c'estoit. L'en li dist que le fils au marchis de Monferrat qu'il tenoit en prison estoit là arrivé, si li avoit l'on renduë et bien la tendroit contre lui et contre son ost à l'aide de Dieu. Quant Saladin oi ce, il aseia Sur et manda à Domas que l'en li amenast le marchis le pere celui qui dedens Sur estoit. Quant le marchis fu amené en l'ost à Sur, si manda Salahadin à Coraut, son fil, que, s'il li rendoit Sur, il li donroit grant avoir et li rendroit son pere. Le marchis respondi que la plus petite pierre de Sur ne donroit-il pas por son pere, mes le liast lon à une estache en l'ost et fist traire à lui, car il estoit trop vieus. Quant Salahadin veist qu'il n'i porroit riens faire, il s'en parti, et ala aseoir Cesaire, si la prist; aprés ala à Jaffe, si la prist; puis ala à Escalone, si l'aseia, mes ele estoit forte, si ne la prist mie si com il cuida; ains envoya à Domas et fist amener le roi de Jerusalem en l'ost. Quant il fu venu, Salahadin dist à ceus d'Escalone que cil li voloient rendre la cité, il en lairoit aler eus et lor roi tot quitte. Le roi parla à ses homes qui en la cité estoient, et lor dist qu'il ne voloit mie qu'il rendissent Escalone por li, car grant domage seroit s'il rendoient une cité por un home, mes il lor prioit, por Dieu, que, s'il avenoit qu'ils ne pussent tenir Escalone, ils la rendissent, qu'ils feissent tant qu'il fust délivré s'ils pooient. Lors s'assemblerent li borgois et pristrent conseil, et dis-

le lendemain sur le château, et que la cité lui devoit être rendue. Le marquis fit prendre les deux bannières et les fit jeter dans les fossés de la cité.

Le lendemain que le marquis fut venu, Saladin arriva devant Tyr, croyant bien que la cité devoit maintenant lui être rendue; mais Dieu y avoit envoyé secours. Quand Saladin vit qu'il n'auroit pas Tyr, il s'émerveilla beaucoup de ce qu'on l'avoit fait venir, et demanda pourquoi c'étoit; on lui dit que le fils de ce marquis de Montferrat, qu'il tenoit en prison, y étoit arrivé, qu'on la lui avoit rendue, et qu'avec l'aide de Dieu il la tiendroit contre lui et son armée. Quand Saladin ouït ceci, il assiégea Tyr et manda à Damas qu'on lui amenât le marquis père de celui qui étoit dedans Tyr. Quand le marquis fut amené dans le camp à Tyr, Saladin manda à Conrad, son fils, que, s'il lui rendoit Tyr, il lui donneroit de grands biens et lui rendroit son père. Le marquis répondit qu'il ne donneroit pas pour son père la plus petite pierre de Tyr, quand on le lieroit à un poteau dans le camp et qu'on tireroit sur lui, car il étoit trop vieux. Quand Saladin vit qu'il n'y pouvoit rien faire, il partit et s'en alla assiéger Césarée, et la prit; après il alla à Jaffa, et la prit; puis il alla à Ascalon et l'assiégea, mais elle étoit forte, et il ne la prit pas comme il le croyoit. Il envoya à Damas et fit amener le roi de Jérusalem en l'armée. Quand il fut venu, Saladin dit à ceux d'Ascalon que, s'ils vouloient lui rendre la cité, il les laisseroit aller, eux et le roi, en liberté. Le roi parla à ses hommes qui étoient dans la cité, et leur dit qu'il ne vouloit pas qu'ils rendissent la cité pour lui, car ce seroit grand dommage de rendre une cité pour

trent qu'il ne veoient de nulle part dont secors lor peust venir, si venoit miex qu'il rendissent la cité, sauves lor vies et lor cors et lor avoirs, qu'il fussent afamés ne pris par force. Si rendirent Salahadin la cité si com je vous dirai : il furent delivrés, lor cors et lor avoirs, et les fist Salahadin sauvement conduire en terre de Crestiens; le roi fu delivré lui disiéme qu'il choisiroit en la prison Salahadin; mes tant i ot qu'en prison dut estre le roi jusqu'à l'issuë de mars, et Escalone fu renduë à l'issuë de l'aost devant[1].

Quant Salahadin ot Escalone, il envoia le roi sejorner à Naples, et manda la roine, la fame le roi, que ele s'en alast à lui à Naples, qu'il ne voloit mie qu'ele fust dedens Jerusalem quant il l'iroit asseoir. Quant la roine oï le message, ele s'en ala à Naples au roi, et furent là tant que Salahadin ot pris Jerusalem.

Le jor que Escalone fu renduë à Salahadin, estoient venus cil de Jerusalem à lui qu'il avoit mandé por faire pes à eus s'il peust la cité rendre. Celui jor fu vendredi, si se mua le soleil en droit hore de none qu'il sembla bien qu'il fust nuit. Lors dist Saladin as borgois de Jerusalem qu'il veoient bien qu'il avoit tot le roiaume de Surie conquis, fors seulement Sur et Jerusalem, et s'il li voloient rendre la sainte cité, ains qu'il la prist par force, il feroient

[1] Le 4 septembre 1187.

un homme, mais qu'il les prioit, pour Dieu, s'il arrivoit qu'ils ne pussent tenir Ascalon et qu'ils la rendissent, qu'ils fissent tant qu'il fût délivré s'ils le pouvoient. Lors les bourgeois s'assemblèrent, prirent conseil, et dirent qu'ils ne voyoient nul endroit d'où il leur pût venir secours, et qu'ainsi il valoit mieux qu'ils rendissent la cité pour sauver leur vie, leur corps et leur avoir, que si on les affamoit ou prenoit par force. Ils rendirent donc à Saladin la cité, comme je vais vous le dire; ils furent délivrés en leur corps et leur avoir, et Saladin les fit conduire sûrement en terre de Chrétiens. Le roi fut délivré avec neuf autres qu'il devoit choisir en la prison de Saladin; mais le roi devoit demeurer en prison jusqu'à la fin de mars, et Ascalon fut rendue à la fin d'août de l'année précédente.

Quand Saladin eut Ascalon, il envoya le roi à Naplouse, et manda à la reine, femme du roi, qu'elle s'en allât vers lui à Naplouse, qu'il ne vouloit pas qu'elle fût dans Jérusalem quand on viendroit l'assiéger. Quand la reine ouït ce message, elle s'en alla à Naplouse vers le roi, et restèrent là jusqu'à ce que Saladin eût pris Jérusalem.

Le jour qu'Ascalon fut rendue à Saladin, étoient venus à lui ceux de Jérusalem qu'il avoit mandés pour traiter avec eux, s'il le pouvoit, de la reddition de la cité. C'étoit un jour de vendredi, et le soleil changea tellement, précisément à la neuvième heure, qu'il sembla bien qu'il fût nuit. Alors Saladin dit aux bourgeois de Jérusalem qu'ils voyoient bien qu'il avoit conquis tout le royaume de Syrie, hormis seulement Tyr et Jérusalem, et que, s'ils lui vouloient rendre la

que sages. Je vous avois oublié à dire que le jor qu'Escalone fu perduë, li rendi l'on tous les chastiaus qui environ estoient. Li borgois de Jerusalem respondirent à Salahadin que, se Dieu plaisoit, la cité ne li rendroient il pas. « Je vous dirai, dit Salahadin, que vous ferés. Je crois bien que Jerusalem est maison de Dieu, et c'est nostre creance, et je ne mettrois mie siege volontiers en la maison de Dieu, ne ne feraie asaillir, se je la paost avoir par pes et par amor. Je vous donrai trente mille besans à fermer la cité de Jerusalem, et cinq milles d'espace d'aler quel part que vos vodrés, et de laborer à cinq milles de la cité, et vous ferai venir à tel plente viandes qu'en nul lieu en toute la terre ni est viande à si bon marchié, et aurés trives de ci à Pentecostes; et quant ce venra lors, si vous vées que vos puissiez avoir secors, si vous tenez bien, et se vous ne le poués avoir, si rendés la cité, et je vous ferai conduire en terre de Crestiens sauvement, et vos cors et vos avoirs. » Il respondirent que ja, se Dieu plaisoit, la cité ne rendroient où Dieu soffri mort et espandi son sanc por nous. Quant Salahadin vit qu'il ne li rendroient mie Jerusalem par amor ne par priere, si fist son serement que james ne la prendroit se par force non.

En demantieres que Salahadin fu devant Escalone, li demanda Beleen d'Ibelin que il, por Dieu, donnast conduit à sa fame et à ses enfans, qu'ele s'en peust aler à Triple; car le convenant qu'il li octroia quant il i alast en Jerusalem, il ne li pooit tenir; car il estoit si prés gardé qu'il

cité avant qu'il la prît par force, ils ne feroient que sagement. J'avois oublié de vous dire que le jour qu'Ascalon fut perdue, on rendit à Saladin tous les châteaux qui étoient aux environs. Les bourgeois de Jérusalem répondirent à Saladin que, s'il plaisoit à Dieu, ils ne lui rendroient pas la cité : « Je vous dis, répli« qua Saladin, que vous le ferez. Je crois bien que « Jérusalem est la maison de Dieu, c'est notre croyance. « Je ne mettrois pas volontiers le siége devant la mai« son de Dieu, et ne la ferois pas assaillir si je la « pouvois avoir par traité et par amour. Je vous don« nerai trente mille besans si vous me promettez la « cité de Jérusalem. Vous pourrez aller à cinq milles « du côté que vous voudrez, et pourrez labourer à « cinq milles de la cité, et je vous ferai venir telle « abondance de vivres qu'en aucun lieu de toute la « terre il n'y aura de vivres à si bon marché. Vous « aurez trève d'ici à la Pentecôte; et quand ce temps « viendra, si vous voyez que vous puissiez avoir se« cours, alors tenez bien ; mais, si vous ne le pouvez « avoir, vous rendrez la cité, et je vous ferai conduire « sûrement en terre de Chrétiens, corps et avoir. » Ils répondirent que, s'il plaisoit à Dieu, ils ne rendroient pas la cité où Dieu souffrit la mort et répandit son sang pour nous. Quand Saladin vit qu'ils ne lui rendroient pas la cité par amour ni par prière, il fit serment que jamais il ne la prendroit que par force.

Pendant que Saladin étoit devant Ascalon, Balian d'Ibelin lui demanda que, pour Dieu, il donnât sauf-conduit à sa femme et à ses enfans, afin qu'ils s'en pussent aller à Tripoli, car il ne lui pouvoit tenir les conventions que Saladin lui avoit accordées quand il

ne s'en pooit issir. Salahadin i envoia un chevalier, et la fist conduire jusqu'à Triple. Salahadin ot pris tot le roiaume, fors Jerusalem et Sur et le Crac. Au Crac ne mist-il onques siege, ains se tint, puisqu'il ot la terre conquise, deux ans, tant que par droite famine les estut rendre, et, devant qu'il se rendissent, vendirent-il lor fames et, lor enfans as Sarrazins por avoir viandes, et ne demora beste ne chose nulle u chastel qu'il pussent mangier. Quant il n'orent plus que vendre ni que mangier, si rendirent le chastel à Salahadin, porce qu'il virent bien qu'il n'oroient point de secors. Salahadin fu mult lie quant il li rendirent. Il fit racheter lor fames et lor enfans qu'il avoient vendus, et lor fit rendre, et pardessus lor donna grant avoir, et les fit conduire en terre de Crestiens; et porce le fit qu'il avoient si bien et loiaument gardé li chastel tant com il porent et sans seignor. Salahadin vint d'Escalone aseoir Jerusalem un jeudi à soir. Lendemain se logea vers la maladerie as fames jusques as maladerie as homes, et jusqu'à la porte Saint-Estienne.

Ançois que Salahadin asausist la cité de Jerusalem, manda à ceux dedens qu'il li rendissent, et que les convenances qu'il lor otroia devant Escalone lor tendroit, ne męs qu'il rendissent la cité, et seussent-il bien qu'il en avoit fait tel serement que, s'il les faisoit asaillir, il ne les prendroit james se à force non. Cil de Jerusalem li manderent qu'il fist du miex qu'il peust, que la cité ne li rendroient-il ja. Lors fist Salahadin armer ses homes por assaillir. Cil de la cité s'en issirent hors tos armés, et se combattirent contre les Sarrazins; mes la

alla en Jérusalem, étant gardé de si près qu'il n'en pouvoit sortir. Saladin lui envoya un chevalier et fit conduire sa femme jusqu'à Tripoli. Saladin avoit alors tout le royaume, hormis Jérusalem, Tyr et Krac. Il ne mit jamais le siége devant Krac, mais, après avoir conquis la terre, attendit deux ans, jusqu'à ce que, par pure famine, il les forçât de se rendre; et, devant qu'ils se rendissent, ils vendirent aux Sarrasins leurs femmes et leurs enfans pour avoir des vivres, et il ne demeura au château ni bête ni chose aucune qu'ils pussent manger. Quand ils n'eurent plus rien à vendre ni à manger, ils rendirent le château à Saladin, parce qu'ils virent bien qu'ils n'auroient pas de secours. Saladin fut fort joyeux quand ils le lui rendirent; il fit racheter leurs femmes et leurs enfans qu'ils avoient vendus, et les leur fit rendre, et par dessus leur donna grand avoir et les fit conduire en terre de Chrétiens; ce qu'il fit parce qu'ils avoient si bien et si loyalement gardé le château autant comme ils avoient pu, et sans seigneur. Saladin vint d'Ascalon assiéger Jérusalem un jeudi soir; le lendemain il se logea du côté de la maladrerie des femmes jusqu'à la maladrerie des hommes, et jusqu'à la porte Saint-Étienne.

Avant que Saladin assiégeât la cité de Jérusalem, il manda à ceux qui étoient dedans qu'ils la lui rendissent et qu'il leur tiendroit les conditions qu'il leur avoit octroyées devant Ascalon; mais que, s'ils ne lui rendoient pas la cité, ils sussent bien qu'il avoit fait serment que, s'il leur faisoit donner l'assaut, il ne les prendroit jamais que de force. Ceux de Jérusalem lui dirent qu'il fît du mieux qu'il pût, qu'ils ne lui rendroient pas la cité. Alors Saladin fit armer ses hommes

bataille ne dura guaires, que li tuit avoient le soleil de la matinée emmi les eus, si se traistrent ariere jusqu'au vespre que il recommencier à assaillir jusqu'à la nuit. Ainsi fist Salahadin de cele part huit jors conques li Sarrazins ne porent mettre ens les Crestiens, à force que toujors ne fussent hors as portes tant com li jor duroit, et que deus fois le jor ou trois ne fussent les Sarrazins resortis arieres jusques à lor tentes, nonques de cele part ne porent li Sarrazins drecier perriere, ne mangonelle, ne engins nul. Hors ces comment li Sarrazins assaillir li Crestiens : il ne les assaillirent jusques à tant que none fust passée ; lors avoient li Sarrazins le soleil au dos, et li Crestiens emmi les ieus et la poudre : lors assailloient li Turc, si avoient peles dont il getoient contremont le sablon et la poudre qui voloit as Crestiens es eus et es visages.

Quant li Sarrazins virent qu'il ne porroient rien faire de cele part, si remuerent le siege, et s'alerent logier de l'autre part de la porte de Saint Estienne jusques à la porte de Josaphas, et jusques à l'abbaye de mont Olivete, et veoient quant que cil de Jerusalem faisoient, fors es rues covertes. Le remuement de cel siege fu fait au vendredi. Aprés ce qu'il orent asegié la cité, lors furent les Crestiens enclos, si qu'il ne pooient de la cité issir ; car des la porte Saint Estienne jusques à la porte de Josaphas n'avoient porte ne posterne par on il peussent issir as chans, fors seulement la posterne de la Madeleine dont l'en issoit por aler entre deux murs. Le jor que Salahadin remua son siege fist-il drecier une perriere qui jetta le jor meismes sept fois as murs de la cité, et la nuit

pour assaillir. Ceux de la cité en sortirent tout armés, et combattirent contre les Sarrasins; mais la bataille ne dura guère, car tous avoient le soleil du matin dans les yeux, et ils se retirèrent en arrière jusqu'au soir qu'ils recommencèrent à assaillir jusqu'à la nuit. Ainsi fit Saladin durant huit jours, sans que jamais les Sarrasins pussent forcer les Chrétiens à rentrer, car ils étoient toujours hors des portes tant que duroit le jour, et deux ou trois fois le jour les Sarrasins étoient repoussés en arrière jusqu'à leurs tentes, et les Sarrasins de ce côté ne purent jamais dresser ni pierrier ni mangoneau[1], ni aucun engin. Or voilà comment les Sarrasins attaquoient les Chrétiens: ils ne les assailloient pas jusqu'à tant que la neuvième heure fût passée; alors les Sarrasins avoient le soleil au dos, et les Chrétiens l'avoient dans les yeux, et aussi la poussière: alors les Turcs les assailloient, et ils avoient des pelles avec quoi ils jetoient en l'air le sable et la poussière qui voloient aux yeux et au visage des Chrétiens.

Quand les Sarrasins virent qu'ils ne pouvoient rien faire de ce côté, ils changèrent le lieu du siége et s'allèrent loger de l'autre côté, depuis la porte de Saint-Étienne jusqu'à la porte de Josaphat et jusqu'à l'abbaye du mont des Oliviers, et ils voyoient ce qu'on faisoit en dedans de Jérusalem, excepté dans les rues couvertes. Ce changement du siége se fit le vendredi. Lorsqu'ils eurent ainsi assiégé la cité, les Chrétiens furent enclos tellement qu'ils n'en pouvoient sortir; car, depuis la porte Saint-Étienne jusqu'à la porte de Josaphat, ils n'avoient porte ni poterne par où ils pussent sortir aux champs, hors seulement la poterne de

---

[1] *Mangonelles, mangoneaux*, machines à lancer des pierres.

fist-il tant drecier que perrieres que mangouniaus, que lendemain en conta l'on douze, tous estachiés. Au matin fit Salahadin armer ses chevaliers, et fit trois batailles pour aler assaillir la cité, les targes devant eus; li archiers estoient derriere, qui traioient si espés come gresle, ne n'avoient si hardi home en la cité qui as murs s'osast aperoir. Li Turcs vindrent jusques sus les fossés, et firent ens entrer les mineurs et drecier les eschieles as murs des barbacanes. Si minerent en deus jors quinze toises des murs. Quant il orent miné et mis ens latref, si bouterent le feu dedans, et le mur versa u fossé tant com il en avoient miné. Li Crestiens ne porent miner encontre, car il douterent les perrieres, les mangoniaus et les quarriaus et les sagettes; porquoi il n'y pooient demorer.

Lors s'assemblerent li Crestiens por prendre conseil qu'il feroient. Il vindrent au patriarche et à Beleen d'Ibelin, si lor distrent qu'il s'en voloient aler par nuit et ferir en l'ost; car plus chieres avoient-il qui fussent mors en la bataille honorablement, que pris en la cité et occis honteusement; car il veoient bien que plus tenir là ne vaudroit noiant ne lors deffense, et plus chier avoient amour là où Jesus-Crist soffri mort por eus, qu'il rendissent la cité. A cest conseil s'accorderent borgois et chevaliers et serjans; mes le patriarche lor dist encontre : « Seignors, ce tendroie-je à bien, mes plus i a, car se nous nos pardons et laisons perdre les

la Magdeleine, d'où l'on sortoit pour aller entre deux murs. Le jour que Saladin changea son siége, il fit dresser un pierrier qui lança le jour même sept fois des pierres contre les murs de la cité, et pendant la nuit il en fit dresser, ensorte que le lendemain, tant pierriers que mangoneaux, on en compta douze, tous affermis à des poteaux. Au matin, Saladin fit armer ses chevaliers et en forma trois corps pour aller assaillir la cité, les boucliers devant eux. Les archers étoient en arrière, qui tiroient épais comme grêle, et il n'y avoit en la cité homme si hardi qui osât paroître sur les murs. Les Turcs vinrent jusque sur les fossés, et firent entrer dedans les mineurs, et firent dresser les échelles aux murs des parapets. Ils minèrent en deux jours quinze toises des murs. Quand ils eurent miné et mis dedans des étançons, ils y mirent le feu, et il tomba des murs dans le fossé autant comme ils en avoient miné. Les Chrétiens ne purent contre-miner, car ils avoient peur des pierriers, des mangoneaux, des carreaux et des flèches, à quoi ils ne pouvoient tenir.

Alors les Chrétiens s'assemblèrent pour aviser sur ce qu'ils feroient ; ils vinrent au patriarche et à Balian d'Ibelin, et leur dirent qu'ils s'en vouloient aller la nuit attaquer le camp, car ils aimoient mieux mourir en la bataille et honorablement, que pris en la cité et tués honteusement ; car ils voyoient bien qu'ils ne pouvoient plus tenir en la cité, que leur défense n'y serviroit à rien, et qu'ils aimoient mieux mourir là où Jésus-Christ avoit souffert la mort pour nous, que de rendre la cité. Les bourgeois, chevaliers et hommes d'armes s'accordèrent à ce conseil, mais le patriarche

ames que puissions sauver, ce n'est mie bien, car à chascun home qu'il en a en ceste cité, il i a bien cinquante que fames que enfans; et se nos morons, les Sarrazins prendront les fames et les enfans, si ne les occiront mie, ainçois les feront convertir à la loi Mahomet, et ainsi perdus à Dieu. Mes qui porroit tant faire vers les Sarrazins, à l'aide de Dieu, que nous peussons issir hors et aler à la crestienté, il me sembleroit miex que aler combattre en avanture. » A cest conseil s'accorderent tuit. Lors pristrent Beleen d'Ibelin, et li prierent qu'il alast à Salahadin por savoir quel pes il porroient faire. Il ala et parla à lui. En ce qu'il parloit à Salahadin de la ville rendre, firent li Turc un asaut à la cité, et aporterent eschielles et les drecierent as murs. Bien furent montez jusques à dix banieres ou douze sus les murs, et estoient jà entrés par là où le mur estoit miné et cheu. Quant Saladin vit ses homes et ses banieres sus les murs, il dist à Beleen : « Porquoi me requeres vous de la cité rendre et de faire pes, quant vous veés mes gens apareilliés d'entrer ens, ce est à tart, car bien veés que la cité est moie? » A ce point qu'il parloient ainsi, presta nostre sire tel hardement as Crestiens qui sus les murs estoient, qu'ils firent les Sarrazins qui sus les murs estoient reculer et flatir à terre, et les en chacierent jusques tot hors des fossés. Saladin, quant il vit ce, fu mult honteus et dolent. Si dist à Beleen qu'il s'en retornast, qu'il ne feroit ore plus, mes lendemain revenist parler à lui, il orroit volontiers ce qu'il vodroit dire. Or vous dirai qu'il avint la nuit la pierre d'une perriere feri si à l'ordois d'une tornace, que li hordois chai et fist trop grant escrois, dont les eschargaites de l'ost et de la cité orent tele paor, que chacun commence à crier traï, traï. Cil de la cité cuidierent que li Sarrazins fussent entrés ens, et

leur dit au contraire : « Seigneurs, je trouverois cela
« très-bien s'il n'y avoit autre chose; mais si nous
« nous perdons et laissons perdre les ames que nous
« pouvons sauver, cela n'est pas bien, car pour chaque
« homme qu'il y a en cette cité, il y a bien cinquante
« femmes ou enfans, et si nous mourons, les Sarrasins
« prendront les femmes et les enfans, et ne les tueront
« pas, mais les feront convertir à la loi de Mahomet, et
« ils seront ainsi perdus pour Dieu; mais si, à l'aide de
« Dieu, quelqu'un pouvoit tant faire auprès des Sarra-
« sins que nous pussions sortir et aller en terre chré-
« tienne, cela me sembleroit mieux que d'aller com-
« battre à l'aventure. » Ils s'accordèrent tous à ce
conseil. Alors ils prirent Balian d'Ibelin et le prièrent
qu'il allât vers Saladin pour savoir quel traité ils
pourroient faire. Il y alla et parla à lui. Tandis qu'il
parloit à Saladin de rendre la ville, les Turcs firent
un assaut, apportèrent des échelles et les dressèrent
aux murs. Il y eut bien jusqu'à dix ou douze bannières plantées sur les murs, et ils étoient déjà entrés par l'endroit où le mur étoit miné et tombé. Quand
Saladin vit ses hommes et ses bannières sur les murs,
il dit à Balian : « Pourquoi me requérez-vous de me
« rendre la cité et de traiter, quand vous voyez mes
« gens près d'y entrer? c'est trop tard, car vous voyez
« bien que la cité est mienne. » Pendant qu'il parloit
ainsi, notre Seigneur prêta un tel courage aux Chrétiens qui étoient sur les murs, qu'ils firent reculer et
tomber à terre les Sarrasins qui étoient sur les murs,
et les en chassèrent jusque hors des fossés. Quand Saladin vit cela il fut très-honteux et dolent; il dit à
Balian qu'il s'en retournât, qu'il ne feroit rien de plus

8

cil dehors cuidierent que li Crestiens fussent venus en l'ost.

Les dames de Jerusalem firent prendre cuves et mettre en la place devant le monte Cauviaire, et emplir d'euë froide, et firent lors filles entrer jusqu'au col, et couper lor treices et geter les. Li moines, li provaires et les nonains aloient tuit deschaus pardessus les murs de la cité à procession, et faisoient porter la sainte crois, que li Suriens avoient devant eus; li provoir portoient *corpus Domini* sur lor chies; mes nostre sire Jesus-Crist ne les voloit oir de priere qu'il feissent, car l'orde puant luxure et lavoutire qui en la cité estoient, ne laissoient monter oraison ne priere devant Dieu. Nostre sire ne le vout plus soffrir, ains netoya si la cité des habitans, qu'il n'i demora homes ne fames, ne enfans, fors deux homes d'aage, qui ne vesquirent guaires après. Or lairons à parler de ce, et dirons de Beleen d'Ibelin qui ala à Salahadin por la cité rendre.

Quant Beleen vint devant Saladin, il li dist que li Crestiens li rendroient la cité, sauves lor vies. Saladin li respondi qu'il avoit à tart parlé, car quant il lor fist la belle offre de rendre li la ville, il ne le vodrent rendre, et en avoit fait son se-

ce jour-là, mais qu'il revînt le lendemain parler à lui, et qu'il écouteroit volontiers ce qu'il voudroit lui dire. Or je vous dirai qu'il avint la nuit que la pierre d'un pierrier frappa si fort à la palissade d'une tranchée, que la palissade tomba et fit un très-grand fracas, dont les sentinelles du camp et de la cité eurent telle peur que chacun commença à crier *sauve! sauve!* Ceux de la cité crurent que les Sarrasins étoient entrés dedans, et ceux du dehors crurent que les Chrétiens étoient entrés dans le camp.

Les dames de Jérusalem firent prendre des cuves et les firent mettre en la place devant le mont Calvaire, les firent emplir d'eau froide, et y firent entrer leurs filles jusqu'au cou; elles leur firent couper et jeter bas leurs tresses. Les prêtres, les moines et les nonnains alloient tout déchaussés par-dessus les murs de la cité en procession, et faisoient porter devant eux la sainte croix, qu'avoient les Tyriens. Les prêtres portoient sur leur tête *corpus Domini;* mais notre Seigneur Jésus-Christ ne les vouloit pas ouïr, quelques prières qu'ils fissent; car la sale et puante luxure et l'adultère qui étoient en la cité ne laissoient monter devant Dieu oraisons ni prières. Notre Seigneur ne le voulut plus souffrir, et nétoya tellement la cité de ses habitans, qu'il n'y demeura homme ni femme ni enfant, hors deux hommes d'âge qui ne vécurent guère après. Nous cesserons d'en parler, et dirons de Balian d'Ibelin qui alla à Saladin pour rendre la cité.

Quand Balian vint devant Saladin, il lui dit que les Chrétiens lui rendroient la cité pourvu qu'ils eussent la vie sauve. Saladin lui répondit qu'il parloit trop tard, car quand il leur avoit offert de si belles conditions

rement qu'il ne les prendroit mes se à force non ; mes s'il se voloient rendre à sa merci, et en sa volonté faire, il les prendroit, autrement non. « Car vous veés bien, dist-il, qu'il n'ont nulle secors, et qu'il ne que prendre en la cité. » Beleen li pria que, por Dieu, eust merci d'eus. Salahadin li respondi : « Sire Beleen, por l'amor de Dieu et de vous, j'aurai merci d'eus en une maniere, et por mon serement sauver il se rendront à moi comme pris à force, et je lor laisserai lor muebles et lor avoirs à faire lor volonté comme du lor ; mes lor cors seront en ma prison, et qui racheter se porra et voudra, je l'en lairai aler par rançon devisée, et qui ne se porra raaindre, il demorra en ma prison comme pris à force. » Beleen li respondi : « Sire, qu'il seroit le nombre de la raançon ? » Saladin li respondi que le nombre seroit tel à povres com as riches, que li hons donroit xx. liv., fame x., et li enfes x., et qui ceste raençon ne porroit paier, il seroit esclaves. Lors li dit Beleen : « Sire, en cette cité en a eun poi de gent qui aidier se puisse, fors les borgois, et à chascun home qu'il i a qui la rançon puisse paier, en i a il cens qui n'auroit mie deux livres ; car la cité est tote pleine de gent de ci entor et de menu pueple qui là dedens s'est bouté. Por Dieu, sire, si i metes tel conseil et tel mesure com les puisse racheter. » Salahadin dit qu'il s'en conseilleroit, et que lendemain revenist à lui. Beleen retorna en la cité, et vint au patriarche, et manda tous les barons por dire ce qu'il avoit trové à Salahadin. Quant il lor ot conté, mult furent corociés por le menu pueple de la cité. Ils pristrent conseil et distrent qu'il avoit grant avoir du roi Henri d'Angleterre en l'Ospital, et si pooient tant faire vers les Hospitaliers qu'il eussent cel avoir à racheter une partie du menu pueple, ce seroit bien à faire ; ausi com le roi Gui fist tant vers le maistre du

pour rendre la ville, ils ne l'avoient voulu rendre, et il avoit fait serment qu'il ne les prendroit plus que par force; s'ils se vouloient rendre à sa merci et pour en faire à sa volonté, à la bonne heure; autrement non; « Car
« vous voyez bien, dit-il, qu'ils n'ont nul secours, et
« qu'il n'y a plus rien qui ne soit pris en la cité. » Balian le pria que, pour Dieu, il eût merci d'eux. Saladin lui répondit : « Sire Balian, pour l'amour de Dieu et pour
« vous, j'aurai merci d'eux en une manière, et pour
« sauver mon serment ils se rendront à moi comme
« s'ils étoient pris par force, et je leur laisserai leurs
« meubles et avoir pour en faire à leur volonté, comme
« de leur bien; mais leurs corps seront mes prison-
« niers; et qui pourra et voudra se racheter je le lais-
« serai aller pour une rançon convenue, et celui qui
« ne se pourra racheter demeurera mon prisonnier
« comme pris par force. » Balian lui répondit : « Sire,
« quel seroit le prix de la rançon ? » Saladin lui dit que le prix seroit le même pour les pauvres comme pour les riches, que les hommes donneroient vingt livres, les femmes dix, les enfans dix, et que celui qui ne pourroit payer cette rançon seroit esclave. Alors Balian lui dit : « Sire, en cette cité il n'y a que peu de
« gens qui se puissent aider, hors les bourgeois, et
« pour un homme qu'il y a qui puisse payer la rançon,
« il y en a cent qui n'auroient pas deux livres, câr la
« cité est toute pleine de gens du pays d'autour et de
« menu peuple qui s'est mis là dedans; pour Dieu, Sire,
« mettez-y telle sagesse et telle modération qu'on se
« puisse racheter. » Saladin dit qu'il y penseroit, et que le lendemain il revînt à lui. Balian retourna en la cité et vint trouver le patriarche, et manda tous les

Temple, qu'il li bailla le tresor au roi d'Angleterre qui estoit en la maison du Temple, dont il loüa chevaliers et serjans qu'il mena en la bataille, et fu pris, et où la vraie crois fu perduë. Lors manda le patriarche, entre lui et Beleen, ceux de l'Ospital, et lor distrent que ainsi avoient parlé ensemble, et voloient avoir le tresor au roi d'Angleterre qu'il avoient en garde, por racheter le menu pueple de la cité, si pooient tant faire vers Salahadin qu'il venissent à raençon. Li commendieres dist qu'il en prendroit conseil à ses freres; et ceus li distrent qu'il gardassent bien quel conseil il en prendroient, que ce seussent il bien certainement, s'il ne lor livreroient l'avoir au roi d'Angleterre por les povres racheter, il le feroient prendre à Salahadin, si ne lor en sauroient gré. Li commendieres en prist conseil à ses freres. Ils distrent que c'estoit bien à faire, et se le ¹ tresor estoit lor, si vodroient-il bien que l'en en rachetast les povres. Lors vint le maistre de l'Ospital au patriarche et à Beleen, et lor dist qu'il et ses freres voloient bien que le tresor au roi d'Angleterre fust abandonné por racheter les povres gens. Lors prierent tuit à Beleen d'Ibelin qu'il alast à Salahadin, et fist la meillor pes qu'il porroit, et il ala. Salahadin li demanda qu'il estoit venu querre. « Sire, dist Beleen, je suis venu à vous por ce dont je vous avoie prié. » Salahadin li respondi que ce qu'il li avoit en convenant qui li tendroit, et s'il ne li eust otroié, il n'en fist noient, car la cité et ce qui a dedens estoit sien.

¹ *Et se le tresor.* Probablement il faut lire : *cil tresor* ou *ke le tresor*.

barons pour leur dire ce qui s'étoit passé avec Saladin. Quand il le leur eut conté, ils en eurent grande fâcherie pour le menu peuple de la cité. Ils prirent conseil et dirent qu'il y avoit grand avoir du roi d'Angleterre en l'Hôpital, et que, s'ils pouvoient si bien faire auprès des Hospitaliers qu'ils eussent cet avoir pour racheter une partie du menu peuple, ce seroit bonne chose. C'étoit ainsi que le roi Gui avoit tant fait auprès du maître du Temple qu'il lui bailla le trésor du roi d'Angleterre qui étoit dans la maison du Temple, avec quoi il prit à sa solde des chevaliers et des hommes d'armes qu'il mena en la bataille où il fut pris et la vraie croix perdue. Alors le patriarche et Balian mandèrent ceux de l'Hôpital et leur dirent ce qu'ils avoient avisé ensemble, et qu'ils vouloient avoir le trésor du roi d'Angleterre qu'ils avoient en garde, pour racheter le menu peuple de la cité, s'ils pouvoient tant faire auprès de Saladin qu'il la reçût à rançon. Le commandeur dit qu'il prendroit conseil de ses frères, et les autres l'avertirent de bien regarder quel conseil il en prendroit, et qu'ils sussent bien certainement que, s'ils ne leur livroient le trésor du roi d'Angleterre pour racheter les pauvres, il seroit pris par Saladin, et qu'on ne leur en sauroit nul gré. Le commandeur prit conseil de ses frères; ils dirent que c'étoit bien fait, que le trésor étoit à eux, et qu'ainsi ils vouloient bien qu'on en rachetât les pauvres. Alors le maître de l'Hôpital vint au patriarche et à Balian, et leur dit que lui et ses frères vouloient bien que le trésor du roi d'Angleterre fût abandonné pour racheter les pauvres gens; alors ils prièrent tous Balian d'Ibelin qu'il allât pour faire

« Sire, dist Beleen, por Dieu, metes resnable raançon es povres gens, et je ferai, se je puis, com la vous rendra, car de cent ne ni a pas deus qui cele raançon puisse paier. » Saladin dist que, por Dieu avant, et por li après, i mettroit il raençon resnable qui i porroient avenir. Lors atira que li hons donroit x. liv. et la fame v., et li enfes 1. Ainsi fu atiré à la raançon à ceux qui racheter se porroient, et ce qu'il auroient de ramenant, fust mueble ou autre chose, porroient emporter sauvement, ja ne troveroient qui tort lor en fist.

Aprés dist Beleen à Salahadin : « Sire, vous avez atiré la raançon à riche, or devés atirer la raançon as povres; car il i en a tex vingt mille qui ne porroient paier la raençon d'un home. Por Dieu mettés-i raison, et je porchacerai au Temple et à l'Ospital, et as borgois, qu'il seront delivrés. » Salahadin dist qu'il i mettroit volontiers raison, et que cent mille besans lairoit tous les povres aler. « Sire, dit Beleen, quant tuit cil qui racheter se porroient seront racheté, ne leur remaindroit-il mie la moitié de la raençon que vous demandés as povres. » Salahadin dist que autrement ne le feroit. Lors se pensa Beleen qu'il ne feroit mie marchié de tot racheter ensemble; car s'il en avoit racheté une partie, espoir i auroit raison

la meilleure paix qu'il pourroit, et il y alla. Saladin lui demanda ce qu'il étoit venu quérir. « Sire, dit Ba-
« lian, je suis venu à vous pour ce dont je vous avois
« prié. » Saladin lui répondit qu'il lui tiendroit les conditions qu'il lui avoit faites, et que, s'il ne les avoit pas déjà octroyées, il n'en feroit rien, car la cité et ce qui étoit dedans étoit à lui.

« Sire, dit Balian, pour Dieu, demandez des pauvres
« gens une rançon raisonnable, et je ferai, si je puis,
« qu'on vous la paiera, car de cent il n'y en a pas
« deux qui puissent payer rançon. » Saladin dit que, pour Dieu d'abord, et pour lui ensuite, il se contenteroit d'une rançon raisonnable pour ceux qui pourroient payer rançon. Alors il convint que les hommes donneroient dix livres, les femmes cinq et les enfans une. Ainsi fut convenue la rançon de ceux qui pourroient se racheter, et que ce qu'ils auroient de reste, soit meubles ou autres choses, ils le pourroient emporter en sûreté, et ne trouveroient personne qui leur en fît tort.

Après Balian dit à Saladin : « Sire, vous avez fixé
« la rançon des riches ; maintenant vous devez fixer
« la rançon des pauvres, car il y en a bien vingt mille
« qui ne pourroient payer la rançon d'un homme.
« Pour Dieu mettez y de la raison, et je tâcherai de
« faire, auprès du Temple, de l'Hôpital et des bour-
« geois, tant qu'ils seront délivrés. » Saladin dit qu'il y mettroit volontiers de la raison, et que pour cent mille besans il laisseroit aller tous les pauvres. « Sire, dit
« Balian, quand tous ceux qui peuvent se racheter
« se seront rachetés, il ne restera pas la moitié de la
« rançon que vous demandez aux pauvres. » Saladin

de l'autre, à l'aide de Dieu. Lors demanda à Salahadin por combien il auroit sept mille homes quittes et delivrés. Salahadin dist por cinquante mille besans. « Sire, ce dit Beleen, ce ne porroit estre, mes por Dieu, metés-i mesure. » Tant parlerent ensemble qu'il firent marchié à trente mille besans de sept mille homes, et que l'en conteroit deux fames por un home, et dix enfans por un home qui d'aage ne seroient. Quant ainsi fu atiré, Salahadin mist jor de lor choses vendre et engagier et de lor raençon paier, et cil terme fu de cinquante jors, et qui puis les cinquante jors seroit trové dedens la cité, cors et avoir demorroit à Salahadin, et quant il seroient hors de la cité, il les feroit conduire sauvement à la crestienté, et dit à Beleen que tuit cil de la cité qui armes auroient s'armassent, et que s'il avenoit que larron ne rebeor se meissent entr'eus, qu'il les defendissent et gardassent les destrois, tant que li desarmes fussent passés.

Quant la chose fu ainsi atirée, Beleen prit congié de Salahadin, et s'en retorna en la cité. Le patriarche manda les Templiers, les Hospitaliers et les borgois de la cité por oïr l'atirement que Beleen avoit fait vers Salahadin. Il vindrent là, et Beleen lor conta tot ainsi com il avoit fait. Il dist que bien lor agreoit, car miex ne pooit faire. Lors envoia l'en les clés des portes à Salahadin. Quant il les out, mult en fu liés et rendi grace à Dex. Il envoya gardes en la tor David, et fist metre sa baniere desus, et totes les portes de la cité

dit qu'il ne feroit pas autrement. Alors Balian pensa qu'il ne feroit pas un bon marché à tout racheter ensemble, car s'il en avoit racheté une partie, il espéroit avoir le reste à meilleur compte avec l'aide de Dieu. Alors il demanda à Saladin pour combien il délivreroit sept mille hommes. Saladin dit : Pour cin-
« quante mille besans.—Sire, dit Balian, ce ne pourroit
« être; mais, pour Dieu, mettez y de la raison. » Ils parlèrent tant ensemble, qu'ils firent marché pour trente mille besans pour sept mille hommes, et que l'on compteroit deux femmes pour un homme, et pour un homme aussi dix enfans qui ne seroient pas d'âge. Quand tout fut ainsi arrangé, Saladin donna un temps pour vendre et engager leurs effets et payer leur rançon. Le terme fut de cinquante jours, et celui qui après les cinquante jours seroit trouvé dans la cité, demeureroit à Saladin, corps et avoir. Il promit que, quand ils seroient hors de la cité, il les feroit conduire sûrement en terre de Chrétiens, et il dit à Balian que tous ceux qui avoient des armes s'armassent, et que s'il arrivoit que larrons ou voleurs se missent parmi eux, ils se défendissent contre eux et gardassent les passages jusqu'à ce que les désarmés fussent passés.

Quand la chose fut ainsi arrêtée, Balian prit congé de Saladin, et s'en retourna en la cité. Le patriarche manda les Templiers, les Hospitaliers et les bourgeois de la cité pour ouïr l'arrangement que Balian avoit fait avec Saladin. Ils y vinrent, et Balian leur conta tout ainsi comme il l'avoit fait. Ils dirent que cela leur convenoit bien, car il ne pouvoit mieux faire. Lors on envoya les clefs des portes à Saladin; quand il les eut, il en fut joyeux et rendit grâces à Dieu. Il envoya

fermer, fors une : ce fu la porte David. Là mit-il chevaliers et serjans, que nul Crestien n'en issist, et par là entroient et issoient li Sarazins por acheter ce que les Crestiens avoient à vendre. Le jor que la cité de Jerusalem fu renduë estoit vendredi, et fu feste Saint Legier, qui est le second jor d'octembre en l'an de l'incarnation Nostre Seigneur mil cent et quatre-vingt et huit [1]. Quant Salahadin ot bien fait garnir la tor David et les portes de la cité, il fist crier qu'il portassent lor raençon à la tor David, et la livrassent à ses baillis qu'il i ot mis por la raençon recevoir, et n'attendissent mie que les cinquante jors fussent passés; car qui puis les cinquante jors seroit trové, cors et avoir demoreroit. Le patriarche et Beleen alerent à l'Ospital, si furent prendre trente mille besans et porter à la tor David por la raençon de sept mille homes povres. Quant les trente mille besans furent païés, ils manderent les borgois de la cité, et quant ils furent venus, si pristrent de chacune ruë deus des plus prodomes qu'il savoient, et lor firent jurer, sur sain, qu'il n'espargneroient home ne fame, por haine ne por amor, qu'il ne li feissent jurer combien il auroit, et qu'il n'en retenroit fors tant com il convendroit por aler à la crestienté, qu'il en rachetastent les povres gens. L'on mist escrit le nombre des povres qui estoient en chacune ruë, et com porroit, selon ce qu'il estoient, prendre un plus, autre moins. Si atirerent iluec le nombre de sept mille homes. Lors mist l'on les sept mille homes tous hors de la cité de Jerusalem. Quant il furent hors de la cité, ne parut guaire au remanant. Après manderent le patriarche et Beleen, les Templiers et les Hospitaliers et les borgois, et lor prierent, por Dieu, qu'il meissent conseil à racheter les povres gens qui ramés estoient en Jerusalem. Il aidierent, mes non pas tant com il deussent, car

[1] 1187.

des gardes à la tour de David, et fit mettre sa bannière dessus et fermer toutes les portes de la cité, hors une : ce fut la porte de David. Il y mit des chevaliers et hommes d'armes, afin qu'aucun Chrétien n'en sortît, et par là entroient et sortoient les Sarrasins pour acheter ce que les Chrétiens avoient à vendre. Le jour que la cité de Jérusalem fut rendue étoit un vendredi et fête de saint Léger, qui est le second jour d'octobre, l'an de l'incarnation de notre Seigneur 1188[1]. Quand Saladin eut bien fait garnir la tour de David et les portes de la cité, il fit crier qu'ils portassent leur rançon à la tour de David, et la livrassent à ses baillis qu'il y avoit mis pour recevoir la rançon, et qu'ils n'attendissent pas que les cinquante jours fussent passés, car celui qui seroit trouvé après les cinquante jours demeureroit, corps et avoir. Le patriarche et Balian allèrent à l'Hôpital; ils firent prendre et porter à la tour de David trente mille besans pour la rançon de sept mille hommes pauvres. Quand les trente mille besans furent payés, ils mandèrent les bourgeois de la cité, et quand ils furent venus, ils prirent de chaque rue deux des plus prud'hommes qu'ils savoient, et leur firent jurer, sur les choses saintes, qu'ils n'épargneroient ni homme ni femme par haine ou par amour, mais feroient déclarer, par serment, à chacun ce qu'il avoit, et lui feroient jurer de n'en retenir que ce qu'il faudroit pour arriver en terre chrétienne, et du reste rachèteroient les pauvres gens. On mit par écrit le nom des pauvres qui étoient dans chaque rue, et, selon ce qu'ils étoient, on prenoit plutôt l'un que l'autre. On fit ainsi le nombre de sept mille hommes.

[1] 1187.

il n'avoient ore mie paor com lor tousist à force le lor, puisque Salahadin les avoit asseurés; car autrement il se fussent mult plus elargis vers les povres, et de ce qu'ils pristrent des povres qui s'en furent issus, du sourplus de lor despens il racheterent aucuns povres homes, mes ne vous en dirai pas le nombre.

Or vous dirai comment Salahadin fist garder la cité de Jerusalem, porce que li Sarazins ne feissent tort ne outrage as Crestiens qui en la cité estoient. Il mist en chacune des ruës deus chevaliers et dix serjans por garder la cité, et il la garderent si bien conques n'oi on parler de mesprison qui fust faite as Crestiens; et à la mesure qu'il issoient de Jerusalem, se logoient devant l'ost des Sarrazins, si qu'il n'avoit pas un trait d'arc des uns as autres. Salahadin faisoit l'ost des Crestiens garder jor et nuit, com ne lor feist ennui, ne que larrons ne si embatissent. Quant tuit cil qui racheté furent, furent hors de la cité de Jerusalem, i remest-il mult de povres gens encore. Lors vint Salphedin à Salahadin, son frere, et li dist : « Sire, je aidié à conquerre la terre et la cité, si vous pri que vos me donnés mille esclaves de ceus qui en la cité sont. » Salahadin li demanda qu'il en voloit faire. Il dist qu'il en feroit son plaisir. Cil li dona, et manda à sis baillis qu'il li delivrassent mille esclaves, et cil si firent.

On les mit tous hors de la cité de Jérusalem, et quand ils furent tous hors de la cité, il n'y parut guère sur ce qui restoit. Après cela le patriarche et Balian mandèrent les Templiers, les Hospitaliers et les bourgeois, et les prièrent, pour Dieu, qu'ils avisassent à racheter les pauvres gens qui étoient restés en Jérusalem; ils y aidèrent, mais non pas tant comme ils l'auroient dû, car ils n'avoient plus peur qu'on leur prît par force ce qu'ils avoient, puisque Saladin le leur avoit assuré; autrement ils se fussent montrés plus larges envers les pauvres; et de ce qu'ils prirent aux pauvres qui étoient sortis, sur le surplus de ce qu'il leur falloit pour leur route, ils rachetèrent quelques pauvres hommes, mais je ne vous en dirai pas le nombre.

Or je vous dirai comment Saladin fit garder la cité de Jérusalem, pour que les Sarrasins ne fissent ni tort ni outrage aux Chrétiens qui étoient dans la cité. Il mit dans chacune des rues deux chevaliers et dix hommes d'armes pour garder la cité, et ils la gardèrent si bien qu'on n'ouït parler d'aucune injure faite aux Chrétiens; et à mesure qu'ils sortoient de Jérusalem, ils se logeoient devant le camp des Sarrasins, de manière qu'il n'y avoit pas un trait d'arc des uns aux autres. Saladin faisoit garder jour et nuit le camp des Chrétiens pour qu'on ne leur fît aucun chagrin, et que les larrons n'y entrassent point. Quand tous ceux qui furent rachetés furent hors de la cité de Jérusalem, il y resta encore beaucoup de pauvres gens. Alors Salphedin vint à Saladin, son frère, et lui dit : « Sire, j'ai aidé à conquérir la terre et la cité, « je vous prie donc que vous me donniez mille es- « claves de ceux qui sont en la cité. » Saladin lui

Quant Salphedin ot les mille povres, il les delivra por Dieus. Aprés le patriarche pria Salahadin que por Dieu li dona des povres qui ne se pooient racheter. Salahadin l'en dona sept cens. Le patriarche les delivra. Aprés demanda Beleen à Salahadin des povres. Il li en dona cinq cens, et Beleen les deslivrast. Lors dist Salahadin à ses gens : « Salphedin mon frere a faite s'aumosne, et le patriarche et Beleen : or veil-je faire la moie. » Lors commanda à ses baillis qu'il feissent ouvrir la posterne devers Saint Ladre, et fist crier par la cité que toutes les povres gens ississent hors, et commanda que, s'il i en avoit nul entre ces povres qui racheter se peult, con li tousist, et l'emmenast l'on en prison, et les jones homes et les joues fames meist l'on entre deus murs, et les vieilles gens meist l'on hors de la cité. Cele enqueste et ce metre hors dura dès soleil levant jusqu'à soleil couchant, et furent mis hors par la posterne. Tele ausmone fist Salahadin as povres gens sans nombre. Aprés conta l'on ceus qui demorés estoient, si en trova l'on encore onze mille. Le patriarche et Beleen vindrent à Salahadin, et li prierent por Dieu qu'il les tenist en hostages et deslivrast la povre gent tant que eussent porchacié lor raençon à la crestienté, dont il seroient racheté. Salahadin dist qu'il ne recevroit mie deus homes por onze mil, et qu'il plus n'en parlassent, et il ne firent.

Une grant cortoisie fist Saladin, car les dames les bor-

demanda ce qu'il en vouloit faire, et il dit qu'il en feroit à son plaisir. Saladin les lui donna, et manda à ses baillis qu'ils lui délivrassent mille esclaves; et ainsi firent.

Quand Salphedin eut les mille pauvres, il les délivra pour Dieu. Après le patriarche pria Saladin que, pour Dieu, il lui délivrât des pauvres qui ne se pouvoient racheter; il lui en donna sept cents. Le patriarche les délivra. Après Balian demanda à Saladin des pauvres; il lui en donna cinq cents; et Balian les délivra. Alors Saladin dit à ses gens : « Salphedin, « mon frère, a fait son aumône, et le patriarche et « Balian ont fait la leur, maintenant je veux faire « la mienne. » Lors il commanda à ses baillis qu'ils fissent ouvrir la poterne devers Saint-Ladre, et fit crier par la cité que tous les pauvres gens sortissent dehors, et commanda, s'il y en avoit parmi ces pauvres qui pussent se racheter, qu'on les prît et qu'on les emmenât en prison; que l'on mît les jeunes hommes et les jeunes femmes entre deux murs, et les vieilles gens hors de la cité. Cette enquête et ce mettre-hors durèrent depuis le soleil levant jusqu'au soleil couchant, et ils furent mis dehors par la poterne. Saladin fit cette aumône à de pauvres gens sans nombre. Après on compta ceux qui étoient demeurés, et on en trouva encore onze mille. Le patriarche et Balian vinrent à Saladin, et le prièrent, pour Dieu, qu'il les tînt eux-mêmes en ôtage, et qu'il délivrât les pauvres gens jusqu'à ce qu'ils eussent obtenu de la chrétienté leur rançon pour les racheter. Saladin dit qu'il ne recevroit pas deux hommes pour onze mille, et qu'ils ne lui en parlassent plus; et ainsi firent.

Saladin fit une grande courtoisie, car les dames

goises, les filles as chevaliers qui fuies s'en furent en Jerusalem, à cui lor seignors orent esté pris et mors en la bataille, quant eles furent issues de Jerusalem et rachetées, si alerent devant Salahadin crier li merci. Quant Salahadin les vit, il demanda qui eles estoient, et l'on li dist que c'estoit les fames et les filles as chevaliers qui furent mors et pris en la bataille. Il demanda que eles voloient. Eles li distrent que, por Dieu, eust merci d'eus, qui avoient lor barons en prison et lor terres perduës, et que Dieu i meist conseil et aide. Quant Saladin les vit plorer, si en ot grant pitié, et dist as dames que eles enquisisent se lor seignors estoient vif, et quant qu'il en auroit en la prison, il les feroit delivrer : et delivrés furent quant que l'on en trova. Aprés comanda que l'on donast as dames et as demoiselles cui pere et cui seignor estoient mors, largement du sien, as unes plus, as autres mains, selonc ce que eles estoient. L'en lor dona tant qu'eles s'en loerent à Dieu et au siecle du bien et de l'onor que Salahadin lor avoit fait.

Quant tuit les Crestiens furent issus hors de Jerusalem, cil qui issir en durent, si se merveillerent mult li Sarasins dont tel pueple estoit venu. Il distrent à Salahadin que si grant pueple estoit issu de la cité, qu'il ne porroit aller ensemble. Salahadin commanda com les partist en quatre parties[1], et que le Temple menast une des parties et l'Ospital l'autre, et le patriarche et Beleen la tierce. Quant il ot ainsi atirée lor muete, il bailla à chascune partie cinquante chevaliers

[1] D'après ce qui suit, il faut probablement lire *tres* au lieu de *quatre parties*, à moins que la quatrième partie ne fût composée de ceux qui n'étaient pas rachetés, et qui ainsi ne sortaient pas.

bourgeoises, les filles des chevaliers qui s'étoient enfuies en Jérusalem, et dont les seigneurs avoient été pris et tués en la bataille, quand elles furent sorties de Jérusalem et rachetées, allèrent devant Saladin lui crier merci. Quand Saladin les vit il demanda qui elles étoient, et on lui dit que c'étoient les femmes et les filles des chevaliers qui avoient été tués et pris en la bataille; et il demanda ce qu'elles vouloient; elles lui dirent que, pour Dieu, il eût merci d'elles qui avoient leurs barons en prison et leurs terres perdues, et que Dieu leur donnât aide et conseil. Quand Saladin les vit pleurer, il en eut grande pitié, et leur dit de s'enquérir si leurs seigneurs étoient vivans, et qu'autant qu'il en auroit dans ses prisons, il les feroit délivrer; et furent délivrés tous ceux que l'on trouva. Après il commanda que l'on donnât largement du sien aux dames et demoiselles dont les pères ou les seigneurs étoient morts, aux unes plus, aux autres moins, selon ce qu'elles étoient. On leur en donna tant qu'elles se louèrent à Dieu et au monde du bien et de l'honneur que Saladin leur avoit faits.

Quand tous les Chrétiens qui devoient sortir de Jérusalem en furent sortis, les Sarrasins émerveillés ne savoient d'où pouvoit venir tout ce monde; ils dirent à Saladin qu'il étoit sorti tant de gens de la cité qu'ils ne pourroient aller ensemble. Saladin commanda qu'on les séparât en trois parts; que les chevaliers du Temple menassent une des parts, ceux de l'Hôpital l'autre, le patriarche et Balian d'Ibelin la troisième. Quant il eut ainsi divisé leur troupe, il donna à chaque part cinquante chevaliers pour les conduire sûrement en terre chrétienne; et je vous dirai comment ils les

pour conduire les sauvement entre crestienté. Si vous dirai comment il les conduisoient et gardoient. Li vingt cinq chevaliers faisoient l'avant-garde; cil qui l'avant-garde faisoient, quant il avoit mangié, se couchoient dormir, et faisoient donner provende à lor chevaux de jor. Quant il avoient soupé, il montoient sor lor chevaus, et aloient toute nuit entre les Crestiens, que Sarrazins robeors ne s'enbatissent entr'eus. Cil que l'arriere-garde faisoient, quant il veoient home ne fame ne enfant recreu, il faisoient lor escuier descendre à pié, et porter les recreus jusques as herberges, eus-meismes portoient les enfans devant eus et deriere sus lor chevax. Quant il venoient as herberges, et il avoient soupé, si se couchoient dormir, et cil qui avoient fait le jor l'avant-garde faisoient l'endemain l'ariere-garde, et quant ce venoit as destroit là où il se doutoient, il faisoient armés les Crestiens qui armes avoient, et garder les destroits, tant que tuit fussent passés. Quant il estoient herbergié, li vilain de la terre aportoient viande à grant plente, si que li Crestiens en avoient grant marchié. De ces trois routes qui ainsi estoient atirée, menerent li Templiers une, li Ospitaliers l'autre, et le patriarche et Beleen la tierce. Por ce demora le patriarche et Beleen au derniere, qu'il cuidoient tous vaincre Saladin par prieres des Crestiens qui ariere demoroient.

Ainsi les fist conduire Salahadin sauvement, tant com sa terre dura, jusqu'en la terre de Triple; et quant il vindrent devant Triple, le cuens de Triple fist les portes fermer, et n'en laissa nul entrer ens, ains fist de ses chevalier issir as chans,

conduisoient et gardoient. Vingt-cinq chevaliers faisoient l'avant-garde. Ceux qui faisoient l'avant-garde, quand ils avoient mangé, se couchoient pour dormir, et faisoient donner la nourriture à leurs chevaux pendant le jour; quand ils avoient soupé, ils montoient sur leurs chevaux, et alloient toute la nuit parmi les Chrétiens afin que des voleurs sarrasins ne vinssent pas se fourrer entre eux. Ceux qui faisoient l'arrière-garde, quand ils voyoient hommes ou femmes ou enfans lassés, faisoient descendre leurs écuyers à pied, et faisoient porter les fatigués jusqu'au lieu d'héberger, et eux-mêmes portoient les enfans devant eux ou derrière sur leurs chevaux. Quand ils venoient au lieu d'héberger, et qu'ils avoient soupé, ils se couchoient pour dormir, et ceux qui avoient fait le jour l'avant-garde faisoient le lendemain l'arrière-garde. Et quand on venoit à quelque passage dont ils se méfioient, ils faisoient armer les Chrétiens qui avoient des armes, et leur faisoient garder le passage jusqu'à ce que tous fussent passés. Quand ils étoient hébergés, les vilains du pays apportoient des vivres en si grande abondance que les Chrétiens en avoient bon marché. De ces trois troupes qui ainsi étoient ordonnées, les Templiers menèrent l'une, les Hospitaliers l'autre, et le patriarche et Balian d'Ibelin la troisième. Le patriarche et Balian demeurèrent les derniers parce qu'ils espéroient obtenir de Saladin, par des prières, tous les Chrétiens qui demeuroient en arrière.

Saladin les fit ainsi conduire sûrement, tant que ce fut en son pays, jusqu'au pays de Tripoli; et quand ils vinrent à Tripoli, le comte de Tripoli fit fermer les portes et n'en laissa entrer aucun, mais fit sortir

et fist prendre tos les riches borgois, lor fist tollir lor avoir que Salahadin lor avoir laissié. Le plus des povres gens s'en alerent en la terre d'Antioche et d'Ermenie, l'autre partie demora devant Triple, qui puis i entrerent. Ainsi ne furent mie recueilli cil d'Escalone des chastiaus entor quant il alerent iverner en Alixandre; car quant li Crestiens vindrent devant Alixandre, le baillif les fist herbergier et faire bones lices entor ens, et les fist garder par jor et par nuit, com ne lor feist ennuis ne domage : là ivernerent mult aise jusques au mars qu'il entrerent en mer por passer en la terre des Crestiens.

Or vous dirai que cil d'Alixandre faisoient. Li prodome sarrazin de la cité d'Alixandre issoient chascun jor hors, et faisoient grant dons as povres crestiens de pain et de deniers. Li riche home qui deniers avoient les emploioient en marchandises qu'il mistrent es nes quant il passerent mer, où il guaignerent grant avoir. Or vous dirai quele aventure il lor avint. Il ivernoient au port d'Alixandre trente huit nes de Pisans et de Genevois et de Venitiens et d'autre gent, dont il orent au mars grant marchié de passage. Quant vint au mars, et cil furent recueilli es naves qui les orent loüées, si demora bien mil povres crestiens qui n'orent de quoi loer lor naves, ne d'acheter viandes por metre es naves. Les seignors des naves vindrent au baillif d'Alixandre, et s'aquiterent bien de ce qu'il devoient, et distrent qu'il lor feist delivrer lor tres et lor gouvernaus ; car quant il auroient tans et vent, il s'en voudroient aler. Le baillif lor dist que lor tres et gouvernaus ne lor rendroit-il mie jusques à tant qu'il auroient mis les povres crestiens tous en lor naves. Il

de ses chevaliers aux champs, et fit prendre tous les riches bourgeois et leur fit ôter leur avoir que Saladin leur avoit laissé. Le plus grand nombre des pauvres gens s'en allèrent à la terre d'Antioche et d'Arménie ; le reste demeura devant Tripoli ; et depuis ils y entrèrent. Ceux d'Ascalon ne furent point aussi recueillis dans les châteaux d'alentour, si bien qu'ils allèrent hiverner à Alexandrie ; et quand les Chrétiens vinrent devant Alexandrie, le bailli les fit camper et faire de bonnes barrières autour d'eux, et les fit garder le jour et la nuit afin qu'on ne leur causât ni chagrin ni dommage. Ils hivernèrent là fort à l'aise jusqu'en mars qu'ils se mirent en mer pour entrer en la terre des Chrétiens.

Or je vous dirai ce que faisoient ceux d'Alexandrie. Les prud'hommes sarrasins de la cité d'Alexandrie sortoient chaque jour hors la ville, et faisoient de grands dons aux pauvres chrétiens en pain et deniers. Les hommes riches qui avoient des deniers les employoient en marchandises qu'ils mirent dans les navires quand ils passèrent la mer, et y gagnèrent grand avoir. Or je vous dirai quelle aventure il leur avint. Il y avoit, pour hiverner, auprès d'Alexandrie trente-huit navires de Pisans, de Génois, de Vénitiens et d'autres nations, dont ils eurent, au mois de mars, grand marché pour leur passage. Quand vint le mois de mars, et que ceux qui avoient loué les navires y furent entrés, il demeura bien mille pauvres chrétiens qui n'avoient de quoi louer des navires ni acheter des vivres pour les y mettre. Les maîtres des navires vinrent au bailli d'Alexandrie s'acquitter de ce qu'ils devoient, et le requirent de leur faire rendre

distrent qu'il ne les i metroient mie, qu'il n'avoient naves louées ne viandes achetées por eus. « Qu'en voulés-vous donc faire ? » dist le baillif. Il distrent qu'il les lairoient, ne ja d'eus mener ne s'entremetroient. Le baillif lor demanda s'il estoient crestiens. Il distrent oïl. « Et comment, dit le baillif, les voles-vous ci laissier por estre esclaves à Salahadin? ce ne puet estre, mener les vous convient. Je vous dirai que je ferai por Dieu et por eus, je lor donnerai pain et euë assés, et vous les mettrés es naves; car autrement ne poves-vous avoir vos gouvernaus et vos tres. » Quant li mariniers virent qu'autrement ne porroient chevir, si distrent qu'il les passeroient. « Vous me jurerez, sus saints, que vous bien et loiaument les menrés en crestienté, ne que par force que je vous aie faite d'eus mener, ne les arriverés fors là où vous arriverés les riches homes, ne mal ne lor ferés. Et se je puis savoir que vous lor aies fait honte ne vilainie, je m'en prendrai as marcheans de vostre terre qui vendront en cest pais. » Ainsi s'en alerent li Crestiens sauvement qui par terre des Sarrasins alerent iverner en Alixandre. Or vous dirai que Salahadin fist.

Salahadin, quant il ot pris Jerusalem, et en ot envoié la premiere partie des Crestiens par les Templiers, il ne se vout

leurs voiles et leurs gouvernails, car dès qu'ils auroient bon temps et bon vent ils vouloient s'en aller. Le bailli leur dit qu'il ne leur rendroit pas leurs voiles et leurs gouvernails jusqu'à ce qu'ils eussent mis dans leurs navires tous les pauvres chrétiens. Ils dirent qu'ils ne les y mettroient pas, qu'ils n'avoient pas loué de navires ni acheté de vivres. « Qu'en voulez-vous donc « faire? » dit le bailli. Ils dirent qu'ils les laisseroient, et ne se chargeroient pas de les prendre. Le bailli leur demanda s'ils étoient chrétiens : ils dirent oui. « Com-
« ment, dit le bailli, les voulez-vous laisser ici pour
« être esclaves de Saladin? Ce ne peut-être; il vous
« les faut mener. Je vais vous dire ce que je ferai pour
« Dieu et pour eux : je leur donnerai du pain et de
« l'eau ce qu'il leur en faudra, et vous les mettrez
« dans les navires, car autrement ne pouvez-vous avoir
« vos gouvernails et vos voiles. » Quand les mariniers virent qu'ils ne pouvoient s'en tirer autrement, ils dirent qu'ils les passeroient. « Vous me jurerez, sur
« les saints, que vous les mènerez bien et loyalement
« en la chrétienté, et que, parce que je vous ai forcé
« de les emmener, vous ne les descendrez pas à terre,
« si ce n'est au lieu où vous y descendrez les hommes
« riches, et vous ne leur ferez pas de mal; et si je puis
« savoir que vous leur ayez fait honte ou vilainie, je
« m'en prendrai aux marchands de votre terre qui
« viendront en ce pays. » Ainsi s'en allèrent sûrement les Chrétiens qui, à travers le pays des Sarrasins, vinrent hiverner en Alexandrie. Maintenant je vous dirai ce que fit Saladin.

Saladin, quand il eut pris Jérusalem et qu'il eut renvoyé la première partie des Chrétiens par les Tem-

partir de Jerusalem devant qu'il eust esté au Temple et aoré, et que li Crestien fust tuit hors. Il ot mandé à Damas por euë rose assés por le Temple laver ains qu'il voisist entrer. Si, com l'en dit, il en i ot quatre chamiex ou cinq tous chargiés; mesançois qu'il fist le Temple laver de cele euë rose, ne qu'il i entrast, fist-il abatre une grant crois dorée à terre qui sus le temple estoit, et la lierent li Sarrazins à cordes, et la trainerent jusques à la porte de la tor David. Là la depecierent, et grant huerie firent aprés la crois, com il la trainoient; je ne di pas que ce fu par le commendement de Salahadin. Quant le Temple fu lavé, Salahadin entra eus, et rendi graces à Dieu de ce qu'il li ot presté seignorie sur sa maison. Aprés envoia une partie de son ost por aseoir Sur, et l'autre devant Jerusalem, tant que tuit les Crestiens qui aler s'en devoient en furent issus; puis s'en ala aprés son ost qu'il ot envoié à Sur.

Quant Salahadin vint devant Sur, il manda le marchis de Montferrat. L'on li amena. Lors manda à Coraut, le fils au marchis, qu'il avoit pris Jerusalem, et s'il li voloit rendre Sur, il li rendroit son pere et donroit grant avoir. Le marchis li manda qu'il fist au miex qu'il pourroit, que Sur ne li rendroit-il ja, ains la tendroit bien, à l'aide de Dieu, encontre lui. Lors envoya Salahadin en Acre, et fist armer quatorze galies et venir devant Sur por garder la mer que viande ni peust entrer, et fist drecier vers terre quatorze que perrieres que mangoniaus qui getoient par jor et par nuit, mes ne firent gaires lor preu, et si n'estoit jor que nos Crestiens ne feissent saillies sur les Sarrazins deus ou trois fois, et tot ce faisoit faire

pliers, ne voulut pas partir de Jérusalem avant qu'il eût été au Temple et fait ses adorations, et que les Chrétiens fussent tous dehors. Il avoit envoyé chercher à Damas assez d'eau-rose pour laver le Temple avant qu'il y voulût entrer, et l'on dit qu'il y en eut quatre ou cinq chameaux tout chargés; mais avant qu'il fît laver le Temple de cette eau-rose, ni qu'il y entrât, il fit abattre à terre une grande croix dorée qui étoit sur le Temple. Les Sarrasins la lièrent avec des cordes, et la traînèrent jusqu'à la porte de la tour de David; là ils la dépecèrent et firent de grandes huées après la croix comme ils la traînoient : je ne dis pas que ce fût par le commandement de Saladin. Quand le Temple fut lavé, Saladin y entra et rendit grâces à Dieu de ce qu'il lui avoit prêté seigneurie sur sa maison; puis il envoya une partie de son armée pour assiéger Tyr; l'autre resta devant Jérusalem jusqu'à ce que tous les Chrétiens qui devoient en sortir fussent sortis; puis il alla vers son armée qu'il avoit envoyée devant Tyr.

Quand Saladin vint devant Tyr il envoya chercher le marquis de Montferrat; on le lui amena. Alors il manda à Conrad, le fils du marquis, qu'il avoit pris Jérusalem, et que s'il vouloit lui rendre Tyr, il lui rendroit son père et lui donneroit grand avoir. Le marquis lui manda qu'il fît du mieux qu'il pourroit, qu'il ne lui rendroit pas Tyr, mais la tiendroit bien contre lui avec l'aide de Dieu. Alors Saladin envoya à Acre, et fit armer quatorze galères, et les fit venir devant Tyr pour garder la mer afin qu'il n'y pût entrer de vivres, et fit dresser sur terre quatorze tant pierriers que mangoneaux, qui lançoient de jour et

un chevalier d'Espaigne qui en Sur estoit, qui portoit une armes vertes, dont il avenoit, quant il issoit devant, que li Sarrazins de l'ost s'estormissoient plus por veoir son biau contenement que por autre chose; si l'apeloient li Turc le vert chevalier. Il portoit une chaînes de fer sus son aiume. Le marchis fist faire vessiaus de cuir covers en telle maniere com les menoit bien prés de terre. Si ot arbalestriers dedens; si i furent les fenestres par où il traioient. Ces vaisseaux firent mult mal as Sarrazins, que galies n'autres vaissiaus n'osoient approchier d'eus, et ces vaissiaus appelloit l'on Barbotes. Quant le marchis vit qu'il fu assis par mer et par terre, il fist. armer un batel, et issi fors par nuit, et l'envoia à Triple au conte, et li manda qu'il le secorust de gens et de viandes.

Quant le cuens de Triple oi ce que le marchis li demandoit, il fist armer vingt galies, et mist ens chevaliers et viandes, si les envoia à Sur; mes Dieu ne vout que eles i entrassent. Car, quant il vindrent à deus milles de Sur, une tourmente leva qui les depeça bien la moitié et les rebouta à Triple, mes ni out nulli peri.

Quant le marchis vit qu'il n'avoit point de secors, si pria Dieu qu'il le conseilla, et il si fist si comme vous oirés. Il avint qu'il ot un vaslet en l'ost Salahadin, fils d'un amiraut, qui se coroça à son pere, et s'en entra dedens Sur, et devint crestien. Or vous dirai que le marchis fist quant le vaslet ot esté une piece dedens

de nuit; mais ils n'y firent guère de profit, et il n'étoit pas de jour que nos Chrétiens ne fissent deux ou trois sorties sur les Sarrasins; et tout cela étoit conduit par un chevalier d'Espagne qui étoit en la ville de Tyr, et qui portoit une armure verte; dont il arrivoit que quand il sortoit devant la ville, les Sarrasins du camp couroient en foule plus pour voir son beau déportement que pour autre chose. Les Turcs l'appeloient le *vert chevalier*. Il portoit une chaîne de fer sur son haume. Le marquis fit faire des vaisseaux de cuir couverts de telle manière qu'on les menoit bien près de terre. Il y avoit dedans des arbalétriers, et il y avoit des fenêtres par où ils tiroient. Ces vaisseaux firent beaucoup de mal aux Sarrasins : ni galères ni autres vaisseaux n'osoient en approcher, et on les appeloit *Barbotes*. Quand le marquis vit qu'il étoit assiégé par mer et par terre, il fit armer un vaisseau, le fit sortir pendant la nuit, et l'envoya à Tripoli au comte, lui mandant qu'il le secourût de gens et de vivres.

Quand le comte de Tripoli ouït ce que le marquis lui demandoit, il fit armer vingt galères et mit dedans des chevaliers et des vivres, et les envoya à Tyr, mais Dieu ne voulut pas qu'elles y entrassent, car, quand elles vinrent à deux milles de Tyr, il s'éleva une tourmente qui les brisa bien à moitié et les repoussa à Tripoli; mais il n'y périt personne.

Quand le marquis vit qu'il n'avoit pas de secours, il pria Dieu qu'il le conseillât, et fit ce que vous allez apprendre. Il arriva qu'il y avoit dans le camp de Saladin un jeune homme, fils de l'amiral, qui se courrouça contre son père, entra dans Tyr et devint

Sur. Le marchis fist faire une letre de par cel vaslet qui crestien fu devenu, qu'il mandoit à Salahadin com à son seignor, et li mandoit qu'il savoit toute la covine de Sur, et que li Crestiens s'en devoient la nuit fuir, et, s'il ne le voloit croire, feist faire escout, qui orroit la noise au port. Quant les lettres furent faites, le marchis les fist lier au fust d'une sajete, et la fist par un serjant traire en l'ost. Quant li Sarrazins virent la sajette et les lettres, si la pristrent et porterent à Salahadin. Il fist lire les letres, et sous que eles disoient. Il le fist savoir as amiraus, et mist de sa meillor gent en galies por estre à l'encontre des Crestiens. Le marchis fist garnir la tour qui estoit sus la maistre porte de Sur, et mist garnison as murs, porce que se li Sarrazins vousist monter par eschieles as murs, qu'il les defendissent, et commanda as garnisons qu'il se tenissent tuit coi, com ne les oist ne tant ne quant, ne ne veist devant que mestier en seroit. Après fist fermer les portes des barbacanes; si ni laissa nul home, ains furent toute jor tuit coi dedens la cité. Quant il ot ainsi garni les murs et la tour, il ala au port et fist se galies bien armer, et commanda que tuit cil qui armes porroient porter fussent la nuit au port, et il si furent. Si grant noise firent tote nuit. Lors s'aperçurent li Sarrazins que ce com lor avoit mandé estoit voir. Si s'armerent d'autre part, et entrerent es galees por estre à l'encontre des Crestiens. Au point du jor vindrent li Sarrazins au port. Les chaaines estoient avalées, porce qu'il voloient que les galies entrassent ens. Les trois tors qui estoient à la chaaine estoient bien garnies de gens qui mult bien se firent le jor. Quant le marchis vit qu'il ot entré tant de galies dedans le port, il fist lever la chaaine, et prit cinq galies qui i entrerent, et occis tous ceus qui dedens estoient; après fist garnir ces cinq galies de chevaliers et de serjans, et les deus avec qu'il avoit dedens

chrétien. Or je vous dirai ce que fit le marquis quand le jeune homme eut été un peu de temps dans Tyr. Le marquis fit faire une lettre par le jeune homme qui étoit devenu chrétien, qu'il adressoit à Saladin comme à son seigneur, et lui mandoit qu'il savoit tout ce qui se passoit à Tyr, et que les Chrétiens se devoient enfuir la nuit, et que s'il ne le vouloit pas croire, qu'il fît épier, et qu'on entendroit le bruit des pas. Quand les lettres furent faites, le marquis les fit lier au bois d'une flèche, et les fit par un homme d'armes lancer dans le camp. Quand les Sarrasins virent la flèche avec les lettres, ils les prirent et les portèrent à Saladin. Il fit lire les lettres et sut ce qu'elles disoient. Il le fit savoir aux amiraux, et mit troupes dans les galères pour aller à la rencontre des Chrétiens. Le marquis fit garnir la tour qui étoit sur la grande porte de Tyr, mit garnison sur les murs pour que, si les Sarrasins y vouloient monter par des échelles, on les défendît, et il commanda aux garnisons de se tenir coites afin qu'on ne les entendît ni beaucoup ni peu, et qu'on ne les vît pas avant qu'il fût nécessaire. Après cela il fit fermer les portes des barricades et n'y laissa personne; mais ils demeurèrent tout le jour tous cois dedans la cité. Quand il eut ainsi garni les murs et les tours, il alla au port et fit bien armer ses galères, et commanda que tous ceux qui pourroient porter les armes fussent la nuit au port; et ils y furent, et ils firent grand bruit toute la nuit. Alors les Sarrasins s'aperçurent que ce qu'on leur avoit mandé étoit vrai; ils s'armèrent de leur côté, et entrèrent dans leurs galères pour aller à la rencontre des Chrétiens. Au point du jour les Sarra-

Sur. Quant li Sarrazins les virent venir si se traistrent ariere, qu'il virent bien qu'il ne porroient garir à eus. Mes cil de Sur lor corurent sus. Sans faille le rivage fu tot covert de Sarrazins à cheval, et entroient en la mer quant qu'il pooient, por aidier à lor galies, si que assés i en ot de noiés. Quant cil des galies virent qu'il ne porroient plus plus endurer ne soffrir, si se ferirent à terre vers l'ost, et deus s'en furent à Baruth. Ces deux galies qui s'enfuirent à Baruth firent grant dommage à nos Crestiens, si com vos oirés ce avant.

Une partie de l'ost des Sarazins, en dementieres que la bataille fu en la mer, aporterent eschieles as murs des barbacanes, si entroient ens, et alerent jusques au maistre mur. Mes il estoit trop haut, si ne si pooient metre, et encore fussent les eschieles assés longues, ni puissent-il mie monter por les garnisons qui sus les murs estoient. Quant cil virent qu'il ne porroient monter as murs, il minerent le premier parement et le nieam[1], et n'i avoit que de bouter la tret, quant Dieu i envoia secors. Quant li Crestiens en orent desconfis les Sarazins de la mer, si lor dist l'on que li Turc minoient les murs de la cité, et qui es barbacanes en avoient

[1] *Nieam*, probablement *mean*, moyen, du milieu.

sins vinrent au port. Les chaînes étoient abaissées, parce qu'ils vouloient que les galères y entrassent. Les trois tours qui gardoient la chaîne étoient bien garnies de gens qui firent très-bien ce jour-là. Quand le marquis vit qu'il étoit entré tant de galères dans le port, il fit lever la chaîne, prit cinq galères, et tua tous ceux qui étoient dedans; puis il fit garnir ces cinq galères de chevaliers et d'hommes d'armes, ainsi que les deux qu'il avoit dedans Tyr. Quand les Sarrasins les virent venir, ils se retirèrent en arrière, voyant bien qu'ils ne pourroient se défendre contre elles, mais ceux de Tyr leur coururent sus. Aussitôt le rivage fut tout couvert de Sarrasins à cheval qui entroient dans la mer tant qu'ils pouvoient pour aider à leurs galères, tellement qu'il y en eut beaucoup de noyés. Quand ceux des galères virent qu'ils ne pouvoient plus résister ni tenir, ils se précipitèrent à terre vers le camp, et deux s'enfuirent à Béryte. Ces deux galères qui s'enfuirent à Béryte firent grand dommage à nos Chrétiens, comme vous l'ouïrez tout-à-l'heure.

Une partie de l'armée des Sarrasins, pendant qu'on se battoit sur la mer, apporta des échelles aux murs des palissades; ils entrèrent dedans et allèrent jusqu'au maître-mur, mais il étoit trop haut, ils ne s'y pouvoient loger, et, encore que les échelles fussent assez longues, ils n'y pouvoient monter à cause des garnisons qui étoient sur les murs. Quand ils virent qu'ils ne pouvoient pas monter aux murs, ils minèrent le premier rempart et celui du milieu, et il n'y avoit plus qu'à y mettre la solive, quand Dieu y envoya secours. Quand les Chrétiens eurent déconfit les Sarrasins de la mer, on leur dit que les Sarrasins minoient

ja grant plente. Quant le marchis oï ce, il retorna et fist ouvrir une porte, si s'en issirent, et corurent sus as Turc. Quant cil virent ceus venir sus eus, si s'enfuirent, aucuns se laissent chair de barbacanes, et ceus qu'on put consuire occist l'on, et prisa l'on bien jusqu'à mille ceus qui occis i furent. Ceste deconfiture que nos Crestiens firent sus les Sarrazins, fu le jor de l'an renuef, et le siege fut venu devant Sur à la Toussaint devant. Quant Salahadin vit qu'il estoit desconfit par mer et par terre, mult fu ires, et deffendi com n'assaillist plus à la cité. A lanuitier il fist le feu bouter en ses galies et en ses engins, et fist tout ardoir. La nuit se deslogea, et s'ala herbergier à une mille de Sur. Lendemain departi ses os, et s'en ala séjorner à Domas.

Ci vous lairons un petit de Salahadin, et si vous dirons de l'arcevesque de Sur qui vint à l'apostole en message. Noveles aporta de la grant dolor qui estoit avenuë en la terre de promission. Il arriva en la terre le roi de Cesile et de Calabre et de Puille. Cil roi Guillaume avoit une fille le roi d'Angleterre à fame, qui avoit nom Johanne. L'arcevesque de Sur si sout que le roi estoit prés d'iluec. Il vint à lui, et li conta le grant domage qui estoit avenu u roiaume de Jerusalem. Le roi en fu mult dolent, et pensa qu'il estoit auques coupable de la perdition de la terre. Si vous dirai comment. Quant Alexe ot fait les eus crever à son frere, qui empereres estoit, et il se fist empereres, il prist conseil à ses gens de Constantinople [1] por la terre garder à son hues. Il li loerent

[1] Si l'on ne veut pas supposer quelque erreur de copiste, il faut entendre la phrase en ce sens que Guillaume prit conseil *des gens*, *des sujets* de l'empereur Alexis, venus de Constantinople. Mais de

le mur de la cité, et qu'il y en avoit déjà beaucoup dans les palissades. Quand le marquis entendit ceci, il retourna et fit ouvrir une porte, ils en sortirent et coururent sus aux Turcs. Quand ceux-ci les virent venir sur eux, ils s'enfuirent, quelques-uns se laissèrent tomber des barricades, et l'on tua ceux que l'on put atteindre, et l'on estima bien jusqu'à mille ceux qui y furent tués. Cette déconfiture que nos Chrétiens firent des Sarrasins fut le jour du nouvel an, et le siége avoit été mis devant Tyr à la Toussaint précédente. Quand Saladin vit qu'il étoit déconfit par mer et par terre, il fut très en colère, et défendit qu'on assaillît plus la cité. A l'entrée de la nuit, il fit mettre le feu à ses galères et à ses engins, et fit tout brûler. La nuit, il délogea et s'alla camper à un mille de Tyr. Le lendemain il sépara son armée et s'en alla séjourner à Damas.

Nous laisserons ici Saladin pour un peu de temps, et nous parlerons de l'archevêque de Tyr qui vint à l'apostole en message. Il apporta nouvelle de la grande douleur qui étoit avenue en la terre de promission. Il arriva aux pays du roi de Sicile, de Calabre et de Pouille. Le roi Guillaume avoit pour femme une fille

plus il y a ici confusion. Jérusalem fut reprise par Saladin en 1187; le roi de Sicile, Guillaume le Bon, dont il est ici question, mourut en 1189, et ce ne fut qu'en 1195 qu'Alexis l'Ange parvint au trône de Constantinople, après avoir fait crever les yeux à son frère Isaac. L'entreprise de Guillaume sur l'empire de Constantinople eut lieu en 1185, à l'instigation d'Alexis, neveu de l'empereur Manuel, qui s'était refugié en Sicile pour échapper à la cruauté d'Andronic. Les Siciliens eurent d'abord de grands succès. Andronic furieux s'en prit à plusieurs seigneurs de Constantinople qu'il accusait d'intelligence avec l'ennemi, et les fit mourir. Isaac devait être du nombre, ce fut ce qui détermina sa révolte et la mort d'Andronic. Aussitôt qu'Isaac fut monté sur le trône, il reprit, ou plutôt son armée,

bien. Si fist une estoire grant apareiller de naves et de galies. Il manda en la terre d'outre-mer et es autres contrées por chevaliers et serjans, et lor donroit sous, selon ce que chascun seroit, et retint les pelerins qui en la Sainte Terre voloient passer, et tint ainsi deus ans les ports que nus ne pooit passer, si que des passages qui detint que de ceux qui vindrent d'outre-mer, fu la terre mult afeblie, et fu le roi de Jerusalem desconfit, qui poi de gent ot contre les Turcs; car quant Salahadin vint as cités et à chatiax, il ne trova qui li contredeist, ains li rendi l'on tot le roiaume, fors seulement Sur. Por ceste achaison dist le roi Guillaume qu'il fu durement coupable de la terre et de la perdition du roiaume. Je vous dirai que cele estoire devint. Aprés oirés du secors qu'il envoya à la terre d'outre-mer. Le roi Guillaume n'ala mie en cele estoire, ains demora por envoier gens et viandes; aprés se mestier fust, il envoia des plus haus homes de la terre por estre guicours et garder de cele gent.

---

sous le commandement d'Uranus, reprit le dessus et chassa les Siciliens. Les *gens* de Constantinople dont parle ici le chroniqueur doivent être, ou le prince Alexis et ceux qui s'étaient avec lui réfugiés en Sicile, ou les seigneurs que soupçonna ensuite Andronic. En tout cas, la suite de la phrase présente encore une erreur soit de l'historien soit du copiste, car Guillaume ne put prendre conseil de *garder*, mais bien de *gaigner* ce qu'il n'avait pas encore; et à moins qu'il n'eût formé et préparé ce dessein dès l'avènement d'Andronic et avant l'arrivée d'Alexis en Sicile, la mesure qu'il se reprochait ne peut avoir duré deux ans, car Alexis n'arriva en Sicile qu'en 1185, l'armée sicilienne s'embarqua le 11 juin de la même année, et fut chassée au mois de novembre suivant.

du roi d'Angleterre, qui avoit nom Jeanne. L'archevêque de Tyr sut que le roi étoit près de là. Il vint à lui, et lui conta le grand dommage qui étoit avenu au royaume de Jérusalem. Le roi en fut très-dolent, et pensa qu'il étoit en quelque chose coupable de la perdition de la terre, et je vous dirai comment. Quand Alexis eut fait crever les yeux à son frère qui étoit empereur, il se fit empereur. Guillaume tint conseil avec ses gens de Constantinople pour garder le pays à son profit. Ils le lui conseillèrent bien, et il fit préparer un grand équipage de navires et de galères. Il envoya en la terre d'outre mer et aux autres contrées pour avoir des chevaliers et autres hommes d'armes, promettant qu'il leur donneroit solde selon ce que seroit chacun. Il retint les pélerins qui vouloient passer en la Terre-Sainte, et ferma deux ans les portes, tellement que nul ne pouvoit passer; en sorte que la terre fut fort affoiblie par faute de ceux qu'on avoit retenus au passage et de ceux qui vinrent d'outre mer en Constantinople, et que le roi de Jérusalem fut déconfit, ayant peu de de gens à mettre contre les Turcs; car quand Saladin vint aux cités et châteaux, il ne trouva personne pour les lui disputer, mais on lui rendit tout le royaume, hors seulement Tyr. C'est à cette occasion que le roi Guillaume dit qu'il étoit grandement coupable de la perdition du pays et du royaume. Je vous dirai ce que devint cette flotte, et vous parlerai ensuite des secours qu'il envoya en la terre d'outre mer. Le roi Guillaume n'alla pas sur la flotte, mais demeura pour envoyer des gens et des vivres s'il en étoit ensuite besoin, et il envoya des plus hauts seigneurs du pays pour être guides et repousser ces nations.

Quant les naves et les galies furent apareillées, il murent et arriverent à Duras en Grece; si la pristrent et garnirent. Aprés alerent à Salenique, conquerant toute la terre qui est entre Duras et Salenique, et la garnirent; puis passerent outre vers Constantinople. Quant li Grifon de la terre virent que cil avoient tant conquis sus eus, mult furent dolens, il vindrent à chevetaines de l'ost, et distrent que bien fussent-il venus; car mult estoient lie de lor venuë, et mult auroit grant joie s'il pooient vengier le prodome à qui l'on avoit ses eus crevés, qui la malice avoit vengié que Androine avoit faite [1]. Aprés lor distrent qu'il avoient trop grant tour à faire à aler par mer à Constantinople, mes alassent par terre, il iroient avec eus et les conduiroient, et feroient venir viandes à foison de la terre qu'il n'amoit point l'empereor. Tant prierent les Grifons les maistres de l'estoire, qu'il alerent avec eus, et laisserent lor estoire, et tant les menerent qu'il vindrent à sept jornées de Constantinople, prés d'une cité qui a nom Felipe. Là se herbergierent en une valée. En dementieres que les Grifons menoient, il firent à savoir à ceus du païs qu'il fussent contr'eus garnis d'armes à Felippe, et il si furent. Quant li Gres de la terre vint là, et il furent tuit assemblé, si s'armerent lendemain au point du jor, et corurent sus à ceus de l'estoire, si les occistrent et pristrent. Poi en eschapa. Ainsi fu cele estoire perduë.

Or vous dirai du roi Guillaume quel secors il envoia en la

[1] Tout ce récit, conforme à la première supposition, fourmille par conséquent d'erreurs.

Quand les marins et les galères furent préparés, ils se mirent en route, arrivèrent devant Durazzo en Grèce, la prirent et y mirent garnison. Après ils allèrent à Salonique, conquirent tout le pays qui est entre Durazzo et Salonique, y mirent des troupes, puis passèrent outre vers Constantinople. Quand les Grégeois du pays virent que ceux-ci avoient tant conquis sur eux, ils furent très-dolens; ils vinrent aux chefs de l'armée, et leur dirent qu'ils étoient bien venus, car ils étoient très-joyeux de leur arrivée, et auroient fort grande joie s'ils pouvoient venger le prud'homme qui avoit puni la méchanceté d'Andronic, et à qui on avoit crevé les yeux; et ils leur dirent qu'ils avoient un trop grand tour pour aller par mer à Constantinople, mais qu'il falloit qu'ils allassent par terre, qu'ils iroient avec eux, les conduiroient, et feroient venir des vivres à foison de tout le pays, qui n'aimoit pas l'empereur. Les Grégeois prièrent tant les chefs de la flotte, qu'ils allèrent avec eux et laissèrent leur flotte, et ils les conduisirent jusqu'à sept journées de Constantinople, près d'une cité qui a nom Philippes. Là ils s'hébergèrent en une vallée, et, tandis que les Grégeois les conduisoient, ils firent savoir à ceux du pays qu'ils vinssent à Philippes pourvus d'armes, et ils y furent. Quand les Grecs du pays furent venus là et tous assemblés, ils s'armèrent le lendemain au point du jour, et coururent sus à ceux de la flotte. Ainsi ils les tuèrent et prirent. Il en échappa peu. Ainsi fut perdue cette flotte.

Maintenant je vous dirai quels secours le roi Guillaume envoya en la terre d'outre mer. Il y envoya cent galères et trois cents chevaliers, pour aider à garder le

terre d'outre-mer. Il i envoia cent galies et trois cent chevaliers por aidier à garder ce tant de terre qui estoit demoré as Crestiens. Aprés fist faire estoire de naves et de galies por envoïer aprés, et por aler aprés le roi d'Angleterre, cui fille il avoit. Je n'ai pas dit qu'il fust croisiés, mes ne demora guaires, aprés cele estoire, qu'il fu mort sans hoir, ains que le roi d'Angleterre i allast. Quant le roi Guillaume fu mort, cil du païs pristrent un sien cosin germain qui cuens estoit de Puille. Tancres avoit nom; si en firent roi. Ci lairons de Tancres à tant, et diron de l'arcevesque de Sur qui arrivé fu en la terre le roi Guillaume, qui li fist avoir chevaucheures et despens por aller jusques à Rome.

Quant l'archevesque de Sur vint à Rome, il trova l'apostole [1], et li conta le grant domage d'outre-mer, et comment li Sarrazin avoient conquise la terre. Quant le pape l'oï, mult fu dolent. Il envoia ses messages par toute la crestienté por noncier la novelle com li avoit aportée de la terre de promission, et manda tous les haus homes de crestienté, as rois, as dus, as contes, et as barons, as chevaliers et as serjans, que tuit cil qui se croiseroient por aller en la terre d'outremer, tous les pechiés qu'il avoient fes, dont il estoient confes et repentans, il les prenoit sus soi, et quites entr'eus et Dame Dex, et manda que tuit cil qui vodroient prendre decime de lor homes, il lor otroioit qu'il le preissent de toutes les choses qu'il avoient vaillant, et bien lor abandonnoit por le service Dame Dieu faire. Quant les haust homes de la crestienté et chevaliers et borgois et serjans oirent la novelle, si se croisierent et apareiller d'aller i. Le haut home qui premier ala

[1] Clément III.

peu de terre qui étoit demeuré aux Chrétiens; puis il fit faire une grande flotte de navires et de galères pour envoyer après et aller à la suite du roi d'Angleterre, dont il avoit la fille. Je n'ai pas dit qu'il s'étoit croisé; mais il ne demeura guère, après le départ de la flotte, qu'il ne mourût sans hoirs, avant que le roi d'Angleterre allât à la croisade. Quand le roi Guillaume fut mort, ceux du pays prirent un sien cousin germain qui étoit comte de Pouille, qui avoit nom Tancrède, et ils en firent leur roi. Nous laisserons ici Tancrède, et dirons de l'archevêque de Tyr qui étoit arrivé au pays du roi Guillaume, et à qui le roi Guillaume fit avoir des chevaux et de l'argent pour aller jusqu'à Rome.

Quand l'archevêque de Tyr vint à Rome, il trouva l'apostole et lui conta le grand dommage d'outre mer, et comment les Sarrasins avoient conquis le pays. Quand le pape l'ouït, il fut très-dolent; il envoya ses messagers par toute la chrétienté pour annoncer la nouvelle qu'on lui avoit apportée de la terre de promission, et manda à tous les seigneurs de la chrétienté, aux rois, aux ducs, aux comtes, aux chevaliers, aux hommes d'armes, que tous ceux qui se croiseroient pour aller en la terre d'outre mer, il prenoit sur lui tous les péchés qu'ils avoient faits, pourvu qu'ils en fussent confessés et repentans, et qu'ils en seroient quittes entre eux et Dieu; et il leur manda que tous ceux qui voudroient prendre la dîme sur leurs hommes, il leur octroyoit qu'ils la prissent sur tout ce qu'ils avoient vaillant, et qu'il le leur abandonnoit bien pour le service du Seigneur Dieu. Quand les seigneurs de la chrétienté, ainsi que les chevaliers, bourgeois et hommes d'armes ouïrent cette nouvelle, ils se croisè-

ce fu l'emperere d'Alemaigne[1]. Il ala par terre, et mena bien cinquante milles homes à cheval sans ceus à pié. Tant alerent qu'il vindrent à Constantinople, et passerent le bras Saint-Jorge, et furent en Turquie. Li emperere de Constantinople commanda com lor aportast viandes à plente, et manda à l'amiraut d'Ocoine, qui son home linge estoit, qui lor fist viandes aporter de sa terre au chemin à raisonnable marchié, et si les fist conduire parmi sa terre sauvement.

L'Alemant, quant il furent entrés en la terre de Turquie et d'Ocoine, commencer à tolir la viande as païsans qui lor apportoient. Li païsans se traistrent ariere, quant il virent com les desroboit, et n'apporterent point de viande. Ainsi errerent li Alemant trois semaines qu'il ne mengierent, se lor chevaus ne fu, tant qu'il vindrent en Hermenie. Si en fu prés de la moitié mors ains qu'il i venissent. Un jor se fu herbergié l'emperere sus une riviere en Hermenie, si li prist talent de baignier, et fu noies[2]. Quant l'emperere mut d'Alemaigne, il avoit trois fils. Il envoia l'un avec lui, qui aprés la mort son pere s'en ala en Antioche, et cil avec lui qui de la famine estoient escapé. Li ainsné des trois fils, qui fut remés por garder l'empire, ot nom Henri, et ot à fame l'antaine le roi Guillaume de Secile, seror son pere. L'autre frere ot nom Othes, et fu duc de Bourgoigne; cil ot à fame la fille le comte Tibaut de Blois, et fu mor sans hoir. Le tiers ot nom Phelipe, et fu duc de Soave. Porce vous ai commencié à parler

---

[1] Frédéric Barberousse. Il partit pour la croisade le 27 juillet 1189.

[2] Frédéric Barberousse se noya le 10 juin 1190 dans le Sélef, petite rivière près de Séleucie.

rent et apprêtèrent pour y aller. Le haut seigneur qui le premier y alla ce fut l'empereur d'Allemagne. Il alla par terre, et mena bien cinquante mille hommes à cheval, sans ceux à pied. Tant ils allèrent qu'ils vinrent à Constantinople, et passèrent le bras de Saint-Georges et furent en Turquie. L'empereur de Constantinople commanda qu'on leur apportât vivres en abondance, et manda à l'amiral[1] d'Iconium, qui étoit son homme lige, qu'il leur fît apporter sur le chemin des vivres du pays, à un prix raisonnable, et qu'il les fît conduire en sûreté à travers le pays.

Les Allemands, quand ils furent entrés en la terre de Turquie et d'Iconium, commencèrent par prendre les vivres des paysans qui les leur apportoient. Les paysans se retirèrent en arrière quand ils virent qu'on les déroboit, et n'apportèrent point de vivres. Les Allemands errèrent donc trois semaines sans rien manger, si ce n'est leurs chevaux, tant qu'ils arrivèrent en Arménie. Il y en avoit près de la moitié moins qu'au moment de leur départ. Un jour l'empereur s'étant hébergé sur une rivière en Arménie, il lui prit envie de se baigner, et il se noya. Quand l'empereur étoit parti d'Allemagne, il avoit trois fils : il en mena avec lui un qui, après la mort de son père, s'en alla à Antioche, suivi de ceux qui avoient échappé à la famine. L'aîné des trois fils, qui étoit resté pour garder l'empire, avoit nom Henri, et avoit pour femme la tante du roi Guillaume de Sicile, sœur de son père. L'autre frère avoit nom Othon, et fut duc de Bourgogne; il eut pour femme la fille de Thibaut, comte de Blois, et mourut sans hoirs. Le troisième eut nom

[1] L'émir.

des enfans d'empereor, que ci-aprés oirés qu'il devindrent et qu'il firent.

Le roi de France, qui estoit croisié, ne mut mie si tost porce qu'il guerreoit au roi d'Angleterre. Ne dirai ore plus de lor guerre jusque tant en sera, ains orres de Salahadin qui à Domas demoroit.

Noveles vindrent à Salahadin que le roi de France et le roi d'Angleterre estoient croisiés, et tuit li autres barons de crestienté, por aler sus lui. Il n'en fu mie lies ni ascur. Il fist Acre mult bien fermer et garnir de chevaliers et de serjans et de viandes, et i mist de ceus où il plus se fioit, qu'il savoit bien que li Crestiens arriveroient là, et que si grant gent com il estoient ne porroient arriver se la non, et lor commanda que, por poi de gent ne por auques, n'ississsent fors d'Acre, ains se tenissent coi et serré dedans la cité, et s'il estoient assis des Crestiens, com li feist à savoir, et il tantost les secorroit. Quant il ot ainsi Acre garnie, il fist garnir ses cités et ses chastiax qu'il avoit conquis sus la marine. Aprés semonst ses os, et ala à Triple aseoir. En ce point que Salahadin ot Triple assis, arriverent les nes et les galies le roi Guillaume à Sur et les trois cens chevaliers. Lors fist le marchis armer une partie de ces galies por secorre Triple, et commanda as chevaliers le roi Guillaume qu'il alassent là. Il i allerent avec ses chevaliers que li marchis i envoia. I estoit li vert chevalier d'Espaigne. Quant li secors fut arrivé à Triple, et il furent un poi reposé, il firent une saillie en l'ost des Turcs : li vert chevalier fu tot devant. Quant li Sarrazins virent le vert chevalier, mult s'esmervellerent de ce qu'il avoient tel foison. Il distrent à Salahadin qu'il estoit venu au secors. Salahadin li manda

Philippe, et fut duc de Souabe. Et j'ai commencé à vous parler des enfans de l'empereur, parce que vous verrez après ce qu'ils devinrent et ce qu'ils firent.

Le roi de France, qui étoit croisé, ne se mit pas sitôt en route, parce qu'il faisoit la guerre au roi d'Angleterre. Je ne vous parlerai pas maintenant de leur guerre jusqu'à ce qu'il en soit temps, mais vous raconterai de Saladin qui demeuroit à Damas.

Les nouvelles vinrent à Saladin que le roi de France et le roi d'Angleterre étoient croisés avec tous les autres barons de la chrétienté pour venir sur lui. Il n'en fut ni joyeux ni rassuré. Il fit bien fortifier Acre et la garnit de chevaliers, d'hommes d'armes et de vivres, et y mit de ceux auxquels il se fioit le plus, sachant bien que les Chrétiens débarqueroient là, et qu'une si grande troupe ne pouvoit arriver ailleurs. Il leur recommanda que, pour l'arrivée d'un petit nombre de gens, et pour quelque chose que ce fût, ils ne sortissent d'Acre, mais se tinssent cois et enfermés dans la cité, et que s'ils étoient assiégés des Chrétiens, on le lui fît savoir, et qu'il les secourroit promptement. Quand il eut ainsi garni Acre, il fit garnir les cités et les châteaux qu'il avoit conquis sur le bord de la mer; ensuite il convoqua son armée et alla assiéger Tripoli. Lorsque Saladin eut assiégé Tripoli, arrivèrent à Tyr les navires, les galères et les trois cents chevaliers du roi Guillaume. Alors le marquis fit armer une partie de ses galères pour secourir Tripoli, et commanda aux chevaliers du roi Guillaume qu'ils y allassent. Ils y allèrent avec les chevaliers qu'y envoya le marquis; et le vert chevalier d'Espagne y étoit. Quand le secours fut arrivé à Tripoli, et qu'ils se fu-

en priant qu'il venist parler à lui, sauf aler et sauf venir. Il i ala. Salahadin li fist grant joie, et mult li presenta chevaus et avoir, mes il ne n'ot cure. Salahadin li dist que, s'il voloit demorer à lui, il li donroit grant terre, et cil li respondi qu'il ni demorroit pas, et qu'il n'estoit pas venu en la terre por aidier as Sarrazins, mes por eus confondre et grever à son pooir. Lors prit congié et retorna en la cité. Quant Salahadin vist qu'il avoit tant de Crestiens armés à Triple por secors, et qu'il ni porroit rien forfaire, si s'en parti et s'en ala à dix milles d'iluec, à une cité qui a nom Tortose. Mes ançois qu'il se partist d'iluec, la roine la fame le roi Guion, qui la i ens estoit, li manda que les convenances qu'il ot à son seignor, quant il parti d'Escalone, li tenist, et qu'il estoit bien tans que il son seignor li feïst delivrer. Salahadin dist que volontiers le feroit. Il manda à Domas com li envoiast le roi et dix de ses chevaliers, teus com il les choisiroit en la prison, et comanda com menast le marchis à Sur, et le presenta l'on à son fils de par lui. Ainsi fu fait comme il commanda.

Quant le roi et ceus qu'il ot choisi en la prison vindrent devant lui, il lor fist jurer, sus saints, que jamés armes ne porteroient contre lui; puis les envoia à Triple. L'un de ceux qui fu delivré avec le roi fu le maistre du Temple, l'autre le connestable Baunneris et le tiers le mareschal. Les autres

rent un peu reposés, ils firent une sortie sur le camp des Turcs. Le vert chevalier étoit tout devant. Quand les Sarrasins virent le vert chevalier, ils s'émerveillèrent beaucoup de ce qu'il avoit tant de monde avec lui. Ils dirent à Saladin qu'il étoit venu au secours. Saladin le fit prier qu'il vînt parler à lui avec un sauf-conduit pour aller et un pour retourner. Il y alla. Saladin lui fit grande fête, lui présenta beaucoup de chevaux et de richesses, mais il n'en eut cure. Saladin lui dit que, s'il vouloit demeurer avec lui, il lui donneroit de grandes terres, et celui-ci lui répondit qu'il n'y demeureroit pas, qu'il n'étoit pas venu dans le pays pour aider les Sarrasins, mais pour les confondre et leur nuire à son pouvoir. Alors il prit congé et retourna en la cité. Quand Saladin vit qu'il y avoit dans Tripoli tant de Chrétiens armés pour la secourir, et qu'il n'y pouvoit rien faire, il s'en partit et s'en alla, à dix milles de là, à une cité qui a nom Tortose; mais avant qu'il s'en partît, la reine femme du roi Gui, qui y étoit, lui manda qu'il falloit qu'il lui tînt les conditions qu'il avoit faites à son seigneur quand il partit d'Ascalon, et qu'il étoit bien temps qu'il lui fît délivrer son seigneur. Saladin dit qu'il le feroit volontiers. Il manda à Damas qu'on lui envoyât le roi et dix de ses chevaliers, tels comme il les choisiroit dans la prison, et commanda qu'on menât le marquis à Tyr, et qu'on en fît présent à son fils de sa part. Ainsi fut fait comme il l'ordonna.

Quand le roi et ceux qu'il avoit choisis dans la prison vinrent devant lui, il leur fit jurer, sur les saints, que jamais ils ne porteroient les armes contre lui, puis il les envoya à Tripoli. Un de ceux qui furent

ne vous sai-je nomer. Le roi et si baron furent delivrés. Salahadin envoia au conte Renaut Honfroi son fils delivré. Puis s'en ala Salahadin à une cité à cinq milles de Tortose, qui a nom Valenie, si la prit et gasta, qu'il ne la vout mie garnir por un chastel qui prés d'iluec estoit en la montaigne qui a nom le Margat. De là s'en ala à une cité qui a nom Gibel, si la prit et garni. D'iluec s'en ala à Antioche, mes il ne l'assega mie. Là oi dire que un chevalier que il haioit mortellement estoit en un chastel en la terre d'Antioche. Cil chastel avoit nom la Roche-Guillaume, et por ce chevalier ala aseoir ce chastel plus que por autre chose, que s'il le peust tenir il li coupast le chief, ausi com il fist au comte Renaut; et il eust droit, car cil chevalier li fist mal por bien qu'il li ot fait. Si oirés comment. Cil chevalier occist son seignor linge avec sa fame, et s'en ala à Salahadin, li cuiqu'une de freres[1]. Il les receut bel et lor donna grans terres. Quant cil chevalier ot une piece esté avec Salahadin, si fu mult bien d'un sien neveu, un jor li pria qu'il alast avec lui; cil i ala, et le chevalier le mena en la terre des Crestiens, et le mist en un chastel du Temple qui a nom le Safet, en prison, et donna as Templiers la moitié de la rançon qu'on auroit de ce vaslet por lui garantir contre les parens de son seignor linge qu'il avoit occis. Cil chevalier avoit nom Johan Gale. Cil lairons de Salahadin qui ala aseoir ce chevalier, et dirons du roi Guion qui fust à Triple.

[1] Il faut lire probablement, *et cuiqu'une si freres.*

délivrés avec le roi étoit le maître du Temple, le second le connétable, et le troisième le maréchal. Je ne vous saurois nommer les autres. Saladin renvoya au comte Renaud son fils Honfroi délivré, puis s'en alla à une cité à cinq milles de Tortose qui a nom Valénie. Il la prit et détruisit, n'y voulant mettre garnison à cause d'un château qui étoit près de là en la montagne du Margat. De là il s'en alla à une cité qui a nom Gibel ; il la prit et y mit garnison. De là il s'en alla à Antioche, mais ne l'assiégea pas. Là il ouït dire qu'un chevalier qu'il haïssoit mortellement étoit dans un château du pays d'Antioche. Ce château avoit nom la Roche-Guillaume. Il alla assiéger ce château pour ce chevalier plus que pour toute autre chose, afin, s'il le pouvoit avoir, de lui couper la tête comme il avoit fait au comte Renaud, et il avoit droit, car ce chevalier lui avoit fait mal pour le bien qu'il lui avoit fait : vous ouïrez comment. Ce chevalier avoit occis son seigneur lige avec sa femme. Il s'en alla vers Saladin, lui et quelques frères à lui ; il les reçut très-bien et leur donna de grandes terres. Quand le chevalier eut été un peu de temps avec Saladin, comme il étoit fort bien avec un sien neveu, un jour il le pria qu'il allât avec lui ; celui-ci y alla, et le chevalier le mena en la terre des Chrétiens et le mit en prison dans un château du Temple qui a nom Safet, et donna aux Templiers la moitié de la rançon qu'on devoit avoir de ce jeune homme, pour qu'ils le garantissent contre les parens de son seigneur lige qu'il avoit occis. Ce chevalier avoit nom Jean Gale. Ici nous laisserons Saladin qui alla assiéger ce chevalier, et dirons du roi Gui qui alla à Tripoli.

Le roi qui fu delivres et quittes, l'en li dist qu'il alast sejorner à Sur et la roine tant qu'il eust aide d'aler aseoir Acre, et li si fist. Quant il marchis sout que le roi et la roine venoient à Sur, il fit armer ses gens et fermer les portes. Quant le roi Gui fu prés de Sur, l'en li dist que le marchis avoit fait fermer les portes contre lui. Il ala jusqu'à la porte, et dist que l'en li ouvrit. Le marchis demanda qui il estoit qui si abandonnement voloit ouvrir la porte. Il dist qu'il estoit le roi Gui et la roine sa fame, et voloit entrer en sa cité. Le marchis dist qu'ele n'etoit mie lor, mes souë, que Dieu li avoit donnée et bien la garderoit, ne dedens ne metroit-il le pié, allassent aillors herbergier. Quant le roi Gui oi ceste novele, mult fu dolent, et prist un chevalier, si l'envoia à Triple as chevaliers, et lor manda qu'il menassent la navie du roi Guillaume devant Acre, qu'il la voloit aler asegier. Lors se parti de Sur tot de sues, et fist grant merveille de ce qu'il alast aseoir Acre a si poi de gent com il avoit; car à chascun home avoit estoient dedens Acre quatre. Quant le roi vint là, il se herberja sus un toron qui est dehors Acre, en la terre S. Nicolas. Là firent bones lices, et avoient l'euë du flun, dont ils bevoient et abrevoient lor chevaus. A la mesure qu'il veoient nes et galies venir, s'armoient et aloient contre eus, et depeçoient les vaissiaus, et aportoient en l'ost por eus licier, et tous jors prenoient terre avant. Quant cil d'Acre virent que l'ost creissoit, il envoierent un message à Salahadin, qui ot assis la Roche-Guillaume, et li manderent que le roi Gui et li Crestiens avoient assise Acre. Quant Salahadin l'oi, il se leva du siege, et vint à Acre, et assist les Crestiens devant Acre. Et sachiés que se li Sarrazins fussent adonc coru sus les Crestiens, bien les peussent avoir damagiés; car à chascun des Crestiens estoient-il

Quand le roi fut délivré et quitte, on lui conseilla d'aller séjourner à Tyr avec la reine jusqu'à ce qu'il eût secours pour aller assiéger Acre, et il le fit. Quand le marquis sut que le roi et la reine alloient à Tyr, il fit armer ses gens et fermer les portes. Quand le roi fut près de Tyr, on lui dit que le marquis avoit fait fermer les portes contre lui. Il alla jusqu'à la porte, et dit qu'on lui ouvrît. Le marquis demanda qui il étoit qui si hardiment demandoit qu'on lui ouvrît la porte. Il dit qu'il étoit le roi Gui avec la reine sa femme, et vouloit entrer dans sa cité. Le marquis dit qu'elle n'étoit pas à eux, mais à lui, que Dieu la lui avoit donnée et qu'il la garderoit bien, qu'ils ne mettroient pas le pied dedans, et qu'ils allassent s'héberger ailleurs. Quand le roi Gui ouït cette nouvelle il fut fort dolent, il prit un chevalier et l'envoya à Tripoli aux chevaliers, et leur manda qu'ils menassent la flotte du roi Guillaume devant Acre, qu'il la vouloit assiéger. Alors il partit de Tyr tout de suite, et l'on eut grand étonnement de ce qu'il alloit assiéger Acre avec si peu de gens qu'il en avoit, car pour chacun de ses hommes il y en avoit quatre dedans Acre. Quand le roi vint à Acre, il s'hébergea sur une colline qui est hors d'Acre, en la terre Saint-Nicolas. Là ils firent de bonnes barrières et ils avoient l'eau du fleuve dont ils buvoient et abreuvoient leurs chevaux. A mesure qu'ils voyoient venir des galères ou des navires, ils s'armoient et alloient contre eux, dépeçoient les vaisseaux et les apportoient dans le camp pour se barricader, et s'avançoient tous les jours davantage. Quand ceux d'Acre virent que l'armée croissoit, ils envoyèrent un message à Saladin qui assiégeoit la Roche-Guillaume, et lui mandèrent

dix Sarrazins. Ainsi fu le siege devant Acre un an, conques cil d'Acre n'en laissierent à aler en l'ost des Sarrazins, ne cil de l'ost en la cité.

Quant le fils à l'empereor d'Alemaigne, qui en Antioche sejornoit, et li Alemant sorent que li Sarrazins avoient assise Acre, il alerent au siege tant com il pooient par terre, et quant terre lor failli, il alerent par mer. Le roi de France et le roi d'Angleterre ce furent cil qui derenier i alerent, por une guerre qui entr'eus estoient. Si vous dirai comment ele commença. Le roi d'Angleterre avoit deus fils, et dont l'un avoit nom Richard, cuens fu de Petou; l'autre out nom Johan[1]. Le roi d'Angleterre, ains qu'il alast outre-mer, vout faire couronner son fils Johan a roi d'Angleterre, et donner à Richard tote la terre deça; et quant Richard le sout, il n'en fut pas lie. Il vint au roi de France, si li cria merci : « Sire, por Dieu, ne soffroit mie que je sois deserité, ains le veut parfaire mon pere, et j'ai vostre seror pleine[2], et la doit avoir à fame. Aidié-moi mon droit à maintenir et le vostre seror. » Le roi semonst ses os, et ala sus le roi d'Angleterre au Mans. Il prist le Mans. Le roi d'Angleterre s'enfui à Tors. Le roi de France ala aprés, et passa Loire, et prist Tors. Le roi d'Angleterre s'enfuit à Chignon. Quant

---

[1] Il est inutile de relever les erreurs que contient ce paragraphe ; il suffit, pour les reconnaître, d'ouvrir l'histoire de France et d'Angleterre à la fin du XIIe siècle.

[2] Lisez *pleivie*, engagée.

que le roi Gui et les Chrétiens avoient assiégé Acre. Quand Saladin l'ouït, il se leva du siége et vint à Acre, et assiégea les Chrétiens devant Acre; et sachez que si les Sarrasins eussent alors couru sus aux Chrétiens, ils auroient pu leur faire grand dommage, car pour chaque Chrétien il y avoit dix Sarrasins ; aussi le siége fut-il d'un an devant Acre, sans que ceux d'Acre fussent empêchés d'aller au camp des Sarrasins, ni ceux du camp en la cité.

Quand le fils de l'empereur d'Allemagne, qui séjournoit en Antioche, et les Allemands apprirent que les Sarrasins avoient assiégé Acre, ils y allèrent par terre aussi long-temps qu'ils purent, et quand terre leur manqua ils allèrent par mer. Le roi de France et le roi d'Angleterre furent ceux qui y allèrent les derniers, à cause d'une guerre qui étoit entre eux; et je vous dirai comment elle commença. Le roi d'Angleterre avoit deux fils, dont l'un avoit nom Richard et étoit comte de Poitou; l'autre avoit nom Jean. Le roi d'Angleterre, avant qu'il allât outre mer, voulut faire couronner son fils Jean roi d'Angleterre, et donner à Richard tout le pays en deçà de la mer. Quand Richard le sut il n'en fut pas content, il vint au roi de France et lui cria merci. « Sire, dit-il, pour « Dieu, ne souffrez pas que je sois déshérité, ainsi le « veut exécuter mon père. Je suis engagé à votre « sœur et la dois avoir pour femme, aidez-moi à main- « tenir mon droit et celui de votre sœur. » Le roi assembla ses armées et alla sus au roi d'Angleterre au Mans. Il prit le Mans. Le roi d'Angleterre s'enfuit à Tours. Le roi de France alla après lui, passa la Loire et prit Tours. Le roi d'Angleterre s'enfuit à Chinon.

le roi de France ot pris Tors et le Mans, si firent pes en telle maniere : rendi Auvergne au roi de France. Aprés ce ne demora guaires que le roi d'Angleterre morut, si com l'en dit, de duel. Quant il fu mort, Richart vint au roi de France, et li fist homage de la terre de Calame[1], et le roi li rendist ce qu'il en ot conquis sus son pere, Tors et le Mans; puis passa le roi Richart en Angleterre et fu coroné. Quant il fu coroné et sa terre fu aseurée, si repassa deça et vint en Normandie; et quidrent pleinement [2] li et le roi de France por atirer lor muete et le jor du movoir.

Quant li diu roi furent assemblés, le roi Richart dist au roi de France : « Sire, je suis un jone home, et tele voie ai emprise com d'aler outre-mer, si n'aurois mestier de fame prendre. Ore, si vous prie que me dones respit tant que je sois revenu, et je vous creans que dedens les quarante jors que Dieu m'aura ramené, ariere espooserai vostre seror. » Le roi de France li otroia, et atirent lor muete en tele maniere que le roi de France prendroit à la Saint Johan lescreipe et le bordon à Saint Denys, et s'en iroit droit à Gennes sus mer, d'iluec passeroit, à l'aide de Dieu, en la Sainte Terre. Le roi Richart recreanta que ce jor meisme prendroit l'escreipe et le bordon à Saint Martin à Tors, et passeroit à Marseille, à l'aide de Dieu. Lors meismes se croiserent le duc de Borgogne, le cuens Henri de Champaigne, le cuens Tibaut de Blois, le cuens Estienne de Sancuerre, le cuens de Cleirmont, le cuens de Ponti, le

[1] Il y a ici une faute grossière de copiste; il faut lire probablement *Normandie* ou *Aquitaine*.

[2] Selon toute apparence *plachement*.

Quand le roi de France eut pris le Mans et Tours, ils firent la paix en cette manière que le roi d'Angleterre rendit l'Auvergne au roi de France. Après cela il ne demeura guère que le roi d'Angleterre mourût, à ce qu'on dit, de chagrin. Quand il fut mort, Richard vint au roi de France et lui fit hommage du pays de Normandie, et le roi lui rendit ce qu'il avoit conquis sur son père, Tours et le Mans; puis le roi Richard passa en Angleterre et fut couronné. Quand il fut couronné et affermi dans son pays, il repassa en deçà de la mer et vint en Normandie; et le roi de France et lui cherchèrent un emplacement à convenir ensemble de leur marche et du jour de leur départ.

Quand les deux rois furent assemblés, le roi Richard dit au roi de France : « Sire, je suis un jeune homme, « et, ayant entrepris un tel voyage comme celui d'ou- « tre mer, il ne m'est pas besoin de prendre femme; « donnez-moi répit, je vous prie, jusqu'à ce que je « sois revenu, et je vous promets que, dans les qua- « rante jours que Dieu m'aura ramené, j'épouserai « votre sœur. » Le roi de France le lui octroya, et ils convinrent de leur marche en telle manière qu'à la Saint-Jean le roi de France devoit prendre l'écharpe et le bourdon à Saint-Denis, et s'en aller droit à Gênes sur mer, d'où il passeroit, avec l'aide de Dieu, en la Sainte-Terre. Le roi Richard promit que le jour même il prendroit l'écharpe et le bourdon à Saint-Martin de Tours, et se rendroit à Marseille, avec l'aide de Dieu. A ce même temps se croisèrent le duc de Bourgogne, le comte Henri de Champagne, le comte Thibaut de Blois, le comte Étienne de Sancerre, le comte de Clermont, le comte de Ponthieu, le comte

cuens de Flandre, le cuens de Saint Pol, et autres contes plusors que je ne sai nomer, et grant chevalerie de France. Le cuens Renaut de Dammartin demora, que le roi laissa avec l'arcevesque de Reims son oncle por estre garde de France. Je ne dis pas que tuit cil chevalier passassent au port où le roi passa, ains passerent à plusieurs pors. Le roi de France fist à Gennes ses viandes et ses engins chargier, et quant Dex lor dona tans, si murent. Le roi Richart et ses barons murent ausi à Marseille. Tiexs i ot qui passerent droit en Acre, et tex qui ni porent passer, ains arriverent en Cesile. La navie le roi de France n'ot gaires alé par mer, quant une tormente les prist qui fist au roi grant damage de ses viandes et de ses engins, qui furent getez en mer. Le cuens Henri de Champeigne, qui fu ançois arrivé à Acre que nul des autres, quant les nes le roi furent arrivées, prist les viandes et les engins et les fist drecier as murs d'Acre por assaillir, si que quant le roi arriva à Acre, se ne fust la viande qu'il ot fait chargier à Meschines, il eust eu soffrance de cele qu'il avoit envoiée avant. Le roi ne passa pas l'iver, mes aprés le torment qu'il ot arriva à Meschines.

Quant Tancres, qui estoit roi de la terre, oï dire que le roi de France estoit arrivé en la terre, il ala encontre, liement le receut, et li pria que plus n'entra en mer, ains sejorna en sa cité jusques au mars, et il li abandonoit sa terre à faire sa volenté. Le roi li otroia qu'il demorroit. Tancres li delivra son manoir qu'il avoit à Meschines, si s'y herberja le roi de France, et iverna jusques au mars. A ce passage le roi entra en mer, arriva tant de gent à Acre,

de Flandre, le comte de Saint-Pol, et plusieurs autres comtes que je ne saurois nommer, et beaucoup de chevalerie de France. Le roi laissa le comte de Dammartin avec l'archevêque de Reims, son oncle, pour être gardes de France. Je ne dis que tous ces chevaliers passassent au port où le roi passa, mais ils passèrent à plusieurs ports. Le roi de France fit charger à Gênes ses vivres et ses engins, et, quand Dieu leur donna un bon temps, ils partirent. Le roi Richard et ses barons partirent aussi pour Marseille : il y en eut qui passèrent droit à Acre, et tels qui n'y purent passer, mais arrivèrent en Sicile. La flotte du roi de France n'étoit guère avancée en mer, quand une tourmente la prit, qui fit grand dommage au roi en ses vivres et engins, qui furent jetés à la mer. Le comte Henri de Champagne, qui étoit arrivé à Acre avant tous les autres, quand les navires du roi furent arrivés, prit les vivres et aussi les engins, qu'il fit dresser contre les murs d'Acre pour l'assaillir; tellement que quand le roi arriva à Acre, si ce n'eût été les vivres qu'il avoit fait embarquer à Messine, il y eût eu faute de ceux qu'il avoit envoyés d'avance. Le roi ne passa pas en la Terre-Sainte durant l'hiver; mais après la tourmente qu'il avoit eue il arriva à Messine.

Quand Tancrède, qui étoit roi du pays, ouït dire que le roi de France étoit arrivé en sa terre, il alla à sa rencontre, le reçut joyeusement et le pria qu'il ne se remît plus en mer, mais demeurât en sa cité jusqu'au mois de mars, et qu'il lui abandonnoit son pays pour en faire à sa volonté. Le roi lui octroya qu'il demeureroit. Tancrède lui délivra son manoir qu'il avoit à Messine. Le roi de France s'y hébergea et y

qu'il l'assistrent de l'une mer à l'autre toute à la roonde, et firent une fosse en la sabloniere en sus d'Acre, par où il firent le flun aler qui coroit à meismes d'Acre, pour tolir la douce euë as Sarrazins. Par dedens Acre n'avoit euë se non de puis saléé, fors aucunes cisternes d'euë de pluie; mes poi en i avoit, et c'estoit noient à tant de gent com il avoit dans la cité. A grant meschief furent li Sarrazins dedens Acre, il orent perdu l'euë doce et la voie de viande qui lor venoit de l'ost des Sarrazins, fors qu'il avoient aucune fois secors d'une ville prés d'Acre qui a nom Cayfas. Salahadin avoit gagnié cele ville, et faisoit garnir les vaissiaus de viande, si les metoit en avanture por trespasser la mer, et entroient en Acre quant il pooient. Une si grant chierté fu en l'ost aucune fois, com vendoit un muis de froment cinquante besans, et le mui de farine soixante. Le mui de la terre est tant com un porteor porte à son col à une fois. L'en vendoit une oef vingt deniers, une geline dix sols, une pome six deniers. Vin et char paressoit si chier com n'en pooit point avoir, se de cheval non quant il moroit. En cel ost morut mult de gent de faim et de mesaise.

Un jor s'esmurent bien jusques à deus milles serjans, et distrent as barons que, por Dieu, lor donassent à mengier, ou se non il l'iroient conquerre sur les Sarrazins. Il ne porent plus endurer, ains issirent de l'ost une matinée, et se ferirent en l'ost des Sarrazins. Quant li Turcs les virent venir, il voidierent lor loges, et les laissierent entrer ens, et

demeura jusqu'en mars. A ce moment le Roi se remit en mer, et il arriva tant de gens à Acre qu'ils l'assiégèrent d'une mer à l'autre tout à l'entour, et firent dans la sablonnière au-dessus d'Acre une fosse par où ils détournèrent le fleuve qui couloit dans Acre, pour ôter l'eau douce aux Sarrasins. Il n'y avoit dans Acre d'autre eau que de l'eau de puits salée, hors quelques citernes d'eau de pluie; mais il y en avoit peu, et ce n'étoit rien pour tant de gens comme il y en avoit dans la cité. Les Sarrasins furent en grande souffrance dedans Acre quand ils eurent perdu l'eau douce et les envois de vivres qui leur venoient du camp des Sarrasins; hors qu'ils avoient quelquefois secours d'une ville qui est près d'Acre, et qui a nom Caïfa. Saladin avoit pris cette ville et faisoit remplir ses vaisseaux de vivres, et il les envoyoit traverser la mer à l'aventure, et ils entroient dans Acre quand ils pouvoient. Il y eut quelquefois dans le camp une si grande cherté qu'on y vendoit un muid de froment cinquante besans, et le muid de farine quarante. Le muid du pays est ce qu'un porteur porte sur son cou en une fois. On vendoit un œuf vingt deniers, une poule dix sols, une pomme six deniers. Le vin et la viande étoient si chers qu'on n'en pouvoit point avoir, sinon de cheval quand il en mouroit. Il mourut dans ce camp beaucoup de gens de faim et de misère.

Un jour se soulevèrent bien jusqu'à deux mille hommes d'armes, et ils dirent aux barons que, pour Dieu, ils leur donnassent à manger, ou sinon qu'ils en iroient conquérir sur les Sarrasins. Comme ils ne pouvoient plus endurer, ils sortirent du camp un matin et s'allèrent jeter sur le camp des Sarrasins. Quand les

se chargierent des viandes, puis se mistrent au retors tuit chargiés. Quant li Sarrazins virent que cil s'en retornoient chargiés, si poinstrent à eus et les descouperent tous, après les depoüillerent, et geterent u flun, et les envoierent en l'ost des Crestiens. Ainsi fu perduë cele compagnie de serjans, conques n'orent secors de lor ost. Et sachiés que tout ainsi comme li Crestiens avoient assis à Acre de l'une marine jusques à l'autre, assistrent li Sarrazins li Crestiens par deriere de l'une mer jusques à l'autre. Et quant les Crestiens assailloient Acre, li Sarrazins assailloient les Crestiens par derriere. En cel point morut en l'ost la roine la fame le roi Guion, et quatre enfans que ele avoit, et eschai la terre à Isabel, fame Honfroi qui s'enfui quant les barons de la terre le durent coroner. Quant le marchis Coraut de Montferra sout que le roiaume estoit escheu à Isabel et à Honfroi, il ala à l'evesque de Biauvés, qui en l'ost estoit, et li pria que, por Dieu, meist conseil que Honfroi fust despartis d'Isabel sa fame, et l'eust amouillier, car Honfroi estoit si coüart, que ja ne porroit terre tenir. L'evesque dist qu'il s'en entremettroit volontiers. Il en aparla as barons de l'ost et au clergié, et lor monstra la mauvaistié Honfroi. Li uns s'accorderent au departir, li autres distrent que ce ne pooit estre. L'evesque ala à Honfroi, et fist tant vers lui qu'il clama quite sa fame au marchis por deniers donans. Quant Honfroi fu departi d'Isabel, le marchis l'epousa et l'emmena à Sur.

Or lairons ci à parler du siege d'Acre, et dirons du roi d'Angleterre qui fu meu de Marseille et mis se fu en mer.

Turcs les virent venir, ils quittèrent leurs logemens
et les y laissèrent entrer. Alors ils se chargèrent de
vivres, puis s'en retournèrent tous chargés. Quand
les Sarrasins virent qu'ils s'en retournoient chargés,
ils les attaquèrent et les mirent tous en pièces, puis
ils les dépouillèrent et les jetèrent dans le fleuve, et
les envoyèrent ainsi dans le camp des Chrétiens. Ainsi
périt cette compagnie d'hommes d'armes à qui il ne
vint aucun secours de leur camp. Et sachez que tout
ainsi comme les Chrétiens avoient assiégé Acre d'une
mer jusqu'à l'autre, les Sarrasins assiégèrent les Chrétiens d'une mer jusqu'à l'autre. En ce temps mourut en
l'armée la reine femme du roi Gui, et quatre enfans qu'elle avoit, et la terre échut à Isabelle, femme
de Honfroi qui s'étoit enfui quand les barons du
pays avoient voulu le couronner. Quand le marquis
de Montferrat sut que le royaume étoit échu à Isabelle
et à Honfroi, il alla à l'évêque de Beauvais, qui étoit
en l'armée, et le pria que, pour Dieu, il conseillât que
Honfroi fût séparé d'Isabelle, sa femme, et qu'on la
lui donnât en mariage, car Honfroi étoit si couard
qu'il ne pourroit garder le pays. L'évêque dit qu'il s'y
emploieroit volontiers. Il parla aux barons de l'armée,
et leur fit voir que Honfroi n'étoit bon à rien : les
uns furent d'avis qu'on les séparât, les autres dirent
que ce ne pouvoit être. L'évêque alla trouver Honfroi,
et fit tant auprès de lui que, pour deniers comptans,
il céda publiquement sa femme au marquis. Quand
Honfroi fut séparé d'Isabelle, le marquis l'épousa et
l'emmena à Tyr.

Nous laisserons ici de parler du siége d'Acre, et
dirons du roi d'Angleterre qui étoit parti de Mar-

Quant il vint en droit l'isle de Cesile, il se pensa qu'il arriveroit là por oïr novelles du roi de France et por voir sa seror, qui roine avoit esté de la terre, et fist traire vers terre, et arriva à une cité qui a nom Palerme, au chief de Cesile pardevers la mer, et Meschines est à l'autre chief pardevers terre ferme, et à sept jornées est l'une de l'autre. Quant le roi d'Angleterre fu arrivé, il demanda novelles du roi de France, et l'en li dist qu'il estoit arrivé à Meschines et ivernoit là. Quant il oï ces novelles, il ala à Meschines, et iverna avec le roi de France jusques au mars. Quant le roi de France sot que le roi d'Angleterre venoit, il ala encontre li, et s'entrefirent grant joie de ce qu'il furent sains et haities. Le roi de France estoit herbergié u palais le roi Tancres, le roi d'Angleterre se herberja de l'autre part de la cité fors de la ville, qu'il ne se voloit mie herbergier prés du roi, que lor gens ne s'entremeslassent. Là ferma un chastel sur un torun, si li mist nom Mategrifun; porce fu ce chastel que ce meslée sorsist entre ses gens et ceus au roi Tancres, qu'il si recueillissent, dont il sordi puis grant contens; mes le roi de France en fist la pes. Aprés ce le roi Richart pria sa seror que ele vendist son doüaire et en prist l'avoir, et alast avec lui outre-mer, et quant Dieu le remanroi, il li rendroit son avoir et la marieroit richement. Ele repondist que volentier feroit ce qu'il vodroit; puis la maria au conte de Saint Gile, dont elle ot un fils qui cuens fu de Saint Gile. Quant on fist pes de la terre d'Aubuiois[1], le roi Richart parla au roi Tancres de vendre le doüaire sa seror. Cil l'ascheta volentiers et paia l'avoir. Quant le mars fu venu, le roi de France et le roi d'Angleterre firent acheter viande; quant tans fu si

---

[1] *Cuens fu de Saint Gile. Quant on fit pes*, etc. Il y a ici erreur de ponctuation; il faut lire *cuens fu de Saint Gile quant on fist pes de la terre d'Aubuiois.*

seille et s'étoit mis en mer. Quand il vint à l'île de Sicile il pensa qu'en arrivant là il ouïroit des nouvelles du roi de France et verroit sa sœur, qui avoit été reine du pays. Il fit cingler vers la terre et arriva à une cité qui a nom Palerme, à l'extrémité de la Sicile, vers la mer, et Messine est à l'autre extrémité, vers la terre ferme; et il y a sept journées de l'une à l'autre. Quand le roi d'Angleterre fut arrivé, il demanda des nouvelles du roi de France, et on lui dit qu'il étoit à Messine, où il hivernoit. Quand il ouït ces nouvelles, il alla à Messine et hiverna avec le roi de France jusqu'au mois de mars. Quand le roi de France sut que le roi d'Angleterre venoit, il alla à sa rencontre, et ils se montrèrent l'un à l'autre grande joie de ce qu'ils étoient sains et saufs. Le roi de France étoit hébergé au palais du roi Tancrède. Le roi d'Angleterre s'hébergea d'un autre côté, hors la ville. Il ne vouloit pas héberger près du roi pour que leurs gens n'eussent rien à démêler ensemble. Là il fortifia un château sur une éminence, et lui donna le nom de Mategriffon. C'est parce qu'il s'étoit logé dans ce château qu'il s'éleva un combat entre ses gens et ceux du roi Tancrède, dont il résulta ensuite de grands différends, mais le roi de France en fit la paix. Après cela le roi Richard pria sa sœur qu'elle vendît son douaire et prît ce qu'il lui vaudroit, et allât avec lui outre mer, et que, quand Dieu le ramèneroit, il lui rendroit ses biens et la marieroit richement. Elle répondit qu'elle feroit volontiers ce qu'il lui demandoit. Il la maria depuis au comte de Saint-Gilles, dont elle eut un fils qui fut comte de Saint-Gilles quand on fit la paix au pays des Albigeois. Le roi

murent. Le roi de France ala en nes et arriva à Acre ançois que le roi d'Angleterre ¹. Le roi Richart ala en galies, et li avint une avanture que vous oirés, dont il ne pout mie sitost venir à Acre. La vieille roine sa mere estoit en Petou; si oi dire que le roi son fils ivernoit à Meschines, et porce que ele ne voloit mie que son fils espousa la seror au roi Felippe, ele manda au roi de Navare qu'il li envoiast une souë seror qu'il avoit ² au roi Richart son fils, et ele li envoieroit à Meschines là où il ivernoit, et li feroit espouser. Le roi de Navarre en fu mult lie, si li envoia, et lors la roi li fist appareiller son erre, et s'en ala par terre jusques à Meschines.

Quant la roine vint à Meschines, le roi son fils s'en estoit ja partis, mes la roine Johanne sa fille n'estoit pas muë, ains devoit movoir lendemain. La roine d'Angleterre li dist : « Belle fille, menés-moi cette damoiselle au roi vostre frere, et li dite que je li mande qu'il l'espouse. » Cele la receut volentier, et la roine retorna ariere en Poitou. Or vous dirai qu'il avint à la roine Johanne quant ele vint prés de l'isle de Chipre. Ele dist as mariniers qu'il prissent terre por savoir s'il oroient noveles de son frere le roi d'Angleterre. Cil tornerent vers terre, et geterent encre devant une cité qui a nom Limeçon ³. En ce point estoit li empereor de Chipre ⁴ à Limeçon à tot son ost, porce que se cil qui aloient et

---

¹ Le 13 avril 1191. — ² Bérengère de Navarre. — ³ Limisso. — ⁴ Ce prince de Chypre s'appeloit Isaac Comnène.

Richard parla au roi Tancrède de vendre le douaire de sa sœur; celui-ci l'acheta volontiers et en paya le prix. Quand mars fut venu, le roi de France et le roi d'Angleterre firent acheter des vivres, et quand le temps le permit ils se mirent en route. Le roi de France alla sur un navire et arriva à Acre avant le roi d'Angleterre. Le roi Richard alla en galère, et il lui avint une aventure que vous ouïrez, et qui l'empêcha de venir sitôt à Acre. La vieille reine sa mère étoit en Poitou; elle ouït dire que le roi son fils hivernoit à Messine, et comme elle ne vouloit pas que son fils épousât la sœur du roi Philippe, elle manda au roi de Navarre qu'il lui envoyât une sienne sœur, qu'il avoit, pour le roi Richard, son fils, et qu'elle la lui enverroit à Messine où il hivernoit, et qu'elle la lui feroit épouser. Le roi de Navarre en fut fort joyeux; il l'envoya donc, et alors la reine fit préparer son voyage et s'en alla par terre jusqu'à Messine.

Quand la reine arriva à Messine, le roi son fils s'en étoit déjà parti, mais la reine Jeanne, sa fille, ne l'étoit pas, et devoit se mettre en route le lendemain. La reine d'Angleterre lui dit : « Belle-fille, menez-moi « cette damoiselle au roi d'Angleterre, et dites-lui que « je lui mande qu'il l'épouse. » Elle la reçut volontiers, et la reine retourna en Poitou. Or je vous dirai ce qu'il avint à la reine Jeanne quand elle vint près de l'île de Chypre. Elle dit aux mariniers qu'ils prissent terre pour savoir si elle ouïroit des nouvelles de son frère, le roi d'Angleterre. Ils tournèrent vers la terre, et jetèrent l'ancre devant une cité qui a nom Limeçon. En ce moment l'empereur de Chypre étoit à Limeçon avec toute son armée, afin d'être prêt à se

venoient outre-mer voussissent faire force en l'isle ne rober, qu'il fust apareillé du defendre. Quant l'empereor vit la nef arriver, il i envoia un batel por savoir ques gens c'estoient. Cil de la nef distrent que c'estoit la roine de Cesile et la fame au roi d'Angleterre. Le batel retorna ariere, et dist à l'empereor quex gens c'estoient. Lors envoia l'empereor deus chevaliers à la roine Johane, et li manda qu'ele descendist à terre por lui rafreschir, et il li feroit donner ce qu'il porroit. La roine li manda qu'ele ne descendroit mie, puis lor demanda s'il savoient novelles si le roi d'Angleterre estoit passé. Il distrent qu'il ne savoient noient. Lors retornerent à l'empereor, et li distrent qu'ele ne descendroit mie. Quant il oi ce, il fist armer quatre galies por prendre la nef s'il peussent. Mes li chevaliers la roine virent les galies armer, si penserent que ce n'estoit por nul bien, ils se desancrerent et se retraistrent en haute mer; mes n'orent guaire alé quant le roi d'Angleterre vint o ses galies. Il torna vers la nef por savoir ques gens c'estoient. Quant il sot que c'estoit la nef de sa seror, il entra ens.

Or ce qu'il parloient ainsi, il vit la demoiselle, si demanda qui ele estoit. Ele repondi que c'estoit la seror le roi de Navarre que sa mere li envoioit, et li mandoit que por riens ne laissast qu'il ne l'espousast. Aprés li dist comment li sires de Chipre les avoit fait desancrer. Quant le roi oi ce, il entra en une galie, et fist prendre terre à Limeçon à toutes ses gens. L'empereor vit les galies, et sout que le roi d'Angleterre i estoit. Il sailli sus un cheval, tot deschaus, et s'enfui. Quant cil de l'ost virent que lor

défendre si ceux qui alloient et venoient outre mer vouloient commettre quelque violence ou pillage en l'île. Quand l'empereur vit arriver le navire, il envoya un bateau pour savoir quelles gens c'étoient. Ceux du navire dirent que c'étoit la reine de Sicile et la femme du roi d'Angleterre. Le bateau retourna en arrière et dit à l'empereur quelles gens c'étoient. Alors l'empereur envoya deux chevaliers à la reine Jeanne, et lui manda qu'elle descendît à terre pour se rafraîchir, et qu'il lui feroit donner tout ce qu'il pourroit. La reine lui manda qu'elle ne descendroit pas, puis leur demanda s'ils savoient que le roi d'Angleterre fût passé: ils dirent qu'ils n'en savoient rien. Alors ils retournèrent à l'empereur et lui dirent qu'elle ne descendroit pas. Quand il ouït ceci, il fit armer quatre galères pour prendre le navire si l'on pouvoit. Mais les chevaliers de la reine, voyant armer les galères, pensèrent que ce n'étoit pour rien de bon; ils levèrent l'ancre et regagnèrent la haute mer; mais ils n'avoient guère fait de chemin que le roi d'Angleterre arriva avec ses galères. Il alla vers le navire pour savoir quelles gens c'étoient. Quand il sut que c'étoit le navire de sa sœur, il entra dedans.

Pendant qu'ils se parloient, il vit la demoiselle et demanda qui elle étoit. Elle répondit que c'étoit la sœur du roi de Navarre que sa mère lui envoyoit, et qu'elle lui mandoit d'épouser sans que rien l'en empêchât. Après cela elle lui dit comment le sire de Chypre les avoit obligées à lever l'ancre. Quand le roi ouït cela, il entra en une galère et fit prendre terre à tous ses gens à Limeçon. L'empereur vit les galères et sut que le roi d'Angleterre y étoit; alors il

seignor s'enfuioit, chacun pensa de soi destorner. Le roi descendit à terre, et prist la cité, et quanqu'estoit demoré en l'ost l'empereor. Là guaigna chevax et bestes assez et grant avoir. Quant le roi ot pris la cité, il fist descendre sa seror, puis fist mener la demoiselle à un mostier, si l'espousa le roi, puis sejorna iluec une piece. Le roi Gui, qui à Acre estoit, quant il sout que le roi d'Angleterre venoit, entra en une galie, et ala encontre lui, et le trova à Limeçon. Grant joie s'entrefirent; aprés atirerent que le roi Gui menroit la navie au roi d'Angleterre à un port qui est prés d'une cité qui a nom Nicocie, et si est en milieu de Chipre, parce que se le roi eust mestier de sa navie, qu'ele li fust prés, car il iroit aprés l'empereor par terre; et ainsi s'en ala le roi Gui par mer et le roi d'Angleterre par terre, et chaça tant l'empereor, qu'il l'asega en un chastel et le prist li et sa fame et une fille qu'il avoit, et des barons prist il de la terre, et grant avoir qui u chastel estoit; car trestout le tresor de l'isle estoit la trait, parce que le chastel estoit fort.

Quant le roi Richard out prise l'isle et l'empereor, il la commanda as Templiers à garder, et lor vout doner, et ils distrent qu'il ne la prendroient mie, ains la garderoient. Lors ala le roi outre-mer, et mena l'empereor et sa fame et sa fille. Si arriva à Acre. Le roi de France sout que le roi d'Angleterre venoit et avoit fame espousée; si en fu mult dolent, mes porce ne laissa il pas qu'il n'alast encontre, et fu de si grant cortoisie qu'il

sauta sur un cheval, tout déchaussé, et s'enfuit. Quand ceux du camp virent que leur seigneur s'enfuyoit, chacun pensa à s'en aller. Le roi descendit à terre, et prit la cité et tout ce qui étoit demeuré dans le camp de l'empereur. Il gagna là beaucoup de chevaux, de bétail, et de grandes richesses. Quand le roi eut pris la cité il fit descendre sa sœur, puis il fit venir la demoiselle à un monastère, où il l'épousa, et séjourna là quelque temps. Le roi Gui, qui étoit à Acre, quand il sut que le roi d'Angleterre venoit, entra en une galère, vint à sa rencontre et le trouva à Limeçon. Ils se firent mutuellement grande fête, et convinrent ensuite que le roi Gui conduiroit la flotte du roi d'Angleterre à un port qui est près d'une cité qui a nom Nicosie, et qui est au milieu de Chypre, afin que, si le roi avoit besoin de sa flotte, elle fût là tout près, car il vouloit poursuivre l'empereur par terre. Ainsi le roi Gui s'en alla par mer, et le roi d'Angleterre par terre, et il chassa devant lui l'empereur jusqu'à ce qu'il l'assiégeât dans un château et le prît lui et sa femme et une fille qu'il avoit, et il prit les barons du pays et de grandes richesses qui étoient dans le château, car tout le trésor de l'île étoit retiré là parce que le château étoit fort.

Quand le roi Richard eut pris l'île et l'empereur, il commanda aux Templiers de la garder, et voulut la leur donner; ils dirent qu'ils ne la prendroient pas, mais qu'ils la garderoient. Alors le roi alla outre mer et mena l'empereur, sa femme et sa fille. Ainsi il arriva à Acre[1]. Le roi de France apprit que le roi d'Angleterre venoit et avoit épousé une femme; il en fut

[1] Le 8 juin 1191.

descendist de son cheval et prist la fame le roi Richart entre ses bras, et la conduisit du batel à terre, si com l'en dit. Puis que le roi Richart fu venu, le roi de France et i firent chascun jor assaillir Acre. A un assaut avint que li François passerent à force entre deus murs. La fu le mareschal de France occis. Le siege avoit ja plus d'un an duré; et furent les Turcs mult grevés et afeblis de gent et de viandes. Il manderent à Salahadin qu'il meist conseil comment il fussent delivrés, qu'il ne se pooit plus tenir. Salahadin sout bien qu'il estoit à grant meschief, si l'en pesa mult. Il manda as deus rois qu'il li donassent trives tant qu'il eust parlé à ceus dedens, et jor de pes. Dedens ces trives fu la pes faite, si com je vous dirai. Salahadin rendit Acre au roi de France, et li dut rendre la sainte crois; et por chascun Sarrazin qui dedens estoient un Crestien, et por les amiraus et por les haus homes qui dedens estoient, raençon devisée. De la crois aporter et de la raençon faire venir prist jor. Quant la pes fu atirée, li Crestiens entrerent en Acre, et mistrent les Sarrazins en prison. Le roi de France ot le chastel d'Acre, et le fist garnir, et le roi d'Angleterre se herberja en la maison du Temple. Ainsi fu Acre prise et renduë l'an de l'incarnation notre Seignor mil cent et quatre-vingt et onze.

Li borgois d'Acre et les gens qui heritages i avoient devant ce que les Sarrazins l'eussent prise, se traistrent à lor heritages et les vodrent avoir; mes li chevalier soudoié

fort dolent, mais ne laissa pas pour cela d'aller à sa rencontre, et fut de si grande courtoisie qu'il descendit de cheval et prit, à ce qu'on dit, la femme du roi Richard entre ses bras, et la conduisit du bateau à terre. Lorsque le roi Richard fut venu, le roi de France et lui firent chaque jour assaillir Acre. A un assaut il avint que les Français entrèrent de force entre deux murs : là fut occis le maréchal de France. Le siége avoit déjà duré plus d'un an, et les Turcs étoient fort affoiblis de gens et de vivres; ils mandèrent à Saladin qu'il avisât comment ils pourroient être délivrés, qu'on ne pouvoit plus tenir. Saladin comprit bien qu'ils avoient souffert grand dommage, et il lui en pesa beaucoup. Il manda aux deux rois qu'ils lui fissent trève jusqu'à ce qu'il eût parlé à ceux qui étoient dans la ville, et lui donnassent un jour pour traiter. Durant cette trève, la paix se fit comme je vous dirai. Saladin rendit Acre au roi de France, et promit de lui rendre la sainte croix, et de lui rendre un Chrétien pour chaque Sarrasin qui étoit dans la ville, et pour les amiraux et pour les hommes puissans qui étoient dedans, la rançon qui seroit convenue. Il prit jour pour faire apporter la croix et payer la rançon. Quand la paix fut accommodée, les Chrétiens entrèrent dans Acre et mirent les Sarrasins en prison. Le roi de France eut le château d'Acre et y mit garnison; le roi d'Angleterre s'hébergea dans la maison du Temple. Ainsi fut prise et rendue Acre, l'an de l'incarnation 1191[1].

Les bourgeois d'Acre et ceux qui y avoient des propriétés avant que les Sarrasins l'eussent prise, allèrent

[1] Le 13 juillet.

qui prises les avoient, distrent qu'il n'en rendroient point, car il ne les connoissoient, et qu'il les avoient conquis sus les Sarrazins. Les borgois d'Acre vindrent au roi de France, et li crierent merci, qu'il ne fussent deserités, car il n'avoient lor heritages engagés ne vendus, mes li Sarrazins lor avoient tolus, et puisque Dame Dieu l'avoient rendue as Crestiens, n'estoit pas raison, à lor avis, qu'il les deussent perdre, mes, por Dieu, meist-il conseil. Le roi dist que si feroit-il volentiers. Il manda le roi d'Engleterre et les barons de l'ost. Quant il furent venus, le roi lor dist que ainsi l'avoient les borgois d'Acre requis de mettre conseil en lor heritages ravoir. Aprés lor dist qu'il n'estoit mie en la terre venu por maisons ne por heritages acquerre, mes por la terre secorre et metre en mains des Crestiens, et bien li estoit avis, puis qu'il avoient la terre conquise, que cil qui heritages i avoient ne les devoient pas par droit perdre, et tel estoit son conseil. Il si accorderent tuit, et distrent que bien estoit à faire. Là otroierent les diu rois et tuit li autres que quiconques porroit mostrer par bons tesmoins que l'heritage eust esté sien, com li delivreroit. Aprés atirerent que li chevaliers qui les maisons avoient prises dedens Acre, que cil qui les heritages estoient, manidroient avec eus en la maison d'une part, tant com li chevaliers vodroient iluec estre.

Quant le jor fu venu que Salahadin devoit delivrer la sainte crois au roi et paier la raençon de ses amiraus qui

à leurs propriétés et les voulurent avoir; mais les chevaliers soudoyés qui les avoient prises dirent qu'ils ne les rendroient pas, car ils n'y connoissoient rien et les avoient conquises sur les Sarrasins. Les bourgeois d'Acre vinrent au roi de France et lui crièrent merci, demandant à n'être pas dépouillés, car ils n'avoient ni engagé ni vendu leurs propriétés, mais les Sarrasins les leur avoit prises, et puisque le Seigneur Dieu les avoit rendues aux Chrétiens, il n'étoit pas juste qu'on les leur ravît, mais ils le prioient, pour Dieu, qu'il en avisât. Le roi dit qu'il le feroit volontiers. Il manda le roi d'Angleterre et les barons de l'armée. Quand ils furent venus, le roi leur dit d'aviser, ainsi que l'avoient requis les bourgeois d'Acre, à leur rendre leurs héritages; puis il leur dit qu'ils n'étoient pas venus en ce pays pour acquérir des maisons et des héritages, mais pour secourir le pays et le mettre aux mains des Chrétiens, et qu'il lui étoit avis que, puisqu'ils avoient conquis le pays, ceux qui y avoient des héritages ne les devoient pas perdre avec justice, et que tel étoit son conseil. Ils s'y accordèrent tous, et dirent que c'étoit ce qu'il falloit faire. Les deux rois et tous les autres octroyèrent donc que quiconque pourroit montrer par bons témoins que l'héritage avoit été sien, on le lui rendroit. Ensuite il fut convenu que les chevaliers qui avoient pris les maisons dans Acre demeureroient avec ceux à qui elles appartenoient en héritage, et habiteroient une partie de la maison aussi long-temps que le voudroient les chevaliers.

Quand le jour fut venu où Saladin devoit délivrer la sainte croix au roi et payer la rançon de ses ami-

dedens Acre estoient, il manda au roi de France qu'il li donast un autre jor, qu'il n'avoit mie encore apareillée ce qu'il li devoit delivrer : le roi li dona. Quant ce vint au secont jor, il ne li delivra mie, ains li manda qu'il li donast un autre jor. Le roi se coroça de ce que Salahadin le trichoit ainsi. Si li dona jor par convenant que, s'il ne le delivroit de ce qu'il le devoit delivrer, il feroit à tous les Sarrazins qui en Acre estoient les testes couper. Quant ce vint au jor, il ne le delivra mie. Lors fist le roi prendre les Sarrazins, fors les amiraus, et mener en sus d'Acre et les testes couper. Les amiraus detint, porce que la guerre n'estoit mie finie et porce qu'on prenoit un haut home, com rendist l'un por l'autre. De ces amiraus qu'on destint ot le roi de France une moitié et le roi d'Engleterre l'autre. Quant Salahadin ot Acre renduë, il se trait ariere en sa terre, et envoia à la cité d'Escalone qu'il ot conquise sus les Crestiens, et la fist abatre, porce qu'il ot paor que li Crestiens ne la venissent aseoir. Aprés ce ne demora guaires que le cuens Felipe de Frensede fu mort, et grant maladie prist au roi Felippe de France. Mes sitost com il commença à garir, il fist apareillier une galie, si entra ens, et s'en revint en France sauvement. Il laissa le duc de Borgogne en son lieu et de son avoir et de ses homes, dont aucune gens distrent que, quant le cuens Felippe morut, il manda le roi, et il dist qu'il s'en alast, que l'on avoit sa mort jurée. Aucunes gens distrent qu'il s'en estoit venu por la comté de Flandres qui li estoit eschuë, qu'il avoit donée à sa niece en mariage, et porce qu'il avoit paor que le cuens de Hainaut ne la seisesist. Ci lairons du roi qui sauvement arriva, par Rome s'en vint, et par l'apostole. Si dirons du roi d'Engleterre et des barons qui en Acre demorerent.

raux qui étoient dans Acre, il manda au roi de France qu'il lui donnât un autre jour, qu'il n'avoit pas encore apprêté ce qu'il lui devoit délivrer : le roi le lui donna. Quand ce vint au second jour, il ne le délivra pas davantage, mais lui manda qu'il lui donnât un autre jour. Le roi se courrouça de ce que Saladin le trichoit ainsi ; il lui donna un jour, et convint que, s'il ne lui délivroit pas ce qu'il devoit délivrer, il feroit couper la tête à tous les Sarrasins qui étoient dans Acre. Quand ce vint au jour fixé, il ne le délivra pas. Lors le roi fit prendre les Sarrasins, hors les amiraux, et les fit mener au-dessus d'Acre, où on leur coupa la tête. Il retint les amiraux parce que la guerre n'étoit pas finie, et pour que, quand on prendroit un seigneur, on rendît l'un pour l'autre. De ces amiraux qu'on retint le roi de France eut une moitié et le roi d'Angleterre une autre. Quand Saladin eut rendu Acre il se retira en son pays et envoya à la cité d'Ascalon qu'il avoit conquise sur les Chrétiens, et la fit abattre, parce qu'il avoit peur que les Chrétiens ne la vinssent assiéger. Après cela il ne tarda guère que le comte Philippe de Flandre ne mourût [1] et qu'il ne prît grande maladie au roi Philippe de France; mais sitôt qu'il commença à guérir, il fit apprêter une galère, entra dedans, et s'en revint en France sain et sauf [2]. Il laissa le duc de Bourgogne en son lieu avec ses hommes et son avoir, dont quelques-uns dirent que quand le comte Philippe étoit mort, il avoit mandé le roi et lui avoit dit qu'il s'en

---

[1] Le 1ᵉʳ juin 1191.

[2] Philippe-Auguste partit de Palestine le 3 août, et arriva à Paris le 27 décembre 1191.

L'en fist à savoir au roi Richart que li Sarrazins avoient Jerusalem voidie, et bien porroit avoir la cité s'il i alloit sans traire et sans lanciers [1]. Il le fist à sçavoir au duc de Borgoigne et as barons de l'ost. Conseil pristrent qu'il iroient et garniroient bien Acre. Il chargierent les nés de viandes et les envoierent à Jaffe ; d'iluec vindrent et alerent herbergier à cinq milles de Jerusalem, à une ville qui a nom Batenuble. Là ordonerent lor batailles, et qui feroit l'avant-garde et l'ariere-garde. Le roi Richart fist l'avant-garde, et le duc de Borgoigne l'ariere-garde.

Quant les batailles furent ordenées chacun ala à sa herberge. Lors pensa mult le duc de Borgoigne, et quant il ot pensé, il manda les barons de France, et lor dist : « Seignors, vous sçavez que nostre sire, le roi de France, s'en est retorné, et que toute la flor de son roiaume est ci demorée, et que le roi d'Engleterre n'a cun poi de gent avers nous. Se nous alons en Jerusalem et nous prenons la cité, l'en ne dira pas que nous l'aions prise, ains dira l'on que le roi d'Engleterre l'aura prise, si iert grant honte à la France et grant reproche. Et dira l'on que le roi Felippe s'en sera fui, et le roi Richart

---

[1] *Sans traire et sans lanciers ;* lisez probablement *sans trac* (bagage) *et sans laissier.*

allât, que l'on avoit juré sa mort. Quelques gens dirent qu'il s'en étoit revenu à cause de la comté de Flandre qui lui étoit échue, et qu'il avoit donnée à sa nièce en mariage, parce qu'il avoit peur que le comte de Hainaut la saisît. Nous laisserons ici de parler du roi qui arriva sain et sauf et s'en retourna par Rome en passant chez l'apostole, et nous dirons du roi d'Angleterre et des barons qui demeurèrent à Acre.

On fit savoir au roi Richard que les Sarrasins avoient vidé Jérusalem, et qu'il pourroit bien avoir la ville s'il y alloit sans bagage et sans arrêter. Il le fit savoir au duc de Bourgogne et aux barons de l'armée; ils avisèrent d'y aller et de mettre bonne garnison dans Acre. Ils chargèrent les navires de vivres et les envoyèrent à Jaffa. De là ils vinrent héberger à cinq milles de Jérusalem, à une ville qui a nom Batnuble [1]. Là ils ordonnèrent leurs bataillons et qui feroit l'avant-garde et l'arrière-garde. Le roi Richard fit l'avant-garde, et le duc de Bourgogne l'arrière-garde.

Quand les postes eurent été partagés, chacun alla à son logement. Alors le duc de Bourgogne réfléchit beaucoup, et quand il eut réfléchi il manda les barons de France et leur dit : « Seigneurs, vous savez que
« notre sire, le roi de France, s'en est retourné, et
« que toute la fleur de son royaume est ici demeurée, et
« que le roi d'Angleterre n'a, en comparaison de nous,
« que peu de monde; si nous allons en Jérusalem et

---

[1] *Béthanopolis*. M. Paultre, dans son Histoire manuscrite des Etats de Syrie, croit que c'est la ville d'Eleutheropolis, située à neuf ou dix lieues à l'est d'Ascalon, sur le chemin de Jérusalem, dans une vallée traversée par le torrent d'Ascalon, à sept lieues à l'ouest de Jérusalem, à six de Ramla. (*Histoire des Croisades*, par M. Michaud, t. II, p. 415.)

aura pris Jerusalem, ne james ne sera que France n'en ait reproche. » Plusor s'accorderent à son plaisir faire, et tex i ot qui ne si accorderent mie. Le duc de Borgoigne fist armer les François, et s'en retorna vers Acre. Aucuns i ot des barons qui amoient le roi d'Engleterre, et li manderent que li François s'en retornoient à Acre. Quant le roi ot oï ce, il retorna à Jaffe, et la garni bien de gent et de viandes, et vint à Acre aprés le duc de Borgoigne. Ne demora guaire aprés ce que le duc fu mort. Lors assembla Salahadin ses os et ala aseoir Jaffe. Quant cil de Jaffe furent assis, il envoierent au roi Richart qu'il les secorust, qu'il ne se pooient par tenir contre un si grant ost. Quant le roi Richart oï ce, il le fist à sçavoir as barons de France que Jaffe estoit assise, et lor demanda s'il iroient avec lui. Il respondirent qu'en tous les lieus où sainte crestienté avoit mestier de lor aide, il s'acordoient d'aler. Lors ordenerent lor batailles et murent por aler secorre Jaffe. Le roi Richart dist as barons de France qu'il alassent seulement par terre, et il iroit par mer, por plustost venir au chastel, tant qu'il vienroient là. Le roi fist armer ses galies, et entra ens il et ses gens, et errerent tant, par jor et par nuit, qu'il vindrent à Jaffe. Quant il vindrent devant Jaffe le chastel estoit ja pris, et lioient les Crestiens li Sarrazins por mener en l'ost. Quant le roi Richart sout ce que le chastel fu pris, il descendi à terre, et mist l'escu au col et la hache danoise u poing. La requost le chastel, et occis les Sarrazins qui dedens estoient, et chaça ceus dehors jusques en l'ost. Il s'arresta sus un tertre devant l'ost, il et si home. Salahadin demanda à ses homes porquoi il fuioient. Il distrent que le roi d'Engleterre estoit arrivé à Jaffe, mult de ses homes occis et pris, et le chastel rescous. Salahadin lor demanda où il estoit. Il respondirent : « Sire, vées le là sus ce tertre tout à pié avec ses homes. —

« prenons la cité, on ne dira pas que nous l'ayons
« prise, mais on dira que le roi d'Angleterre l'a prise;
« ce sera grande honte à la France et grand repro-
« che, et l'on dira que le roi Philippe s'en est enfui,
« et que le roi Richard a pris Jérusalem, et ce sera à
« tout jamais un reproche à la France. » Plusieurs
s'accordèrent à faire à son plaisir, mais il y en eut tels
qui ne s'y accordèrent pas. Le duc de Bourgogne fit
armer les Français et s'en retourna vers Acre. Il y eut
quelques-uns des barons qui aimoient le roi d'Angleterre, et lui mandèrent que les Français s'en retournoient à Acre. Quand le roi eut ouï ceci, il retourna à Jaffa, la garnit bien de gens et de vivres, et
vint à Acre après le duc de Bourgogne. Après cela il
ne tarda guère que le duc ne mourût. Alors Saladin
assembla son armée et alla assiéger Jaffa. Quand ceux
de Jaffa furent assiégés, ils envoyèrent au roi Richard
pour qu'il les secourût, car ils ne pouvoient pas tenir
contre une si grande armée. Quand le roi Richard
ouït ceci, il fit savoir à tous les barons de France que
Jaffa étoit assiégée, et leur demanda s'ils iroient avec
lui ; ils répondirent qu'en tous les lieux où sainte chrétienté avoit besoin de leur aide, ils étoient d'accord
d'y aller. Alors ils rangèrent leurs bataillons et partirent pour aller secourir Jaffa. Le roi Richard dit aux
barons de France qu'ils allassent sans danger par
terre, et qu'il iroit par mer pour arriver plus tôt au
château, tandis qu'ils s'y rendroient de leur côté. Le
roi fit armer ses galères et entra dedans, lui et ses
gens, et ils allèrent tant, par jour et par nuit, qu'ils
arrivèrent à Jaffa. Quand ils vinrent devant Jaffa, le
château étoit déjà pris et les Sarrasins lioient les Chré-

Comment, dist Salahadin, est roi à pié entre ses homes? il n'afiert pas. » Lors li envoia Salahadin un cheval, et encharja au message que il li deist que tel home com il estoit ne deust pas estre à pié entre ses homes en tel peril. Le serjant fist le commandement son seignor. Il vint au roi et li presenta le cheval de par Salahadin. Le roi l'en mercia. Lors fist monter desus le cheval un sien serjant et poindre devant li. Quant cil out esperoné le cheval, et il cuida retorner, ce ne fust james, ains l'emporta le cheval maugré sien en l'ost des Sarrazins.

Salahadin fu mult honteus de ce. Il fist un autre cheval apparcillier. Le roi Richart retorna à Jaffe. Salahadin ne se deslogea mie cel jor jusques à lendemain. Por cele proesce que le roi Richart fist iluec et aillors au chastel de Darun, qu'il prit sus les Sarrazins, fu il mult douté par toute paienime, et avenoit aucune fois, si com l'en dist, que quant les enfans as Sarrazins ploroient, il disoient : « Tes-toi, por le roi d'Engleterre. » Et quant un Sarrazin chevauchoit cheval restif, et

tiens pour les conduire dans leur camp. Quand le roi Richard sut que le château étoit pris, il descendit à terre, mit l'écu au cou et la hache danoise au poing; il reprit le château, occit les Sarrasins qui étoient dedans, et poursuivit ceux qui étoient dehors jusqu'à leur camp. Il s'arrêta sur un tertre devant le camp, lui et ses hommes. Saladin demanda à ses hommes pourquoi ils fuyoient; ils dirent que le roi d'Angleterre étoit à Jaffa, avoit pris et occis beaucoup de ses hommes et pris le château. Saladin leur demanda où il étoit; ils répondirent : « Sire, « voyez-le là sur ce tertre avec ses hommes. — « Comment, dit Saladin, le roi à pied entre ses « hommes? cela ne convient pas. » Alors Saladin lui envoya un cheval, et chargea le messager de lui dire qu'un homme tel qu'il étoit ne devoit pas demeurer à pied parmi ses hommes, en un tel péril. Le messager fit ce que lui avoit ordonné son seigneur. Il vint au roi et lui présenta le cheval de la part de Saladin. Le roi l'en remercia, puis fit monter dessus le cheval un sien homme d'armes, et le fit partir devant lui. Quand celui-ci eut donné de l'éperon et pensa le faire retourner, il ne le put jamais, mais le cheval l'emporta malgré lui dans le camp des Sarrasins.

Saladin fut très-honteux de ceci, et lui fit apprêter un autre cheval. Le roi Richard retourna à Jaffa. Saladin ne délogea point ce jour-là, jusqu'au lendemain. Le roi Richard, pour les prouesses qu'il fit là et ailleurs, et au château de Daroun qu'il prit sur les Sarrasins, fut très-redouté par tout le pays des Païens, et il arrivoit quelquefois, à ce que l'on dit, que quand les enfans des Sarrasins pleuroient, les

il veoit bien son ombre, il reculoit ariere, et quant li Sarrazin le hurtoit des esperons, si disoit : « Cuides-tu que le roi Richart soit mucié en cest buison ? » ou en ce dont le cheval avoit paor. Quant Salahadin sout que li Crestiens venoient à Jaffe par terre, il se leva du siege et ala encontre, et les encontra devant le chastel d'Arsur. Là assemblerent et se combatirent. Plus grant damage reçurent li Crestiens que li Sarrazins ; mes toutes voies s'en partirent li Crestiens sans desconfiture, et alerent à Jaffe, où le roi Richart estoit. A cele assemblée fu Jacques Davaines, li bons chevaliers, occis. Lors avint que une caravane de Sarrazins vint de la terre d'Egypte et aloit à Domas, et avoit oï dire que Salahadin estoit à Jaffe; por ce aloit plus seurement, et furent herbergier à cinq milles prés de Jaffe. L'en fist à sçavoir au roi Richart qu'il avoit une riche caravane, et que grant avoir y porroit guaignier s'il la prenoit. Le roi fist armer ses gens, si la prist, et l'amena à Jaffe. Après assembla les barons de l'ost, et dist qu'il voloit aler fermer Escalone, et que se ele estoit fermée, la terre seroit bien enforcie. Il i alerent et pristrent Escalone, si la garnirent bien, et pristrent deus chastiaus qui prés d'iluec estoient, Gadres et le Daron. Là demora le roi d'Engleterre et li baron, porce que la terre i estoit plus saine que aillors. Ci lairons à parler de la terre d'outre-mer, et dirons de l'isle de Chipre.

mères leur disoient : « Tais toi, de peur du roi d'An-
« gleterre; » et quand un Sarrasin chevauchoit un
cheval rétif, et qui, voyant son ombre, reculoit en
arrière, le Sarrasin, en le piquant des éperons, lui
disoit : « Crois-tu que le roi Richard soit caché en
« ce buisson? » ou en la chose dont le cheval avoit
peur. Quand Saladin sut que les Chrétiens venoient
à Jaffa par terre, il leva le siége et alla à leur rencontre, et les trouva devant le château d'Arsur. Là ils se
joignirent et se combattirent. Les Chrétiens y reçurent un plus grand dommage que les Sarrasins, mais
toutefois ils en partirent sans déconfiture, et allèrent
à Jaffa où étoit le roi Richard [1]. A cette rencontre
fut occis Jacques d'Avesne, le bon chevalier. Lors
il avint qu'une caravane de Sarrasins, venant des
terres d'Égypte, arriva à Damas. Elle avoit ouï dire
que Saladin étoit à Jaffa, et, à cause de cela, elle
marchoit sans crainte, et fut s'héberger à cinq milles
de Jaffa. On fit savoir au roi Richard qu'il y avoit une
riche caravane, et que, s'il la pouvoit prendre, il y
gagneroit grand avoir. Le roi fit armer ses gens; il
la prit et l'emmena à Jaffa; après cela il assembla les
barons de l'armée et dit qu'il vouloit aller prendre et
fortifier Ascalon, et que, si elle étoit fortifiée, le pays
en seroit bien mieux défendu. Ils y allèrent et prirent
Ascalon, y mirent bonne garnison, et prirent deux
châteaux qui étoient près de là, Gadres [2] et Daroun.
Le roi d'Angleterre et les barons y demeurèrent,
parce que le pays étoit plus sain qu'ailleurs. Nous

---

[1] Richard étoit à la bataille d'Arsur, et elle eut lieu le 7 septembre 1191, avant la marche des Chrétiens sur Jérusalem.

[2] Probablement Gaza.

Il avint que li Grifon s'assemblerent et pristrent conseil d'assaillir et d'occir les Latins qui estoient avec les Templiers à cui le roi Richart avoit l'isle commandée. L'on fist à sçavoir as Latins que li Grifons s'assembloient por eus occire; si lor conseilla l'on qu'il mandassent secors, et se meissent en une forteresse tant que le secors venist. Il s'assemblerent tuit et vindrent à Nicosie, et entrerent u chastel, et ne furent pas plus de cent Latins dedens; mes tant assembla de Grifons entor com ni veoit que gens. Li Latins furent dedens le chastel, une veille de Pasques s'assemblerent, et virent bien qu'il n'avoient pooir du chastel tenir, et qu'il n'estoient mie fort contre tant de gens; si distrent entr'eus que miex lor venoit-il morir d'armes que de faim. Il pristrent conseil qu'il s'en istroient et metroient en avanture cors et ames. Il se confesserent lendemain et communierent, puis s'armerent et issirent hors. Dix des plus faibles demorerent la i ens por ouvrir la porte, se mestier fust. Lors issirent les Latins hors, et se ferirent entre les Grifons ausi com entre brebis, que nient plus ne se defendirent que feissent brebis. Li Latins en tuerent tant que ce fu merveille, car onques toute jor ne finirent d'occir et de chacier, tant qu'il orent voidié la cité qu'il ni demora home ne fame. Landemain troverent tote la cité plaine de viandes et d'avoir, et menerent tout dedens le chastel. Aprés firent à savoir au roi d'Engleterre et au maistre du Temple coment il avoient fait. Lors distrent li Templiers au roi qu'il feist de l'isle à sa volonté, qu'il ne la pooient plus garder. Quant le roi Gui, qui n'avoit point de terre, sot que li Templiers avoient rendue l'isle de Chipre, il vint au roi d'Engleterre, et par le conseil au maistre du Temple l'acheta. Le roi d'Engleterre li vendi. Or vous dirai

laisserons de parler ici du pays d'outre mer et dirons de l'île de Chypre.

Il avint que les Grégeois s'assemblèrent et délibérèrent d'attaquer et d'occire les Chrétiens qui étoient avec les Templiers que le roi Richard avoit mis à la garde de l'île. On fit savoir aux Chrétiens que les Grégeois s'assembloient pour les occire, et on leur conseilla d'envoyer chercher du secours et de se mettre en une forteresse jusqu'à ce que le secours arrivât. Ils s'assemblèrent tous et vinrent à Nicosie; ils n'étoient pas dedans plus de cent Latins, mais il s'assembla autour tant de Grégeois qu'on n'y voyoit que des hommes. Les Latins qui étoient dedans le château s'assemblèrent une veille de Pâques, et virent bien qu'ils n'avoient pouvoir de tenir le château, et qu'ils n'étoient pas assez forts contre tant de gens : ils dirent entre eux que mieux leur convenoit-il mourir par l'épée que par la faim. Ils délibérèrent qu'ils se mettroient au hasard, corps et ame. Ils se confessèrent le lendemain et communièrent, puis s'armèrent et sortirent du château. Dix des plus foibles demeurèrent dedans pour ouvrir la porte s'il étoit besoin. Alors les Latins sortirent dehors et se jetèrent sur les Grégeois comme en un troupeau de brebis, car ils ne se défendoient pas plus que n'auroient fait des brebis. Les Latins en tuèrent tant que ce fut merveille, car de tout le jour ils ne cessèrent de les occire et de les poursuivre jusqu'à ce qu'ils eussent vidé la cité, tellement qu'il n'y demeura ni homme ni femme. Le lendemain ils trouvèrent la cité pleine de vivres et de richesses, et menèrent tout dans le château, puis firent savoir au roi d'Angleterre et au maître du

que le roi Gui fist. Quant il ot l'isle achetée, il envoia en Ermenie et en Antioche ses messages, et en autres lieus, et manda à ceus du païs qu'il venissent en l'isle qui venir vodroient, et il lor donroit terres et garnisons à grant plente.

Li chevaliers qui deserités estoient, et à cui les Sarrazins avoient lor terres toluës, et les pucelles et les dames veves i alerent. Le roi Gui lor dona terre à grant plente, les orfelines maria, et lor dona grant avoir, tant qu'il fiefa trois cens chevaliers en la terre, et deux cens serjans à cheval, sans les borgois cui il dona grant terre et grant garnison. Quant il ot tant doné, il ne li demora mie dont il peust tenir vingt chevaliers de maisnie. Ainsi puepla le roi Gui l'isle de Chipre, et quant il l'out ainsi pueplée, ne demora guaire aprés qu'il fu mort. La terre eschai au conestable Aimery son frere. Il vit qu'il avoit poi de terre, et que les terres que son frere, le roi Gui, avoit données por mille besans valoient au double, que chascun en avoit pris tant com il voloit. Il manda tous les chevaliers de la terre, et lor dist : « Seignors, le roi Gui mon frere vous dona tant que rien ne li demora. La terre m'est eschuë, et sire en sui, tant com Dieu plaira. Vous estes mi hommes, et je n'ai point de terre. Il i a tex de vous qui plus en ont que je n'ai, et coment serai-je povre et vous puissans et riches, et n'aurai que despendre? il n'afiert pas; prenés conseil entre vos, et me rendés chas-

Temple ce qu'ils avoient fait. Alors les Templiers dirent au roi qu'il fît de l'île à sa volonté, qu'ils ne la pouvoient plus garder. Quand le roi Gui, qui n'avoit pas de royaume, sut que les Templiers avoient rendu l'île de Chypre, il vint au roi d'Angleterre, et, par le conseil du maître du Temple, il l'acheta. Le roi d'Angleterre la lui vendit. Or je vous dirai ce que fit le roi Gui quand il eut acheté l'île. Il envoya ses messagers en Arménie, en Antioche et en autres lieux, et manda à ceux de ces pays qu'ils vinssent en l'île et qu'il leur donneroit des terres et biens en grande abondance.

Les chevaliers qui étoient dépossédés et à qui les Sarrasins avoient pris leurs terres, et les pucelles et les dames veuves y allèrent. Le roi Gui leur donna des terres en grande quantité, maria les orphelines et leur donna grand avoir; tant qu'il reçut en fief dans le pays trois cents chevaliers et cent hommes d'armes à cheval, sans compter les bourgeois à qui il donna beaucoup de terres et de biens. Quand il eut tant donné il ne lui resta pas de quoi entretenir pour lui une suite de vingt chevaliers. Ce fut ainsi que le roi Gui peupla l'île de Chypre; et quand il l'eut ainsi peuplée il ne demeura guère qu'il ne mourût [1]. Le pays échut au connétable Amauri, son frère; il vit qu'il avoit peu de terre, et que les terres que son frère, le roi Gui, avoit données pour mille besans valoient le double, et que chacun en avoit pris autant qu'il en vouloit. Il manda tous les chevaliers du pays et leur dit : « Seigneurs, le roi Gui, mon « frère, vous a tant donné qu'il ne lui est rien de-

[1] En 1194.

cun tant, que je puisse estre entre vous come sire, et vous puisse aidier come à mes homes. » Il pristrent conseil, et li donna chascun de sa terre tant comme au cuer li vint. Tant fist le conestable Aimeri, que par force que par amor, que quant il fu mort, li valoit les terres de Chipre deux cens mille besans. Quant l'isle fu eschuë au comte Aimeri, il ne vout porter corone jusques il la prist de haut prince de cui il tenist l'isle. Ci lairon de l'isle de Chipre, et diron de la terre d'outre-mer.

Un jor avint que une nef de marchans de terre as Hassesis arriva à Sur. Le marchis ot mestier d'avoir; il envoia à la nef et fist prendre de l'avoir tant com il li plout. Li marchant descendirent à terre, et se plainstrent au marchis qu'on les avoit derobés, et que, por Dieu, lor fist rendre lor avoir. Le marchis respondit que l'avoir ne r'auroient-il mie, mes gardassent bien le remanent. Il distrent, puisqu'il ne leur voloit rendre, il s'en plaindroient à lor seignor, et il respondit de par Dieu. Il s'en retornerent, et distrent à lor seignor et se plainstrent de lor damage. Quant le sire des Hassesis oi ce, il manda au marchis que il l'avoir à ses homes rendist; le marchis manda qu'il ne l'en rendroit mie. Le sire des Hassesis li remanda autre fois qu'il li rendist l'avoir de ses gens, et seust bien, s'il ne li

« meuré; le pays m'est échu, et j'en suis sire tant qu'il
« plaira à Dieu. Vous êtes mes hommes, et je n'ai point
« de terres. Il y a tels de vous qui en ont plus que moi.
« Comment se pourra-t-il que je sois pauvre et vous
« puissans et riches, et que je n'aie pas de quoi dé-
« penser? cela ne convient pas; prenez conseil entre
« vous, et que chacun me rende assez pour que je
« puisse être entre vous comme votre sire, et vous
« puisse aider comme mes hommes. » Ils prirent conseil, et chacun lui donna de sa terre autant que le cœur lui en dit. Le connétable Amauri fit tant, par force ou par amour, que, quand il mourut, ses terres de Chypre valoient deux cent mille besans. Quand l'île fut échue au comte Amauri, il ne voulut point porter la couronne jusqu'à ce qu'il la reçût du puissant prince de qui il tenoit l'île. Nous laisserons ici de parler de l'île de Chypre, et dirons de la terre d'outre mer.

Un jour avint qu'il arriva à Tyr un navire de marchands du pays des Hassissins. Le marquis[1] avoit besoin d'argent; il envoya au navire et fit prendre de l'avoir des marchands tant qu'il lui plut. Les marchands descendirent à terre, et se plaignirent au marquis de ce qu'on les avoit dérobés, demandant que, pour Dieu, il leur fît rendre leur avoir. Le marquis répondit qu'ils ne rauroient pas leur avoir, et qu'ils gardassent bien le reste. Ils dirent que, puisqu'il ne leur vouloit pas rendre, ils s'en plaindroient à leur seigneur, et il répondit, de par Dieu, qu'ils le pouvoient. Ils s'en retournèrent, et dirent à leur seigneur leur dommage, et s'en plaignirent. Quand le sire des Has-

[1] Conrad de Montferrat.

rendoit, qu'il lui en nuieroit. Le marchis dist qu'il ne le rendroit mie. Lors commanda le sire des Hassesis à deus de ses homes qu'il alassent à Sur, et occissent le marchis. Il i alerent. Quant il vindrent à Sur, il se cristiannerent, dont l'un demora entor le marchis, et l'autre demora entor Beleen d'Ibelin, qui la roine Marie avoit à fame, qui lors à Sur demoroit. Un jor avint que la marchise estoit alé as bains; le marchis ne vout mengier jusques qu'ele fu venuë. Il li fu avis qu'ele demoroit trop, si ot talent de mengier. Il monta entre lui et deux chevaliers, et ala à l'hostel l'evesque de Biauvés por mengier avec lui. Quant il parvint là, l'evesque avoit mangié, si s'en retorna ariere. Si com il fu entré en une etroite ruë, qui est prés du Change, un home sorst d'une part de la ruë et un autre de l'autre. Quant il vint en droit ces deux homes, il se leverent contre lui. L'un li tendi une lettres : le marchis les prist; l'autre traist un coutel, et l'en feri parmi le cors, si chai mort. Ainsi le tesmoignent cil de la terre qu'il fu mort. L'en dist que ce avoit fait faire le roi d'Angleterre par Hasesins qu'il avoit aussi envoié en France por faire occire le roi Felippe, dont encore, par aventure, ne fust ce mie veoir. Li fist l'on[1] à sçavoir que ainsi avoit fait le roi d'Angleterre. Le roi Felippe en ot grant paor, et bien se fist garder ; si fu lonc tans com ne laissa nulli venir devant lui com ne conneust bien. En ce point que le marchis fust occis, estoit le roi d'Angleterre à Acre. Quant il sout que le marchis fu occis, il monta tantost, et vint à Sur, et mena avec lui le conte Henri de Champaigne, qui son neveu estoit : porce fu il mescru de maintes gens qui il ot coupés en la mort du marchis; car le marchis fu occis le mardi, et li fist espouser au jeudi aprés la fame au marchis au conte Henri de Champagne.

---

[1] *Mie veoir. Li fist l'on*, etc. lisez : *mie voir, le fist*, etc.

sissins ouïrent ceci, il manda au marquis de rendre l'avoir de ces hommes; le marquis manda qu'il ne le rendroit point. Le sire des Hassissins lui remanda une autre fois qu'il rendît l'avoir à ses gens, et sût bien que, s'il ne le rendoit pas, il lui en arriveroit mal; le marquis dit qu'il ne le rendroit pas. Alors le sire des Hassissins commanda à deux de ses hommes qu'ils allassent à Tyr pour tuer le marquis. Ils y allèrent. Quand ils furent à Tyr, ils se firent chrétiens, et l'un des deux demeura auprès du marquis, l'autre auprès de Balian d'Ibelin, qui avoit pour femme la reine Marie, et qui alors demeuroit à Tyr. Un soir il avint que la marquise étoit allée au bain; le marquis ne voulut pas manger jusqu'à ce qu'elle fût revenue: il trouva qu'elle demeuroit trop, et eut envie de manger. Il monta à cheval avec deux chevaliers, et alla au logis de l'évêque de Beauvais pour manger avec lui. Quand il y arriva, l'évêque avoit mangé. Il s'en retourna donc. Comme il fut entré dans une rue étroite qui est près du Change, un homme parut d'un côté de la rue, et un autre de l'autre. Quand il arriva près de ces deux hommes, ils vinrent à sa rencontre, et l'un lui tendit des lettres; le marquis les prit; l'autre tira un couteau et l'en frappa dans le corps, et il tomba mort. C'est ainsi que les gens du pays racontent qu'il mourut[1]. On dit que le roi d'Angleterre avoit fait faire cela par les Hassissins, et qu'il avoit aussi envoyé en France pour faire occire le roi Philippe; et quoique, par aventure, ce ne fût peut-être pas vrai, on fit savoir au roi Philippe que le roi d'Angleterre avoit ainsi fait. Le roi Philippe en eut grande

[1] Le 29 avril 1192.

Quant le cuens Henri mut de Champaigne, il estoit menans et prenans de la contrée¹ de Champaigne ; il la laissa à sa mere et bailla à garder. Ele li envoia, tant com ele vesqui, les rentes de la terre, et paioit les dettes de là, qu'il acreoit en Acre as marchans qui venoient de là en Champaigne. Ainsi tint le cuens Henri la terre tant com il vesqui, dont maintes gens s'esmerveilloient mult que si hoir furent deseritez de la terre et de la comté. Il demora à la contesse un fils et une fille. La fille fu mariée au conte Baudoin de Flandres, qui puis fu empereres de Constantinople. Le vaslet, aprés la mort le comte Henri et aprés sa mere la comtesse, le roi Felippe le fist chevalier, et li donna la comté. Il ot nom Tibaut, et out à fame une seror à la roine de Navarre, et seror à la roine d'Angleterre fame le roi Richart. Quant le roi Richart ot doné fame à son neveu le comte de Champaigne, si vit que li chevalier et li pelerin s'en retornoient en lor païs ariere, et poi de gent demoroient en la terre ; il dist au comte Henri qu'il feroit trives as Sarrazins, et s'en iroit en son païs, et assembleroit grant gent et grant avoir por lui aidier et secorre

¹ Lisez *de la comté*.

peur et se fit bien garder; il fut long-temps qu'on ne laissa venir devant lui personne qu'on ne connût bien. Lorsque le marquis fut occis, le roi d'Angleterre étoit à Acre. Quand il sut que le marquis étoit occis, il monta aussitôt à cheval et vint à Tyr, et mena avec lui le comte Henri de Champagne, qui étoit son neveu; et c'est pourquoi maintes gens firent de lui ce fâcheux jugement qu'il avoit trempé dans la mort du marquis : car le marquis fut occis le mardi, et le jeudi suivant il fit épouser la femme du marquis au comte Henri de Champagne.

Quand le comte Henri partit de la Champagne, il étoit menant et prenant[1] de la comté de Champagne; il la laissa à sa mère et la lui bailla à garder. Elle lui envoya, tant qu'elle vécut, les rentes de la terre, et elle payoit les dettes qu'il avoit contractées avec des marchands qui venoient de là en Champagne. Le comte Henri tint donc la terre tant qu'il vécut, en sorte que beaucoup de gens s'émerveilloient fort que ses hoirs fussent ensuite déshérités de la terre et de la comté. Il demeura à la comtesse un fils et une fille. La fille fut mariée au comte Baudouin de Flandre, qui fut depuis empereur de Constantinople. Le jeune homme, après la mort du comte Henri et de la comtesse, fut fait chevalier par le roi Philippe, qui lui donna la comté. Il eut nom Thibaut, et eut pour femme une sœur de la reine de Navarre, sœur aussi de la reine d'Angleterre, femme du roi Richard. Le roi Richard, ayant donné femme à son neveu, comte de Champagne, vit bien que les chevaliers et les pélerins s'en retourne-

---

[1] Termes de coutume pour désigner celui qui avait la souveraineté et percevait les revenus ou impôts d'une terre ou pays.

u point que li trives devroient faillir. Le cuens dist puisqu'il le voloit faire, biau li seroit, mes, por Dieu, ne l'oubliast mie, car il veoit bien comment il le laissoit u païs. Au comte Henri, porce qu'il demoroit en la terre, li afferoient les trives à requerre ; il les requis à Salahadin. Salahadin sot bien que le roi d'Angleterre et li pelerin qui là estoient s'en retornoient en lor païs, et por ce requeroit le cuens trives. Il li manda que nulles trives ne li donroit si le roi ne li faisoit abattre Escalone et Gadres et le Daron, qu'il avoit fermés. Quant le roi oi que de tant descroitroit la terre son neveu, come de si bonne terre come cele d'Escalone estoit, il dist au comte Henri : « Biaus neveu, je ne puis plus demorer en cest païs. Por Escalone faire abatre ne lairai-je mie que je ne m'en voise ; je la ferai abatre por avoir trives ; et, à l'aide de Dieu, se j'ai vie et santé, je remanrai tant de gent que je raurai Escalone et toute la terre, et porterés couronne en Jerusalem. » Ainsi furent les trives faites que l'on abati Gadre et le Daron et Escalone.

Quant les trives furent faites, Saladin ot pitié de haus homes de la terre qu'il avoit deserités qui encore vivoient. Il dona au seigneur de Sajete une bonne ville à quatre milles de Sur qui a nom Serfent, et dona à Belian d'Ibelin, qui baron estoit la roine Marie, un chastel à cinq mille d'Acre, et

roient en leur pays, et que peu de gens demeureroient en la Terre-Sainte. Il dit au comte Henri qu'il feroit trêve avec les Sarrasins, et s'en iroit en son pays où il assembleroit beaucoup de monde et beaucoup d'avoir pour le venir aider et secourir au moment où devroit cesser la trêve. Le comte lui dit que, puisqu'il le vouloit faire, lui l'auroit pour agréable, mais que, pour Dieu, il ne l'oubliât pas, car il voyoit bien en quel état il le laissoit au pays. Comme le comte Henri demeuroit dans le pays, c'étoit à lui qu'il convenoit de requérir la trêve; il la requit de Saladin. Saladin sut bien que le roi d'Angleterre et les pélerins qui étoient là s'en retournoient dans leur pays, et que c'étoit pour cela que le comte requéroit une trêve. Il lui manda qu'il ne lui donneroit aucune trêve si le roi ne faisoit abattre Ascalon, Gadres et Daroun, qu'il avoit fortifiés. Quand le roi ouït que le pays de son neveu alloit être diminué d'une aussi bonne terre comme celle d'Ascalon, il dit au comte Henri : « Beau « neveu, je ne puis plus demeurer en ce pays. Pour « ce qui est de faire abattre Ascalon, je ne laisserai « pas pour cela de m'en aller; je le ferai abattre pour « avoir trêve; et, avec l'aide de Dieu, si j'ai vie et « santé, je ramènerai tant de gens que j'aurai Asca- « lon et tout le pays, et vous porterez la couronne en « Jérusalem. » On fit donc la trêve moyennant que l'on abattit Gadres, Daroun et Ascalon [1].

Quand les traités furent faits, Saladin eut pitié des seigneurs qui vivoient encore dans le pays, et qu'il avoit dépossédés. Il donna au seigneur de Sidon une bonne ville à quatre milles de Tyr qui a nom

[1] Le 10 août 1192.

la terre qui i appartenoit. Le chastel a nom Laqueimont. Au seignor de Cayphas rendi Cayphas. Au seignor de Cesaire rendi Cesaire. Au seignor d'Arsur rendi Arsur et l'appartenance. Au conte Henri dona Jaffe. Puis out le cuens Henri trois filles de sa fame, dont il fist mariage de toutes trois as trois fils le conestable Hemeri, qui sires estoit de Chipre, l'ainsné à l'ainsnée, quant il seroient d'aage; por ce, dit l'ainsné à l'ainsnée que, se aucuns en morut, qu'il ne perdist pas que li ainsné n'eust l'ainsnée; et dona Jaffe au roi de Chipre avec ses filles. Il ne lor pout plus doner de la terre, car sa fame avoit une fille du marchis qui puis fu roine, si come vous oirés. Li sire de Chipre ot Jaffe, et la fist garnir de chevaliers et de serjans et de viandes, si la tint.

Le roi d'Angleterre, quant il ot fait trives as Sarrazins, il fist appareiller ses nes et chargier ses galies de viandes et de gens, et fist entrer ens sa fame et la fame de l'empereor de Chipre, qui estoit mort en sa prison, et sa fille et ses gens. Aprés dist au maistre du Temple : « Maistre, je sai bien que je ne suis pas amé de toutes gens, et si je passe mer porquoi l'en mi sache, je n'arriverai en lieu où je ne soie ou mort ou pris. Si vous pri que vous me prestés de vos freres chevaliers et serjans, qui vendront avec moi en une galie. Quant nous serons de là, il me conduiront ausi come se je fusse frere Templier jusques en mon païs. » Sans faille le roi avoit fait vilainie à aucuns Templiers devant Acre quant il arriva, meismement au duc d'Osteriche, dont il ne covient

Serfent. Il donna à Balian d'Ibelin, qui avoit épousé la reine Marie, un château à cinq milles d'Acre, et les terres qui en dépendoient : le château a nom Laqueimont. Au seigneur de Caïpha il rendit Caïpha. Au seigneur de Césarée il rendit Césarée. Au seigneur d'Arsur il rendit Arsur et ce qui en dépendoit. Au comte Henri, il donna Jaffa; puis le comte Henri eut de sa femme trois filles qu'il maria toutes trois aux trois fils du connétable Amauri, sire de Chypre. L'aîné devoit être à l'aînée quand ils seroient en âge; et l'aîné des fils d'Amauri dit à l'aînée des filles de Henri que, si l'un d'eux mouroit, il n'en falloit pas moins que l'aîné eût l'aînée. Il donna Jaffa au roi de Chypre avec ses filles. Il ne leur put donner davantage de pays, car sa femme avoit une fille du marquis, qui depuis fut reine, comme vous l'apprendrez. Le sire de Chypre eut Jaffa, la fit garnir de chevaliers, d'hommes d'armes et de vivres, et ainsi en fut maître.

Quand le roi d'Angleterre eut fait trêve avec les Sarrasins, il fit apprêter ses navires, charger ses galères de vivres et de gens, et y fit entrer sa femme et la femme de l'empereur de Chypre, qui étoit mort son prisonnier, sa fille et ses gens; puis il dit au maître du Temple : « Maître, je sais bien que je ne suis
« pas aimé de tout le monde, et si je passe la mer,
« et que l'on sache que j'y suis, je n'arriverai nulle
« part que je ne sois tué ou pris. Je vous prie donc
« que vous me prêtiez de vos frères chevaliers et hom-
« mes d'armes, qui viendront avec moi en une galère.
« Quand nous serons loin d'ici, ils me conduiront
« comme un frère templier jusque dans mon pays. »

pas que le livre en ait parlé. Le maistre li dist que volentier le feroit. Il fist apareiller chevaliers et serjans coiement, et entrerent en une galie. Le roi prist congié au conte Henri et as Templiers, et à ceux de la terre, et entra en une nef; au vespre entra en la galie as Templiers, et prist congié à sa fame et à sa mesnie; si alerent l'un d'une part, li autre d'autre.

Le roi ne sot si celeement faire son afaire que cil ne fust apareillées qui en la galie entra por li faire prendre, et tant ala avec lui qu'il furent arrivés, et plus encore. Il ariverent à un port qui est à l'entrée d'Allemaigne, pardevers la mer de Grece. Quant le roi et li Templier furent arrivez, il quistrent chevauchures, si monterent et alerent par Alemaigne, tant qu'il se herbergierent en un chastel le duc d'Osteriche en Alemaigne. Et avint que le duc estoit lors à sejor en ce chastel; et quant cil qui estoit avec le roi d'Angleterre por lui faire prendre, sot que le duc estoit u chastel, il vint à lui, si li dist : « Sire, or du bien faire ; le roi d'Engleterre est herbergié en celle ville, gardés qu'il ne vos eschape. » Le duc fust mult liés de ces noveles, porce que aucune gent dient qu'il li avoit fait laidure devant Acre. Il commanda que les portes du chastel fussent fermées toutes, et que sa gent s'armassent, et il meismes ala à l'ostel où le roi estoit herbergié, et mena avec lui celui qui ces noveles li avoit aportées por connoistre le. L'en fist à savoir au roi que l'en venoit en la maison por lui prendre. Il fut surpris, et ne sot que faire, porce prist une mauvaise cote, et entra en la cuisine, et s'asist au feu por torner les chapons. Ce ne di-je pas por voir, mes si le dient aucune gent. Li home au duc entrerent en la

Sans mentir le roi avoit fait outrage à certains Templiers devant Acre quand il y arriva, et aussi au duc d'Autriche, de quoi il ne convient pas que le livre parle. Le maître lui dit qu'il le feroit volontiers, et il fit apprêter secretement des chevaliers et des hommes d'armes, et ils entrèrent en une galère. Le roi prit congé du comte Henri, des Templiers et de ceux du pays, et entra en un navire. Au soir il entra en la galère des Templiers et prit congé de sa femme et de sa suite. Ils allèrent donc les uns d'un côté, les autres de l'autre[1].

Le roi ne sut faire son affaire si secrètement qu'il n'entrât en la galère tel qui partit avec lui pour le faire prendre, et qui l'accompagna jusqu'à ce qu'ils fussent débarqués, et plus loin encore. Ils arrivèrent à un port qui est à l'entrée d'Allemagne, devers la mer de Grèce[2]. Quand le roi et les Templiers furent débarqués, ils cherchèrent des chevaux, montèrent dessus, et allèrent par l'Allemagne tant qu'ils s'hébergèrent en un château du duc d'Autriche en Allemagne. Il arriva que le duc séjournoit alors en ce château; et quand celui qui étoit avec le roi d'Angleterre pour le faire prendre sut que le duc étoit au château, il vint à lui, et lui dit: « Sire, c'est à ce moment qu'il faut bien « faire : le roi d'Angleterre est hébergé dans cette « ville, gardez qu'il ne vous échappe. » Le duc fut très-joyeux de ces nouvelles; car, à ce que dirent certaines gens, le roi lui avoit fait affront devant Acre. Il commanda que les portes du château fussent toutes fermées, que ses gens s'armassent, et alla lui-même

[1] Les deux reines, femme et sœur de Richard, partirent le 29 septembre, et Richard le 9 octobre 1192.
[2] Près de Zara.

maison, et quistrent deça et dela, et ne troverent se Templier non, et ceus qui atiroient la viande à la cuisine. Cil que le roi ot encusé entra en la cuisine, et vit qui tornoit les chapons, si com l'en dist. Il dist as chevaliers : « Vées-le ci, prenés-le. » Il le pristrent, et fu en la prison le duc tant qu'il vint à raençon.

Quant le roi Felipe oi dire que le roi d'Angleterre avoit la mer passée et estoit arresté en Alemaigne, por la honte qu'il li ot faite de sa seror qu'il avoit fiancé por espouser quant il vendroit, et il autre avoit prise, il semonst ses os, et s'en entra en sa terre, et prist Gisors et autres chastiaus, de sa terre ardi une partie, et prist le conte de Cestre qui estoit garde de Normandie. En ce point que le roi Richart fu pris, estoit en Alemaigne Henri le fils à l'empereor Frederic empereres, que Frederic avoit laissé por garder sa terre. Quant le roi d'Angleterre ot esté en prison grant piece, il pria l'empereor que, por Dieu, le mist à raençon, il l'en donroit quant qu'il en oseroit demander, et plus estoit dolent de ce que le roi de France ardoit sa terre et essilloit que de sa prison. L'empereor manda le duc d'Osteriche por le roi metre à raençon; il le mistrent à raençon par le conseil au roi Felipe, si com l'en dist, mult grant avoir; i ot cens et soixante mille mars. De cele raençon ot l'empereor

à la maison où le roi étoit hébergé, et mena avec lui celui qui lui avoit apporté ces nouvelles pour qu'il le reconnût. On fit savoir au roi que l'on venoit dans la maison pour le prendre; il fut surpris, et, ne sachant que faire, prit une mauvaise soubreveste, entra en la cuisine, et s'assit au feu pour tourner les chapons qui rôtissoient. Je ne dis pas cela pour vrai, mais quelques gens l'ont dit. Les hommes du duc entrèrent dans la maison, cherchèrent deçà delà, et ne trouvèrent personne, si ce n'est le Templier et ceux qui accommodoient la viande à la cuisine. Celui qui avoit dénoncé le roi entra en la cuisine, le vit qui tournoit les chapons, à ce qu'on dit, et dit aux chevaliers : « Le voici, prenez-le. » Ils le prirent, et il fut prisonnier du duc jusqu'à ce qu'il vînt à rançon.

Quand le roi Philippe ouït dire que le roi Richard avoit passé la mer et étoit arrêté en Allemagne, se souvenant de la honte qu'il lui avoit faite de fiancer sa sœur pour l'épouser quand il reviendroit, et puis d'en prendre une autre, il assembla son armée, entra en sa terre, prit Gisors et les autres châteaux, brûla une partie de son pays, et prit le comte de Leicester, qui étoit gardien de Normandie. Lorsque le roi Richard fut pris, Henri étoit empereur en Allemagne, fils de l'empereur Frédéric, qui l'avoit laissé pour garder son pays. Quand le roi d'Angleterre eut été long-temps en prison, il pria l'empereur que, pour Dieu, il le mît à rançon, promettant de donner autant qu'il oseroit lui demander, et il étoit plus dolent de ce que le roi de France brûloit et ravageoit ses états, que de sa prison. L'empereur manda au duc d'Autriche de mettre le roi à rançon. Ils le mirent à

la greignor partie, li dus l'autre, le roi de France en ot la partie por laissier passer la raençon par sa terre. Le roi d'Angleterre jura la raençon à rendre, et bons ostage en livra. Quant il fu hors, l'empereor le fist conduire par sa terre, puis entra en mer, et s'en ala en Angleterre. Quant il fu en sa terre, il porchaça sa raençon justement et l'envoia à l'empereor, et delivra ses pleges. Quant sa raençon fu paiée, il entra en mer, et passa en Normandie, et semonst ses os por aler sus le roi de France por rescorre sa perte, s'il peust. Ainsi commença la guerre des deux rois, mais je n'en dirai ore plus.

Le roiaume de Cesile, de Puille et de Calabre estoit escheus à la fame Henri des que ses nies le roi Guillaume estoit mort, et qu'en fist roi en la terre Tancre. Quant le roiaume li fu eschus, il n'ot pas loisir d'aler là, car li plus haut home et barons estoient alés avec son pere et le plus de la chevalerie. Quant son pere fu mort, il fu empereres, il ot assez à faire à aler par sa terre et recevoir ses homages. Quant il ot euë la raençon du roi d'Angleterre, il assembla gens et s'en alla en Puille, et laissa son frere, qui dus estoit de Souave, por estre garde de la terre. Ançois que l'empereres fust mort, morut le roi Tancres, et ot l'en fait d'un fil qu'il avoit roi. Le roi de Cesile oi dire que l'empereor venoit en sa terre, si assembla ses os, et ala à l'encontre, tant qu'il s'entre-rencontrerent devant une cité qui a nom Naples, en terre de Labor. Là se combatirent, et fu l'empereor desconfit. Il remest

rançon par le conseil du roi Philippe, si, comme on l'a dit, il en eut grande part, pour le prix de cent soixante mille marcs. De cette rançon l'empereur eut la meilleure partie, et le duc l'autre. Le roi de France en eut sa part pour laisser passer la rançon à travers ses états. Le roi d'Angleterre jura de rendre la rançon, et en donna de bons ôtages. Quand il fut dehors, l'empereur le fit conduire par ses états, puis il se mit en mer et alla en Angleterre. Quand il fut en son pays, il leva exactement sa rançon, l'envoya à l'empereur et délivra ses ôtages. Quand sa rançon fut payée il se mit en mer et passa en Normandie, et assembla ses armées pour aller sur le roi de France et reprendre, s'il le pouvoit, ce qu'il avoit perdu. Ainsi commença la guerre des deux rois; mais je n'en dirai pas plus maintenant.

Le royaume de Sicile, de Pouille et de Calabre étoit échu à la femme du roi Henri [1] depuis que son neveu, le roi Guillaume, étoit mort, et qu'on avoit fait Tancrède roi du pays. Quand le royaume lui fut échu, il n'eut pas le moyen d'y aller, car les plus grands seigneurs et les barons étoient allés avec son père et la plus grande partie de ses chevaliers. Quand son père fut mort, il fut empereur, et eut assez affaire de parcourir ses états et recevoir les hommages. Quand il eut la rançon du roi d'Angleterre, il assembla des gens et s'en alla dans la Pouille, et laissa son frère, qui étoit duc de Souabe, à la garde du pays. Avant

[1] Constance, fille de Roger II, et femme de l'empereur Henri VI. Guillaume le Bon, roi de Sicile et petit-fils de Roger II, étant mort en 1189, cette couronne revenait en effet à sa tante Constance; mais Tancrède, comte de Lecce, s'en empara, et elle ne revint à l'empereur Henri VI qu'en 1194.

en la terre et manda gens. En dementieres qu'il les assembloit por entrer en la terre de Puille et Calabre, fu le roi de Cesile mort. Quant cil de la terre orent perdu seignor, si rendirent la terre de Puille et de Calabre à l'empereor. Il ot un haut home en la terre de Cesile qui vout l'isle tenir contre l'empereor, et d'un sien neveu faire roi ; mes n'en ot mie le pooir, car aucunes gens en furent encontre. Quant l'empereor ot garnié Puille et Calabre, il passa en Cesile et la prist, et chaça tant cele haut home qui contre lui aloist, qu'il le prist et fist morir de male mort, et son neveu fist les eus crever, et porta corone à Palerme lui et sa fame.

En cel point que l'emperere vint en Cesile, il n'avoit onques eu enfant. Là ot l'emperris un fil, si com l'en dist ; mes mult de gent ne porent croire qu'ele l'eust porté, porce qu'ele estoit de si grand aage qu'ele ne peust mie; à lor avis, avoir enfant. Cil enfes ot nom Frederic.

Quant l'emperor Henri ot sa terre conquise, il fit nes et galies atorner por envoier en la terre d'outre-mer grant gent. Il envoia par toute Alemaigne, et fist crier que tuit cil qui vodroient aler en la terre d'outre-mer, povres et riches, il lor livreroit passage et viande qui prendre la vodroit. Lors se croisierent grant gens, et alerent là où l'em-

la mort de l'empereur, étoit mort le roi Tancrède, et l'on avoit fait roi un fils qu'il avoit[1]. Le roi de Sicile ouït dire que l'empereur venoit dans son pays; il assembla donc son armée, et alla au-devant de lui, tant qu'ils se rencontrèrent devant une cité qui a nom Naples, en la terre de Labour. Là ils se battirent, et l'empereur fut déconfit. Il quitta le pays et manda de nouvelles troupes. Tandis qu'il les assembloit pour entrer dans la terre de Pouille et de Calabre, le roi de Sicile mourut. Quand ceux du pays eurent perdu leur seigneur, ils rendirent la terre de Pouille et de Calabre à l'empereur. Il y eut au pays de Sicile un seigneur qui voulut tenir l'île contre l'empereur et faire roi un sien neveu, mais il n'en eut pas le pouvoir, car quelques-uns s'y opposèrent. Quand l'empereur eut gagné la Pouille et la Calabre, il passa en Sicile et la prit, et poursuivit tant ce seigneur qui étoit contre lui, qu'il le prit et le fit mourir de malemort. Il fit crever les yeux à son neveu, et se fit couronner à Palerme avec sa femme.

Quand l'empereur vint en Sicile il n'avoit pas encore eu d'enfant; là l'impératrice eut un fils, à ce que l'on dit; mais beaucoup de gens ne purent croire qu'elle l'eût vraiment porté, car elle étoit d'un si grand âge qu'elle ne pouvoit, à leur avis, avoir d'enfant. Cet enfant eut nom Frédéric.

Quand l'empereur Henri eut conquis son pays, il fit apprêter ses navires et ses galères pour envoyer beaucoup de gens en la terre d'outre mer. Il envoya par toute l'Allemagne, et fit crier que tous ceux qui voudroient aller en la terre d'outre mer, pauvres ou

---

[1] Guillaume III.

pereor estoit por passer. Quant li Alemant et cil que li empereres i envoia à son coust furent assemblés, l'en prisa qu'il i ot quatre cens chevaliers et grans gens à pié. D'autre part l'empereor i envoia le chancelier d'Alemaigne por estre chevetaine de l'ost, et fist creanter à tos ceus qui i aloient qu'il feroient sa volenté. L'empereor lor creanta qu'il ne se moveroit de la terre où il estoit tant com il seroient outremer, et lor envoieroit gent et grant plente de viandes. Quant le passage et les nes furent apareilliés, si murent. En ce tans fu le roi de Hongrie mort, et la roine demora voire sans hoir. La terre eschai au frere son seignor. Ele vendi son doüaire grant avoir, et ala en la terre d'outremer, et mena chevaliers et serjans, et passa au passage que li Alemans passerent, et arriva à Sur. Le cuens Henri la receut à grant honor, et il le dut bien faire, car ele estoit seror sa mere ; fame avoit esté au vieil roi d'Angleterre son oncle, et suer le roi Felippe de France. Cele dame puis qu'ele fut arrivée, ne vesquit que huit jors; si demora cil avoirs au comte Henri, mes poi en i ot.

Des Alemans qui passerent arriva une partie en Acre, l'autre en Chipre. Avec ceux qui arriverent en Chipre estoit le chancelier. Quant le roi de Chipre sout que le chancelier estoit arrivé en l'isle, il ala encontre, et li fist grant honor, et li dist, puisqu'il estoit en lieu de l'empereor, il voloit qu'il le coronast ; car il voloit tenir sa terre de l'empereor.

riches, il leur livreroit passage et des vivres à qui en voudroit. Alors beaucoup de gens se croisèrent et allèrent passer où étoit l'empereur. Quand les Allemands et ceux que l'empereur y envoya à ses frais furent assemblés, on estima qu'il y avoit quatre cents chevaliers et beaucoup de gens de pied. D'autre part l'empereur y envoya le chancelier d'Allemagne pour être capitaine de l'armée, et fit promettre à tous ceux qui iroient qu'ils feroient sa volonté. L'empereur leur promit qu'il ne s'éloigneroit pas du pays où il étoit tant qu'ils seroient outre mer, et qu'il leur enverroit du monde et grande abondance de vivres. Quand le passage et les navires furent prêts, ils partirent [1]. En ce temps mourut le roi de Hongrie [2], et la reine demeura veuve sans hoirs. Le pays échut au frère de son seigneur. Elle vendit son douaire pour une grosse somme, et alla en la terre d'outre mer, menant chevaliers et hommes d'armes, passa au même passage que les Allemands, et arriva à Tyr. Le comte Henri la reçut avec de grands honneurs, et il le devoit bien faire, car elle étoit sœur de sa mère, elle avoit été femme du vieux roi d'Angleterre son oncle, et étoit sœur du roi Philippe de France [3]. Cette dame ne vécut que huit jours après son arrivée. Son avoir demeura au comte Henri, mais il n'en retira pas grand'chose.

Des Allemands qui passoient, une partie arriva à Acre, l'autre en Chypre; avec ceux qui arrivèrent en

---

[1] En 1196. — [2] Béla III, mort le 18 avril 1196.

[3] Il s'agit ici de Marguerite de France, fille de Louis le Jeune, et veuve de Henri *au court mantel*, fils du roi d'Angleterre Henri II. Béla III l'avait épousée en 1185.

Le chancelier dist que volentier le feroit, puisqu'il l'en requeroit, et en fu mult lie. Il prist de ses chevaliers de Chipre, et s'en ala avec le seignor de Chipre à Nicocie, si le corona. Quant il ot coroné, il s'en ala es nes, puis arriverent après les autres en Acre.

Ains que li Alemans fussent arrivés, fu Salahadin mort, et avoit assené ce qu'il avoit conquis, et doné là où il vout. Mes à son frere qui li avoit aidié à conquerre ne dona riens, ains s'en ala avec son neveu en Egypté, à cui Salahadin avoit cele terre donée. A l'ainsné de ses fils dona le roiaume de Domas et de Jerusalem, et à l'autre le roiaume de Halape, as autres dona tant qu'il assena douze fils qu'il avoit. En ce point que Salahadin morut avoit une haute dame à Triple qui dame avoit esté de Gibelet. Si porchaça tant vers les Sarrazins, à cui Salahadin avoit Gibelet baillée à garder, qu'il s'en issirent, et la dame i entra et si chevaliers, et garni la cité et le chastel. En cel point que li Alemans arriverent à Acre estoit les trives routes por la mort Salahadin qui avoient esté prises au tans le roi Richart. Le fils Salahadin, qui sires estoit de Domas et de Jerusalem, assembla ses os por venir sus les Crestiens. Si ala aseoir Jaffe. Ce fut ce fils Salahadin à cui le cuens de Triple dona congié d'entrer parmi sa terre en la terre des Crestiens. Quant cil de Jaffe furent assegié, si manderent querre secors au conte Henri; car il savoit bien que le chastel n'estoit pas fort. Quant le cuens oi cele novele, si fist semondre ses os et les Alemans, si les fist movoir à aler vers Cayphas à quatre milles d'Acre. Il lor dist qu'il

Chypre étoit le chancelier. Quand le roi de Chypre sut que le chancelier étoit arrivé en l'île, il alla à sa rencontre et lui fit de grands honneurs, et lui dit que, puisqu'il tenoit la place de l'empereur, il vouloit qu'il le couronnât, car il vouloit tenir sa terre de l'empereur. Le chancelier dit qu'il le feroit volontiers puisqu'il l'en requéroit, et en fut très-content. Il prit de ses chevaliers de Chypre, s'en alla avec le seigneur de Chypre à Nicosie, et le couronna. Quand il l'eut couronné, il s'en alla sur ses navires, et arriva à Acre après les autres.

Avant que les Allemands fussent arrivés, Saladin étoit mort [1] et avoit partagé ses conquêtes, donnant à qui il lui plaisoit. Il ne donna rien à son frère, qui l'avoit aidé à conquérir le pays, et celui-ci s'en alla en Égypte avec son neveu, à qui Saladin avoit donné ce pays. Il donna à l'aîné de ses fils [2] les royaumes de Damas et de Jérusalem, à l'autre [3] le royaume d'Alep, et donna enfin jusqu'à ce qu'il eût fait une part à douze fils qu'il avoit. Lorsque Saladin mourut, il y avoit à Tripoli une haute dame qui avoit été dame de Gibel; elle fit tant envers les Sarrasins à qui Saladin avoit donné Gibel à garder, qu'ils en sortirent, et la dame y entra avec ses chevaliers, et mit garnison en la cité et le château. Lorsque les Allemands arrivèrent à Acre, les traités faits du temps du roi Richard étoient rompus par la mort de Saladin. Le fils de Saladin qui étoit sire de Damas et de Jérusalem assembla son armée pour venir sur les Chrétiens. Il alla donc assiéger Jaffa. C'étoit ce fils de Saladin à qui le comte de Tripoli avoit donné permission d'entrer

---

[1] Le 4 mars 1193, à l'âge de 57 ans. — [2] Malek-El-Afdhal-Noureddyn-Ali. — [3] Malek-El-Daher-Gaiatheddyn-Ghazi.

moveroit lendemain; car il avoit à conter à ses homes, et
à atirer son affaire. L'ost mu, et le cuens demora, et conta
à ses homes, et fu vespres quant il ot conté. Il fist metre
les napes por souper. Il demanda à laver; l'en li aporta, et
vint en droit d'une fenestre qui en la tor en haut estoit où
il manoit. Si com il lavoit ses mains, il se lança avant et
chei de la fenestre à val, si fu mort. Le vaslet qui tenoit la
touaille se laissa chair aprés, porce qu'il ne voloit pas
qu'en diest qu'il l'eust bouté. Il ne fu mie mort, mais il ot
la cuisse bruisée; aucuns dient que s'il ne se fust laissié
chair, le cuens ne fust pas mort. Le vaslet, qui fu cheu
entre deux murs, se traina tant qu'il vint prés d'une posterne, et oi gens passer par defors et commença à crier.
Quant cil oirent le cris, ils vindrent cele part, et demanderent qu'il avoit. Il dist que, por Dieu, feissent venir chevalier
et porter le conte, qui iluec gisoit mort. Les vaslets et les
serjans le comte i alerent et le troverent mort. Il l'en apporterent au mostier et l'ensevelirent. Il avoit plusors fois commandé que l'en fist cele fenestre treillier por les enfans; car
le cuer li disoit qu'ele feroit damage. Grant fu le duel com fist
du conte. L'en envoia aprés l'ost qu'il retornast; car le cuens
estoit mort. L'ost fu retorné, le cuens fut enfoüi au mostier
de Sainte Crois. Li Sarrazins qui devant Jaffe estoient le pristrent à force et abatirent le chastel, et emmenerent tos les
Crestiens qui dedens estoient.

au travers sa terre au pays des Chrétiens. Quand ceux de Jaffa furent assiégés, ils envoyèrent demander des secours au comte Henri, car ils savoient bien que le château n'étoit pas fort. Quand le comte ouït cette nouvelle, il fit assembler ses armées et les Allemands; il les fit partir et aller vers Caïpha, à quatre milles d'Acre. Il leur dit qu'il les suivroit le lendemain, car il avoit à payer ses hommes et à arranger ses affaires. L'armée se mit en route et le comte demeura. Il paya ses hommes, et il étoit soir quand il eut fini. Il fit mettre les nappes pour souper; il demanda de l'eau pour se laver; on lui en apporta, et il vint auprès d'une fenêtre qui étoit en haut de la tour où il se tenoit. Comme il lavoit ses mains, s'étant jeté en avant, il tomba de la fenêtre en bas, et mourut [1]. Le valet qui tenoit la serviette se laissa choir après lui parce qu'il ne vouloit pas qu'on dît qu'il l'eût poussé. Il ne se tua pas, mais il eut la cuisse cassée. Aucuns dirent que, si celui-ci ne se fût pas laissé choir, le comte ne fût pas mort. Le valet, qui étoit tombé entre deux murs, se traîna tant qu'il vint près d'une poterne; il ouït passer des gens dehors, et commença à crier. Quand ils ouïrent ses cris, ils vinrent en cet endroit, et demandèrent ce qu'il avoit; il dit que, pour Dieu, ils fissent venir des chevaliers et emporter le comte qui gissoit là mort. Les valets et les hommes du comte y allèrent et le trouvèrent mort. Ils le portèrent au monastère et l'enfouïrent. Il avoit commandé plusieurs fois qu'on mît un treillis à cette fenêtre à cause des enfans, car le cœur lui disoit qu'elle lui feroit dommage. On fit grand deuil de la mort du comte. On envoya après

[1] En 1197.

En ce point avint que le soudan d'Egypte, qui fu fils Salahadin, aloit un jor chacier, si chai de son cheval, et se bruisa le col. Quant son oncle, qui point de terre n'avoit, vit son neveu mort, il saisi la terre et la garni, et manda par tout paienime querre chevaliers et serjans, et il lor donroit bon sous. Quant le soudan de Domas, qui ot pris Jaffe, sot que son frere estoit mort, et que son oncle avoit garni la terre et saisi, il se retrait à Domas et assembla gens, car il savoit bien que son oncle le deseriteroit s'il pooit, et il ce fist.

Quant le cuenst Henri fut enfoui, l'en prist conseil de faire seignor en la terre et de sa fame marier. Il avoit un haut home u païs, qui avoit nom Hue de Tabarie, qui fillastre avoit esté le conte de Triple, et avoit la seror cele dame à fame. Cil avoit un frere qui Raoul est apelés, à cui il conseilla que l'en la mariast, qu'ele i seroit bien emploiée; aucuns si accorderent; mes le Temple et l'Ospital furent encontre, et distrent que por lor conseil ne li donroit-on mie; car de toute l'aide qui venoit au comte de sa terre de Champaigne, ne pooit-il fornir la terre, et fu souvent en si grant povreté et besoignens ; « Et comment donrons-nos la terre à home qui rien n'a, quant cil, o toute l'aide de Champaigne qu'il avoit, ne pooit la terre gouverner ? Nous prendrons conseil, et la donron, se Dieu plaist, à tel home qui la terre gouvernera. » Il pristrent conseil, et s'accorderent à

l'armée pour qu'elle revînt, puisque le comte étoit mort. L'armée revint, et le comte fut enfoui au monastère de Sainte-Croix. Les Sarrasins qui étoient devant Jaffa la prirent de force, occupèrent le château, et emmenèrent tous les Chrétiens qui étoient dedans.

En ce temps il avint que le soudan d'Égypte, fils de Saladin, allant un jour chasser, tomba de son cheval et se brisa le cou[1]. Quand son oncle, qui n'avoit point de terres, vit son neveu mort, il saisit le pays et y mit garnison, et envoya par tout le pays des Païens chercher des chevaliers et hommes d'armes, leur promettant bonne solde. Quand le soudan de Damas, qui avoit pris Jaffa, sut que son frère étoit mort et que son oncle avoit saisi le pays et y avoit mis des troupes, il se retira à Damas et assembla du monde, car il savoit bien que son oncle le déposséderoit s'il pouvoit; et ainsi fit-il.

Quand le comte Henri fut enterré, on délibéra de nommer un seigneur du pays et de marier sa femme. Il y avoit un seigneur en ce pays, qui avoit nom Huon de Tibériade, qui étoit beau-fils du comte de Tripoli, et avoit pour femme la sœur de cette dame. Il avoit un frère appelé Raoul; il conseilla qu'on la lui fît épouser, disant qu'elle y seroit bien employée. Quelques-uns s'y accordèrent, mais le Temple et l'Hôpital furent contre, et dirent que, par leur conseil, on ne la lui donneroit pas : car, avec tout le secours qui venoit au comte de son pays de Champagne, il ne suffisoit pas aux dépenses du pays où il étoit, et se trouvoit souvent en grande pauvreté et nécessité.

[1] Malek-El-Aziz-Othman, second fils de Saladin et soudan d'Egypte, mourut le 27 novembre 1198.

ce que ¹ le roi de Chipre la voloit prendre, ne savoit ou ele fust miex emploiée, ne dont la terre fust plus tost secorue. Il si accorderent, et par le conseil au chancelier d'Alemaigne manderent querre Hemeri, roi de Chipre, et li donerent la dame, et l'espousa et porta corone. Lors à primes fust-elle roine.

Aprés ce que le roi Hemeri ot la dame espousée, avint un jor qu'il chevauchoit par defors Sur, entre lui et ses chevaliers, deus homes vindrent contre lui à cheval por lui occire : il ne l'occistrent mie, mes durement fu navré. Il furent pris et essilliés, ne onques ne vodrent gehir qui ce lor voloit faire faire, dont l'en mescrut Huon de Tabarie por son frere qui n'ot la roine Isabel. Il manda tous les chevaliers qui rentes avoient dedens Acre, et lor dist qu'il eslussent deus chevaliers avec ses baillis qui fussent as rentes d'Acre garder et recueillir por departir entr'eus, et rendre à chascun ce qu'il devoit avoir, s'il pooit estre; car il ne voloit mie perdre ne metre du sien en lor rentes paier, ains vivroit-il et si chevalier des rentes de sa terre, et il vesquissent des rentes où il estoient assenés. Aprés prist conseil au Temple et à l'Ospital et au chancelier d'Alemaigne et as barons de la terre d'aler sor les Sarrazins. Il donerent conseil d'aler aseoir Baruth. Lors firent nes chargier de viandes et galies armer por aler

---

¹ *A ce que le roi de Chipre*, etc., probablement *à ce que, si le roi*, etc.

« Et comment, disoient-ils, donnerons-nous la terre à
« un homme qui n'a rien, quand, avec tout le secours
« qu'il avoit de Champagne, celui-ci ne pouvoit gouver-
« ner le pays? Nous prendrons conseil, et la donne-
« rons, s'il plaît à Dieu, à tel homme qui gouvernera le
« pays. » Ils prirent conseil, et s'accordèrent à ce que,
si le roi de Chypre la vouloit prendre, ils ne savoient
où elle pouvoit être mieux employée, ni par qui la
terre eût été plus tôt secourue. Ils s'y accordèrent, et,
par le conseil du chancelier d'Allemagne, envoyèrent
quérir Amauri, roi de Chypre, lui donnèrent la dame,
et il l'épousa et porta la couronne, et elle fut reine
alors pour la première fois.

Après que le roi Amauri eut épousé la dame, il
avint, un jour qu'il chevauchoit hors de Tyr, au milieu de ses chevaliers, que deux hommes vinrent au-
devant de lui pour le tuer : ils ne le tuèrent pas, mais
il fut grièvement blessé. Ils furent pris et mis en prison, mais ils ne voulurent jamais dire qui leur avoit
voulu faire faire cela. On en soupçonna Huon de Tibériade à cause de ce que son frère n'avoit pas eu
la reine Isabelle. Il manda tous les chevaliers qui
avoient des biens dedans Acre, et leur dit qu'ils élus-
sent deux chevaliers qui demeurassent avec ses baillis
pour garder et recueillir leurs rentes d'Acre, afin de
les partager entre eux et de rendre à chacun, s'il se
pouvoit, ce qui devoit lui revenir, car il ne vouloit
pas perdre ni mettre du sien pour leur payer leurs
rentes, mais qu'il vivoit avec ses chevaliers des rentes
de sa terre, et qu'ils vécussent de leurs rentes là où
ils en avoient d'assignées; puis il délibéra, avec le
Temple et l'Hôpital, le chancelier d'Allemagne et les

par mer. L'ost ala par terre. Quant li Sarrasins qui à Baruth estoient sorent que l'en devoit venir sor eus, il voidierent le chastel de fames et d'enfans et de fiebles gens, et de tous les esclas qui dedens estoient, et un charpentier qui dedens iert manans, mes sa fame et ses enfans envoierent en paienime en ostage, porce qu'il ne feissent aucune traison. Quant li Sarrazins sorent que li Crestieus venoient par mer et par terre, il s'armerent et vindrent à l'encontre. Quant le charpentier vist que li Sarrazins furent tuit fors du chastel, il vint à deus esclas crestiens qui remes estoient, et lor dist : « Or du bien faire, se vous me volez croire, le chastel est pris. » Cil li distrent qu'il li aideroient. Lors alerent à la porte du chastel. Le charpentier fist un des esclas sor la porte monter, que, se li Sarrazins venoient, qu'il getta pierres et se defendist durement; il monteroit sus la maistre tor qui prés estoit de la porte, et li aideroit la porte à defendre. A l'autre esclas dist qu'il ala à l'autre tor qui est sor la mer, et monta si, et feist crois quant il verroit les nes prés, et criast : « Dex aide et saint Sepulcre ! » aprés descendist et ouvrist la porte por entrer ens.

Quant il orent ainsi devisé chascun ala à sa garnison. Li Sarrazins issus estoient du chastel, et virent que li Crestien approchoient durement par mer et par terre, si retornerent ariere, et cuiderent entrer u chastel, mes il virent la porte fermée. Cil qui sus la porte et sor la maistre tor estoient

barons du pays, d'aller sur les Sarrasins. Ils donnèrent conseil d'aller assiéger Béryte. Alors il fit charger des navires de vivres et armer des galères pour aller en mer. L'armée alla par terre. Quand les Sarrasins qui étoient à Béryte apprirent qu'on devoit venir sur eux, ils vidèrent le château de femmes, d'enfans et de gens foibles, et envoyèrent en otage au pays des Païens les femmes et les enfans de tous les esclaves et d'un charpentier qu'ils gardoient au dedans, afin qu'ils ne leur fissent aucune trahison. Quand les Sarrasins surent que les Chrétiens venoient par terre et par mer, ils s'armèrent et vinrent à leur rencontre. Quand le charpentier vit que les Sarrasins étoient tous hors du château, il vint à deux esclaves chrétiens qui étoient restés, et leur dit : « Voici le temps de « bien faire, et, si voulez me croire, le château est « pris. » Ceux-ci lui dirent qu'ils l'aideroient. Alors ils allèrent à la porte du château. Le charpentier fit monter sur la porte un des esclaves ; il lui dit que si les Sarrasins venoient, il jetât des pierres et se défendît rudement, et que lui monteroit sur la maîtresse tour qui est auprès de la porte, et aideroit à la défendre. Il dit à l'autre esclave qu'il allât à l'autre tour qui est sur la mer, qu'il y montât et fît des signes de croix quand il verroit les navires approcher, et criât : *Dieu aide et saint Sépulcre !* et qu'après il descendît et ouvrît la porte pour qu'on entrât dedans.

Quand ils furent ainsi convenus, chacun alla à son poste. Les Sarrasins qui étoient sortis du château virent que les Chrétiens approchoient rudement par mer et par terre ; ils retournèrent en arrière et crurent rentrer au château, mais ils virent la porte fer-

commencierent pierres à lancier et à crier : « Dex aide et saint Sepulcre ! » Li Sarrazins virent qu'il avoient le chastiau perdu, et s'il demoroit iluec, il seroient pris et occis, car le secor des Crestiens iert prés. Il s'enfuirent et li chastiau demora as Crestiens. Ainsi fu pris Baruth. Quant il orent celui qui sor la tor estoit qui crioit : « Dex aide et saint Sepulcre ! » il se merveillerent que ce pooit estre, et cuidierent que l'en le feist par traïson. Cil qui sor la tor estoit descendi, et ouvri la porte qui devers la mer estoit, et lor cria qu'il venissent san remes, qu'il n'avoit nulli u chastel, car li Sarrazins s'en estoient tuit fui. Lors s'armerent jusques à dix serjans et alerent là et entrerent ens à grant doutance, et quant il aprochierent de terre, et il virent qu'il n'avoit nulli u chastel, aprés envoierent contre le roi qui par terre venoit, et li manderent qu'il venist, car le chastel estoit pris.

Quant cil qui par mer vindrent furent entrés u chastel, il pristrent les deus esclas, et les mistrent à destrece, porce qu'il lor enseignassent où l'avoir estoit, et le thresor que cil avoit repost. Il distrent qu'il n'en savoient rien, et qu'il faisoient mal et peschié quant il les destreignoient. Tant lor firent qu'il en furent mors. Aprés vindrent à la maistre porte de la tor, si la cuidierent depecier, mes ele estoit de fer et bien barrée par dedens. Cil qui en la tor estoit lor dist qu'il se traisissent en sus, et qu'il ne ferissent plus à la porte, ou se ce non i a tant n'en ni vendroit com il occiroit, ne nus n'enterroit en la tor jusques à tant qu'il verroit le roi ou son message. Aprés ce que les nés furent arrivées, vint le

mée. Ceux qui étoient sur la porte et sur la maîtresse tour commencèrent à jeter des pierres et à crier : *Dieu aide et saint Sépulcre!* Les Sarrasins virent qu'ils avoient perdu le château, et que, s'ils demeuroient là, ils seroient pris ou occis, car le secours des Chrétiens étoit proche. Ils s'enfuirent, et le château demeura aux Chrétiens. Ainsi fut prise Béryte. Quand les Chrétiens ouïrent celui qui étoit sur la tour crier : *Dieu aide et saint Sépulcre!* ils s'émerveillèrent de ce que ce pouvoit être, et crurent qu'on le faisoit par trahison. Celui qui étoit sur la tour descendit et ouvrit la porte qui étoit devers la mer, et leur cria qu'ils vinssent sans retard, parce qu'il n'y avoit personne au château, car les Sarrasins s'étoient tous enfuis. Alors s'armèrent jusqu'à dix hommes d'armes qui allèrent là et entrèrent dedans avec grande méfiance, et quand ils approchèrent de terre ils virent qu'il n'y avoit personne au château; ensuite ils envoyèrent vers le roi, qui arrivoit par terre, et lui mandèrent qu'il vînt, car le château étoit pris.

Quand ceux qui vinrent par mer furent entrés au château, ils prirent les deux esclaves et les mirent à la gehenne pour qu'ils leur enseignassent où étoit l'argent et le trésor qu'on y avoit déposés. Ils dirent qu'ils n'en savoient rien, et qu'ils faisoient mal et péché de les mettre à la gehenne. Ils leur en firent tant qu'ils en moururent. Après ils vinrent à la maîtresse porte de la tour, pensant la briser, mais elle étoit de fer et bien barrée par dedans. Celui qui étoit en la tour leur dit qu'ils se retirassent et ne frappassent plus contre la porte, ou que sinon il en occiroit tant qu'il en viendroit, et que personne n'entreroit

roi devant Baruth, et tous li os, qui grant joie firent, et rendirent graces à Jesus-Christ de ce qu'il lor avoit en tel maniere rendu le chastel. Quant le roi fu logié devant Baruth, et il sot que le charpantier estoit dedens la maistre tor et ne voloit descendre jusques il veist le roi ou son message, il li envoia un chevalier, et li manda qu'il venist parler à lui seurement. Quant il vit le message le roi, il descendi et vint au roi. Grant joie li fist le roi, et li demandast comment li Sarrazins avoient vuidié le chastel. Il li conta comment il avoit esté. Le roi, porce que par lui avoit esté pris le chastel, li dona grant rente dedens le chastel, à lui et à ses hoirs, et li porchaça tant qu'il ot sa fame et ses enfans delivrés qui en paienime estoient. Ainsi rendi Dex ces deus chastiax as Crestiens, Gibelet et Baruth, dont il n'a que cinq milles de l'un à l'autre. Le roi garni Baruth de chevalier et de serjant : car autre garnison ni vout mettre, car il estoit bien garni d'armes et de viandes jusques à cinq ans, fort solement de vin. Et trova l'en escrit u chastel que les deus galies dont je vous ai dis dessus, qui eschaperent de Sur et vindrent à Baruth, avoient fait damage de plus de quatorze mil homes qu'il avoient pris jus et envoié en paienime, sans ceus qu'il avoient occis. Si vous dirai comment.

Il a une pointe de montaigne devant Baruth qui fiert en la mer. Au pié de cele montaigne estoient tousjours les galies armées. Dessus la montaigne avoit gaites qui tos jors gaitoient

en la tour jusqu'à ce qu'il vît le roi ou son messager. Après que les navires furent arrivés, le roi vint devant Béryte avec toutes les troupes, qui firent de grandes réjouissances et rendirent grâces à Jésus-Christ de ce qu'il leur avoit en telle manière livré le château. Quand le roi fut logé devant Béryte et sut que le charpentier étoit dedans la maîtresse tour et ne vouloit descendre jusqu'à ce qu'il vît le roi ou son messager, il lui envoya un chevalier et lui manda qu'il vînt parler à lui sans peur. Quand il vit le messager du roi, il descendit et vint au roi. Le roi lui fit grande fête et lui demanda comment les Sarrasins avoient vidé le château. Il lui conta comment il en avoit été. Comme le château avoit été pris par son moyen, le roi lui donna une grosse rente dedans le château, à lui et à ses hoirs, et fit tant qu'on lui délivra sa femme et ses enfans qui étoient au pays des Païens. Ainsi Dieu rendit aux Chrétiens ces deux châteaux, Gibel et Béryte, dont l'un n'est qu'à cinq milles de l'autre. Le roi garnit Béryte de chevaliers et d'hommes d'armes : il n'eut pas autre chose à y mettre, car il étoit bien garni d'armes et de vivres pour cinq ans, excepté de vin. On trouva écrit dans le château que les deux galères dont je vous ai parlé ci-dessus, qui échappèrent de Tyr et vinrent à Béryte, avoient fait dommage de plus de quatorze mille hommes qu'elles avoient pris et envoyés dans les terres des Païens, sans ceux qu'ils avoient occis ; et je vous dirai comment.

Il y a devant Béryte une pointe de montagne qui s'avance en la mer. Au pied de cette montagne étoient toujours les galères armées. Dessus la montagne il y

en la mer les vessiaux qui venoient d'Ermenie, d'Antioche et de Triple, et aloient à Sur et à Acre. Tous les covenoit passer par iluec. Quant les gaites les veoient, si le faisoient à savoir as galies, elle movoient, si les prenoient et occioient quant qu'il pooient. Ainsi firent ces deus galies damage as Crestiens tant com Baruth fut as Sarrazins.

Quant le roi Hemeri ot garni ce chastel, si s'en ala au chastel de Toron à cinq milles de Sur, si l'asega, et fist tant devant que cil du chastel se voudrent rendre sauves lor vies. Il ne le vout prendre. N'out gaires iluec esté puis qu'en li vout le chastel rendre que un messaige vint qui dist que l'empereor d'Alemaigne estoit mort. Quant le chancelier et li Alement oirent ce, si leverent du siege et s'en alerent ainsi comme deconfis qui n'attendirent l'un l'autre. Il firent atirer lor navie por passer mer ariere; lor viandes, chevaliers gierent et entrerent es nés et s'en alerent. Quant le roi Hemeri vit que li Alemans s'en aloient, il fit trives au soudan, qui frere avoit esté Salahadin, et son neveu avoit deserité. En tel maniere fist trives com Salahadin les avoit faites au conte Henri de la terre qu'il li avoit renduë entre Baruth et Gibelet.

Je vous avois dit dessus que je vous diroie comment il ot primes roi en Hermenie qui onques ni avoit esté. Or le vous dirai. Il avint, au tans le conte de Champaigne qui sires estoit de la terre d'outre-mer que li Crestiens tenoient, que le prince d'Antioche manda au roi d'Hermenie, qui ses hons estoient, qu'il venist parler à lui en un lieu qu'il li nomma.

avoit des sentinelles qui toujours guettoient sur la mer les vaisseaux qui venoient d'Arménie, d'Antioche et de Tripoli, et alloient à Tyr et à Acre. Il leur falloit tous passer par là. Quand les sentinelles les voyoient, elles le faisoient savoir aux galères, elles s'avançoient et en tuoient tant qu'elles pouvoient. Ainsi firent ces deux galères dommage aux Chrétiens tant que Béryte fut aux Sarrasins.

Quand le roi Amauri eut garni ce château, il s'en alla au château de Toron, à cinq milles de Tyr. Il l'assiégea, et fit tant que ceux du château se voulurent rendre la vie sauve. Il ne voulut pas le prendre, et il ne tarda guère ensuite depuis le moment où on avoit voulu lui rendre le château jusqu'à ce qu'il arrivât un messager qui dît que l'empereur d'Allemagne étoit mort [1]. Quand le chancelier et les Allemands ouïrent ceci ils s'en allèrent comme gens déconfits, que l'un n'attendoit pas l'autre. Ils firent apprêter leur flotte pour repasser la mer, et y firent mettre leurs vivres. Leurs chevaliers entrèrent dans les navires et s'en allèrent. Quand le roi Amauri vit que les Allemands s'en alloient, il fit trêve avec le soudan, qui étoit frère de Saladin et avoit dépossédé son neveu [2]. Il fit des traités pareils à ceux que Saladin avoit faits avec le comte Henri pour le pays qu'il lui avoit rendu entre Béryte et Gibel.

Je vous avois dit ci-dessus que je vous raconterois comment il y eut pour la première fois un roi en Ar-

---

[1] Henri VI, mort à Messine le 28 septembre 1197.

[2] Malek-El-Adhel-Seipheddyn Aboubekr, que les historiens des croisades nomment Saphadin, et qui avoit chassé son neveu de Damas en 1196.

Li sires d'Ermenie dist qu'il n'iroit pas, qu'il n'i oseroit aler, que un jor qui passés estoit avoit mandé son frere Rufin qui sire estoit, il i ala, et le fist mettre en prison, et porce qu'il avoit ce fait à son frere, n'i osoit i aler. Le prince li manda qu'il venist seurement, qu'il n'iroit que li disime. Le sire d'Ermenie dist qu'il iroit. Il pristrent jor et i ala, et vous dirai comment. Il fist armer deux cens que chevaliers que serjans, et embuschier prés de là où le parlement devoit estre, et commanda que, tantost com il orroit corner, qu'il le secorussent; car il doutoit que le prince ne le fist prendre. Le prince d'Ermenie i ala soi tiers au prince, et mena o lui un vaslet à tot un cor, et le fist estre en sus de lui, et li dist que, s'il veoit que le prince le vousist faire prendre, que tantost sonnast le cor. Quant le sire d'Ermenie et le prince furent ensemble, si parlerent ensemble. Quant il orent une piece parlé, le prince vist que le sire d'Ermenie n'estoit que lui tiers, si le commanda à prendre, si chevaliers le pristrent. Quant le vaslet vit com prenoit son seignor, si corna. Cil qui estoient embuschiés saillirent tantost, et recoustrent lor seignor. Il pristrent le prince et ses chevaliers, si les emmenerent et mirent en prison. Le sires d'Ermenie semonst ses os por entrer en la terre d'Antioche. Il i entra et la gasta durement, et prist cité et chastiaus. Quant le prince vit que li sires d'Ermenie prenoit ainsi sa terre, et qu'il n'avoit nulle merci de lui, il envoia un messaige au conte Henri à Acre, et li manda en priant qu'il venist en la terre et li aida à issir de prison, car, si ne li aidoit-il, n'en istroit james. Le cuens Henri apareilla son erre et s'en ala en Ermenie; et quant li sires d'Ermenie sot que li cuens venoit, si ala encontre lui et le reçeut à grant honor, et fu mult lie de sa venuë : il li abandonna sa terre quant qu'il pooit faire à son commandement, fors du prince d'Antioche

ménie où il n'y en avoit pas eu encore. Maintenant je vous le raconterai. Il avint, au temps que le comte de Champagne étoit sire du pays d'outre mer appartenant aux Chrétiens, que le prince d'Antioche [1] manda au sire d'Arménie [2], qui étoit son homme lige, qu'il vînt parler à lui en un lieu qu'il lui nomma. Le sire d'Arménie dit qu'il n'iroit pas, qu'il n'oseroit pas y aller, car un jour précédemment le prince d'Antioche avoit mandé son frère Ruffin, qui étoit sire d'Arménie, et il y alla, et le prince le fit mettre en prison, et pour ce que celui-ci avoit fait à son frère, il n'osoit y aller. Le prince lui manda qu'il vînt sans peur, qu'il n'iroit que lui dixième. Le sire d'Arménie dit qu'il iroit. Ils prirent jour, il y alla, et je vous dirai comment. Il fit armer deux cents hommes, tant chevaliers qu'hommes d'armes, les fit embusquer près de l'endroit où devoit être la conférence, et leur commanda que, quand ils entendroient sonner du cor, ils le secourussent, car il craignoit que le prince ne le fît prendre. Le prince d'Arménie alla au prince, lui troisième, mena avec lui un valet avec un cor, le fit tenir derrière lui, et lui dit que si le prince le vouloit faire prendre, il sonnât du cor. Quand le sire d'Arménie et le prince furent ensemble, ils se parlèrent; quand ils eurent parlé ensemble quelque temps, le prince, voyant que le sire d'Arménie n'étoit que lui troisième, commanda de le prendre, et ses chevaliers le prirent. Quand le valet vit qu'on prenoit son seigneur, il sonna du cor. Ceux qui étoient

[1] Boémond III, en 1194.
[2] Livon ou Léon I, qui gouverna l'Arménie, à titre de prince ou de roi, de 1189 à 1219.

qu'il ot en prison. Quant le cuens ot une piece demoré en la terre, il prist congié de parler au prince por pes metre entr'eus s'il peust. Il li donna congié de parler i. Cil atira la pes entr'eus deus, si com vous oirés, et le fist geter de prison. La pes fu tele que le prince quita l'homage au roi d'Ermenie, et devint ses hons, et que la terre que li sires d'Ermenie avoit conquise sur lui li demoreroit, et si firent mariage d'une niece au roi d'Ermenie, fille son frere Rufin, et de l'ainsné au prince d'Antioche, par si que le prince devoit mettre son fil en eschange ¹ de la terre; mes ne li mist pas, ains avint, puis qu'il ot la niece au roi d'Ermenie espousée, qu'il morut, ains que son pere; si li demora un fil. Le prince envoia la mere et le fils en Ermenie. Li sires d'Ermenie les garda tant que le prince fu mort; car il les voloit si garder, porce qu'il cuidoit avoir Antioche et la terre a delivré; car le prince avoit fait jurer, sur saints, tous ceux de la terre que Antioche et la terre rentroient à son fil après sa mort; mes autrement ne l'avoit-il mis en vesteure. Quant le prince fu mort, cil d'Antioche envoierent au conte de Triple, qui fils estoit au prince, qu'il venist en Antioche, et il li rendroit, et l'en li rendi. Quant le sire d'Ermenie oi dire que le prince estoit mort, il prist l'enfant et sa mere, et s'en vint devant Antioche; car il cuida entrer ens. Le cuens de Triple, qui dedens estoit, li contredist. Li sire d'Ermenie envoia en sa terre por semondre ses os por venir devant Antioche. Le cuens, qui en Antioche estoit, envoia à Halape, au soudan, et li manda en priant, por Dieu, qu'il li aidast, car ainsi le voloit le sire d'Ermenie deseriter. Le soudan li manda que toutes les hores qu'il li feroit à savoir, qu'il le secorroit; car il n'aimoit pas le roi d'Ermenie. Le soudan li tint bien convent; car autrement ne peust pas li cuens avoir

¹ Lisez *eschance*, ou *escheage*, succession, héritage.

embusqués sortirent aussitôt de leur embuscade, et reprirent leur seigneur. Ils prirent le prince et ses chevaliers, les emmenèrent et mirent en prison. Le sire d'Arménie assembla ses armées pour entrer en la terre d'Antioche; il y entra et la ravagea rudement et prit cités et châteaux. Quand le prince vit que le prince d'Arménie prenoit ainsi sa terre et qu'il n'avoit nulle merci de lui, il envoya un message au comte Henri à Acre, le priant qu'il vînt en son pays et l'aidât à sortir de prison, car, s'il ne l'aidoit pas, il n'en sortiroit jamais. Le comte Henri s'apprêta au voyage et s'en alla en Arménie; et quand le sire d'Arménie sut que le comte venoit, il alla à sa rencontre, le reçut avec grand honneur, et fut fort joyeux de sa venue : il lui abandonna sa terre pour en faire à son commandement, hors pour ce qui regardoit le prince d'Antioche, qu'il avoit en prison. Quand le comte fut demeuré un peu de temps dans le pays, il demanda permission de parler au prince d'Antioche pour faire la paix entre eux, s'il pouvoit. Le sire d'Arménie lui permit de parler au prince. Le comte Henri accommoda la paix entre eux, comme vous allez l'ouïr, et fit mettre le prince hors de prison. La paix fut à ces conditions, que le prince dispenseroit le roi d'Arménie de l'hommage qu'il lui rendoit, et deviendroit son homme, et que la terre que le sire d'Arménie avoit conquise sur le prince lui dmeureroit, et ils firent mariage d'une nièce du roi d'Arménie, fille de son frère Ruffin, et du fils aîné du prince d'Antioche, parce que le prince devoit laisser à son fils l'héritage de la terre; mais il ne le lui laissa pas, car il arriva, après que le fils eut épousé la nièce du roi d'Arménie, qu'il

tenuë Antioche contre le seignor d'Ermenie. Cele guerre dura bien sept ans; puis rendit l'on Antioche au roi d'Ermenie par traïson.

Quant le cuens ot fait pes du prince et du roi d'Ermenie, cil prist congié à eus, et s'en revint en sa terre; mesançois dist li sires d'Ermenie au conte Henri : « Sire, j'ai assés terre, cités et chastiaus et grant rentes por estre roi; si est le prince d'Antioche mes hons. Je vous prie que vous me coronés. » Le cuens le corona volentiers. Ainsi ot roi en Ermenie.

mourut avant son père et laissa un fils. Le prince envoya la mère et le fils en Arménie. Le sire d'Arménie les garda jusqu'à ce que le prince fût mort, et il les vouloit garder parce qu'il croyoit qu'on lui livreroit Antioche et le pays, car le prince avoit fait jurer, sur la sainte croix, à tous ceux du pays qu'ils rendroient Antioche et le pays à son fils après sa mort : mais il ne l'en avoit pas autrement investi. Quand le prince fut mort, ceux d'Antioche envoyèrent au comte de Tripoli, qui étoit fils du prince, et lui dirent qu'il vînt à Antioche, et qu'on la lui rendroit. On la lui rendit. Quand le sire d'Arménie ouït dire que le roi étoit mort, il prit le fils et la mère, et vint devant Antioche, car il croyoit y entrer. Le comte de Tripoli, qui étoit dedans, l'en empêcha. Le sire d'Arménie envoya en son pays pour rassembler ses armées afin qu'elles vinssent devant Antioche. Le comte, qui étoit à Antioche, envoya à Alep au soudan, le priant, pour Dieu, qu'il l'aidât, car le sire d'Arménie le vouloit déposséder. Le soudan lui manda que toutes les fois qu'il lui feroit demander secours il le secourroit, car il n'aimoit pas le sire d'Arménie. Le soudan lui tint bien parole, car autrement le comte n'auroit pas pu tenir Antioche contre le sire d'Arménie. Cette guerre dura bien sept ans, puis on rendit Antioche au sire d'Arménie par trahison.

Quand le comte eut fait la paix du prince et du sire d'Arménie, il prit congé d'eux et s'en revint chez lui. Mais avant le sire d'Arménie dit au comte Henri : « Sire, « j'ai assez de terres, cités et châteaux, et d'assez « grands revenus pour être roi. Le prince d'Antioche « est mon homme. Ainsi je vous prie donc que vous

Quant le cuens s'entorna, le roi d'Ermenie li dona grant avoir, et le convoia tant qu'il fu hors de sa terre. Le sire des Hassesis oi dire que le cuens Henri estoit en Ermenie, si li manda en priant que au repairier d'Ermenie s'en venist par lui, et il lui en sauroit bon gré; car il le desiroit mult à veoir. Le cuens li manda qu'il iroit volentiers, et il si fist. Quant le sire des Hassesis sot que le cuens venoit, il ala à l'encontre et le receut mult liement et à grant honor, et le mena par sa terre et par ses chastiaus, tant qu'il vint un jor devant un chastel. En cel chastel avoit une haute tor; sur chacun crenet avoit deus homes tous blans vestus. Li sires des Hassesis li dist : « Sire, vos homes ne feroient por vos ce que li mien feroient por moi. — Sire, dist-il, ce puet bien estre. » Le sire des Hassesis s'ecria, et deus de ses homes qui sus les creniaux estoient se lancierent à val, et se bruissierent les cous. Le cuens s'en merveilla mult, et dist vourment n'avoit-il home qui ce fist por li. Cil dist au conte : « Sire, se vous volés, je ferai tous ceus que vous vées là sus saillir à val. » Le cuens respondi ne nul. Et quant le cuens ot sejorné tant com lui plout en la terre le Viel, si prist congié d'aler s'en. Le sire des Hassesis li dona grant plenté de ses joiaux, et le convoia hors de sa terre, et, au departir, li dist que, por l'honor qu'il li avoit fait de ce qu'il i est venu par sa terre, il l'assuroit de lui à tosjours mes; et s'il estoit nus haus hons qui li fist chose dont il li pesast, fist li à savoir, et il le feroit occire; à tant se departirent.

« me couronniez. » Le comte le couronna volontiers, et ce fut ainsi qu'il y eut un roi en Arménie [1].

Quand le comte s'en retourna, le roi d'Arménie lui donna grand avoir et lui fit escorte jusqu'à ce qu'il fût hors de son pays. Le sire des Hassissins, ayant ouï dire que le comte Henri étoit en Arménie, envoya vers lui, le priant qu'au retour d'Arménie il vînt par chez lui, et qu'il lui en sauroit bon gré, car il désiroit beaucoup le voir. Le comte lui manda qu'il iroit volontiers, et ainsi fit-il. Quand le sire des Hassissins sut que le comte venoit, il alla à sa rencontre et le reçut avec grande joie et de grands honneurs, et le mena par son pays et en ses châteaux, jusqu'à ce qu'il vînt un jour devant un château. Dans ce château étoit une haute tour, et sur chaque créneau étoient deux hommes vêtus tout de blanc. Le sire des Hassissins lui dit : « Sire, « vos hommes ne feroient pas pour vous ce que les « miens feroient pour moi. — Sire, dit-il, cela pour- « roit bien être. » Le sire des Hassissins cria, et deux des hommes qui étoient sur la tour se laissèrent aller en bas et se brisèrent le cou. Le comte s'émerveilla beaucoup et dit que vraiment il n'avoit pas d'hommes qui fissent cela pour lui. Celui-ci dit au comte : « Sire, « si vous voulez, je ferai sauter en bas tous ceux que « vous voyez là-dessus. » Le comte répondit que non; et quand le comte eut séjourné autant qu'il lui plut au pays du Vieux, il prit congé pour s'en aller. Le sire des Hassissins lui donna une grande abondance de ses joyaux, lui fit escorte jusque hors de son pays,

[1] Ce fut au chancelier de l'empereur d'Allemagne et au pape Célestin III, que Livon s'adressa pour obtenir le titre de roi, et il fut couronné en 1197 par Conrad de Wittelsbach, archevêque de Mayence, qui se trouvait alors en Syrie.

Il avint que l'emperere d'Alemaigne Henri, qui en Cesile estoit, qui avoit envoié les Alemans en la terre d'outre-mer, fu mort, et sa fame l'emperis ot un fil l'an devant ce que l'empereor morust, et li ot mis nom Frederic, le nom de son aiel. Aprés manda deus haus homs d'Alemaigne, quant il dust mourir, et les fist venir devant lui, et commanda à l'un Puille et Calabre à garder à son fils tant qu'il fust d'aage, et cil ot nom Tibaut, et à l'autre commanda l'isle de Cesile et sa fame et son fils, et son frere Felippe, qui dus estoit de Souave, manda qu'il gardast bien l'empire tant que son fils fust d'aage; et il si fist tant com il vesqui; mes puis en fu-il occis, si com vous oirés.

Quant li emperere ot ainsi attiré sa terre, si morut. Ne demora mie aprés un an que l'emperris fu morte. Mes avant qu'ele morust, manda ele les arcevesques et les evesques et les barons de sa terre qu'il venissent à li en Messine. Quant il furent tuit assemblés, ele lor dist qu'ele voloit coroner son fils, et qu'en l'assura de la terre come droit hoir, ne voloit mie tant atendre qu'ele fu morte, ains voloit que l'en l'assurast et tenist à seignor à son vivant. Li baron distrent qu'il en oroient conseil. Quant il revindrent de conseil, si distrent : « Dame, nous ne voulons mie qu'il soit coroné, ne homage ne li ferons, ne à seignor ne le tendrons; car vous estes de si grant aage que nous ne creons

et lui dit que, pour l'honneur qu'il lui avoit fait d'être venu en son pays, il s'assurât qu'il étoit pour toujours à lui, et que s'il étoit aucun seigneur qui lui fît chose dont il eût déplaisir, il le lui fît savoir, et qu'il le feroit occire; puis ils se séparèrent.

Il avint que l'empereur d'Allemagne Henri, qui étoit en Sicile et avoit envoyé les Allemands en la terre d'outre mer, mourut; et un an avant qu'il mourût, sa femme, l'impératrice, avoit eu un fils qu'on avoit nommé Frédéric, du nom de son aïeul. Après sa naissance, l'empereur avoit mandé deux seigneurs d'Allemagne, et quand il fut près de mourir, il les fit venir devant lui. Il recommanda à l'un la Pouille et la Calabre pour les garder à son fils jusqu'à ce qu'il fût d'âge, et celui-ci avoit nom Dieppold. Il recommanda à l'autre l'île de Sicile, sa femme et son fils, et manda à son frère Philippe, qui étoit duc de Souabe, qu'il gardât bien l'empire jusqu'à ce que son fils fût d'âge, et ainsi fit-il tant qu'il vécut; mais ensuite il fut occis, comme vous l'apprendrez.

Quand l'empereur eut ainsi disposé de son pays, il mourut, et il ne demeura pas ensuite un an que l'impératrice ne mourût aussi. Mais avant de mourir elle manda les archevêques, les évêques et les barons du pays pour qu'ils vinssent vers elle à Messine. Quand ils furent tous assemblés, elle leur dit qu'elle vouloit couronner son fils et qu'on l'assurât du pays comme hoir légitime, et qu'elle ne vouloit pas attendre qu'elle fût morte, mais vouloit qu'on le lui assurât et qu'on le tînt pour seigneur pendant qu'elle vivoit. Les barons dirent qu'ils en délibéreroient. Quand ils revinrent de délibérer ils lui dirent : « Dame, nous ne voulons

pas que vous aiés porté en vostre ventre tel enfant. » La dame respondi : « Pourquoi chargeroi-je l'ame de moi, et deseriteroi-je autrui por cet enfant coroner? Je ne le feroie mie. Parmi tout ce que vous estes mi homes esgardes que j'en dois faire que je l'enfant porté et fils est de l'empereor, et je le ferai. » Il esgarderent entre eus qu'ele jureroit sur saints que son fils estoit, et ele si fist. Aprés le receurent come seignor, et puis le coronerent. Quant la dame ot fait l'enfant assurer de la terre, ele fist faire unes lettres, si les envoia à l'apostole, et manda qu'ele laissoit son fils et son avoir en sa baillie. Et quant la dame ot ainsi atorné son afaire, si morut. Quant ele fu morte, l'apostole i envoia un cardinal à l'enfant garder, et le mena l'en à Palerme ; là le garderent longuement. Quant l'emperris fu morte, li haus homes de la terre ne porent soffrir les Alemans que l'empereor i avoit laissiés à la terre garder. Il lor corurent sus por chacier fors ; mes il se tindrent tant come Marcodes vesqui lor sire. Quant il fu mort, li Alemans voidierent la terre, et quant il s'en furent alé, si commença la guerre entre les haus homes de Cesile, et vout chascun estre sires. Il s'entreguerroierent longuement, si qu'il ot grant chierté en la terre, si grant com ne pooit guaaignier les terres ; car chascun disoit qu'il voloit avoir la terre avec l'enfant ; et tant tolirent les uns as autres que le roi n'ot riens, et ne li demora que deux cités en Cesile, Messine et Palerme. Le chastiau de Palerme pristrent et le tolirent au roi. Si conquistrent une cité sor le roi en Cecile qui a nom Sarragonce. Puis que li Pisan l'orent prise, l'assistrent li Genevois, et la pristrent à force. Li Sarrazins de Cesile, quant il virent la guerre entre les Crestiens, s'assemblerent et alerent en une montaigne ; là s'enfermerent si durement que nus ne pooit à eus avenir ; il coroient

« point qu'il soit couronné, nous ne lui ferons point
« hommage et ne le tiendrons point pour seigneur, car
« vous êtes de si grand âge que nous ne croyons pas
« que vous ayez porté en votre ventre un tel enfant. »
La dame répondit : « Pourquoi chargerois-je mon ame
« et déshériterois-je autrui pour couronner cet enfant?
« Je ne le ferois pas. Parmi tous tant que vous êtes
« de mes hommes, décidez de ce que je dois faire
« pour prouver que j'ai porté cet enfant et qu'il est
« fils de l'empereur, et je le ferai. » Ils décidèrent
entre eux qu'elle jureroit sur les saints qu'il étoit son
fils, et elle le fit; alors ils le reçurent comme seigneur et le couronnèrent. Quand la dame eut fait assurer le pays à l'enfant, elle fit faire des lettres qu'elle
envoya à l'apostole [1], et lui manda qu'elle laissoit son
fils et son avoir sous sa tutelle; et quand la dame eut
ainsi accommodé son affaire, elle mourut [2]. Quand elle
fut morte, l'apostole envoya un cardinal pour garder
l'enfant. On l'emmena à Palerme, et là on le garda
longuement. Quand l'impératrice fut morte, les seigneurs du pays ne purent souffrir les Allemands que
l'empereur y avoit laissés pour garder le pays. Ils leur
coururent sus pour les chasser dehors, mais ils se défendirent aussi long-temps que vécut Markhardt, leur
sire. Quand il fut mort [3] les Allemands vidèrent le
pays; et quand ceux-ci s'en furent allés, la guerre
commença entre les seigneurs de Sicile, et chacun
voulut être sire. Ils s'entrefirent longuement la guerre,
tellement qu'il y eut une grande disette dans le pays,
si grande qu'on ne pouvoit recueillir la moisson des
terres, car chacun disoit qu'il vouloit avoir le pays

[1] Innocent III. — [2] Le 27 novembre 1198. — [3] En 1201.

par la terre des Crestiens et guaaignoient sus eus et en occioient assés.

•

Une demoisele avoit en Puille qui fille avoit esté le roi Tancres, qui, par le conseil de l'apostole et d'aucun prodome, ala en Champaigne au conte Gautier de Brene, et fist tant qu'il l'espousa. Quant espousée l'out, ele le mena en Puille, et alerent par Rome. L'apostole, porce que par son conseil et par son los avoit cele dame espousée, li dona du sien, et li chargea gens, et li commanda qu'il entrast en la terre de la Puille. Cil du païs en furent mult lies, et grant partie li rendirent de la terre, et toute li eussent rendue si ne fust Tibaut, à cui l'empereor l'avoit commendé à garder, qui contre lui fu, et grant gent avoit. Tant par sui Tibaut le conte Gontier, que le cuens fust logié devant une cité. La nuit, quant le cuens fust endormis, le cuens entra en l'ost en larcin, il et si chevalier, et s'en alerent droit à la tente le comte, si couperent les cordes, et abatirent la tente sus li et l'occistrent. Quant le cuens fu mort, si fu toute sa gent desconfite. Tibaut reconquist la terre à la fame eu comte ariere. A Gautier demora un fils qui ot nom Gautier, et puis fu cuens de Brene.

avec l'enfant; et ils se prirent tant les uns aux autres que le roi n'eut rien. Il ne lui demeura en Sicile que deux cités, Messine et Palerme. Ils prirent le château de Palerme et l'ôtèrent au roi, et conquirent en Sicile, sur le roi, une cité qui a nom Syracuse, puis, lorsque les Pisans s'en furent emparés, les Génois l'assiégèrent et la prirent de force. Les Sarrasins de Sicile, quand ils virent la guerre entre les Chrétiens, s'assemblèrent et allèrent sur une montagne; là ils se fortifièrent si solidement que nul ne pouvoit arriver à eux; ils couroient par la terre des Chrétiens, butinoient sur eux et en tuoient beaucoup.

Il y en avoit en la Pouille une demoiselle qui étoit fille du roi Tancrède[1], et qui, par le conseil de l'apostole et de quelques prud'hommes, alla en Champagne vers le comte Gautier de Brienne, et fit tant qu'il l'épousa. Quand il l'eut épousée, elle le mena en la Pouille, et ils passèrent par Rome. L'apostole, parce que Gautier avoit épousé cette dame par son conseil et avec son approbation, lui donna du sien, lui attira du monde, et lui ordonna d'entrer au pays de la Pouille. Ceux du pays en furent fort joyeux et lui rendirent une grande partie du pays: ils le lui eussent tout rendu, n'eût été que Dieppold, à qui l'empereur l'avoit laissé en garde, étoit contre lui et avoit beaucoup de monde. Dieppold poursuivit le comte Gautier jusqu'à ce qu'il fût logé devant une cité. La nuit, quand il fut endormi, le comte Dieppold entra au camp à la dérobée, lui et ses chevaliers; ils s'en allèrent droit à la tente du comte Gautier, coupèrent les cordes, abattirent la tente sur lui et le tuè

[1] Albérie.

Quant le roi d'Engleterre fu fors de prison, si fu mult dolent de sa terre qu'il ot perduë. Il fist semondre ses os par toute sa terre, et manda coreors par la terre de Provence. Si s'accorderent entre lui et le conte Baudoin de Flandres, en tel maniere qu'il ne lairoit la guerre, ne que luiens ne feroit pes sans l'autre, jusques qu'il auroient toutes les pertes restorées, et que le cuens Baudoin rauroit toute la terre que le roi Felippe tenoit, qui avoit prise o sa seror en mariage, et le roi d'Engleterre ce que le roi Felippe avoit conquis sor lui. Le roi d'Engleterre avoit tant fait vers les barons de France qu'il avoit lor cuers, encor fussent li cors u servise le roi. Quant le roi d'Engleterre et le cuens Baudoin furent juré ensemble, le cuens Baudoin semonst ses os, et commença à guerroier devers Flandres, le roi d'Engleterre devers Normandie. Un jor avint que si courier coururent devant Biauvés. L'evesque issi hors et ses gens et les chacierent. Une partie des autres qui en agait estoient lors saillirent et les pristrent. Une autre fois avint que le roi estoit prés de Gisors et n'avoit pas o lui plus de quatre-vingts chevaliers, et chevauchoit par la terre, tant qu'il vint sor un embuschement que le roi d'Engleterre avoit de grant gent, et estoit avec. Quant li François virent qu'il s'estoient folement abatus, et qu'il ne s'en porroient partir sans honte et sans damage, il prierent le roi qu'il s'en retorna ariere vers Gisors; car s'il demoroit iluec il seroit pris, et il demoreroient et les tendroient tant com il porroient. Le roi se parti de barons par lor conseil, et vint à Gisors sauvement. Le roi d'Angleterre, quant il vit les François, il lor corut sus, et les enclost et les prist tous;

rent [1]. Quand le comte fut mort toute son armée fut déconfite. Dieppold reconquit le pays sur sa femme. Gautier laissa un fils qui eut nom Gautier et fut ensuite comte de Brienne.

Quand le roi d'Angleterre fut hors de prison, il fut fort dolent des pays qu'il avoit perdus; il fit rassembler ses armées par tout son pays, et envoya des courriers par le pays de Provence. Le comte Baudouin de Flandre et lui s'accordèrent en telle sorte [2] qu'ils convinrent que l'un ne cesseroit pas la guerre et ne feroit jamais la paix sans l'autre, jusqu'à ce qu'ils eussent réparé toutes leurs pertes, et que le comte Baudouin eût repris toute la terre que tenoit le roi Philippe, et qu'il avoit prise en épousant sa sœur, et le roi d'Angleterre tout ce que le roi Philippe avoit conquis sur lui. Le roi d'Angleterre avoit tant fait auprès des barons de France qu'il avoit leurs cœurs, encore que leurs corps fussent au service du roi. Quand le comte roi d'Angleterre et le comte Baudouin furent liés ensemble par serment, le comte Baudouin rassembla ses troupes et il commença à guerroyer vers la Flandre, et le roi d'Angleterre en Normandie. Il avint qu'un jour ses courriers s'avancèrent devant Beauvais. L'évêque et ses gens sortirent de la ville, et les poursuivirent. Une partie des autres qui étoient en embuscade tombèrent sur eux et les prirent. Il avint une autre fois que le roi étoit près de Gisors et n'avoit pas avec lui plus de quatre-vingts chevaliers, et chevauchoit par la terre, et il tomba dans une embuscade où étoit le roi d'Angleterre avec beaucoup de monde. Quand les Français virent qu'ils s'étoient fol-

[1] En 1205. — [2] En 1196.

et bien cuida avoir pris le roi de France, por un chevalier qui estoit armé des armes le roi, si com l'en dit. Le roi fu à Gisors mult corocié de ses chevaliers qu'il ot perdu et de la honte qui li estoit avenuë. Il manda par toute sa terre et semonst ses os, et assembla grant gent. Le cuens Baudoin entra en la terre le roi par devers Flandres. L'en li rendi Aire et Saint-Omer, et puis ala assegier Arras, mes ni fist noient; car il avoit grant chevalerie dedens que le Roi i avoit envoié, fors tant qu'à un assaut jousta l'en à un des meillors chevaliers de France, qui avoit nom misire Johan de Hangest. Le cuens Baudoin vit qu'il ne feroit rien à Arras, si leva son siege, et corut en la terre le roi, et i fist grant damage. Un jor avint que le cuens de Namur, frere au comte Baudoin, corut devant Arras. Cil d'Arras issirent fors, si le pristrent, et l'envoierent en France. Quant le roi Felippe ot ses os assemblés, il ala encontre le roi d'Engleterre. Le roi vint contre lui. Quant il durent assembler, li barons alerent entre deus, et pristrent trives. J'avoie oublié à dire que puis que le roi d'Engleterre fu venu d'outre mer et issu de prison, assega le roi Felipe Aubemarle et la prist. Là fu faite l'aliance du conte de Flandres et du roi d'Engleterre de guerroier le roi de France.

lement hasardés, et qu'ils n'en pourroient sortir sans honte et dommage, ils prièrent le roi de s'en retourner vers Gisors, car s'il demeuroit là il seroit pris, et qu'eux demeureroient et arrêteroient les Anglais tant qu'ils pourroient. Le roi se sépara des barons par leur conseil, et vint à Gisors en sauveté. Le roi d'Angleterre, quand il vit les Français, leur courut sus, les enferma et les prit tous; et il crut bien, à ce qu'on dit, avoir pris le roi de France, à cause d'un chevalier qui étoit armé des armes du roi. Le roi arriva à Gisors en grande fâcherie pour ses chevaliers qu'il avoit perdus et la honte qui lui étoit avenue. Il envoya par tout son pays, convoqua ses troupes et assembla beaucoup de monde. Le comte Baudouin entra au pays du roi par devers la Flandre. On lui rendit Aire et Saint-Omer, puis il alla assiéger Arras, mais il n'y fit rien, car il y avoit beaucoup de chevaliers que le roi y avoit envoyés. Seulement, à un assaut, il joûta contre un des meilleurs chevaliers de France, qui avoit nom Jean de Hangest. Le comte Baudouin vit qu'il ne feroit rien à Arras; il leva donc le siége et courut par le pays du roi, où il fit grand dommage. Un jour il avint que le comte de Namur, frère du comte Baudouin, courut devant Arras. Ceux d'Arras sortirent, le prirent et l'envoyèrent en France. Quand le roi Philippe eut assemblé ses troupes, il alla à la rencontre du roi d'Angleterre. Le roi vint contre lui. Quand ils furent près de combattre, les barons allèrent entre deux et ils firent trève. J'avois oublié de dire que, depuis que le roi d'Angleterre étoit venu d'outre mer et sorti de prison, le roi de France assiégea Aumale et la prit. C'est alors que fut faite l'alliance du comte

Quaut le roi d'Engleterre ot fait trives au roi de France, l'en li fist à savoir, si com l'en dit, que un sien home, sire d'un chastel, avoit trové en terre grant thresor d'or. Le roi d'Engleterre li manda qu'il li envoiast son thresor qu'il avoit trové en sa terre, et, s'il ne le faisoit, il l'iroit asseoir en son chastel. Le chevalier li manda qu'il n'avoit rien du sien, ne rien ne li manderoit. Le roi d'Engleterre i ala et asega le chastel. Cil chastel siet en la terre de Limoges, et quant le roi fu devant li chastel, si dist au chevalier qu'il li rendist, et, s'il ne li rendoit, seut bien qu'il le prendroit. En dementieres qu'il le menaçoit un arbalestrier du chastel tendi une arbalestre et traist à lui, et le feri parmi le cors. Le roi mist la main au quarrel, si l'arracha fors, et ne demora puis guaires qu'il fu mort. Ainsi fu mort le roi d'Engleterre, si com l'en dist. Devant ce que le roi d'Engleterre fust mort, avoit-il avec lui un sien neveu, fil de sa seror et fil au duc de Soissons, qu'il avoit amené avec lui d'Allemagne quant il issist de prison, et l'avoit fait conte de Poitiers. Il avoit nom Othes. Il oi dire en son vivant que l'empereor Henri estoit mort; il dit à Othes, son neveu, qu'il se traist vers Allemaigne, et qu'il feroit tant vers l'apostole qu'il seroit empereor. Othes ala en Alemaigne. Le roi Richart envoia à l'apostole et as barons d'Alemaigne, et lors promit tant et dona qu'il ot l'otroi de son neveu Othon faire empereor, fors du duc de Soave qui contre lui fu. Frere avoit esté l'empereor Henri qui mort estoi, et disoit bien qu'empereor ni auroit ja à tant com il vivroit, fors son neveu Frederic, qui en Cesile estoit, qui estre le devoit, et à cui il gardoit la terre. Grant piece tint ainsi l'empire contre l'apostole et contre ceux d'Allemaigne, tant qu'il avint

de Flandre et du roi d'Angleterre pour guerroyer le roi de France.

Quand le roi d'Angleterre eut fait trêve avec le roi de France, on lui fit savoir, à ce qu'on dit, qu'un de ses hommes [1], sire d'un château, avoit trouvé en terre un grand trésor d'or. Le roi d'Angleterre lui manda qu'il lui envoyât le trésor qu'il avoit trouvé en sa terre, et que, s'il ne le faisoit, il iroit l'assiéger en son château. Le chevalier lui manda qu'il n'avoit rien du sien et ne lui enverroit rien. Le roi d'Angleterre y alla et assiégea le château. Ce château [2] est situé au pays de Limoges, et quand le roi fut devant le château, il dit au chevalier qu'il le lui rendît, et que, s'il ne le lui rendoit, il sût bien qu'il le prendroit. Dans le temps qu'il le menaçoit, un arbalétrier [3] du château tendit une arbalète, la lui tira, et le frappa dans le corps. Le roi mit la main sur le trait, l'arracha, et il ne demeura guère ensuite qu'il ne mourût. Ainsi mourut le roi d'Angleterre, à ce qu'on dit [4]. Devant qu'il mourût, il avoit avec lui un sien neveu, fils de sa sœur et du comte de Soissons, qu'il avoit emmené avec lui d'Allemagne quand il sortit de prison, et qu'il avoit fait comte de Poitiers. Il avoit nom Othon. Richard, ayant ouï dire de son vivant que l'empereur étoit mort, dit à son neveu qu'il passât en Allemagne, et qu'il feroit tant auprès de l'apostole qu'il seroit empereu. Othon alla en Allemagne. Le roi Richard envoya vers l'apostole et les barons d'Allemagne, et leur promit et donna tant qu'ils lui octroyèrent de faire son neveu Othon empereur, hors le duc de Souabe qui

---

[1] Aimar, vicomte de Limoges. — [2] Le château de Chalus. — [3] Gordon. — [4] Le 26 mars 1199.

que un jor un chevalier li coupa la teste en sa chambre meismes. Quant le duc de Souave fu mort, si fist l'en Othon empereor.

Ançois que je vous die plus de Othon, comment il fut empereor, ne quel fin il fist, vous dirai-je du comte de Flandre et des barons de France, qui contre le roi orent esté, qu'il firent. Il firent crier un tornoiement sur Somme et entre et il alerent tuit; et quant il furent tuit armé d'une part et d'autre por tornoier, et il durent assembler, il osterent lor hiaumes et corurent as crois, et se croisierent por aler outre mer, dont aucuns distrent qu'il se croisierent por doutance du roi de France qu'il ne les grevast, porce que contre lui avoient esté. A cele assemblée se croisa le cuens Baudoin de Flandre, Henri d'Anjou, son frere, le cuens Tibaut de Champagne, le cuens Lois de Blois, le cuens du Perche, le cuens de Saint Pol, le cuens Simon de Monfort, Johan de Neele, Enguerrant de Bove et si trois frere, le cuens Renaut de Dampierre, et autres barons assés et grant chevalerie. Bien prisoit l'on à mil chevaliers ou à plus ceus qui se croisierent delà les mons.

Devant ce que li baron se croisassent, avoit un prestre en France qui ot nom Fouque de Nuilli, qui preçoit de la crois, et mult croisoit de chevalier et d'autres gens, et grant

fut contre lui. Ledit duc étoit frère de l'empereur Henri qui étoit mort, et disoit bien que, tant qu'il vivroit, il n'y auroit d'empereur que son neveu Frédéric qui étoit en Sicile, qui devoit l'être, et à qui il gardoit sa terre. Il tint ainsi long-temps l'empire contre l'apostole et contre ceux d'Allemagne, tant qu'il avint qu'un jour un chevalier lui coupa la tête en sa chambre même. Quand le duc de Souabe fut mort, on fit Othon empereur [1].

Avant que je vous dise davantage d'Othon, comment il fut empereur et quelle fin il fit, je vous dirai du comte de Flandre et des barons de France qui étoient contre le roi. Ils firent annoncer un tournois sur et entre la Somme, et ils y allèrent tous. Quand ils furent tous armés de part et d'autre pour le tournois, et qu'ils étoient au moment de combattre, ils ôtèrent leurs casques et coururent à la croix, et se croisèrent pour aller outre mer. Quelques-uns dirent qu'ils se croisèrent de crainte que le roi de France ne les chagrinât, parce qu'ils avoient été contre lui. A cette assemblée se croisèrent le comte Baudouin de Flandre, Henri d'Anjou son frère, le comte Thibaut de Champagne, le comte Louis de Blois, le comte du Perche, le comte de Saint-Pol, le comte Simon de Montfort, Jean de Nesle, Enguerrand de Boves et ses trois frères, le comte Renaud de Dampierre, et autres barons et beaucoup de chevaliers; et l'on estimoit à mille chevaliers et plus ceux qui se croisèrent delà les monts.

Avant que les barons se croisassent il y avoit un prêtre en France, nommé Foulque de Neuilly, qui

[1] Othon IV.

avoir assembla qu'en li dona por despendre en la terre d'outre mer; mes il ne li porta mie, ains morut. Ançois que la muete fust, tout aucuns distrent qu'il fu mort de duel por l'avoir qu'il avoit recommandé, et l'en li cela. Ne porquant la greignor partie de son avoir estoit à Cistiaus; mes bien puet estre qu'il en commanda en aucun lieu qui celé li fu. Li avoir qui fu commandé à Cistiaus fu portés en la terre d'outre mer; ne onque avoir si grant bien ne fist en la terre d'outre mer com cil fist; car li crolles i avoient esté, et estoient fondus tous les murs de Sur et d'Acre et de Baruth, qu'en refist tous de cel avoir.

Li barons de France qui croisié estoient si parlerent ensemble, et pristrent conseil de faire estoire por eus mener. Conseil lor amena qu'il envoiassent en Venice, et feissent venir des Veniciens por marchié faire à eus de cele estoire. Quant li Veniciens orent ce, si en furent mult liés et envoierent de lor plus sages homes en France por faire marchié as barons. Quant les Veniciens furent en France, si s'assemblerent li barons à Corbie. Là fu li marchiés fait des nés et des galies à estre u servise des croissiés deus ans là où il les voudront mener par mer. Grant avoir i ot et la moitié des conquestes, hors de la terre de promission. Là jurerent li conte et li haut home qui à ce parlement furent les convenances tenir et rendre l'avoir. Et li Veniciens jurerent, sor sains, des nés et des galies et des huissieres avoir apareilliés au terme qu'on i ot mis. Quant li haut home orent loüée l'estoire, si parlerent entre eus et distrent qu'il feroient d'un deus seignor à cui il seroient obeissant, et qui justice tendroit sus eus. Là regarderent le comte Tibaut de Champaigne, si en

prêchoit de la croix et croisoit beaucoup de chevaliers et d'autres gens, et qui amassa grand avoir qu'on lui donna pour dépenser en la terre d'outre mer; mais il ne l'y porta point, et mourut avant qu'on se mît en marche. Tout le monde dit qu'il étoit mort de chagrin de ce qu'on lui déroba l'avoir qu'on lui avoit confié. Pourtant la plus grande partie de son avoir étoit à Cîteaux; mais il se peut bien qu'il en eût confié en quelque lieu où il lui fut dérobé. L'avoir qui avoit été mis en dépôt à Cîteaux fut porté au pays d'outre mer, et jamais avoir ne fit aussi grand bien au pays d'outre mer qu'y fit celui-ci, car le tremblement de terre y avoit été, et tous les murs de Tyr et de Béryte étoient écroulés. On les refit tous de cet avoir.

Les barons de France qui étoient croisés parlèrent ensemble et avisèrent au moyen d'avoir une flotte pour les mener. Il leur fut donné conseil qu'ils envoyassent à Venise et fissent venir des Vénitiens afin de faire avec eux marché pour cette flotte. Quand les Vénitiens ouïrent ceci, ils en furent fort joyeux, et ils envoyèrent en France de leurs plus sages hommes pour faire marché avec les barons. Quand les Vénitiens furent en France, les barons s'assemblèrent à Corbie[1]. On fit marché que les navires et les galères seroient au service des croisés deux ans durant pour les mener par la mer où ils voudroient. On promit aux Vénitiens beaucoup d'argent et la moitié des conquêtes qui seroient faites, hors la terre de promission. Les comtes et les seigneurs qui étoient à ce parlement jurèrent de tenir les conventions et de payer l'argent.

[1] Le traité des croisés avec les Vénitiens fut conclu à Venise en avril 1201.

firent seignor, et tant s'en partirent. Ne demora guaires après le cuens Tibaut fu mort. Li baron se rassemblerent por prendre conseil de qui il feroient seignor. Conseil lor apporta qu'il feroient seignor du marquis du Montferrat, qui croisié estoit et prodons. Il le manderent querre, si en firent seignor, et atirent lor erre de movoir. Plusors chevaliers ot en France qui ne furent mie à la cort[1] de ceste muete, ne ni alerent pas, ains i out tex qui passerent à Marseille, et tex i ot par autre lieu. Johan de Necle entra adonc en mer, et grant partie de Flamens, et s'en alerent par les destrois de Marroc. Tuit li croisiés deçà les mons passerent à un port, et passerent outre mer, et arriverent en Acre, fors ceus qui arriverent en Venice. Bien furent trois cents cil chevalier et plus de toutes terres; mult i passa de menuës gens. A ce passage passa le cuens de Forest, mes il ne vesqui guaires, ains fu tantost mort com il arriva en Acre. Le cuens Renaut de Dampierre i fu, qui vint au roi, et li dist qu'il voloit les trives bruisier, et que tant estoit de gent qui bien pooient guerroier les Sarrazins. Li roi respondi qu'il n'estoit mie tex hons qui les trives deust bruissier, ains atendist les haus homes de France qui en Venice estoient alés. Cil cuens fu mult honteus de ce que le roi avoit ainsi parlé à lui et qu'il ne li laissoit les trives bruissier. Si parla laidement au roi. Le roi fu sage, si escouta, et li laissa dire son plaisir, qu'il ne voloit pas as pelerins faire tençon ne meslée. Quant le cuens vit qu'il ne pooit rien faire en la terre, il parla à plusors chevaliers qui passés estoient à ce point. Il pristrent conseil ensemble, et distrent qu'il ne demoreroient mie en la terre, ains iroient en Antioche. Il errerent tant qu'il vindrent hors de la terre des Crestiens, et vindrent à une cité des Sarrazins qui a nom Gibel. Cete cité siet entre Margat et la

---

[1] Lisez *à l'accort*.

Les Vénitiens jurèrent, sur les saints, qu'ils auroient préparé les navires, les galères et les vaisseaux de guerre au terme convenu. Quand les seigneurs eurent loué la flotte, ils parlèrent entre eux et dirent qu'ils feroient de l'un d'eux le seigneur de tous, à qui ils seroient obéissans, et qui maintiendroit sur eux la justice. Ils choisirent le comte Thibaut de Champagne, le firent seigneur, puis se séparèrent. Il ne demeura guère ensuite que le comte Thibaut ne mourût [1]. Les barons se rassemblèrent pour délibérer qui ils feroient seigneur. Ils délibérèrent de faire seigneur le marquis de Montferrat, qui étoit croisé et prud'homme. Ils l'envoyèrent quérir, en firent leur seigneur, et convinrent des arrangemens du départ. Il y eut en France plusieurs chevaliers qui ne s'accordèrent pas à ce rendez-vous de départ, et n'y allèrent pas, mais il y en eut tels qui passèrent par Marseille, et tels par autre lieu. Jean de Nesle se mit en mer avec beaucoup de Flamands, et ils s'en allèrent par le détroit de Maroc [2]. Tous les croisés deçà les monts, hors ceux qui vinrent à Venise, partirent à un même port, passèrent outre mer, et arrivèrent à Acre. Ces chevaliers furent bien trois cents et plus de tous pays, et il passa avec eux beaucoup de petites gens. A cette expédition passa le comte de Forest, mais il ne vécut guère et mourut presque aussitôt qu'il fut arrivé à Acre. Y fut aussi le comte Renaud de Dampierre, qui vint au roi, et lui dit qu'il vouloit rompre les trèves, et qu'ils étoient tant de monde qu'ils pouvoient bien guerroyer les Sarrasins. Le roi lui dit qu'il n'étoit pas tel homme qu'il dût rompre les trèves, mais

[1] Le 24 mai 1201. — [2] Le détroit de Gibraltar.

Liche. Quant le sire de la Liche oi dire que si grant gent aloient là, il ala encontre, porce qu'il avoit trives as Crestiens, et les salua. Il lor fist grant honor, et les fist logier hors la cité. Aprés lor fist venir viande à grant plente à vendre. Il lor demanda où il voloient aler: il distrent qu'il iroient en Antioche. Li sire de la cité lor dist que en Antioche ne porroient-il aler s'il n'avoient la seureté du soudan de Halape, parmi cui terre il lor covenoit passer, et, s'il voloient, il envoiroit au prince, et feroit à savoir qu'il avoit iluec grant cavalerie et grans gens por lui aidier, et qu'il prengne seureté du soudan de passer par sa terre. Il distrent qu'il ne sejorneroit pas tant que le message fust venu, ains passeroient bien, qu'il estoient grant gent. Li Sarrazins dist qu'il ne feroit mie sens s'il s'en aloient ains qu'il l'eust fait à savoir au prince; car, s'il s'en aloient, il n'en eschaperoit ja pié. Il distrent toutesfois qu'il s'en iroient. Li Sarrasin dist : « Porquoy ne me créés vos? vous n'estes pas sages. Ja avez vous grant marchié de viande : en nulle lieu n'aurez-vous tel marchié. » Totes voies s'appareillerent li Crestiens, et distrent qu'il ne demoroient plus. Quant cil vit qu'il ne les porroit tenir par priere, il lor dist : « Seignors, j'ai trives as Crestiens, ne je ne voudrois nul avoir blasme de chose qui vous avenist; parmi ma terre vous conduirai-je sauvement; mes sachés de voir sitost com vous istrés de ma terre, vous serés pris, car on vous guaite. » Il ne le voudrent croire, et s'en alerent; et il les conduisit tant com sa terre dura. Quant il furent hors de sa terre, il vindrent prés de la Liche. Grant gens de Sarrazins qui là furent embuschiés les pristrent tous, fors seulement un chevalier qui fu pris, et eschapa la nuit. Cil ot nom Sohiers d'Entrescignes. Ainsi, com vous avez oi, furent cil pris par lor folie, porce qu'il ne vodrent croire conseil.

qu'il attendît les seigneurs de France qui étoient allés à Venise. Le comte eut grande honte de ce que le roi lui avoit ainsi parlé et ne lui laissoit pas rompre les trèves. Il parla donc injurieusement au roi. Le roi fut sage, l'écouta, le laissa dire à son plaisir, ne voulant pas élever dispute ni rixe avec les pèlerins. Quand le comte vit qu'il ne pouvoit rien faire dans le pays, il parla à plusieurs chevaliers qui étoient passés en ce même temps. Ils prirent conseil ensemble et dirent qu'ils ne demeureroient pas dans le pays, mais iroient à Antioche. Ils cheminèrent tant, qu'ils vinrent hors du pays des Chrétiens, et arrivèrent à une cité qui a nom Gibel. Cette cité est située entre Margat et la Liche. Quand le sire de la Liche ouït dire qu'il y avoit là une si grande troupe, il alla à sa rencontre, parce qu'il avoit trève avec les Chrétiens, et les salua. Il leur fit de grands honneurs et les fit loger hors de la cité, puis il leur fit apporter à vendre des vivres en grande abondance. Il leur demanda où ils vouloient aller : ils dirent qu'ils iroient en Antioche. Le sire de la cité leur dit qu'ils ne pourroient aller en Antioche s'ils n'avoient un sauf-conduit du soudan d'Alep, par le pays duquel il leur falloit passer, et que, s'ils vouloient, il enverroit au prince et lui feroit savoir qu'il avoit là beaucoup de chevaliers et beaucoup de gens qui venoient à son aide, et qu'il prît un sauf-conduit du soudan pour qu'ils passassent par son pays. Ils dirent qu'ils ne vouloient pas attendre que le messager fût revenu, mais qu'ils passeroient bien, parce qu'ils étoient beaucoup de monde. Le Sarrasin leur dit qu'ils ne feroient pas chose de sens s'ils s'en alloient avant qu'il l'eût fait savoir au prince, car, s'ils s'en alloient,

Le soudan d'Egypte, qui fu frere Salahadin, qui la terre ot saisie aprés la mort son neveu, et qui son autre neveu avoit deserité de la terre de Domas et de Jerusalem, quant il oï dire que li Crestiens avoient apareillié lor estoire por venir en la terre d'Egypte, il fist metre bonne garnison à Domas por son neveu qu'il avoit deserité, et vint en Egypte por prendre conseil comment il porroit sa terre garnir contre les Crestiens, qui en la terre devoient venir. Quant il fu venu il manda les evesques et les prestres de sa loi, et lor dist : « Seignor, li Crestiens ont fait grant estoire por venir en ceste terre, et por prendre la, s'il pooient; il convient que vous aiés chevaus et armes, et soiés bien garnis por la terre

il n'en échapperoit pas un. Ils dirent toutefois qu'ils s'en iroient. Le Sarrasin leur dit : « Pourquoi ne me « croyez-vous pas? vous n'êtes pas sages. Vous trouvez « ici un grand marché de vivres : en nul lieu vous « n'aurez un tel marché. » Toutefois les Chrétiens s'apprêtèrent, et dirent qu'ils ne vouloient plus demeurer. Quand il vit qu'il ne les pouvoit retenir par prières, il leur dit : « Seigneurs, j'ai trêve avec les Chrétiens; « je ne voudrois avoir nul blâme de chose qui vous « puisse arriver. Je vous conduirai en sauveté par ma « terre; mais sachez qu'aussitôt que vous sortirez de « ma terre, vous serez pris, car on vous guette. » Ils ne le voulurent croire, et s'en allèrent; et il les conduisit tant que dura sa terre. Quand ils en furent dehors, ils trouvèrent près de la Liche une grande troupe de Sarrasins embusqués qui les prirent tous, hors un chevalier qui fut pris aussi, mais échappa à la nuit. Il avoit nom Sohier d'Entreseigne. Ainsi, comme vous l'avez vu, ils furent pris par leur folie, et parce qu'ils ne voulurent pas écouter de conseil.

Le soudan d'Égypte, frère de Saladin, qui s'étoit emparé du pays après la mort de son neveu, et qui avoit dépossédé son autre neveu du pays de Damas et de Jérusalem, quand il ouït dire que les Chrétiens avoient apprêté leur flotte pour venir au pays d'Égypte, il fit mettre bonne garnison à Damas pour la garder contre son neveu qu'il avoit dépossédé, et vint en Égypte pour aviser comment il pourroit défendre son pays contre les Chrétiens, qui devoient y venir. Quand il fut arrivé, il manda les évêques et prêtres de sa loi et leur dit : « Seigneurs, les Chrétiens ont « fait une grande flotte pour venir en ce pays, et

defendre, car j'ai guerre au soudan de Halape et à mes
neveus; si ne porroie mie ci avoir toutes mes gens, ains
me covendra tenir ost çà et là: si covient que vous m'aidiés. » Il distrent que armes ne porteroient-il pas, ne ja ne
se combatroient, car lor loi lor deffendoit à combatre, ne
contre lor loi n'iroient il ja, ains iroient à mahomeries, et
prieroient Dieu que il deffendist la terre : car autre chose
ne devoient-il faire. Le soudan lor dist: « Se li Crestiens
venoient ci, et il vous toloient la terre, que ferés-vous ?
— Ce que Dieu plaira ferons. — Puisque vous ne povés
combatre, dist le soudan, je querrai qui combatra por
vous. » Lors fist venir un escrivain devant li, puis apela le
plus haut des evesques, et li demanda combien il avoit de
terre, et où ele seoit, et qu'il ne l'en mentist pas. Cil li
dist verité, et il le mit en escrit. Aprés apela les autres
un et un, et fist mettre en escrit. Quant tout ot escrit, si
fist as sommer combien lor rentes valoient; si trova que
deus tans avoient en la terre de rentes qu'il n'avoit. « Seignors, vous avez plus de terre que je n'ai, et aurés grant
damage se vous la perdés. Je saisierai vos terres, et vous
donrai vos vies. Du remanant loerai chevaliers et serjans
por defendre la terre. » Il distrent : « Sire, ce ne ferés-vous
pas, se Dieu plaist, que vous tolliés les aumones que vos
antecessors ont données. » Il dit qu'il ne les voloit mie tolir,
car ce seroit contre raison s'il les toloit ne apeticoit, ains
les voloit garder et garantir à son pooir. Il saisi toutes lor
rentes et lor terres, et les assembla à sa soue et à son
benefice, à chascun selonc ce qu'il avoit dona sa vie. Aprés
envoia message et serjans en Venice, et lor dona grant avoir
et grans richesses qu'il manda au duc et as Veniciens, et
avec ce lor manda salus et amitiés, et lor manda, s'il pooient
tant faire en nulle maniere qu'il destornassent les Crestiens

« pour le prendre, s'ils peuvent. Il convient que vous
« ayez des chevaux et des armes, et que vous vous
« mettiez bien en état de défendre le pays, car j'ai
« guerre contre le soudan d'Alep et contre mes ne-
« veux, et ne pourrai donc avoir ici tout mon monde;
« mais il me faudra tenir des armées de côté et d'au-
« tre : il convient donc que vous m'aidiez. » Ils dirent
qu'ils ne porteroient pas les armes ni ne combattroient,
car leur loi leur défendoit de combattre, et qu'ils
n'iroient pas contre leur loi, mais qu'ils iroient aux
mahomeries et prieroient Dieu qu'il défendît le pays :
car ils ne devoient pas faire autre chose. Le soudan
leur dit : « Si les Chrétiens venoient ici et vous ôtoient
« la terre, que feriez vous? » Ils répondirent : « Nous
« ferions ce qu'il plairoit à Dieu. — Puisque vous ne
« pouvez combattre, dit le soudan, je chercherai qui
« combatte pour vous. » Alors il fit venir un écrivain
devant lui, puis appela le plus puissant des évêques,
et lui demanda combien il avoit de terres, où elles
étoient situées, et qu'il ne lui mentît pas. Celui-ci
lui dit la vérité, et il le mit par écrit. Après il appela
les autres un à un, et fit mettre tout en écrit. Quand
il eut tout par écrit, il fit supputer combien valoient
leurs rentes, et il trouva qu'ils avoient dans le pays
deux fois plus de rentes que lui. « Seigneurs, leur
« dit-il, vous avez plus de terre que je n'en ai, et souf-
« fririez grand dommage si vous la perdiez. Je saisi-
« rai vos terres et vous donnerai de quoi vivre. Du de-
« meurant, je louerai des chevaliers et hommes d'ar-
« mes pour défendre le pays. » Ils lui dirent : « Sire,
« il ne sera pas, s'il plaît à Dieu, que vous preniez
« les aumônes que vos prédécesseurs ont données. »

qu'il n'alassent en la terre d'Egypte, il lor donroit grant avoir et grant franchises u port d'Alixandre. Li message vindrent en Venice, et firent bien ce qu'il i quistrent, et s'en retornerent ariere le plus tost qu'il porent.

En dementieres que le soudan estoit en Egypte, le soudan de Halape et le fil Salahadin, qui deserité estoient, assistrent Domas à grant gent et à grant effors. Quant cil de Domas se virent assis, si manderent au soudan, lor seignor, qu'il les secorust. Quant le soudan oit ces novelles, il fu mult corociés, et s'en ala secorre Domas à tant de gent com il pout avoir. Il vint au plustost qu'il pout en Jerusalem; là assembla ses os et tote sa gent à Naples, qui est à une jornée d'Acre et à cinq jornées de Domas. Là fist tant par son engin qu'il leva le siege de Domas, ne onques de plus prés ne les secorut.

Li pelerin qui devoient entrer es nes en Venice : il a iluec une isle prés de Venise qui a nom Saint Nicolas; à la mesure

Il dit qu'il ne les vouloit pas prendre, car ce seroit contre raison qu'il les prît ou amoindrît, mais qu'il les vouloit garder et défendre de tout son pouvoir. Il saisit toutes leurs rentes et leurs terres, les réunit aux siennes et à son profit, et donna de quoi vivre à chacun selon ce qu'il avoit. Après cela il envoya à Venise des messagers et des gens à lui, et leur donna grand avoir et grandes richesses qu'il envoya au duc et aux Vénitiens. En même temps il leur adressa des saluts et des amitiés, et leur manda que, s'ils pouvoient tant faire d'aucune manière qu'ils détournassent les Chrétiens d'aller en Égypte, il leur donneroit grand avoir et de grandes franchises dans le port d'Alexandrie. Les messagers vinrent à Venise, y firent bien ce qu'ils vouloient faire, et s'en retournèrent le plus tôt qu'ils purent.

Pendant que le soudan étoit en Égypte, le soudan d'Alep et le fils de Saladin, qui étoient dépossédés, assiégèrent Damas avec beaucoup de monde et de grands efforts. Quand ceux de Damas se virent assiégés, ils mandèrent au soudan leur seigneur qu'il les secourût. Quand le soudan ouït cette nouvelle, il en eut grande fâcherie et s'en alla secourir Damas avec autant de gens qu'il en put avoir. Il vint le plus tôt qu'il put à Jérusalem. Là il assembla son armée et tout son monde à Naplouse, qui est à une journée d'Acre et cinq journées de Damas. Là il fit tant par son sens et son habileté, qu'il fit lever le siége de Damas, et jamais ne s'approcha davantage pour les secourir.

Il y a près de Venise une île qui a nom Saint-Nicolas. A mesure que venoient les pélerins qui devoient en-

que li pelerins venoient, les faisoit l'on passer en cele isle et herbergier. Là assena l'on chascun haut home à sa nef, et combien chascun paieroit. L'en recent le paiement ce que chascun en devoit. Quant il orent ce fait, si ne fu mie l'estoire la moitié paiée de ce que lor ot en convenant; mult s'en retourna de la menuë gens en lor païs, et mult s'en espandi par la terre por querre lor vivre. Quant li Venicien furent paiés des pelerins ce qui lor fu assené, se distrent à mariniers nos gens qu'il les passassent. Li Venicien distrent qu'il n'entreroient en mer tant qu'il auroient toutes lor convenances euës, car il lor avoient bien tenue la lor. Li haut homes voudrent doner bon pleges et creanter à rendre. Il distrent qu'il ne feroient rien, nil n'entreroient en mer jusques tant qu'il fussent paiés. Là les cuidrent tant à malaise en cele isle qu'il passerent l'esté et vindrent vers l'ivert; si ne porent passer por le froit. Là furent li haut home mult dolent et corocié de lor avoir qu'il avoient guasté et perdu, et de ce qu'il ne pooient riens exploitier de ce qu'il devoient faire. Quant li Venitiens les virent si à malaise et corociés, mult en furent lies. Le duc vint as haus homes de l'ost, et lor dist qu'il avoit iluec prés une cité qui mult li avoit fait d'ennui et greve, et s'il se voloient accorder à ce qu'il alassent avec eus, et aider à prendre la cité, il lor quitteroit l'avoir qu'il devoit avoir de l'estoire, et les menroit où il les devoient mener. Li haut homes distrent qu'il en auroient conseil des pelerins de l'ost. Il en parlerent et distrent qu'il lor convenoit tel chose faire qu'il ne deussent pas, ou il retorneroient honteusement arriere. Il s'accorderent qu'il feroient la volenté as Venitiens et iroient là où il voudroient. Quant li Venitiens oirent ce, si en furent mult lie. Il firent chargier viandes et les recueillirent es nes et es vessiaus, et alerent vers la cité, et pristrent terre et assiegerent la cité. Cele cité

trer dans les navires à Venise, on les faisoit passer et héberger en cette île. Là on assigna à chaque seigneur son navire, et combien chacun paieroit. On reçut le paiement de ce que devoit chacun. Quand ils l'eurent fait, la flotte ne fut pas payée la moitié de ce qu'on étoit convenu. Beaucoup des petites gens s'en retournèrent dans leur pays, et beaucoup se répandirent dans le pays où ils étoient pour chercher leur vie. Quand les pélerins eurent payé aux Vénitiens ce qui étoit assigné pour chacun d'eux, nos gens dirent aux mariniers qu'ils les passassent. Les Vénitiens dirent qu'ils ne se mettroient pas en mer jusqu'à ce qu'on eût tenu toutes les conventions qu'on avoit faites, car ils avoient bien tenu les leurs. Les seigneurs voulurent donner de bonnes promesses et s'engager à rendre. Ils dirent qu'ils ne feroient rien, et ne se mettroient pas en mer qu'ils ne fussent payés, et les tinrent en cette île en tel malaise qu'ils y passèrent l'été et vinrent à l'hiver, qu'ils n'y purent passer à cause du froid. Alors furent les seigneurs très-dolens et fâchés de leur avoir qu'ils avoient dissipé et perdu, et de ce qu'ils ne pouvoient rien accomplir de ce qu'ils devoient faire. Quand les Vénitiens les virent en tels malaise et fâcherie, ils en furent très-joyeux ; et le duc vint aux seigneurs de l'armée, et leur dit qu'il y avoit près de là une cité qui lui avoit fait beaucoup de peines et de dommages, que s'ils vouloient consentir à y aller avec lui et l'aider à prendre la cité, il les tiendroit quittes du paiement qui restoit à faire pour la flotte, et les meneroit là où il les devoit mener. Les seigneurs dirent qu'ils en aviseroient avec les pélerins de l'armée. Ils en parlèrent et dirent qu'il

a nom Gadres en Esclavonie, et estoit au roi de Honguerie. Quant le roi de Honguerie sout que li pelerins qui outre-mer aloient avoient sa cité assise et guasté sa terre, il fu mult dolent; il manda as barons de l'ost et as pelerins qu'il ne faisoient mie bien qui sa terre li gastoient, qu'il estoit croisié ausi com il estoient, et que, por Dieu, se levassent du siege, et s'il voloient du sien, il lor en donroit à grant plenté et iroit avec eus outre-mer. Il li mandirent qu'il ne s'en porroient partir; car il avoient juré l'aide as Venitiens, si lor aideroient. Lors manda le roi de Honguerie à l'apostole en priant, por Dieu, des pelerins qui outre-mer aloient qui li gastoient sa terre, qu'il i meist conseil.

Quant l'apostole oï ces noveles, si n'en fu mie liés. Il i envoia un cardinal por amonester les pelerins qu'il alassent fors de la terre le roi, et s'il n'en issoient, il les escommenieroit. Le cardinal i ala et les amonesta. N'en vodrent rien faire, ains pristrent la cité. Le cardinal les escommenia de par l'apostole. Quant escommeniés furent, il s'assemblerent et parlerent ensemble. Il envoierent à l'apostole et li crierent merci, et firent à savoir porquoi il i estoient alés, et, por Dieu, eust d'eus merci. Ce message fist Robert de Bove. Le cardinal s'en retorna quant il les ot escommeniés. Robert de Bove, quant il ot fait son message de par les pelerins, ne re-

leur falloit faire telle chose qui n'étoit pas de leur devoir ou retourner honteusement en arrière. Ils convinrent qu'ils feroient la volonté des Vénitiens, et iroient là où ils voudroient. Quand les Vénitiens ouïrent ceci ils en furent fort joyeux; ils firent embarquer des vivres, recueillirent les pélerins dans les navires et vaisseaux, et allèrent vers la cité, prirent terre et l'assiégèrent. Cette cité a nom Zara, en Esclavonie, et étoit au roi de Hongrie. Quand le roi de Hongrie sut que les pélerins qui alloient outre mer avoient assiégé sa cité et ravagé sa terre, il en fut fort dolent, et manda aux barons et aux pélerins qu'ils ne faisoient pas bien de ravager son pays; qu'il étoit croisé tout comme eux, et que, s'ils vouloient du sien, il leur en donneroit en grande abondance et iroit avec eux outre mer. Ils lui répondirent qu'ils ne s'en pouvoient partir, car ils avoient promis d'aider les Vénitiens, et qu'ils les aideroient. Alors le roi de Hongrie envoya à l'apostole pour lui apprendre que les pélerins qui alloient outre mer lui ravageoient son pays, le priant que, pour Dieu, il y avisât.

Quand l'apostole ouït ces nouvelles il n'en fut pas content; il envoya un cardinal pour les admonester de sortir hors du pays du roi, et, s'ils n'en sortoient pas, les excommunier. Le cardinal y alla et les admonesta. Ils ne voulurent rien faire de ce qu'il leur disoit, mais ils prirent la cité. Le cardinal les excommunia de par l'apostole. Quand ils furent excommuniés ils s'assemblèrent et parlèrent ensemble; ils envoyèrent à l'apostole et lui crièrent merci, et lui firent savoir pourquoi ils y étoient allés, et que, pour Dieu, il eût merci d'eux. Ce message fut fait par Robert de

torna mie à eus, ains s'en ala en Puille por passer en la terre d'outre-mer. Il passa et arriva en Acre. Enguerran ne vout mie demorer en escommenation, ains s'en ala au roi d'Honguerie, et fu avec lui grant piece. Le cuens Simon de Monfort et Gui son frere s'en alerent ausi à un port, et passerent, quant tans fu, avec deus abbés de Citiaus, l'abé de Vaus et l'abé de Sarquanciau. Estienne du Perche, Renaut de Monmirail, et autres chevaliers assés passerent outre-mer. Li autres ivernerent à Guadres quant il l'orent prise, et demorerent tot l'iver.

Johan de Neele et li Flamenc entrerent adonc en mer. Il alerent par les destrois de Marroc, et pristrent une cité de Sarrazins, où il firent grant guaaing. Quant il orent pris cele cité, il n'i vodrent pas demorer, ains la donnerent as frere de l'Espée qui la garnirent et la tiennent encore, puis alerent à Marselle iverner. Il avoit avec ces Flamens un chevalier qui parent estoit le comte Baudoin; cil s'acointa d'une fame qui à Marselle estoit, qui fille fu au roi de Chipre. Il la remanda en son païs. Si com ele s'en aloit, le cuens de Saint Giles la prist, si l'espousa. Quant il l'out tant tenuë com il vout, il la mist hors de sa terre, ele s'en vint à Marselle, et le cuens espousa la seror au roi d'Arragon. Là la trouva le chevalier que je vous di, et fist tant vers li qu'il l'espousa, et cuida bien, à l'aide du conte de Flandres qui son parent estoit et des Flamens, qu'il r'eust l'isle de Chipre, qui fu son pere. Quant tans fu de passer, Johan de Neele et li autres pelerins qui iverné avoient à Marselle, et es autres païs, passerent et arriverent en la terre d'outre-mer. Quant

Boves. Le cardinal s'en retourna quand il les eut excommuniés. Robert de Boves, quand il eut fait son message de la part des pélerins, ne retourna pas vers eux, mais s'en alla en Pouille pour passer en la terre d'outre mer. Il passa et arriva à Acre. Enguerrand ne voulut pas rester en excommunication, et s'en alla au roi de Hongrie, et fut long-temps avec lui. Le comte Simon de Montfort et Gui, son frère, s'en allèrent aussi en un port, et, quand le temps le permit, passèrent outre mer avec deux abbés de Cîteaux, l'abbé de Vaux et l'abbé de Cerquanceau [1]. Étienne du Perche, René de Montmirail et beaucoup d'autres chevaliers passèrent outre mer. Les autres hivernèrent à Gadres quand ils l'eurent prise, et y demeurèrent tout l'hiver.

Jean de Nesle et les Flamands entrèrent donc en mer. Ils allèrent par le détroit de Maroc, et prirent une cité de Sarrazins, où ils firent grand butin. Quand ils eurent pris cette cité, ils n'y voulurent pas demeurer, mais la donnèrent aux frères de l'Épée [2], qui y mirent garnison et la tiennent encore; puis ils allèrent hiverner à Marseille. Il y avoit avec les Flamands un chevalier qui étoit parent du comte Baudouin. Il fit connoissance d'une femme qui étoit à Marseille, qui étoit fille du roi de Chypre [3]. Son père l'avoit renvoyée en son pays. Comme elle s'en alloit, le comte de Saint-Gilles la prit et l'épousa. Quand il l'eut gardée tant

---

[1] Il y a ici probablement une erreur, et ces deux abbés de Cîteaux ne sont que l'abbé de Vaulx-Cernay.

[2] Les chevaliers porte-glaive.

[3] Bourgogne, fille d'Amauri, roi de Chypre ; le chevalier qui l'épousa après Raimond VI, comte de Toulouse, s'appeloit Gautier de Montbelliard.

il furent arrivé, li chevalier qui la fille au roi de Chipre avoit à fame, prist de ses amis et des Flamens, et alerent devant le roi Hemeri. Le chevalier li requist qu'il li rendist l'isle de Chipre, car il avoit à fame la fille de l'empereor qui ele fu et soue devoit estre. Quant le roi Hemeri oï cele novelle, si le tint por musart, et li commanda qu'il li voidast sa terre, sor le cors essiller, et, s'il ne faisoit, il l'essilleroit. Li chevalier n'ot pas conseil de demorer, ains voida la terre au roi de Chipre. Au passage où li Flamens passerent, passa grant gent, et arriverent en la terre d'outre-mer, mes ni furent euvré, car il avoit trives. L'une partie s'en ala à Triple, l'autre en Antioche au prince qui guerreoit le roi d'Ermenie. Johan de Neele s'en ala sejorner en Ermenie, et fu avec le roi à un siege devant Antioche, et furent veuës ses bannieres, si com l'en dist. Cil qui en Ermenie et en Antioche alerent n'alerent mie si folement com cil qui avant i alerent qui prist furent, ains orent sauf conduit à aler.

Un amiraut avoit en la terre d'Egypte qui chastiaus avoit eu

qu'il voulut, il la mit hors de son pays et épousa la sœur du roi d'Aragon, et l'autre s'en revint à Marseille. Le chevalier que je vous dis l'y trouva, et fit tant près d'elle qu'il l'épousa, et espéra bien, à l'aide du comte de Flandre qui étoit son parent, avoir l'île de Chypre qui avoit été au père de sa femme. Quand il fut temps de passer, Jean de Nesle et les autres pèlerins qui avoient hiverné à Marseille et autres pays, passèrent et arrivèrent en la terre d'outre mer. Quand ils furent arrivés, le chevalier qui avoit pour femme la fille du roi de Chypre prit de ses amis les Flamands, et ils allèrent devant le roi Amauri. Le chevalier le requit qu'il lui rendît l'île de Chypre, car il avoit pour femme la fille de l'empereur à qui elle avoit été, et elle devoit être sienne. Quand le roi Amauri ouït cette nouvelle, il le tint pour musard, et lui commanda de vider le pays, sous peine d'être mis en prison, et que, s'il ne le faisoit, il le mettroit en prison. Le chevalier ne crut pas sage de demeurer, mais vida le pays du roi de Chypre. A l'expédition où passèrent les Flamands il passa beaucoup de monde, et ils arrivèrent en la terre d'outre mer, mais n'y furent point employés, car il y avoit trève. Une partie s'en alla à Tripoli, l'autre en Antioche au prince qui guerroyoit le roi d'Arménie. Jean de Nesle s'en alla séjourner en Arménie, et fut avec le roi à un siége devant Antioche, et on y vit ses bannières, à ce qu'on dit. Ceux qui allèrent en Arménie et en Antioche n'allèrent pas si follement que ceux qui avoient été avant eux et avoient été pris, mais ils eurent un sauf-conduit pour passer.

Il y avoit en la terre d'Égypte un amiral qui avoit

sa terre de Sajete. Il fist armer galies et les mist en mer, si les envoia gaaignier dedens les trives. Les galies vindrent devant l'isle de Chipre et pristrent deus batiaus, et n'avoit dedens que cinq homes : plus ne firent de damage as Crestiens. L'en fist à savoir au roi Hemeri que les galies des Sarrazins avoient pris ses homes devant Chipre. Quant il le sout, il manda au soudan qu'il li fist rendre ses homes qui avoient esté pris en trives. Le soudan manda à l'amiral qu'il les rendist. L'amiral dist qu'il n'en rendroit nul. Le roi dist qu'il lamenderoit quant il porroit. Cil amiral qui les homes le roi avoit pris fist un jor chargier vingt vessiaus de forment et d'orge et de marchandises por garnir le chastel qu'il avoit en la terre de Sajete, et por paier les garnisons; car il se doutoit que li pelerins ne sejornassent à Gadres quant il seroient arrivés à Acre, et qu'il ne l'asseissent. Quant li vaissel furent chargiés et il orent tans, si murent. Quant il vindrent prés d'Acre, et cil d'Acre virent qu'il passoient outre et ne tornoient au port, cil d'Acre sorent bien que c'estoit nes des Sarrazins; il corurent as nes et as galies et corurent encontre, si les pristrent et les amenerent en Acre. Dedens ces nes avoit bien deus cens chevaliers sarrazins, et plus. Tout ce gaaing de blé et de vessiaux fu au roi, et bien prisa l'en qu'il i avoit, que forment que orge, au mui de la terre, quinze mil muis. Bien valu le gaaing qui a cele emprainte fu fait soixante mille besans.

Quant e roi ot fait l'avoir dechargier et metre à sauveté et les Sarrazins emprisonner, il fist les portes d'Acre bien

un château en la terre de Sidon; il fit armer des galères, les mit en mer, et les envoya butiner durant les trêves. Les galères vinrent devant l'île de Chypre et prirent deux bateaux où il n'y avoit dedans que cinq hommes : elles ne firent d'autre dommage aux Chrétiens. On fit savoir au roi Amauri que les galères des Sarrasins avoient pris ses hommes devant Chypre. Quand il le sut il manda au soudan qu'il lui fît rendre ses hommes qui avoient été pris pendant la trêve. Le soudan manda à l'amiral qu'il les rendît. L'amiral dit qu'il n'en rendroit aucun. Le roi dit qu'il le lui feroit payer quand il pourroit. Cet amiral qui avoit pris les hommes du roi fit un jour charger vingt vaisseaux de froment, d'orge et de marchandises pour garnir le château qu'il avoit en la terre de Sidon, et pour payer ses garnisons, car il craignoit que les pélerins ne demeurassent pas à Zara, et que, quand ils iroient à Acre, ils ne l'assiégeassent. Quand les vaisseaux furent chargés et eurent bon temps, ils se mirent en route. Quand ils vinrent près d'Acre, et que ceux d'Acre virent qu'ils ne s'arrêtoient pas au port et passoient outre, ils surent bien que c'étoit des navires sarrasins. Ils se jetèrent sur leurs navires et galères, coururent sus aux Sarrasins, les prirent et les menèrent à Acre. Il y avoit bien dans ces navires deux cents chevaliers sarrasins, et plus. Tout ce butin de blé et de vaisseaux fut pour le roi, et l'on estima bien qu'il y avoit, tant orge que froment, mille muids, mesure du pays, et le butin fait dans cette expédition fut bien évalué soixante mille besans.

Quand le roi eut fait décharger et mettre en sûreté ce qu'il y avoit sur les navires et emprisonné les Sar-

fermer et bien garder, que nus n'en peust issir ne entrer, parce qu'il ne voloit mie que on fist as Sarrazins asavoir ce qu'il voloit faire. Lors manda as chevaliers d'Acre et à ceux qui avoient armes et chevaus, qu'il lor donassent provendes, et tantost, com il orroit les nacaires sonner, qu'il s'armassent et montassent et alassent aprés lui. Cil qui en Acre estoient le firent volentiers, car mult desiroient à aler sor Sarrazins. La nuit, quant le roi ot fait soner les nacaires, et li chevalier ot mengié, il les fist armer, et murent, et mult de gens à pié i ot, et errerent tote nuit. Li Templiers et li Hospitaliers, li uns fist l'avant-garde, et l'autre l'ariere garde ; au point du jor furent entrés en terre de Sarrazins, et s'espandirent par le païs, proie cueillirent, mult pristrent fames et enfans, et grant gaains i firent. Il revindrent à Acre. L'en fist asavoir au soudan qui à Domas estoit que le roi Hemeri estoit entré en sa terre, et avoit pris ses homes et grant damage fait. Quant le soudan l'oï, si fu mult lies, et dist que Bellen estoit [1], assés pooit prendre et gaster, que par lui ne par son conseil n'en seroit destorbes, bien gardast chascun ce que garder avoit ; car ore avoit bien le roi Hemeri sa perte des cinq homes que li amiral avoit pris.

Quant Johan de Neele, qui en Ermenie estoit, et li autre chevalier oirent dire que les trives estoient routes, si alerent à Acre où la guerre estoit sor les Sarrazins. Le roi par

---

[1] Lisez *que bel luy estoit.*

rasins, il fit bien fermer et garder les portes d'Acre afin que nul ne pût sortir ni entrer, parce qu'il ne vouloit pas qu'on fît savoir aux Sarrasins ce qu'il avoit dessein de faire. Alors il manda aux chevaliers d'Acre et à ceux qui avoient des armes et des chevaux qu'ils leur donnassent à manger, et qu'aussitôt qu'ils entendroient sonner les nacaires [1], qu'ils s'armassent, montassent à cheval, et vinssent à sa suite. Ceux qui étoient en Acre le firent volontiers, car ils desiroient beaucoup aller sur les Sarrasins. Le soir, quand le roi eut fait sonner les nacaires et que les chevaliers eurent mangé, il les fit armer, et ils se mirent en route. Il y eut aussi beaucoup de gens de pied, et ils marchèrent toute la nuit. Les Templiers et les Hospitaliers firent, les uns l'avant-garde, les autres l'arrière-garde. Au point du jour ils entrèrent sur les terres des Sarrasins, se répandirent par le pays, firent butin, prirent beaucoup de femmes et enfans, et y eurent grand profit. Ils revinrent à Acre. On fit savoir au soudan de Damas que les Chrétiens étoient entrés dans son pays, avoient pris sa terre et occasionné grand dommage. Quand le sultan l'ouït, il en fut fort joyeux, et dit qu'ils en étoient bien les maîtres, qu'ils pouvoient prendre et ravager tant qu'ils voudroient, qu'ils n'en seroient empêchés par lui ni par son conseil, et que chacun gardât bien ce qu'il avoit à garder : le roi Amauri avoit bien réparé la perte des cinq hommes que l'amiral lui avoit pris.

Quand Jean de Nesle et les chevaliers ouïrent dire que les trèves étoient rompues, ils allèrent à Acre où étoit la guerre contre les Sarrasins. Le roi souvent

[1] Espèce de tambour ou de timbale.

maintes fois s'en entroit en lor terre, et en amenoit proie, et grant gaaing faisoit sor eus. Une fois ala deça le flun, si ne trouva rien, si passa outre bien profont, proies acuillierent, et grant gaaing firent. Si passerent ariere le flun et s'en retornerent et herbergierent iluec, dont l'en ot le jor grant paor en Acre d'eus, car quant il orent la proie acueillie, et il s'en retornoient, ains qu'il eussent le flun passé, pristrent un coulon, si li lierent un fil rouge au col, et l'envoierent en Acre. Quant le coulon fu venu, et il fu pris, si ni trova l'en nulles lettres, fors le fil rouge, dont il orent grant paor ; car il esperoit que ce fust signe de bataille et de sanc espandu. Quant le roi fu passé par deça le flun, il fist unes lettres, si les lia à un autre coulon au col, et les envoia en Acre, et lor fist à savoir qu'il estoit sain et haitie, et comment il avoit le flun passé, et tout ce qu'il avoit fait. Lendemain retorna le roi sauvement à tout son gaaing.

Un des fils au soudan qui avoit nom Coredins, qui mult haioit les Crestiens, sot que le roi Hemeri gastoit la terre son pere et prenoit proie et gens, et que son pere ni mettoit nus conseil; si fu mult dolent. Il assembla grant gent, et s'en ala herbergier à huit milles d'Acre à la fontaine de Saforie, et faisoit corre une fois ou deus chascun jor devers Acre. Quant le roi vit que les Sarrazins estoient si près herbergié d'Acre, il fist ses tentes tendre de fors Acre por movoir et si chevalier o lui; et souvent avenoit que l'en mengoit en l'ost, que les correor sarrazins venoient si prés des herberges que bien i pooient l'en traire. Un jor avint que Coredins vint à toutes ses gens à une lieuë d'Acre à un casal du Temple qui a nom Doc. Quant le roi sot que Coredin estoit venu o toutes ses gens si prés de lui, il s'arma, il et ses gens qui armes

entroit en leur terre, en rapportoit des dépouilles et faisoit grand butin sur eux. Une fois il alla en deçà du fleuve, ne trouva rien, et passa outre bien avant. Là ils trouvèrent à prendre et firent grand butin. Ils repassèrent le fleuve, revinrent au même lieu et s'y hébergèrent. Ce jour-là on eut à Acre grand'peur pour eux, car quand ils eurent fait butin, et en s'en retournant, avant d'avoir repassé le fleuve, ils prirent un pigeon, lui lièrent un fil rouge au cou, et l'envoyèrent à Acre. Quand le pigeon fut arrivé, comme on ne lui trouva aucune lettre, mais seulement un fil rouge, on eut grand'peur, car on croyoit que c'étoit signe de bataille et de sang répandu. Quand le roi eut repassé par deçà le fleuve, il fit une lettre qu'il attacha au cou d'un pigeon, puis l'envoya à Acre, leur fit savoir qu'il étoit sain et sauf, qu'il avoit passé la rivière, et tout ce qu'il avoit fait. Le lendemain le roi retourna sain et sauf avec son butin.

Un des fils du soudan, qui avoit nom Coradin[1], et qui haïssoit beaucoup les Chrétiens, sut que le roi Amauri ravageoit le pays de son père, prenoit choses et gens, et que son père n'y faisoit rien. Il fut fort dolent. Il assembla beaucoup de monde, s'en alla héberger à huit milles d'Acre, à la fontaine de Séphorim, et faisoit courir une fois ou deux chaque jour vers Acre. Quand le roi vit que les Sarrasins étoient hébergés si près d'Acre, il fit tendre ses tentes hors d'Acre pour marcher, et ses chevaliers avec lui; et souvent il arrivoit, tandis que l'on mangeoit dans le camp, que les coureurs des Sarrasins venoient si près des logemens qu'on pouvoit bien tirer sur eux. Un

[1] Malek-Al-Moadhan-Scharfeddyn.

pooient porter à pié et à cheval. Il alerent contre les Sarrazins, et ordonnerent lor batailles. Il furent si prés des Sarrazins que les uns traioient as autres. Là ot le roi mult de requestes de poindre. Le roi lor pria qu'il soffrissent tant que lieu en fust; car il envoia ses correor por descouvrir le païs, que il se doutoit que li Sarrazins n'eussent fait embuschement por recorre vers la cité. Là furent de none jusques au vespres que les uns ne forfirent as autres, fors deus chevaliers qui issirent fors de lor bataille, et poinstrent vers deus Sarrazins et les abatirent; mes les gens à pié les occiserent. L'un de ces chevaliers fu d'Orliens et avoit nom Guillaume Prunel, l'autre Guillaume et fu né de Calabre. Quant les descouvreor furent venus, il distrent au roi qu'il n'avoient rien vu, ne point d'embuschement ni avoit. Il manda as chevaliers, qui prié li avoient de poindre, qu'il poinsissent. Lors ni ot si hardie bataille qui poinsist, tant les ens eust le roi prier, ains furent tuit coi jusque à la nuit que li Sarrazins s'en retornerent. Cil revindrent en Acre sans plus faire. Bien prisa l'en à mille chevaliers ceus qui là furent. Lendemain en acocha de malades et le tiers jor plus, tant en i ot de malades et de mors que onques puis le roi, por pooir qu'il eust, ne pout assembler cinq cens chevaliers. Le roi fist armer galies et veissiaus, et les envoia en la terre de Damiete, à grant gent. Là firent grant gaaing, et s'en retornerent sauvement. Grant gaaing fist le roi Hemeri par mer et par terre sor Sarrazins por achaison de cinq homes que li Sarrazins avoient pris en trives. Quant vint au passage de septembre, le plus des chevaliers loerent lor nes, et revindrent ariere, et Johan de Neele et Robert de Bove, le cuens Simon de Monfort, et Gui son frere, demorerent en la terre. Cil Gui espousa la dame de Sajete. Quant le roi vit que chevaliers s'en retornoient, et la terre demoroit voide, il fist trives as Sarrazins.

jour avint que Coradin vint avec tous ses gens à une lieue d'Acre, à une maison des Templiers qui a nom Doc. Quand le roi sut que Coradin étoit venu avec tous ses gens si près de lui, il s'arma, et aussi tous ceux de ses gens de pied et de cheval qui pouvoient porter les armes. Ils allèrent contre les Sarrasins et rangèrent leurs bataillons. Ils étoient si près des Sarrasins qu'ils tiroient les uns sur les autres. Alors furent faites au roi beaucoup de requêtes d'attaquer. Le roi les pria d'attendre jusqu'à ce qu'il en fût temps; car il envoya ses coureurs pour reconnoître le pays, craignant que les Sarrasins n'eussent fait quelque embuscade pour courir vers la cité. Là ils furent depuis la neuvième heure jusqu'au soir sans que les uns fissent aucun mal aux autres, sauf deux chevaliers qui sortirent hors de leur troupe, piquèrent vers deux Sarrasins et les abattirent, mais furent tués par les gens de pied. L'un de ces chevaliers étoit d'Orléans et avoit nom Guillaume Prunel, l'autre s'appeloit Guillaume et étoit né de Calabre. Quand les éclaireurs furent venus ils dirent au roi qu'ils n'avoient rien vu et qu'il n'y avoit point d'embuscade. Il manda aux chevaliers qui l'avoient prié d'attaquer, qu'ils attaquassent. Alors il n'y eut pas de bataillon assez hardi pour attaquer, quelque prière que leur en fît le roi, mais ils demeurèrent cois jusqu'à la nuit que les Sarrasins s'en retournèrent, puis revinrent à Acre sans rien faire de plus. On estima bien à mille chevaliers tous ceux qui étoient là. Le lendemain il en tomba malades plusieurs, et davantage le troisième jour. Et tant y en eut-il de malades et de morts, que depuis le roi ne put, avec tout son pouvoir, rassembler jamais cinq

Or vous lairons à parler de la terre d'outre-mer jusques à tant que point en sera. Si vous dirons des contes et des pelerins qui estoient à Gadres, et du fils l'empereor Quirsac, que l'empereor ot envoié en Honguerie à garantise à son frere le roi, que cil qui ot fait son pere les eus crever ne le tuast. Li enfes fust grant vaslet, si li conseilla l'en qu'il s'en alast à Gadres, et qu'il fist tant vers les pelerins et vers les Veniciens qui là estoient, et par promettre et par doner, qu'il alassent avec lui en Constantinople, et qui li aidassent à ravoir sa terre, dont il estoit deserité, et il lor donroit quant qu'il deviseroient. Li Veniciens distrent qu'il s'en conseilleroient. Il parlerent ensemble, et conseil lor dona qu'il li aideroient, s'il faisoit lor gré; dont vindrent à li, et li distrent qu'il estoient conseillés, et s'il voloit faire lor gré, il li aideroient. Il lor dist qu'il deissent qu'il feroient. Il atirerent que li cuens de Flandres aroit cent mil mars, et li marchis cent mil mars. Cil avoirs lor fu creantés [1] por eus, por lui et por

[1] *Lor fu creantés por eus*, etc., lisez : *lor fu creantés. Por eus*, etc. Et ensuite : *et le duc de Venise*, lisez : *ot le duc de Venise*.

cents chevaliers. Le roi fit armer des galères et des vaisseaux, et les envoya en la terre de Damiette avec beaucoup de monde. Là ils firent grand butin et s'en retournèrent en sauveté. Le roi Amauri fit grand butin par terre et par mer sur les Sarrasins, pour cinq hommes que les Sarrasins lui avoient pris en trêve. Quand vint en septembre le temps de passer la mer, la plupart des chevaliers louèrent des navires et s'en retournèrent. Jean de Nesle et Robert de Boves, le comte de Montfort et Gui, son frère, demeurèrent au pays. Ce Gui épousa la dame de Sidon. Quand le roi vit que les chevaliers s'en retournoient et que la terre demeuroit vide, il fit trêve avec les Sarrasins.

Nous laisserons maintenant de parler d'outre mer jusqu'à ce qu'il en soit temps, et vous dirons des comtes et pèlerins qui étoient à Zara, et du fils de l'empereur Isaac, que l'impératrice avoit envoyé en Hongrie à son frère le roi pour le garder, de peur que celui qui avoit fait crever les yeux à son père ne le tuât. Quand l'enfant fut devenu grand jeune homme, on lui conseilla de s'en aller à Zara, et de faire tant auprès des pèlerins et auprès des Vénitiens qui y étoient, par promesse et par présens, qu'ils allassent avec lui en Constantinople, et qu'ils lui aidassent à avoir son pays dont il étoit dépossédé, et qu'il leur donneroit ce qu'ils demanderoient[1]. Les Vénitiens dirent qu'ils en aviseroient. Ils parlèrent ensemble et décidèrent qu'ils l'aideroient s'il faisoit à leur gré. Ils vinrent donc à

[1] Il faut consulter sur toute cette croisade et l'histoire des empereurs latins de Constantinople, le beau récit de Villehardouin ; celui du continuateur de Guillaume de Tyr est fort incomplet et plein d'erreurs si embrouillées qu'il seroit impossible de les rectifier sans écrire toute cette histoire.

les chevaliers de sa terre, et le duc de Venise cent mille mars, et le cuens de Saint Paul cinquante mille mars ; et si jura qu'il rendroit à chascun pelerin povre et riche ce qu'il avoit paié de l'estoire deus ans avec ce qu'il l'avoient à tenir, et si lors querroit [1] cinq cens chevaliers deus ans, et viande à tote l'estoire deus ans ; et ainsi le jura li enfes de tenir s'il pooient tant faire qu'il fust en Constantinople, et qu'il r'eust la terre ; et il li graanterent qu'il ne li faudroient et qu'il li aideroient tuit à l'aide de Dieu, tant qu'il seroit emperere, et qu'il r'auroit la terre de Constantinople. Quant ce fu creanté d'une part et d'autre, li vaslet s'en ala en Hongueric por prendre conseil à son oncle, et por li atirer por aler avec les pelerins. Li Veniciens firent les nes et galies atirer et chargier les viandes et recueillir les pelerins, et quant tans fu, si murent de Gadres, et alerent en l'isle de Corfout. Cele isle est entre Duras et Puille. Là attendirent le vaslet tant qu'il vint, et quant il fu venu, si murent d'iluec, et s'en alerent en Constantinople. Lors orent bien oï li Veniciens la priere que le soudan lor fist, qu'il destournassent les pelerins qu'il n'alassent en Alixandre, dont je vous parlois devant.

[1] Lisez *guierroit*, de *guier*, mener, couduire.

lui, et lui dirent que, s'il vouloit faire à leur gré, ils l'aideroient. Il leur dit qu'ils parlassent, et qu'il le feroit. Ils arrangèrent que le comte de Flandre auroit cent mille marcs, et le marquis cent mille marcs. Cet argent leur fut promis. Le duc de Venise eut pour les Vénitiens cent mille marcs, et le comte de Saint-Pol, pour lui et les chevaliers de son pays, cinquante mille marcs; et le prince jura qu'il rendroit à chaque pélerin, pauvre ou riche, ce qu'il avoit payé pour la flotte pour deux ans, en comptant ce qu'il devoit la garder encore; qu'il les accompagneroit avec cinq cents chevaliers pendant deux ans, et fourniroit pendant deux ans des vivres à toute la flotte. Ainsi le jeune homme jura de tenir toutes ces conditions s'ils pouvoient tant faire qu'il rentrât en Constantinople et reprît le pays, et ils lui garantirent qu'ils ne lui manqueroient pas, et le secourroient tous, avec l'aide de Dieu, tant qu'il seroit empereur et rauroit le pays de Constantinople. Quand ce fut promis de part et d'autre, le jeune homme s'en alla en Hongrie pour prendre conseil avec son oncle, et pour s'apprêter à aller avec les pélerins. Les Vénitiens firent préparer les navires et les galères, les firent charger de vivres, y recueillirent les pélerins, et quand ils eurent bon temps, ils partirent de Zara et allèrent en l'île de Corfou. Cette île est entre Durazzo et la Pouille. Là ils attendirent le jeune homme jusqu'à ce qu'il vînt, et quand il fut venu ils partirent de là et allèrent à Constantinople. Ainsi les Vénitiens avoient bien écouté la prière que leur avoit faite le soudan, comme je vous l'ai dit ci-devant, qu'ils détournassent les pélerins d'aller à Alexandrie.

Quant l'empereor Alexes de Constantinople oï dire que ses niés amenoient si grant estoire sor li, si ne fu mie lies. Il manda tous les haus homes de sa terre, et lor fist asavoir que ainsi amenoit ses niés grant gens sor lui, et qu'il fussent appareillé de lor armes por eus defendre. Cil li creanterent qu'il li aideroient com à lor seignor. Quant il sorent que li Venitiens approchoient de Constantinople, si firent une chaene lever qui estoit à l'entrée du port, por ce que les nes ne li vaissel entrassent dedens. Cele chaene avoit de lonc plus de quatre traits d'arc et si avoit de gros le bras d'un home. Li uns des chevaliers fu à une des tors de Constantinople, li autre furent à une ville que l'on appele Parte. Au chief de cele ville avoit une tor, là où li uns des chief de cele chaene fu qui de Constantinople venoit. Cele tor fu bien garnie, porce qu'il savoit bien que nos gens prendroient de cele part terre, et en tel maniere l'avoient garnie por la tor garder. Cele tor a nom la tor de Galathas. Là fist saint Paul une partie de ses epistres. Tant errerent les pelerins françois, qu'il vindrent par un samedi devant Constantinople, et ne porent entrer dedens le port, ains alerent à une part ariere desus la guirice [1] prés de la rouge abbaie. Là arriverent li François sans nul contredit de ceux de Constantinople, dont il avint que cil de la ville, quant il virent les François, vindrent à l'empereor, et li distrent : « Sire, ores issons, si lor defendons terre à prendre. » Li emperere dist que non feroit, ains les lairoit arriver et prendre terre; si com il seroient herbergié, il feroit istre toutes les putains de Constantinople, si les feroit monter sor un mont qui estoit devers cele partie où il estoient herbergiés, si les feroit tant pisser qu'il seroient noié, et de si vil

---

[1] Je n'ai pu découvrir le sens précis de ce mot qui est écrit *guirice*, *guirés*, *guitée*; je l'ai traduit par *caserne*, d'après ce que m'a paru indiquer le sens général des phrases.

Quand l'empereur Alexis de Constantinople ouït dire que son neveu amenoit une si grande flotte contre lui, il n'en fut pas content. Il manda tous les seigneurs de son pays, et leur fit savoir que son neveu amenoit sur lui une grande armée, et qu'ils s'apprêtassent en armes pour se défendre. Ils lui promirent qu'ils l'aideroient comme leur seigneur. Quand ils surent que les Vénitiens approchoient de Constantinople, ils firent lever une chaîne qui étoit à l'entrée du port pour que les navires et les vaisseaux n'y entrassent point. Cette chaîne avoit de long plus de quatre traits d'arc et la grosseur du bras d'un homme. Des chevaliers, les uns allèrent à une des tours de Constantinople, les autres à une ville que l'on appelle Parte. A l'extrémité de cette ville étoit une tour où s'attachoit un des bouts de la chaîne qui venoit de Constantinople. Cette tour fut bien garnie, parce qu'on savoit que nos gens prendroient terre en ce lieu, et on l'avoit garnie de cette façon pour défendre la tour. Elle a nom la tour de Galata. C'est là que saint Paul a fait une partie de ses épitres. Tant allèrent les pélerins français qu'ils vinrent un samedi devant Constantinople, et ne purent entrer dans le port, mais allèrent à un endroit plus loin, au-dessus de la caserne, près la rouge abbaye. Là arrivèrent les Français sans être empêchés par ceux de Constantinople, dont il arriva que ceux de la ville, quand ils virent les Français, vinrent à l'empereur, et lui dirent : « Seigneur, combattons et empêchons-les de « prendre terre. » L'empereur dit qu'il n'en feroit rien, qu'il les laisseroit arriver et prendre terre, et que, quand ils seroient hébergés, il feroit sortir toutes les

mort les feroit morir. Je ne le li die mie por voir, mes ainsi le disent aucunes gens que ainsi le dist l'empereor par orgueil.

Quant vint à lendemain que nos gens furent arrivés d'autre part de Constantinople, il assaillirent la tor de Galathas, et si ni ot mie grant assaut, et la pristrent, si bouterent le feu en la guitée, et desconfirent les Grifons qui estoient venus de Constantinople por la tor secore, et mult en ot i de noiés, quant on depeça la chaene, qui dessus estoient montés por fuir en Constantinople à garant; car quant li François orent pris la tor il depecierent la chaene. Quant li François orent le port delivré por entrer ens, si firent les nes passer outre jusques au chief du chastel de Blaquerre, qui est au chief de Constantinople, pardevers terre. Là fu un des manoirs l'empereor, et là où il fu le plus. Là entrerent les nes prés du chastel, et li chevaliers et li pelerins se logierent, et assistrent de cele part Constantinople, et firent lices devant eus, porce que cil de la ville n'ississent fors por eus grever. Il furent herbergiés en une valée prés de lor nes, et il avoient derriere eus une abbaie en la montagne, qui avoit nom Biaumont, qu'il avoit garnie. Quant il orent iluec esté une piece, si atirerent lor batailles, que se cil dedens ississent fors por combattre à eus, que chascun alast à sa bataille. Ne demora guaires aprés que cil de Constantinople vindrent à l'empereor, si li distrent : « Sire, si tu ne nos delivre de ces chiens qui ci nos ont assis, nous lor rendrons la cité : » et il dist qu'il les en delivreroit bien. Lors manda ses chevaliers et lor dist qu'il s'armassent, et fist crier par toute la terre qu'il iroit combattre as Latins. Quant il furent armés, il issirent

putains de Constantinople, les feroit monter sur un mont qui étoit près de l'endroit où ils devoient s'héberger, et les feroit tant pisser qu'ils seroient noyés, et qu'ainsi ils mourroient de vile mort. Je ne le dis pas pour vrai, mais quelques gens rapportent que l'empereur le dit ainsi par orgueil.

Quand il arriva le lendemain que nos gens furent revenus de l'autre côté de Constantinople, ils assaillirent la tour de Galata, et il n'y eut pas grand assaut. Ils la prirent, mirent le feu à la caserne, déconfirent les Grégeois qui étoient venus de Constantinople pour secourir la tour, et quand on rompit la chaîne, il y en eut beaucoup de noyés qui étoient montés dessus pour fuir à Constantinople et se mettre en sûreté, car quand les Français eurent pris la tour ils rompirent la chaîne. Quand les Français eurent ouvert le port pour y entrer, ils firent passer les navires jusqu'à la pointe du château de Blachernes, qui est au bout de Constantinople, vers la terre. Là étoit un des manoirs de l'empereur, et celui où il demeuroit le plus. Les navires approchèrent du château. Les chevaliers et les pèlerins se logèrent, assiégèrent Constantinople de ce côté, et firent devant eux des barrières pour que ceux de la ville ne sortissent pas pour les inquiéter. Ils furent héberger dans une vallée près de leurs navires, et ils avoient derrière eux une abbaye en la montagne qui avoit nom Beaumont, et où l'empereur avoit mis garnison. Quand ils eurent été là quelque temps, ils ordonnèrent leurs bataillons, afin que si ceux du dedans sortoient pour les combattre, chacun allât au sien. Il ne demeura guère ensuite que ceux de Constantinople vinrent à l'empereur et lui dirent :

fors de Constantinople par une porte que l'on appele porte Romaine, à un mille prés de là où li Latins estoient herbergiés. Quant l'empereor fu fors de Constantinople, il et sa gent tuit armés, si envoia jusques à cinq batailles as herberges des Latins. Quant li Latins oirent dire que cil de la cité issoient por venir combattre à eus, si s'armerent et vindrent fors des lices, et se tindrent tuit coi, et li Grifon furent coi d'autre part.

Li Venitiens qui furent es nes, sans ce qu'il feissent asavoir as Latins, quant il sorent que l'empereor et ses gens furent issis de Constantinople, et li Latins estoient fors des lices tuit armés qui attendoient la bataille, il s'armerent et entrerent es batiaus, et porterent eschieles avec eus, et vindrent as murs de la cité devers Blaquerre. Si drecierent eschieles, et entrerent dedans la cité, et ouvrirent les portes devers la mer, et bouterent le feu en la cité. Puis manderent as François, s'il avoient mestier de chevaliers, qu'il lor envoieroient, qu'il estoient en la cité et l'avoient prise. Quant l'empereor vit que la cité ardoit, et que li Venitiens l'avoient prise, si s'en ala il et si chevaliers, et li François se herbergierent en la cité, et mistrent celui qui avoit crevez les eus en possession : mais ne vesqui guaire aprés. Li François coronerent le vaslet qui les avoit amené à Constantinople; aprés regarderent un haut home de la terre, qui prodome leur sembloit; si le firent baillif de la terre et de l'enfant, porce qu'il estoit jones, et porce qu'il porchaçast les convenances teles com li

« Sire, si tu ne nous délivres de ces chiens qui nous « ont assiégés, nous leur rendrons la cité : » et il dit qu'il les en délivreroit bien. Alors il manda ses chevaliers et leur dit qu'ils s'armassent, et fit crier par tout le pays qu'il iroit combattre les Latins. Quand ils furent armés ils sortirent de Constantinople par une porte que l'on appelle porte Romaine, à un mille de l'endroit où les Latins étoient hébergés. Quand l'empereur fut hors de Constantinople, lui et ses gens tous armés, il envoya jusqu'à cinq bataillons au logement des Latins. Quand les Latins ouïrent dire que ceux de la cité venoient les combattre, ils s'armèrent, sortirent de leurs barrières et se tinrent cois, et les Grecs demeurèrent cois de leur côté.

Quand les Vénitiens qui étoient dans les navires surent que l'empereur et ses gens étoient sortis de Constantinople, et les Latins hors des barrières, tout armés, attendant la bataille, sans le faire savoir aux Latins, ils s'armèrent, entrèrent dans leurs bateaux, portèrent des échelles avec eux, et vinrent aux murs de la cité vers Blachernes. Ils dressèrent des échelles, entrèrent dans la cité, ouvrirent les portes sur la mer, et mirent le feu en la cité; puis mandèrent aux Français que, s'ils avoient besoin de chevaliers, ils leur en enverroient, qu'ils étoient dans la cité et l'avoient prise [1]. Quand l'empereur vit que la cité brûloit et que les Vénitiens l'avoient prise, il s'en alla avec ses chevaliers, et les Français s'hébergèrent en la cité et en mirent en possession celui qui avoit les yeux crevés : mais il ne vécut guère ensuite. Les Français couronnèrent le jeune homme qu'ils avoient amené à Cons-

[1] Le 17 juillet 1203.

enfes lor avoit promises. Quant ainsi orent atiré, si vint cil, si lor dist : « Biaus seignors, vous estes ci en cete cité avec nos, et si m'avés esgardé à estre baillif de l'empire. Il m'est avis, se vos le loes entre vos, que vos ississiez hors de la cité, et vous alissiez herbergier de la en Parte pardevers la tor de Galathas, ou li guirée estoient devant ce qu'il fussent ars, et je vous envoierai des viandes assés, et si querrai et porchacerai comment vous aurez les convenances teles comme l'en les vous doit. » Li François se conseillerent et parlerent ensemble à Venitiens, et bien si accorderent, si s'alerent logier pardevers la tor de Galathas. Cil baillif que je vous dis si avoit nom Marcofles. Quant li Latins se furent logiés et lor navie prés d'eus, lors manda Marcofles as Venitiens que il seussent[1] en écrit combien li pelerins avoient es nes donné, et si li fist l'on à savoir combien estoit le nombre de l'avoir. Si fist prendre l'avoir et rendre à chascun ce que l'en avoit trouvé en escrit; aprés si lor envoia forment et vin et char, à chascun ce qu'il estoit. Ne demora guaires, aprés ce qu'il ot ainsi fait, qu'il leva grant meslée en Constantinople de Grecs et de Latins qui i manoient devant ce que l'estoire i alast, dont li Grifons orent grant paor que cil de fors ne s'en meslassent, si bouterent le feu es maisons des Latins, qui ne fina d'ardoir neuf jors et neuf nuits en travers la cité et de l'une mer à l'autre.

[1] Lisez *qu'ils jeussent*.

tantinople, puis choisirent un seigneur de la terre qui leur sembloit prud'homme, le firent bailli de la terre et de l'enfant, parce qu'il étoit jeune, et afin qu'il leur fît tenir les conditions que l'enfant leur avoit promises. Quand ils eurent ainsi réglé la chose, celui-ci vint à eux et leur dit : « Beaux seigneurs, « vous êtes ici en cette cité avec nous ; il m'est avis, si « vous l'approuviez entre vous, que vous sortiez hors « de la cité et alliez vous héberger dehors à Parte, « devers la tour de Galata, où étoit la caserne avant « qu'elle fût brûlée, et je vous enverrai des vivres « en abondance, et je tâcherai qu'on vous tienne les « conditions telles qu'on vous les doit. » Les Français avisèrent et parlèrent avec les Vénitiens, et ils s'y accordèrent tous et s'allèrent loger par devers la tour de Galata. Ce bailli que je vous ai dit avoit nom Murzufle. Quand les Latins se furent logés et leur flotte près d'eux, Murzufle manda aux Vénitiens qu'ils couchassent en écrit combien les pèlerins avoient donné pour les navires, et qu'on lui fît passer l'état de ce qui étoit dessus. Il fit prendre ce qui étoit sur les navires et rendre à chacun ce qu'on avoit trouvé par écrit. Ensuite il leur envoya du froment, du vin, de la viande, à chacun selon ce qu'il étoit. Il ne tarda guère, après qu'il eut ainsi fait, qu'il s'élevât à Constantinople une grande mêlée entre les Grecs et ceux des Latins qui y demeuroient avant que la flotte y allât. Les Grecs eurent grand'peur que ceux du dehors ne s'en mêlassent. Ils mirent donc le feu aux maisons des Latins, et il ne cessa de brûler neuf jours et neuf nuits de suite, et alla d'une mer à l'autre.

Marcofles fist entrer en Blaquerre en la chambre l'empereor, une nuit si le fist estrangler, et fu averé le songe que l'empereor avoit une nuit songié. Il avoit un porc sauvage contrefait de cuivre à Bouche de Lion, qui estoit sor la mer. Là manoit l'empereor; si songea que cil porc l'estrangloit, et quant vint lendemain, por la paor qu'il en ot, si le fist depecier: mes il ne li valut riens, toutes voies fut-il estranglé. Quant l'empereor fu mort, si le fist l'en asavoir à Marcofles, et Marcofles ala à Blaquerre, si le fist enfouir; et quant il l'out enfoui, il manda ses chevaliers, et ala à Sainte Sophie, et porta corone et fu empereor. Mes devant ce qu'il porta corone, fist-il bien garder les portes que nus ne peust issir ne entrer, que l'en ne seust la mort l'empereor en l'ost, ne la covine de la cité. Il ot un haut home en la cité qui parent avoit esté l'empereor. Si li fust avis qu'il deust miex estre empereor que Marcofles. Si espia un jor que Marcofles fu à Blaquerre, si prist ce qu'il pot avoir de gens, et s'en ala à Sainte Sophie, si s'assist en chaere et porta corone. Quant Marcofles l'oi dire, si ala là, il et si home, si l'occist.

Li François et li Venitiens, quant il virent que les portes de la ville estoient fermées, et que nus ni pooit aler ne venir, si s'esmerveillerent mult ou l'empereor estoit alé. Mes on ne les laissa mie entrer dedens, ains dist l'en que l'empereor estoit malades. Cele chose ne pout pas longuement estre celée, ains sorent trés tuit comment l'empereor avoit esté mort, et en quelle maniere Marcofles avoit esté empereor. Ne demora guaires aprés cele chose que Marcofles commença à guerroier les Latins et lor viande à destraindre. Si vous dirai qu'il fist un jor. Il fist jus-

Murzufle fit entrer une nuit en la chambre de l'empereur et le fit étrangler [1] : et ainsi fut vérifié le songe que l'empereur avoit fait une nuit. Il y avoit à Bouche-de-Lion, sur la mer, un porc sauvage imité en cuivre. C'étoit là que demeuroit l'empereur. Il songea que ce porc l'étrangloit. Quand vint le lendemain il en eut une telle peur qu'il le fit mettre en pièces : mais cela ne lui servit de rien, il n'en fut pas moins étranglé. Quand l'empereur fut mort, on le fit savoir à Murzufle : Murzufle alla à Blachernes et le fit enfouir. Quand il l'eut enfoui, il manda ses chevaliers, alla à Sainte-Sophie, prit la couronne et fut empereur : mais avant qu'il prît la couronne il fit bien garder les portes afin qu'on ne pût savoir dans le camp la mort de l'empereur, ni ce qui se passoit dans la cité. Il y avoit dans la cité un seigneur qui avoit été parent de l'empereur. Il lui fut avis qu'il devoit plutôt être empereur que Murzufle. Il épia un jour que Murzufle étoit à Blachernes, prit ce qu'il avoit de gens, et s'en alla à Sainte-Sophie, s'assit sur le trône et prit la couronne. Quand Murzufle l'ouït dire, il y alla avec ses hommes et l'occit.

Les Français et les Vénitiens, quand ils virent que les portes étoient fermées, s'émerveillèrent beaucoup où l'empereur étoit allé. On ne les laissa pas entrer dedans, mais on leur dit que l'empereur étoit malade. Cette chose ne pouvoit être longuement cachée. Ils surent donc très-tôt comment l'empereur avoit été tué et comment Murzufle avoit été fait empereur. Il ne tarda guère après cela que Murzufle commençât à guerroyer les Latins, et à leur retenir leurs vivres. Je

---

[1] Alexis IV fut étranglé le 8 février 1204.

ques à quatorze nés enplir d'espines, et quant il orent le vent qui venoit devers eus, et qui s'en aloit sor l'ost des Latins, il fist le feu bouter dedens, et le vent les mena tot droit vers la navie des Latins. Mes li Veniciens, qui estoient bien garnis, se defendirent mult bien d'eus et de ce feu, si que onques damage ni orent ne de lor cors ne de lor avoir. Iluec ivernerent nos François jusques à tant que ce vint au caresme. Si que cil de Venice firent pons de lor mas et de lor nés; si les atornerent par tel engin qu'il s'en monterent par dessus tuit armés; et quant il avaloient il estoient par dessus les plus hautes tors qui devers la mer estoient, là où il devoit assaillir. Ainsi orent atiré lor affaire et establi à la Pasque florie. Quant vint lendemain par matin, si s'armerent et entrerent és nés, et Dex lor donna si bon vent qu'il les mena à Constantinople. La premiere nef qui vint as murs, ce fu la nef l'evesque de Soissons, cele avala tantost sous une tor sous le pont, et François et Veniciens monterent sor le pont, et pristrent cele tor. Cil qui primes i entra estoit venicien et i fu oceis; l'autre fu un chevalier de France et ot nom Audins Durebouche. Cil gaaigna cent mars, et l'autre aprés cinquante. Tantost comment cele tor fu prise, il ouvrirent les portes et entrerent ens. Quant l'empereor vit que li Latins furent entrés dedens la cité, si s'enfui. Ainsi fu Constantinople prise. Li François et li Veniciens,ançois que l'en asseis la cité, establirent que dedens mostier ne prendroient nulle chose, et que les avoirs que l'en prendroit en la cité, l'en les mettroit ensemble, et departeroit l'en a droit; car li Veniciens devoient avoir la moitié par tot : ainsi furent lor convenant quant il orent l'estoire accueillie, que de toutes les conquestes, fors la terre de Jerusalem, devoient avoir la moitié en quele part que ce fust. Aprés, quant il orent ce establi, si fist l'on escommenier à trois evesques qui là furent,

vous dirai ce qu'il fit un jour. Il fit garnir d'épines jusque à quatorze navires, et, quand ils eurent le vent soufflant vers le camp des Latins, il y fit mettre le feu. Le vent les mena tout droit vers la flotte des Latins; mais les Vénitiens, qui étoient bien gardés, se défendirent d'eux et de leur feu, tellement qu'ils n'eurent aucun dommage en leurs corps ni en leur avoir. Nos Français hivernèrent en ce lieu jusqu'à ce que vînt le carême. Alors les gens de Venise firent des ponts de leurs mâts et de leurs navires. Ils les arrangèrent de telle sorte qu'ils montèrent par dessus tout armés, et quand ils descendoient ils étoient au-dessus des plus hautes tours qui étoient sur la mer, là où ils vouloient assaillir. Ainsi eurent-ils arrangé et établi leur affaire à la Pâque fleurie. Quand vint le lendemain matin, ils s'armèrent et vinrent dans les navires, et Dieu leur donna si bon vent qu'ils vinrent à Constantinople. Le premier navire qui vint près des murs fut celui de l'évêque de Soissons; il descendit sous une tour sur le pont. Les Français et les Vénitiens prirent cette tour. Le premier qui entra étoit vénitien et fut occis. L'autre fut un chevalier de France et avoit nom Audin Durebouche. Celui-ci gagna cent marcs, celui qui vint après en eut cinquante. Aussitôt que cette tour fut prise, ils ouvrirent les portes et entrèrent dedans. Quand l'empereur vit que les Latins étoient entrés dans la cité, il s'enfuit. Ainsi fut prise Constantinople [1]. Les Français et les Vénitiens, avant qu'on assiégeât la cité, établirent qu'ils ne prendroient nulle chose dedans les monastères, et que ce qu'on prendroit dans la cité seroit

[1] Le 12 avril 1204.

l'evesque de Soissons, l'evesque de Troies, un evesque d'Alemaigne, tous ceus qui nulle chose en destorneroient, et qui ne porteroient ce qu'il trouveroient là où l'en l'establiroit por departir. Aprés escommenia l'en tous ceus qui dedens mostier prendroient aucune chose, ne prestre ne moine desroberoit, ne qui sor fame mettroit main. Ainsi fu establi l'escommuniement fait. Devant ce que li Latins entrassent en Constantinople, ne qu'il l'eussent, estoient-il plain de la grace de Dieu, et avoient grant charité en eus, et si cent Griffons veïssent, deus Latins si fussent-il.

Quant li Latins orent prise Constantinople, il orent l'escu Dieu embracié devant eus, et tantost com il furent ens, il le jeterent jus, et embracierent l'escu au deable. Il corurent à saint eglise premierement et roberent les abaies. Là fu la convoitise si grant entr'eus, que cil qui devoient porter amour [1], portoient à val. Là fu tele la haine et la rencune entr'eus que li chevaliers distrent que la povre gent avoit tot, et li povre disoient que li chevaliers avoient tot ravi, et li clerc et li prestre avoient tout mucié, dont il fu bien aparissant à la partie. Cil qui plus en orent furent li Veniciens, qui emportoient de nuit à lor nes; dont il avint, quant on ot prise

[1] *Que cil qui devoient porter amour*, lisez *que cil qui devoient porter à mont.*

mis ensemble et partagé justement, car les Vénitiens devoient avoir la moitié de tout ; ainsi avoient été les conditions quand ils assemblèrent la flotte, que de toutes les conquêtes, hors la cité de Jérusalem, ils devoient avoir la moitié, quelque part que ce fût. Ensuite, quand ils eurent établi ceci, on fit excommunier par trois évêques qui se trouvoient là, savoir, l'évêque de Soissons, l'évêque de Troyes et un évêque d'Allemagne, tous ceux qui détourneroient nulle chose et n'apporteroient pas ce qu'ils prendroient là où on l'établiroit pour le partage. On excommunia ensuite tous ceux qui prendroient quelque chose en aucun monastère, déroberoient prêtres ou moines, et mettroient la main sur aucune femme. Ainsi fut dressée l'excommunication ; et devant que les Chrétiens entrassent en Constantinople et qu'ils l'eussent, ils étoient pleins de la grâce de Dieu et avoient grande charité en eux, et là où étoient cent Grégeois pour se défendre, il suffisoit de deux Latins.

Quand les Latins avoient pris Constantinople, ils marchoient tenant embrassé l'écu de Dieu devant eux, et sitôt qu'ils furent dedans ils le jetèrent bas et embrassèrent l'écu du diable. Ils coururent premièrement à la sainte église et pillèrent les abbayes. Là fut si grande entre eux la convoitise, que celui qu'ils devoient porter en haut, ils le mettoient en bas. Là fut telle entre eux la haine et la rancune, que les chevaliers dirent que les pauvres gens avoient tout, et les pauvres dirent que les chevaliers avoient tout enlevé, et que les clercs et les prêtres avoient tout caché, dont il parut bien au partage. Ceux qui en eurent le plus furent les Vénitiens, qui emportoient de

Constantinople, que li dus de Venice vot faire marchié as Latins de l'avoir qui estoit en Constantinople, qu'il feroit l'avoir assembler à ses gens et metre à une part les muebles, et donroient à chascun chevalier quatre cens marcs, et as chascun prestre et à chascun serjans à cheval deus cens marcs, et as chascun home à pié cent marcs; ainsi l'eust il fait et otroié, mes li François ne le vodrent otroier, ains en embla là tant et destorna devant ce con partist as Veniciens que de la partie as François n'ot li chevaliers que vingt mars, li prestres et li serjans à cheval dix mars, et home à pié cinq mars.

Quant il orent ainsi parti l'avoir, si partirent la cité, si que les Veniciens orent la moitié et li François l'autre. Si eschai la partie as Veniciens devers terre, et la partie as François devers la mer. Quant il orent parti l'avoir et la cité, si pristrent conseil de qui il feroient empereor et patriarche. Si s'accorderent que se l'en faisoit empereor deçà les mons, cil delà les mons feroient patriarche, et que li Veniciens donroient la quarte partie à l'empereor par devers terre de la cité, et li François la quarte part prés de Bouche de Lion. Quant ainsi orent attiré, si eslut l'en le conte Baudoin à empereor qui de Flandres fu cuens, si porta corone. Quant l'empereor fu coroné, il desparti les terres, les isles de la contrée, et as Veniciens dona tel partie com avoir devoient. Aprés laissa les Veniciens et ses baillis en Constantinople, et ala à Salonique por prendre et por doner au marchis, à cui il avoit donné le roiaume de Salonique. Le marquis ala avec, et mena l'empereris sa fame qu'il ot espousée, qui fame ot esté l'empereor Quirsac, et mere l'emperere que

nuit à leurs navires; dont il arriva, quand on eut pris Constantinople, que le duc de Venise voulut faire marché avec les Latins de ce qui étoit à Constantinople, disant qu'il feroit réunir par ses gens toutes les richesses et mettre les effets à part, et donneroit à chaque chevalier quatre cents marcs, à chaque prêtre et à chaque homme d'armes à cheval deux cents marcs, et à chaque homme de pied cent marcs. Ainsi l'eût-il fait et octroyé, mais les Français n'y voulurent pas consentir. Il en fut donc tant enlevé et détourné, avant qu'on partageât avec les Vénitiens, qu'au partage les Français n'eurent, les chevaliers que vingt marcs, les prêtres et les hommes d'armes à cheval dix marcs, et les hommes de pied cinq marcs.

Quand ils eurent ainsi partagé l'avoir, ils partagèrent la cité, en sorte que les Vénitiens eurent la moitié et les Français l'autre. Aux Vénitiens échut la partie du côté de terre, et aux Français la partie du côté de mer. Quand ils eurent partagé l'avoir et la cité, ils avisèrent qui ils feroient empereur et patriarche. Ils s'accordèrent que, si l'on prenoit un empereur deçà les Monts, ceux de delà les Monts feroient le patriarche, et que les Vénitiens donneroient à l'empereur la quatrième partie de la cité du côté de la terre, et les Français la quatrième partie près de Bouche-de-Lion. Quand ils eurent ainsi décidé on élut pour empereur le comte Baudouin de Flandre[1], et il prit la couronne. Quand l'empereur fut couronné il partagea les terres, les îles de la contrée, et donna aux Vénitiens la part qu'ils devoient avoir. Après cela il laissa les Vénitiens et ses baillis à Constantinople, et

[1] Le 9 mai 1204.

Marçofles fist etrangler, et seror le roi Honguerie. Cele dame ot un fils qui puis fu roi de Salonique. Il a bien vingt cinq jornées de Salonique jusques à Constantinople. L'empereor ala de Constantinople jusques à Salonique; et en tous les lieus où il venoit, le tenoit l'on à seignor par toute la terre; et quant il vint à Salonique si li rendist l'en, et il la dona au marchis. Aprés li rendi l'en grant terre sor la marine devers Puille, qu'il dona au chaps Peneis, que puis tint Gieffroi de Villehardoin. Quant cele terre fu tote delivrée, et il l'ot donnée à ceus que je vous ai dit, si retorna ariere en Constantinople. Là vint Henri d'Anjou son frere. Si prist gent et passa le bras Saint Jorge. Si ala en Turquie et conquist grant terre. Païens d'Orliens et Baudoien de Biauveoir, Pierre de Brachuel, pristrent gent avec eus, et passerent le bras, et alerent en Turquie, et conquistrent grant terre. D'autre part l'empereor Baudoin et li cuens Lois sejornerent en Constantinople. Devant ce que li cuens Baudoin fust emperere et qu'il eust pris Constantinople, porce qu'il orent l'estoire plus esloingné qu'il n'orent en convent, manda-il ariere sa fame que ele alast à lui en quele terre que il fust. Quant la dame oï les novelles que son sire li manda, si s'apareilla, et s'en ala outre mer, et ariva à Acre. En ce point arriva que ses sires fu empereor. Noveles vindrent à l'empereor que sa fame estoit en Acre. Il i envoia chevalier por faire la venir à Constantinople, et si manda en la terre d'outre mer et fist crier par tot que qui vodroit avoir terre ne garison, si venist à lui. Il i ala bien de cele voie cens chevaliers de la terre, et si i ala bien d'autre gent jusques à dix mil; et quant il vindrent là, si ne lor vout riens donner. Ains se partirent de là et s'en alerent à Salonique et là où il porent miex faire par le païs. La contesse de Flandre, qui en Acre estoit, ne vesqui guaires puis qu'ele fu venuë en Constantinople.

alla à Salonique pour la prendre et la donner au marquis[1] à qui il avoit donné le royaume de Salonique. Le marquis alla avec lui et mena l'impératrice sa femme qu'il avoit épousée, qui avoit été femme de l'empereur Isaac et mère de l'empereur que Murzufle avoit fait étrangler, et sœur du roi de Hongrie. Cette dame eut un fils qui fut depuis roi de Salonique. L'empereur alla de Constantinople jusqu'à Salonique; et en tous les lieux où il venoit on le tenoit pour seigneur en toute la terre; et quand il vint à Salonique on la lui rendit, et il la donna au marquis. Après on lui rendit beaucoup de terres sur les bords de la mer vers la Pouille, qu'il donna à Guy de Chappes, et que depuis tint Geoffroi de Villehardouin. Quand ce pays eut été tout entier remis et qu'il l'eut donné à ceux que je vous ai dit, il retourna en Constantinople. Là vint Henri d'Anjou son frère; il prit du monde et passa le bras de Saint-George, alla en Turquie et conquit beaucoup de pays. Payen d'Orléans, Baudouin de Beauvoir et Pierre de Brachuel prirent du monde avec eux, passèrent le bras, allèrent en Turquie et conquirent beaucoup de pays. D'autre part l'empereur Baudouin et le comte Louis séjournèrent à Constantinople. Avant que l'empereur Baudouin fût empereur et qu'il eût conquis Constantinople, comme l'armée étoit allée plus loin qu'on n'étoit convenu d'abord, il manda à sa femme qu'elle vînt vers lui, en quelque pays qu'il se trouvât. Quand la dame ouït les nouvelles que lui manda son sire, elle s'apprêta, se mit en mer, et arriva à Acre. En ce temps il avint que son sire fut empereur. Il arriva des nou-

[1] Le marquis de Montferrat.

Or vous dirai des Grifons de la cité d'Andrinople qu'il firent. La cité d'Andrinople si estoit as Veniciens, car ele estoit escheuë en lor partie. Il menoient mult mal ceus de la cité, et si lor faisoient mult de hontes. Por ce manderent as chastiaus et as cités qui prés d'eus estoient, por Dieu, qu'il s'acordassent ensemble, et qu'il mandassent le seignor de Blaquerre qu'il les secorust et il li rendroient toute la terre, car li Latins les menoient trop mal. A ce s'accorderent les cités et les chastiaus d'iluec entor, et furent tuit à la tor d'Andrinople, et manderent au seignor de Blaquerre qu'il les secorust, et il lor manda ariere que volentier les secorroit dedens la Pasque à tot grant gent ; et ce fu quinze jors devant quaresme prenant que le message i ala, et si a quatre mult grant jornées d'Andrinople jusques à Constantinople. Cil des chastiaus et cil de la cité d'Andrinople, quant il orent la seureté des Blaquerres qui les secorroient, il vindrent as garnisons qui là estoient de Veniciens ; si lor distrent qui voidassent la cité, et s'il ne la voidoient, il les occiroient, mes en pes s'en alassent, ançois com les occist. Les garnisons virent qu'il ne se porroient tenir, si s'en issirent fors, et s'en alerent à Constantinople, et ainsi fist l'en à toutes les garnisons des chas-

velles à l'empereur que sa femme étoit à Acre; il lui envoya un chevalier pour la faire venir à Constantinople, et il manda en la terre d'outre mer et fit crier partout que qui voudroit avoir terres ou biens vînt à lui. Il y alla bien de cette fois cent chevaliers du pays, et il y alla bien d'autres gens jusqu'à dix mille; et quand ils vinrent là il ne leur voulut rien donner. Alors ils se partirent de là et s'en allèrent à Salonique et dans les endroits du pays où ils purent avoir meilleure fortune. La comtesse de Flandre, qui étoit à Acre, ne vécut guère depuis qu'elle fut venue à Constantinople.

Je vous dirai maintenant ce que firent les Grégeois de la cité d'Andrinople. Cette cité étoit aux Vénitiens, car elle étoit tombée en leur part. Ils malmenoient fort ceux de la cité et leur faisoient beaucoup d'outrages. A cause de cela ils mandèrent aux châteaux et aux cités des environs que, pour Dieu, ils s'accordassent ensemble et mandassent au seigneur des Bulgares qu'il les secourût et qu'ils lui rendroient tout le pays, car les Latins les malmenoient trop fort. Les cités et les châteaux d'alentour s'y accordèrent, et ils allèrent tous à la tour d'Andrinople et mandèrent au seigneur de Bulgarie qu'il les secourût, et il leur répondit qu'il les secourroit volontiers avec beaucoup de monde avant Pâques : et ce fut quinze jours avant le carême prenant qu'on avoit envoyé vers lui, et il y a quatre grandes journées d'Andrinople à Constantinople. Les gens des châteaux et des cités d'Andrinople, quand ils eurent la promesse que ceux de Bulgarie les secourroient, vinrent aux garnisons des Vénitiens qui étoient là, et leur dirent qu'ils vidassent la cité, que, s'ils ne vidoient pas la cité, ils les

tiaus d'iluec entor. Les garnisons envoierent un message à l'empereor, et li firent asavoir que ainsi s'en venoient, et comment li Grifons les avoient mis hors. Le message vint à Constantinople le jor de la Cendre, ainsi comme l'empereor issoit de sa chapele, où il avoit oï le servise. Cil li dist le message qu'il apportoit. Quant l'empereor l'oï, si fu mult dolent, et manda le duc de Venice et le comte Loïs, et ses chevaliers qui en Constantinople estoient. Il alerent tuit à li, et mult furent corociés quant l'empereor lor dist la novele qu'il ot oïe. Là pristrent conseil, et s'accorderent d'aller Andrinople asseoir, et tot metre à l'espée, que par Andrinople estoit tote la terre revelée. Lors commenda l'empereor que tuit fussent appareilliés de movoir dedens la mi-quaresme et tuit cil qui armes porroient porter, fors ceus que l'en esgardoit à demorer en la cité por garder la. Ainsi com il le commanda fu fait. Quant ce vint à la mi-quaresme, si murent, et alerent asseoir Andrinople. N'orent gaires esté devant Andrinople quant les Blaquerres et Comain furent prés d'iluec, et corurent chascun jor prés de l'ost, et gaitoient si la viande qu'à peine en pooit l'en avoir, et si firent lices par derriere, que li Blac et li Comain ne se ferissent en l'ost.

Quant l'empereor sout que li sires de Blaquerre avoit amené sor lui si grant gent, si ot grant paor. Si prist messages et les envoia en Turquie à Henri d'Anjou son frere, et li

tueroient, mais qu'ils s'en allassent en paix avant qu'on les tuât. Les garnisons, voyant qu'elles ne pourroient tenir, sortirent et s'en allèrent à Constantinople; et ainsi fit-on à toutes les garnisons des châteaux d'alentour. Les garnisons envoyèrent un messager à l'empereur pour lui annoncer qu'elles s'en venoient ainsi, et comment les Grégeois les avoient mises dehors. Le messager vint à Constantinople le jour des Cendres, comme l'empereur sortoit de sa chapelle, où il avoit ouï le service. Il lui dit le message qu'il apportoit. L'empereur en fut très-dolent; il manda le duc de Venise, le comte Louis et ses chevaliers qui étoient à Constantinople. Ils allèrent tous à lui, et furent en grande fâcherie quand l'empereur leur dit la nouvelle qu'il avoit ouïe. Ils prirent conseil, et arrêtèrent d'aller assiéger Andrinople et de tout passer au fil de l'épée, parce que Andrinople faisoit révolter tout le pays. Alors l'empereur commanda que fussent apprêtés à marcher avant la mi-carême tous ceux qui pourroient porter armes, hors ceux que l'on conserveroit en la cité pour la garder. Ce fut fait comme il le commanda. Quand ce vint à la mi-carême, ils se mirent en marche et allèrent assiéger Andrinople. Ils n'avoient guère été devant Andrinople quand les Bulgares et les Comans arrivèrent près de là, et chaque jour ils couroient près du camp, et épioient tellement les vivres qu'à peine en pouvoit-on avoir. Ils firent des barrières derrière eux pour que les Bulgares et les Comans ne vinssent pas attaquer le camp.

Quand l'empereur sut que le sire de Bulgarie avoit amené sur lui tant de monde, il eut grand'peur; il prit des messagers et les envoya en Turquie à Henri

manda qu'il s'en venist à tout ce qu'il avoit de gent, que li Blac et li Comain l'avoient assis devant Andrinople. Tout ainsi manda-il à Paien d'Orliens et à Baudoin de Biauveoir et à Pirron de Brachuel, qui un autre ost avoient en Turquie. Quant l'empereor vint devant Andrinople, cil de la ville issirent hors tuit contre lui, et bien le saluerent comme seignor, et li demanderent porquoi il estoit venu sor eus, et porquoi il venoit la cité asseoir, car il le connoissoient bien à seignor, et la cité li rendroient - il volentiers, si les voloit à droit tenir comme ses hommes, mes il ne li rendroient pas, ains se lairroient depecier tuit piece à piece, por qu'il les vosist metre en autre main que la souë, et ce qu'il avoient fait as garnisons, il l'avoient fait sor lor corps deffendans, car il les mal menoient de lor fames et de lor enfans, tant qu'il ne les porroient plus soffrir, ne james tant com il vesquissent Veniciens n'auroient justice sor eus.

Quant l'empereor oi que cil d'Andrinople li orent ce offert, si en prist conseil, et bien li donna son conseil que se le dus voloit aillor prendre terre, qu'il li donnast por qu'il li laissa Andrinople en pes. L'empereor en requist le duc, et le duc li dist que autre eschange ne n'avoit il ja, ains se vengeroit de la honte con avoit fait à lui et à ses gens, et si li dist qu'il li aidast si com il devoit la cité à assaillir. L'empereor li dist qu'il ne li faudroit ja. Lors fist l'empereor attirer ses gens et assaillir la cité, et envoia une partie de ses mineors qui minerent d'une part le mur et estançonnerent et mirent la tret, si qu'il ni ot fors de metre le feu. Quant si fu apareillié, qu'il ni ot fors du feu à bouter

d'Anjou son frère; il lui manda qu'il s'en vînt avec ce qu'il avoit de gens, que les Bulgares et les Comans l'avoient assiégé devant Andrinople. Il en manda autant à Payen d'Orléans, à Baudouin de Beauvoir, et à Pierre de Brachuel, qui avoient une autre armée en Turquie. Quand l'empereur vint devant Andrinople, ceux de la ville sortirent tous au-devant de lui, le saluèrent comme leur seigneur, et lui demandèrent pourquoi il étoit venu contre eux et pourquoi il étoit venu assiéger la cité, car ils le reconnoissoient bien pour seigneur, et lui rendroient volontiers la cité s'il les vouloit tenir justement, comme ses hommes, mais qu'ils ne la lui rendroient pas et se laisseroient dépecer pièce à pièce s'il les vouloit mettre en d'autres mains que les siennes; que ce qu'ils avoient fait aux garnisons ils l'avoient fait à leur corps défendant, car elles les malmenoient en leurs femmes et enfans, tant qu'ils ne les pouvoient plus souffrir, et que jamais tant qu'ils vivroient les Vénitiens n'auroient gouvernement sur eux.

Quand l'empereur ouït que ceux d'Andrinople lui offroient ceci, il en avisa, et on lui conseilla bien que, si le duc vouloit prendre d'autres terres, il les lui donnât, pour qu'il lui laissât Andrinople en paix. L'empereur en requit le duc, et le duc lui dit qu'il n'y avoit pas d'échange à faire, mais qu'il se vengeroit de la honte qu'on avoit faite, à lui et à ses gens, et il lui dit qu'il l'aidât, comme il le devoit, à assaillir la cité. L'empereur lui dit qu'il ne lui manqueroit pas. Alors l'empereur fit apprêter ses gens et assaillir la cité, et envoya une partie de ses mineurs qui minèrent un côté du mur, l'étançonnèrent et y mirent la

ens et d'entrer en la cité, l'empereor manda les chevaliers de l'ost por assaillir, et establi li qu'il garderoient les lices, et li qu'il entreroit en la cité, qu'il ne voloit pas que les menuës gens i entrassent por destorner l'avoir qui dedens estoit. Aprés commanda l'empereor et fist crier que, por chose qu'il veissent ne qu'il oissent, n'ississent des lices. Or fu bien none quant il orent cest atirement fait, si se departirent, et ala chascun à sa herberge. Ce fu fait le jeudi avant Pasques. Le cuens Loïs fu assis au disné, et si com il mangeoit, vindrent li Blac et li Comains jusques à lices criant et glatissant. Quant le cuens Loïs les oï, si en fu mult ires, et dist : « Veés cil glouton ne nos lairoient mengier en pes. Va, dist-il à un sien escuyer, amaine-moi mon cheval; » et dist à l'autre : « Va, dist-il, à Estienne du Perche et à Robert de Monmirail et à mes chevaliers, qu'il viennent aprés moi. » Il demanda un hauberion, si le geta en son dos, et monta sor son cheval, et issi fors des lices, et li chevalier et sa mesnie aprés lui. Quant li Blac et li Comain qui as lices estoient les virent venir, si commancer à fuir, et il aprés eus à enchaucier. Quant cil de l'ost virent que le cuens Loïs issoit, si crierent as armes et issirent aprés. Quant l'empereor oï la noise et le cri, si demanda que c'estoit, et l'en li dist que le cuens Loïs estoit issus et aloit aprés les Comains. L'empereor dist que l'en li amena un cheval, et il iroit aprés, si les feroit retorner, et commanda au mareschal de Champaigne que nus n'alla aprés lui, fors chevalier, et qu'il fist garder les lices et les engins por ceus de la cité, et il s'en iroit aprés le conte Loïs por faire le retorner. Le cuens Loïs chaça tant les Blacs et les Comains, qu'il s'embati sor lor aguait, et les avoit ja chaciés trois mil ou plus. Quant il vit la guaite, se retorna arriere, et une partie de la guaite saillirent aprés, si le navrerent à mort, et occistrent ceus qui o lui estoient. Il issit

travée, de sorte qu'il n'y avoit plus qu'à y mettre le feu. Quand ce fut ainsi préparé qu'il n'y eut plus que seulement le feu à mettre dedans et entrer dans la ville, l'empereur manda les chevaliers du camp pour donner l'assaut, et établit que les uns garderoient le camp, les autres entreroient dans la cité, et qu'il ne vouloit pas que les petites gens y entrassent pour détourner l'avoir qui étoit dedans. Après cela l'empereur commanda et fit crier que, quelque chose qu'ils vissent ou entendissent, ils ne sortissent pas du camp. Il étoit bien la neuvième heure quand ces apprêts furent achevés; alors ils se séparèrent et chacun alla à son logement. Ce fut fait le jeudi avant Pâques. Le comte Louis s'assit pour dîner, et tandis comme il mangeoit vinrent les Bulgares et les Comans jusqu'aux barrières du camp, criant et glapissant. Quand le comte Louis les entendit il en fut très en colère et dit : « Voyez ces gloutons, ils ne nous laisseroient pas man« ger en paix. Va, dit-il à un écuyer, mène-moi mon « cheval; » et dit à l'autre : « Va à Étienne du Perche « et à René de Montmirail et à mes autres chevaliers, « qu'ils viennent et me suivent. » Il demanda un haubert, le jeta sur son dos, monta sur son cheval et sortit des barrières, et ses chevaliers et ses gens après lui. Quand les Bulgares et les Comans qui étoient aux barrières les virent venir, ils commencèrent à fuir et lui à les poursuivre. Quand ceux du camp virent que le prince Louis sortoit, ils crièrent aux armes et sortirent après. Quand l'empereur ouït la noise et le cri, il demanda ce que c'étoit : on lui dit que le prince Louis étoit sorti et alloit après les Comans. L'empereur dit qu'on lui amenât un cheval, qu'il iroit après

bien aprés l'empereor deus cents des meillors chevaliers de l'ost por aler rescorre le conte Lois, outre les Veniciens qui aprés aloient. Et quant la gait vit les gens l'empereor venir, si se retraist ariere, et l'empereor ala avant, si trouva le conte qui se moroit, si fu mult dolent, et grant duel fist. Le cuens Loïs li dist: « Sire, ne menés duel por moi, mes, por Dieu, aiés merci de vos et de la crestienté, car je suis mort, mes tenés vos tuit coi, et raliés vos gens ensemble, qu'il iert nuit partant, si porrés, aler as herberges, car j'ai sor lor agait esté, et veus les ai, et sachiés, se vos alés avant, ja pié n'en eschapera. » L'empereor dist que ja Dieu ne pleust qu'il eust reprovier ne si oi qu'il eust le conte Loïs laissié mort en champ, ou il l'emporteroit, ou il i morroit.

Or chevaucha l'empereor avant, et li chevaliers aprés. Li Blac et li Comain saillirent de lor embuschement et les avironnerent, et là se combatirent et occistrent tuit ceus de la compagnie l'empereor et lui avec; fors ne sai quant cheva-

et les feroit revenir, et commanda au maréchal de Champagne que nul ne le suivît que des chevaliers, et qu'il fît garder les barrières et les engins contre ceux de la cité, et qu'il s'en iroit après le comte Louis pour le faire revenir. Le comte Louis poursuivit tant les Bulgares et les Comans, qu'il tomba dans leur embuscade; et il les avoit déjà poursuivis trois milles et plus. Quand il vit l'embuscade il retourna sur ses pas. Une partie de l'embuscade sortit pour le poursuivre, ils le blessèrent à mort et tuèrent ceux qui étoient avec lui. Il sortit bien après l'empereur deux cents des meilleurs chevaliers du camp pour aller secourir le comte Louis. Les Vénitiens venoient après. Quand ceux de l'embuscade virent venir les gens de l'empereur, ils se retirèrent en arrière. L'empereur avança et trouva le comte qui se mouroit. Il en fut fort dolent et en montra beaucoup d'affliction. Le comte Louis lui dit : « Sire, ne vous affligez pas pour moi, « mais, pour Dieu, ayez pitié de vous et de la chrétienté, « car je suis mort, mais tenez-vous tous cois et ralliez « vos gens ensemble, et quand il sera nuit partez, si « vous pouvez, pour aller à vos logemens, car j'ai été « sur leur embuscade et je les ai vus, et sachez que, « si vous avancez, il n'en échappera pas un seul. » L'empereur dit que ne plût à Dieu qu'il eût ce reproche qu'on ouït dire qu'il avoit laissé le comte Louis mort sur le champ de bataille, qu'il l'emporteroit, ou qu'il y mourroit.

L'empereur chevaucha en avant, et les chevaliers après lui. Les Bulgares et les Comans sortirent de leur embuscade et les environnèrent. Alors on se battit, et ils tuèrent tous ceux de la compagnie de l'empereur

liers et serjans qui en eschaperent et tornerent à lor herberges.

Quant li Veniciens et cil qui avec eus estoient virent la bataille, si retornerent ariere, qu'il savoient bien s'il aloient avant, qu'il n'auroient durée. Il estoit ja prime soir quant il vindrent as herberges. Lors firent savoir au duc de Venice et au mareschal de Champaigne la mescheance, comment ele estoit avenuë. Quant il oirent ce, si se livrerent du siege tot coiement, et laissierent lor hernois, et s'en alerent tote nuit vers une cité qui siet sor la marine, qui est des Veniciens, qui a nom Rodestoc. En Constantinople en ala une partie, mes ce fu poi. Quant il orent tote nuit erré, et ce vint à lendemain qu'il fu jor, alerent il regarder. Si virent de loing grant gens à cheval. Si cuidierent que ce fussent li Blac, por ce commancierent à fuir vers Rodestoc. Cil qui estoient à cheval, si estoient li os Baudoin de Biauveoir et Paien d'Orliens, et Pirron de Brachuel, qui venoient secorre l'empereor. Pierre de Brachuel les choisi premierement, et mult s'emerveilla quex gens c'estoient qui fuioient, ne porquoi, et regarda et conut une partie des banieres, et li fu avis que c'estoit de lor gent. Dont dit à ses compaignons : « Venés tot belement, et je poindrai vers eus, et saurai que ce est. » Il point et les atainst. Quant il le virent venir sol, si s'arresterent. Quant il vint à eus, si les conut, et il lui. Si demanda de lor noveles, et il li distrent. Quant Pierre de Brachuel oï la novelle, si fist grant duel et manda ses compaignons qu'il venissent à lui, et il i vindrent, et quant il furent là venu si s'en alerent tout droit à Rodestoc. Là sejornerent et attendirent se Dame Dex lor envoiroit secors de nulle partie.

et lui avec [1], hors je ne sais quel nombre de chevaliers et hommes d'armes qui en échappèrent et retournèrent à leurs logemens.

Quand les Vénitiens et ceux qui étoient avec eux virent la bataille ils retournèrent en arrière, sachant bien que, s'ils alloient en avant, ils n'y dureroient pas. Le soir commençoit déjà quand ils arrivèrent à leurs logemens. Alors ils firent savoir au duc de Venise et au maréchal de Champagne la mésaventure, et comment elle étoit avenue. Quand ils ouïrent ceci, ils quittèrent le siège sans bruit, et allèrent toute la nuit vers une cité qui est sur le bord de la mer, appartient aux Vénitiens et a nom Rodoste. Une partie alla à Constantinople, mais pas beaucoup. Quand ils eurent marché toute la nuit, et que le lendemain il fut jour, ils allèrent à la découverte. Ils virent de loin beaucoup de gens à cheval, et croyant que c'étoit des Bulgares, ils commencèrent à fuir vers Rodoste. Ceux qui étoient à cheval étoient la troupe de Baudouin de Beauvoir, Payen d'Orléans et Pierre de Brachuel, qui venoient pour secourir l'empereur. Pierre de Brachuel les aperçut le premier, et s'émerveilla beaucoup quelles gens c'étoient qui fuyoient, et pourquoi ; il regarda et reconnut une partie des bannières, et il lui fut avis que c'étoit de leurs gens. Il dit donc à ses compagnons : « Venez tous tranquillement, je piquerai vers eux et « je saurai ce que c'est. » Il piqua et les atteignit. Quand ils le virent seul ils s'arrêtèrent. Quand il vint à eux il les reconnut et eux lui. Il leur demanda des

---

[1] Baudouin ne fut point tué dans la bataille, mais fait prisonnier par Joannice, roi des Bulgares, qui le tint un an en prison et le fit ensuite égorger.

Quant li Blac orent occis l'empereor et ses chevaliers, et il sorent que Henri son frere avoit passé le bras Saint Jorge et qu'il venoit à Andrinople, si alerent encontre por lui occire, s'il le peussent trover ne ataindre; mes Dex. ne le vout pas soffrir, mes i envoia un païsant du païs por dire la mort d'empereor et du conte Loïs et des chevaliers qui mort estoient, et du siege qui estoit levé d'Andrinople, et alés à Rodestoc, et que li Blac venoient contre lui, et s'il le trovoient il l'occiroient; mes, por Dieu, pensa de son cors garantir et de ses compaignons, et ne finast d'errer de jor et de nuit. Quant Henri oï la novele de la mort l'empereor son frere et de ses compaignons, si en fu mult ires et mult dolens, et grant paor ot de sa soüe mort et de ceus qui avec lui estoient; si ne sout que faire. Il avoit bien-amené avec lui trente milles mesnie Hermins et lor fames et lor enfans et lor hernois, por faire manoir en Constantinople. Si lor avoit juré que, por riens qui avenist, ne lor faudroit, jusques qu'il les auroit mis en Constantinople. Or ne sout que faire; car il veoit bien que, s'il s'en aloit et les laissoit, qu'il auroit grant peschié, et qu'il iroit contre son serment. Dont prist conseil as chevaliers de l'ost qu'il feroit; si chevaliers li conseillerent qu'il venoit miex qu'il laissa ce menu pueple en avanture, et s'en alast à Rodestoc à lor gent, se raliassent là, qu'il demorassent là por eus faire occire. Que ce sout il bien que ce que le païsant li avoit dist, que pié n'en eschaperoit. Si venoit

nouvelles qu'il savoit, et ils les lui dirent. Quand Pierre de Brachuel ouït la nouvelle, il en eut grande douleur, et manda à ses compagnons qu'ils vinssent à lui, et ils vinrent; et quand ils furent venus, ils s'en allèrent tout droit à Rodoste. Là ils s'arrêtèrent et attendirent pour voir si le Seigneur Dieu ne leur enverroit secours de quelque part.

Quand les Bulgares eurent occis l'empereur et ses chevaliers, ils surent que Henri son frère avoit passé le bras de Saint-George et qu'il venoit à Andrinople. Ils allèrent à sa rencontre pour l'occire s'ils le pouvoient trouver ou atteindre. Mais Dieu ne le voulut pas souffrir; il lui envoya un paysan du lieu pour lui dire la mort de l'empereur et du comte Louis, et lui conter les chevaliers qui étoient morts et le siége d'Andrinople qui étoit levé, et que les Bulgares venoient contre lui, et que, s'ils le trouvoient, ils l'occiroient, mais que, pour Dieu, il mît en sûreté sa personne et ses compagnons, et ne cessât de marcher jour et nuit. Quand Henri ouït la nouvelle de la mort de son frère et de ses compagnons, il en fut très-irrité et très-dolent, et eut grand'peur de mourir, lui et ceux qui étoient avec lui: en sorte qu'il ne savoit que faire. Il avoit bien mené avec lui trente mille familles d'Arméniens, leurs femmes, leurs enfans et leurs bagages, qui venoient habiter à Constantinople. Il leur avoit juré que, pour aucune chose qui pût avenir, il ne leur manqueroit jusqu'à ce qu'il les eût mis en Constantinople. Maintenant il ne sut que faire, car il voyoit bien que, s'il s'en alloit et les laissoit, il en auroit grand péché et iroit contre son serment. Il prit conseil des chevaliers de l'armée sur ce qu'il devoit faire. Les chevaliers

miex que li Hermins fussent mors que eus; car se seust-il bien de voir, s'il fust mort, qu'en Constantinople, ne à Rodestoc, n'en toute la terre, n'en auroit pié qui tuit ne fussent livrés à l'espée. Il fu d'avis à Henri que li chevaliers li donnerent bon conseil. Lors apela le païsant, et li demanda s'il les sauroit mener à Rodestoc ; et il dit oil bien, mes, por Dieu, exploitassent d'aler. Henri mut, et ses chevaliers et le païsan avec, et errerent deus nuis que onques ne mengierent, et mult perdirent de lor chevax qui recrurent, si que mult en convint aler à pié, et errerent tant qu'il vindrent à Rodestoc. Là troverent lor compaignons qui eschapés estoient. Quant il se virent là assemblés si furent mult liés, selon la mescheance qui avenuë estoit. Grant duel firent de ceux qui mors estoient. Li Blac aceinstrent li Hermins que Henri ot laissiés, si les assaillirent, et les occistrent et lor fames et lor enfans et lor mesnie, fors aucun qui eschaperent et alerent en Constantinople.

Quant la novele vint en Constantinople et du conte Lois et des chevaliers, et qu'il ne sorent novelles de l'ost qui parti est d'Andrenople du siege, si furent esmaié et dolens. Ce ne fust mie merveille. Li cuens de Bethune, qui estoit demoré en Constantinople, et un cardinal ausi oirent la novele, si manderent tous les Latins de Constantinople, et les

lui dirent qu'il valoit mieux qu'il laissât ce menu peuple au hasard, et s'en allât à Rodoste trouver leurs gens pour que tous s'y ralliassent, plutôt que demeurer là pour se faire occire; et qu'il sût bien ce que lui avoit dit le paysan : qu'aucun n'en échapperoit; qu'il valoit mieux que les Arméniens fussent tués que non pas eux; car il devoit bien savoir que s'il mouroit il n'y en auroit pas un seul d'entre eux en Constantinople, ni à Rodoste, ni dans le pays, qui ne fût livré à l'épée. Il fut avis à Henri que les chevaliers lui donnoient bon conseil. Alors il appela le paysan et lui demanda s'il les sauroit mener à Rodoste : il répondit oui bien, mais que, pour Dieu, ils se hâtassent d'aller. Henri partit, et ses chevaliers et le paysan avec lui, et ils marchèrent deux nuits sans manger, et ils perdirent beaucoup de leurs chevaux par la fatigue ; tellement qu'il fallut que beaucoup allassent à pied. Ils marchèrent tant qu'ils vinrent à Rodoste. Là ils trouvèrent ceux de leurs compagnons qui s'étoient échappés. Quand ils se virent assemblés là ils en furent très-joyeux, après la mésaventure qui étoit avenue. Ils menèrent grand deuil de ceux qui étoient morts. Les Bulgares entourèrent les Arméniens que Henri avoit laissés, les attaquèrent et les occirent, eux, leurs femmes et leurs enfans, hors quelques-uns qui échappèrent et allèrent à Constantinople.

Quand la nouvelle vint à Constantinople de la mort du comte Louis et des chevaliers, sans qu'on sût ce qu'étoit devenue l'armée qui étoit partie du siége d'Andrinople, ils furent très-affligés et dolens; et ce n'étoit pas merveille. Le comte de Béthune, qui étoit resté à Constantinople, et un cardinal aussi ouïrent la nou-

firent assembler en un lieu por prendre conseil qu'il feroient, et por commander que chascun fust appareillié por lui defendre, si veoit que mestier l'en fust; car à chascuns Latins qui estoient lors à Constantinople, estoient-il lors cent Grifons, et si avoit le cri de la terre. Là pristrent conseil qu'il armeroient un vaissel et l'envoiroient à Rodestoc, et feroient cherchier la marine por savoir s'il orroient nulles noveles de Henri d'Anjou ne des autres qui estoient partis d'Andrenople; porce attirerent et manderent par mer ce qu'il ne pooient mander par terre. Il armerent un vaissel, et l'envoierent par mer, et bien demora plus de huit jors puis qu'il les ot trové à Rodestoc, ne onques cil de Rodestoc ne leur firent asavoir jusques que li vaissel revint ariere. Bien sejornerent li là tui quinze jors et plus; puis qu'il furent à Rodestoc, ne ne s'en osoient partir por li Blac; et quant il sorent que li Blac s'estoient traits ariere, si se partirent de Rodestoc, et s'en alerent vers Constantinople, et envoierent le vaissel avant qui estoit venu por novel oir d'eus, et firent asavoir qu'il venoient.

Quant il furent en Constantinople, si s'assemblerent tuit, et pristrent conseil de faire seignor en la terre, et esgarderent qu'il feroient baillif de la terre Henri le frere de l'empereor, jusques qu'il sauroient se l'empereor estoit mort ou vif. Là li firent homage come à baillif, et bien fu bailli plus d'un an, et faisoit querre et cherchier, et donna grant avoir à moines et à autres gens por trover l'empereor; mes onques n'en pout-on oir noveles, fors tant que un hons vint à lui un jor, si li dist qu'il avoit entre lui et deus homes l'empereor emblé, et l'avoient mené en une forest, et l'avoient là laissié

velle. Ils mandèrent tous les Latins de Constantinople, et les firent assembler en un lieu pour prendre conseil de ce qu'ils feroient, et pour commander que chacun fût prêt à se défendre si l'on voyoit qu'il en fût besoin; car pour chaque Latin qui étoit pour lors à Constantinople, il y avoit cent Grégeois, et le pays étoit pour ceux-ci. Là ils délibérèrent qu'ils armeroient un vaisseau et l'enverroient à Rodoste, et feroient parcourir la côte pour savoir s'ils entendroient des nouvelles de Henri d'Anjou et des autres qui étoient partis d'Andrinople. Ils apprêtèrent pour cela, et envoyèrent par mer ce qu'ils ne pouvoient envoyer par terre, et il se passa bien plus de huit jours après qu'on les eut trouvés à Rodoste; et ceux de Rodoste ne leur firent rien savoir avant que le vaisseau retournât. Ils séjournèrent bien là quinze jours entiers, et plus; et après qu'ils furent arrivés à Rodoste, ils ne s'en osoient partir, à cause des Bulgares. Quand ils surent que les Bulgares s'étoient retirés, ils partirent de Rodoste et s'en allèrent vers Constantinople, et envoyèrent en avant le vaisseau qui étoit venu pour ouïr de leurs nouvelles, et firent savoir qu'ils venoient.

Quand ils furent à Constantinople ils s'assemblèrent tous, et avisèrent à faire un seigneur dans le pays, et ils décidèrent qu'ils feroient bailli de la terre Henri, frère de l'empereur, jusqu'à ce qu'ils sussent si l'empereur étoit mort ou vif. Ils lui firent hommage comme à leur bailli; et il le fut plus d'un an. Il faisoit quérir et chercher l'empereur, et donna grand avoir à moines et autres gens pour le trouver; mais jamais il n'en put ouïr nouvelles; seulement un jour un homme le vint trouver, et lui dit que lui et deux autres hom-

et les deus homes avec lui qui le gardoient, et qu'il envoiast avec lui chevalier et serjans par mer, si l'amenroient. Henri fist armer deus galeres, et fist entrer ens chevaliers et serjans et le cuens de Bethune avec, si les envoia en la forest où cil les mena. Cele forest estoit sor mer major. Quant il vindrent là, si descendirent à terre, et alerent delés l'arbre où cil disoit qu'il avoient laissié l'empereor. Là ne le troverent mie, ains troverent relief de pain et de sel, mes ne sorent qui i avoit mengié. Cil lor jura que desous l'arbre avec deus homes avoient laissié l'empereor. L'en chercha la forest, si ne trova l'en rien. Quant il virent qu'il ne trovoient riens, si retornerent ariere vers Constantinople. Veés-ci toute la novele de l'empereor Baudoin qu'on en pout onques savoir puis qu'il fu perdu.

Je vous avois oublié à dire du conte de Saint Pol qui en Constantinople estoit. Il fu mort de sa mort bien quinze jors avant que l'empereor meust à aler à Andrenople. Et quant Henri ot esté bailli de la terre plus d'un an, qu'en ne pout savoir noveles de l'empereor Baudoin, cil de la cité le firent empereor. Si li rendi l'en une partie de la terre qui avoit esté perdu entor Constantinople, et si li rendi l'on Andrenople, par tele division qu'il auroit seignor grifon et qu'il ne seroient mie sous la seignorie des Veniciens ne des Latins. Toutes voies prist l'empereor ce qu'en li rendi, et la dona à un haut home de la terre qui avoit nom Livernas [1], qui puis l'en servi bien. Cil Livernas avoit à fame la seror le roi Felippe de France qui fu fame au fils l'empereor Manuel

---

[1] Théodore Branas, qui épousa en effet Agnès de France, fille de Louis VII et veuve d'Alexis le Jeune et d'Andronic Comnène.

mes avoient sauvé l'empereur, l'avoient mené dans une forêt, et l'avoient là laissé avec les deux hommes qui le gardoient, et qu'il envoyât avec lui des chevaliers et des hommes d'armes, et qu'ils le ramèneroient. Henri fit armer deux galères, fit entrer dedans des chevaliers et des hommes d'armes et le comte de Béthune avec, et les envoya dans la forêt où celui-ci les mena. Cette forêt étoit sur la grande mer. Quand ils vinrent là ils descendirent à terre et allèrent à l'arbre où celui-ci disoit qu'il avoit laissé l'empereur. Là ils ne le trouvèrent pas, mais seulement des restes de pain et de sel, et ils ne surent pas qui avoit mangé. L'homme leur jura qu'il avoit laissé l'empereur sous l'arbre avec deux hommes. On chercha toute la forêt, et l'on ne trouva rien. Quand ils virent qu'ils ne trouvoient rien ils s'en retournèrent à Constantinople. Voici toutes les nouvelles qu'on put jamais savoir de l'empereur Baudouin.

J'avois oublié de vous dire du comte de Saint-Pol qui étoit à Constantinople. Il étoit mort de sa belle mort quinze jours avant que l'empereur partît pour Andrinople. Quand Henri eut été bailli plus d'un an, et qu'on n'eut pas de nouvelles de Baudouin, on le fit empereur [1]. On lui rendit une partie du pays qui avoit été perdu autour de Constantinople, et on lui rendit aussi Andrinople, à cette condition qu'elle auroit un seigneur grégeois, et ne seroit sous la domination ni des Vénitiens ni des Latins. Toutefois l'empereur prit ce qu'on lui rendit, et le donna à un seigneur du pays qui avoit nom Branas, et qui depuis lui en fit bon service. Ce Branas avoit pour femme la sœur du roi Philippe de France, qui avoit été

[1] Le 20 août 1206.

qui Androines fist noier. L'empereor Henri fist pes à Blacs et fist la pes au seignor de la Blaquerre por avoir l'aide de lui et de sa terre; puis fist tant qu'en li rendi terre jusqu'à Salonique, et i ala; et quant il i vint si trova que le marquis estoit mort. Là trouva un sien fils qu'il corona et fist roi de Salonique. Ne demora guaires après ce qu'il ot esté iluec une piece qu'il fu mort. Si chevalier et si home qui avec li estoient retornerent ariere por garder Constantinople. Lors pristrent messages, si les envoyerent au conte Pierron d'Auverne, qui cousin estoit germain le roi Felippe de France, et avoit la comtesse de Namur à fame, qui seror estoit l'empereor Baudoin et l'empereor Henri, si li manderent qu'il alast en Constantinople o sa fame, car li empires estoit escheus à sa fame, et l'en feroient empereor et li emperris, si com drois estoit.

Quant il oi la novele, si murent entre lui et sa fame, et s'en ala droit à Rome, et mena avec lui chevaliers et serjans, et si laissa deus fils chevaliers qu'il avoit, dont l'ainsné fu cuens de Namur. Quant le cuens Pierre fust à Rome, si fist tant à l'apostole qu'il le corona lui et sa fame. Quant coronés furent, si s'en alerent à Brandis en Puille, et li apostole envoia avec lui un cardinal. Quant l'empereor vint à Brandis, si fist apareillier nes et vessiaus et entrerent ens, et passerent à Duras, et quant il furent arrivés devant Duras, et li sires sout que c'estoit l'empereor, si ala encontre, et li fist grant joie, et le receut come seignor, et li fist homage et li rendi sa terre. Duras est la premiere cité de l'entrée de Grece pardevers Puille. Quant l'empereor ot iluec une piece demoré, si vint li sires de Duras, si li dist : « Sire, vous

femme du fils de l'empereur Manuel qu'Andronic avoit fait noyer. L'empereur Henri fit la paix avec les Bulgares et le seigneur de Bulgarie pour avoir secours de lui et de son pays; puis il fit tant qu'on lui rendit sa terre jusqu'à Salonique. Il y alla, et quand il vint il trouva que le marquis étoit mort. Là il trouva un sien fils qu'il couronna et fit roi de Salonique. Après qu'il eut été là un peu de temps, il ne tarda guère qu'il ne mourût [1]. Ses chevaliers et les hommes qui étoient avec lui retournèrent pour garder Constantinople. Alors ils prirent des messagers et les envoyèrent au comte Pierre d'Auxerre, qui étoit cousin-germain du roi Philippe de France, et avoit pour femme la comtesse de Namur [2], sœur de l'empereur Baudouin et de l'empereur Henri. Ils lui mandèrent qu'il allât à Constantinople avec sa femme, car l'empire étoit échu à sa femme, et qu'ils l'en feroient empereur et impératrice, ainsi que c'étoit justice.

Quand il ouït la nouvelle, lui et sa femme se mirent en route, et il s'en alla droit à Rome, menant avec lui des chevaliers et hommes d'armes, et laissa deux fils chevaliers qu'il avoit, dont l'aîné étoit comte de Namur. Quand le comte Pierre fut à Rome, il fit tant auprès de l'apostole qu'il le couronna lui et sa femme [3]. Quand ils furent couronnés ils s'en allèrent à Brindes en Pouille, et l'apostole envoya avec eux un cardinal. Quand l'empereur vint à Brindes il fit apprêter navires et vaisseaux; ils entrèrent dedans et passèrent à Durazzo. Quand ils furent arrivés devant Durazzo, et que le sire du pays [4] sut que c'étoit l'empereur, il alla à

---

[1] Le 11 juin 1216. — [2] Yolande. C'étoit sa seconde femme.
[3] Le 9 avril 1217. — [4] Théodore l'Ange Comnène.

irez en Constantinople par terre, et je irai o vos tant comme ma terre durera ; et puisqu'on saura par Grece que je vous aurai renduë ma terre, et que je irai avec vous, ni aura nul qui contre vos soit, ains vendront à vos à merci, et vous rendront toute la terre. » L'empereor le crut : si murent et alerent par terre. L'emperris estoit grosse, si n'ala mie par terre, ains s'en ala par mer en Constantinople. Ains qu'ele venist à Constantinople, arriva ele en la terre Gieffroi de Vilehardoin, qui grant honor li fist. L'emperris avoit une fille et Giefroi de Vilehardoin un fil qui avoit nom Giefroi. L'emperris vit qu'il avoit grant terre et que sa fille i seroit bien mariée. Si li dona sa fille, et il la prist à fame, si l'espousa. Aprés s'en ala l'emperris en Constantinople ; ne demora aprés ce guaires qu'ele se delivra d'un fils dont ele estoit grosse.

Or vous dirai que li sires de Duras fist qui l'empereor conduisoit par terre. Il n'orent pas eloignié Duras plus de trois jornées qu'il se herbergierent en un chastel mult fort. Quant herbergié furent, et il nincioient la nuit [1], li sires de Duras fist bien armer ses homes, et fist prendre l'empereor et ses gens, et assés en occist l'en, et les fist en prison metre, et tant les tint en prison que l'empereor fu mort et le cuens de Sancuerre. Quant cil de Grece oirent dire que l'empereor estoit en prison, si se releverent et reconquistrent toute la

[1] Lisez *et il nuitioient la nuit*.

sa rencontre et lui fit grande fête, le reçut comme seigneur, lui fit hommage et lui remit sa terre. Durazzo est la première cité par où on entre en Grèce du côté de la Pouille. Quand l'empereur y eut un peu demeuré, le sire de Durazzo vint à lui et lui dit : « Sire, « vous irez à Constantinople par terre, et j'irai avec « vous tant que ma terre durera; et comme on saura « par la Grèce que je vous ai remis ma terre et que « j'irai avec vous, il n'y aura personne qui soit contre « vous, mais ils viendront à vous à merci et vous « rendront tout le pays. » L'empereur le crut : ils se mirent en route et allèrent par terre. L'impératrice étoit grosse, en sorte qu'elle alla, non par terre, mais par mer à Constantinople. Avant qu'elle vînt à Constantinople elle arriva à la terre de Geoffroi de Villehardouin. L'impératrice avoit une fille et Geoffroi de Villehardouin un fils qui avoit nom Geoffroi. L'impératrice vit qu'il avoit de grandes terres et que sa fille seroit bien mariée; elle lui donna sa fille, et il la prit pour femme et l'épousa. Après l'impératrice s'en alla à Constantinople, puis ne tarda guère à se délivrer d'un fils dont elle étoit grosse.

Or je vous dirai ce que fit le comte de Durazzo qui conduisoit l'empereur par terre. Ils ne se furent pas éloignés de Durazzo de plus de trois journées qu'ils s'hébergèrent en un château très-fort. Quand ils furent hébergés pour y passer toute la nuit, le sire de Durazzo fit bien armer ses hommes et fit prendre l'empereur et ses gens. Il en tua beaucoup, fit mettre les autres en prison, et les tint en prison tant que l'empereur y mourut et le comte de Sancerre. Quand ceux de Grèce ouïrent dire que l'empereur étoit en

terre que l'empereor Henri avoit conquise. Ne demora guaires après la mort l'empereor que l'emperris morut en Constantinople. Quant l'emperris fu morte, li chevalier de la terre manderent le comte de Namur, qui ses fix estoit, qu'il alast en Constantinople, que la terre li estoit eschuë. Quant le message vint à lui, et li conta son message, il dist qu'il s'en conseilleroit. Il s'en conseilla, mes son conseil ne li aporta pas qu'il i alast, ains i envoia son frere, qui mainsnés estoit de lui, et il lor manda qu'il le coronassent, qu'il ni pooit aler. Cil Henri s'en ala par Honguerie; porce s'en ala par là que l'emperris estoit sa seror, et qu'il ot le conduit le roi de Honguerie parmi sa terre et parmi Blaquie. Sauvement s'en ala en Constantinople et porta corone. Et quant il ot porté corone, il ne fist guaires d'esploit en la terre, car il n'avoit mie amené gens dont il peust grammont exploiter, et eust perduë toute la terre s'il n'eust l'aide des Blacs; mes li Blac li aidierent à maintenir et à retenir ce qu'il en trouva.

Il avoit une vaine dame en Constantinople qui fille avoit esté à un chevalier d'Arras, qui avoit nom Baudoin de Noveville. Cele dame avoit mere. L'empereor l'aima tant qu'il ne pooit estre sans li, si l'espousa coiement, et la mist avec lui en son manoir, et sa mere avec lui. Quant li chevalier de Constantinople sorent qu'il l'avoit espousée, si en furent mult dolent, car il estoit si entrés en li qu'il ne l'en pooit faire issir hors de sa chambre. Il pristrent conseil qu'il en feroient; si s'en alerent en la chambre où l'empereor estoit, si com lor conseil lor avoit aporté, et pristrent l'empereor, si le tindrent, et pristrent la mere sa fame, si la mistrent

prison, ils reprirent courage et prirent tout le pays que l'empereur Henri avoit conquis. Il ne tarda guère, après la mort de l'empereur, que l'impératrice ne mourût en Constantinople ¹. Quand l'impératrice fut morte, les chevaliers mandèrent au comte de Namur ², qui étoit son fils, qu'il vînt en Constantinople, que le pays lui étoit échu. Quand le messager vint à lui et lui conta son message, il dit qu'il en aviseroit. Il en avisa, mais ne pensa pas que ce fût bon conseil d'y aller. Il y envoya son frère puîné, et manda qu'ils le couronnassent, car il n'y pouvoit aller. Ce Henri s'en alla par la Hongrie, parce que l'impératrice étoit sa sœur, et qu'il eut le sauf-conduit du roi de Hongrie pour aller par sa terre et par la Bulgarie. Il arriva en sauveté en Constantinople et prit la couronne ³. Quand il eut pris la couronne, il ne fit guère d'exploits dans le pays, car il n'avoit point amené de gens avec qui il pût faire beaucoup d'exploits, et il eût perdu tout le pays s'il n'eût eu l'aide des Bulgares; mais les Bulgares l'aidèrent à défendre et conserver ce qu'il trouva.

Il y avoit à Constantinople une dame de vaine conduite, qui avoit été fille d'un défunt chevalier d'Arras nommé Baudouin de Villeneuve. Cette dame avoit sa mère. L'empereur l'aima tant qu'il ne pouvoit se passer d'elle. Il l'épousa secrètement, et la mit secrètement en son manoir, et sa mère avec elle. Quand les chevaliers de Constantinople surent qu'il l'avoit épousée, ils en furent fort dolens, car il en étoit si épris qu'on ne le pouvoit faire sortir de sa chambre. Ils délibérèrent sur ce qu'ils en feroient; et leur délibération

¹ En août 1219. — ² Philippe. — ³ Le 25 mars 1231.

en un batel, et l'envoierent noier en mer; aprés vindrent à sa fame, si li couperent le nés et les baulevres, à tant laissierent l'empereor en pes. Quant l'empereor vit la honte que l'en li out faite de sa fame et de sa mere, si fu mult dolent. Il fist armer galies et entra ens, et laissa Constantinople et ala à Rome. Quant il vint là, si se plainst à l'apostole de la honte que si home li avoient faite. Le pape le conforta durement, et li dona du sien, et le pria tant et fist tant vers li qu'il retorna ariere en Constantinople. En ce qu'il s'en retornoit ariere, il ariva en la terre Giefroi de Vilehardoin ; là prist maladie dont il fu mort.

Frederic, qui estoit roi de Cesile, et que si home avoit deserité de sa terre, et du duc de Souave, son oncle, qui la terre d'Alemaigne li gardoit, il devoit estre empereor. Il avint un jor qu'un chevalier entra en la chambre le duc, si l'occist. Quant li haut home d'Alemaigne sorent que li duc estoit mort, qui contre eus estoit de coroner Othon par les promesses et par les dons qu'il avoient eu du roi d'Angleterre, il le manderent, si le coronerent à Ais la Chapelle. Quant Othes ot porté corone, si fist querre le chevalier qui le duc avoit mort et occis, et le fist tant cherchier qu'il fu pris por li geter du blasme de ce qu'il li metoit la mort du duc sus. Il fist le chevalier trainer et pendre. Aprés s'en ala à l'apostole à Rome por estre coroné. L'apostole le corona mult volentiers, porce que le roi d'Engleterre l'en avoit fait grant present. Lendemain que Othes fu coronné à empereor de Rome, il entra en la terre l'apostole et le commença à guerroier, et prist les chastiaus et les garins encontre l'apostole. Quant

fut qu'ils s'en allèrent dans la chambre où l'empereur étoit, prirent l'empereur et le tinrent, prirent la mère de sa femme, la mirent dans un bateau et l'envoyèrent noyer dans la mer; puis ils vinrent à sa femme, lui coupèrent le nez et les lèvres, et laissèrent l'empereur en paix. Quand l'empereur vit la honte qu'on lui avoit faite sur sa femme et la mère de sa femme, il en fut fort dolent, il fit amener des galères, entra dedans et alla à Rome. Quand il vint là il se plaignit à l'apostole du mal que ses hommes lui avoient fait. Le pape le reconforta grandement, lui donna du sien, et fit tant près de lui qu'il retourna en Constantinople. Tandis qu'il s'en retournoit, il arriva dans la terre de Geoffroi de Villehardouin, et prit là une maladie dont il mourut [1].

Frédéric [2], qui étoit roi de Sicile, et que ses hommes avoient dépossédé de sa terre, devoit être empereur par le duc de Souabe, son oncle [3], qui lui gardoit le pays d'Allemagne. Il avint un jour qu'un chevalier entra dans la chambre du duc et l'occit [4]. Quand les seigneurs d'Allemagne surent la mort du duc, qui s'opposoit à ce qu'ils couronnassent Othon [5], lequel ils vouloient couronner à cause des promesses et dons qu'ils avoient eus du roi d'Angleterre, ils mandèrent Othon et le couronnèrent à Aix-La-Chapelle. Quand Othon eut pris la couronne, il fit quérir le chevalier qui avoit occis le duc, et le fit

---

[1] En 1228. — [2] L'empereur Frédéric II. — [3] Philippe de Souabe. [4] Le 23 juin 1208. — [5] Othon IV, fils de Henri le Lion, duc de Brunswick. Il avoit été couronné pour la première fois le 4 juillet 1198, et le fut une seconde à Rome le 27 septembre 1209, après la mort de Philippe de Souabe.

l'apostole sout qu'il ot pris ses chastiaus, et qu'entré estoit en sa terre cil qu'il avoit fait empereor et faire ne devoit, et avoit aidié par convoitise à deseriter celui qui devoit estre empereres, si fust mult dolent, si ne pout autre chose faire, ne autre veniance, fors de Othon escommenier par toute crestienté; il l'escommenia et fist escommenier par toute crestienté. Quant Tibaut, qui estoit baillif de Puille, à cui l'empereor avoit laissié la terre de Puille et de Calabre, et de garder à son fil Frederic, sot que Othes ot porté corone, si ala à lui, et li dist qu'il alast en Puille, et il li rendroit toute la terre; aprés iroit en Cesile et prendroit Frederic et l'occiroit. Et se ce ne faisoit, bien seut que s'il venoit en aage, il li toudroit.

L'empereor garni bien les chastiaus qu'il avoit pris de l'apostole, si s'en ala en Puille avec Tibaut; mes il ni fist gaires, car cil de la terre furent contre lui, ne onques ne li vodrent rendre. Quant il vit qu'il ne feroit rien iluec, si laissa Tibaut en son lieu, et s'en ala en Lombardie, et en tous cave por prendre les seurtés. En Alemaigne demora tous escommeniés. Li apostole attendi plus d'un an, qu'il cuidoit

tant chercher qu'il fut pris. Pour se décharger du blâme que lui mettoit sus la mort du duc, il fit traîner et pendre le chevalier, puis il s'en alla vers l'apostole à Rome pour être couronné. L'apostole le couronna très-volontiers, parce que le roi d'Angleterre lui avoit fait pour cela de grands présens. Le lendemain qu'Othon fut couronné empereur de Rome, il entra en la terre de l'apostole et commença à le guerroyer, lui prenant ses châteaux et ses garnisons. Quand l'apostole sut que celui qu'il avoit fait empereur, quand il ne le devoit pas, et qu'il avoit aidé, par convoitise, à déshériter celui qui devoit être empereur, avoit pris ses châteaux et étoit entré en sa terre, il fut très-dolent, mais ne put faire autre chose ni prendre autre vengeance que d'excommunier Othon par toute la chrétienté. Il l'excommunia et le fit excommunier par toute la chrétienté. Quand Dieppold, qui étoit bailli de la terre, et à qui l'empereur avoit laissé le pays de Pouille et de Calabre pour le garder à son fils Frédéric, sut qu'Othon avoit pris la couronne, il alla à lui et lui dit qu'il allât en Pouille et qu'il lui rendroit tout le pays, qu'après il iroit en Sicile, prendroit Frédéric et l'occiroit, et qu'il sût bien que, s'il ne le faisoit, quand Frédéric viendroit en âge il lui reprendroit tout.

L'empereur garnit bien les châteaux qu'il avoit pris à l'apostole et s'en alla en Pouille avec Dieppold; mais il n'y fit pas grand chose, car ceux du pays étoient contre lui, et ne voulurent le lui rendre. Quand il vit qu'il ne feroit rien là, il laissa Dieppold en son lieu, et s'en alla en Lombardie[1] et en tous ses fiefs pour

[1] En 1211.

qu'il venist à amendement de ce qu'il avoit mespris vers lui, mes il ni vint, ne amender ne le vout; et l'apostole en prist conseil tel com vos oïrés dire. Mes ançois vos dirai de Frederic qui à Palerme, estoit.

Il ot conseil des arcevesques qu'il le gardoient qu'il se mariast en tel lieu qu'il eust secors et aide de sa terre ravoir, que si home li avoit toluë. Il dist qu'il feroit volentiers par lor conseil ce qu'il vodroient. Lors distrent que le roi d'Arragon, qui marchisoit à lui par mer, avoit une seror qui avoit esté roine de Honguerie, et s'il pooit tant faire qu'il l'eust à fame, il ne savoit nul lieu dont il peust avoir secors par mer et par terre. Lors vint Frederic, si dist qu'il envoyassent la, se l'en li voloit envoyer il l'espouseroit volentiers. Li arcevesques firent armer galies, et envoierent au roi d'Arragon por demander sa seror au roi de Cesile.

Quant li message vindrent au roi d'Arragon et il orent dist lor message, le roi fust mult lies, et fist armer galies et nes et chargier d'armes et de viandes, et fist sa seror entrer ens, si l'envoia au roi de Cesile, et envoia avec son frere, qui cuens estoit de Provence, et cinc cens chevaliers por lui aidier la terre à secorre que si home tenoient contre lui. Aprés, quant il furent partis d'Arragon, arriverent il à une cité qui a nom Palerme, là où le roi de Cesile estoit. Quant il furent arrivez descendirent à terre, le roi ala encontre eus, si espousa la dame. Quant il ot espousée, si se partirent de Palerme et alerent en Cesile, et poi conquistrent de la terre. Mes tant firent le roi et la roine et li chevalier qu'il aloit

s'en assurer. En Allemagne il demeura excommunié. L'apostole attendit plus d'un an, croyant qu'il viendroit à amendement de l'outrage qu'il lui avoit fait; mais il n'y vint pas, et ne le voulut amender. L'apostole prit sur cela le conseil que vous verrez, mais auparavant je vous dirai de Frédéric qui étoit à Palerme.

Il fut conseillé des archevêques qui le gardoient qu'il se mariât en tel lieu qu'il en pût avoir secours et aide pour ravoir sa terre que ses hommes lui avoient prise : il dit qu'il feroit volontiers par leur conseil ce qu'ils voudroient. Alors ils dirent que le roi d'Aragon, qui confinoit à lui par mer, avoit une sœur qui avoit été reine de Hongrie [1], et que, s'il pouvoit tant faire qu'il l'eût pour femme, ils ne savoient nul lieu dont il pût mieux avoir secours par mer et par terre. Alors Frédéric vint vers eux, et dit qu'ils y envoyassent, que, si on la lui vouloit faire venir, il l'épouseroit volontiers. Les archevêques firent armer des galères et envoyèrent demander au roi d'Aragon sa sœur pour le roi de Sicile.

Quand les messagers vinrent au roi d'Aragon et lui eurent dit leur message, il fut très-joyeux. Il fit armer des galères et navires, les fit charger d'armes et de vivres, y fit entrer sa sœur et l'envoya au roi de Sicile. Il envoya en même temps son frère, qui étoit comte de Provence, et cinq cents chevaliers pour l'aider à reprendre le pays que ses hommes lui retenoient. Après qu'ils furent partis d'Aragon, ils arrivèrent à une cité qui a nom Palerme, où étoit le roi de Sicile. Quand ils furent arrivés ils descendirent

---

[1] Constance, fille d'Alphonse II, roi d'Aragon, et veuve d'Eméric, roi de Hongrie.

tot conquerant. Il a de Palerme jusques à Messines cinq jornées. Aprés ce que le cuens de Provence fu à Messines, ne demora guaires que li cuens fust mort et grant partie de ses chevaliers, et l'autre partie s'en retorna en son païs. Le roi demora à Messines avec ses borgois, que de ses chevaliers n'avoit-il guaires avec lui.

Or vous dirai le conseil que l'apostole ot contre Othon. Il oï dire que le roi de Cesile estoit à Messines, et qu'il avoit fame espousée; il li manda que, s'il pooit tant faire qu'il fust en Alemaigne, il manderoit as arcevesques et as evesques qu'il le coronassent à Ais, aprés qu'il auroit porté corone à Ais il le coroneroit à Rome. Quant le roi de Cesile oï cele novele si fu mult liés, et fist appareiller une galie et entra ens, et ala à une souë cité qui est au chief de sa terre à trois jornées de Rome, qui a nom Gaiete; mes ançois qu'il i alast, porce qu'il ne savoit qu'avenir estoit, corona un sien fil qu'il avoit de sa fame. Il sejorna grant piece à Gaiete, porce qu'il n'osoit aler avant por les Pisains qui le gaitoient por occire. Quant il ot là grant piece esté, si manda as Genevois que, por Dieu, le secorussent, qu'il ne s'osoit movoir de Gaiete. Cil de Janes armerent galies, et envoierent por lui, et l'emmenerent à Janes. Là sejorna bien huit mois, que onques n'issi hors de la ville. Car quant Othes oï dire que l'apostole l'avoit mandé por coroner contre lui, et por envoier en Alemaigne, il envoia en Lombardie et en Touscane ses messages as cités et as destrois, et envoia grant presens, et grant dons promist à ceus qui le porroient prendre, qu'il

à terre, le roi alla à leur rencontre et épousa la dame [1]. Quand il l'eut épousée, ils se partirent de Palerme, allèrent en Sicile et conquirent du pays; et tant firent le roi, la reine et les chevaliers, qu'ils alloient tout conquérant. Il y a de Palerme à Messine cinq journées. Après que le comte de Provence fut arrivé à Messine, il ne demeura guère qu'il n'y mourût, et aussi une grande partie de ses chevaliers, et l'autre partie s'en retourna en son pays. Le roi demeura à Messine avec ses bourgeois, car de ses chevaliers il n'en avoit guère avec lui.

Or je vous dirai le conseil que l'apostole prit contre Othon. Il ouït dire que le roi de Sicile étoit à Messine, et qu'il avoit épousé une femme. Il lui manda que, s'il pouvoit tant faire que d'aller en Allemagne, il manderoit aux archevêques et aux évêques qu'ils le couronnassent à Aix, et qu'après qu'il auroit pris la couronne à Aix lui le couronneroit à Rome. Quand le roi de Sicile ouït cette nouvelle il fut fort joyeux, fit apprêter une galère, entra dedans, et alla à une sienne cité qui est à l'extrémité de son pays à trois journées de Rome, et qui a nom Gaëte; mais avant qu'il y allât, comme il ne savoit ce qui lui pourroit avenir, il couronna un sien fils qu'il avoit de sa femme [2]. Il séjourna grand temps à Gaëte, parce qu'il n'osoit aller plus loin, à cause des Pisans qui le guettoient pour l'occire. Quand il eut été là grand temps, il manda aux Génois que, pour Dieu, ils le secourussent, parce qu'il n'osoit se mouvoir de Gaëte. Ceux de Gênes armèrent des galères, les lui envoyèrent et l'emmenèrent à Gênes. Il séjourna bien là huit mois,

[1] En 1208. — [2] Henri, en 1215.

le prissent et le tenissent, et ce lor mandoit il mult en priant.

Quant le roi de France Felippe oï dire que le roi de Cesile estoit à Genes, et que l'apostole l'envoioit en Alemaigne por coroner, si en fu mult liés, et sout que Othes faisoit guaitier les destroits et les chemins por lui prendre, si manda as Gennes qu'il meist coust et paine comment il fust tost en Alemaigne, et il lor guerredonneroit bien. Li Genevois firent tant vers ceus de Lombardie que le roi passa en Alemaigne, et porta corone à Ais. Si-tost com il fu coronés, il prist la crois d'outre-mer, et voa à Dieu qu'il iroit en la terre de promission, et aideroit, à son pooir, à delivrer la terre des mains des Sarrazins.

Quant le roi de Cesile ot porté corone à Ais, li arcevesques et li evesques se tindrent à lui par le commandement l'apostole, et une partie des chevaliers de Loheraine toute. Il avint un jor qu'il estoit en Loheraine en un chastel, et con avoit porparlée sa mort par promesse que Othes avoit faite. Un chevalier qui savoit cele trahison vint à lui, et li dist con avoit sa mort porparlée, et con le devoit la nuit occire, et s'il voloit faire par son conseil, il feroit tant qu'il ne seroit pas mort. Le roi li dist que volentiers le feroit : « Sire, dist-il, se vos vous mouvés ore, vos estes guaittiés de toutes pars, vos ne porés de cele par aler que vos ne soiés occis. Je vous dirai que

sans jamais sortir de la ville ; car quand Othon ouït dire que l'apostole l'avoit mandé pour le couronner à son détriment et le faire passer en Allemagne, il envoya en Lombardie et en Toscane ses messagers aux cités et aux passages, et envoya aussi de grands présens et promit de grands dons à ceux qui pourroient le prendre, pour qu'ils le prissent et le retinssent; et il le leur mandoit avec beaucoup de prières.

Quand le roi de France Philippe ouït dire que le roi de Sicile étoit à Gênes et que l'apostole l'envoyoit en Allemagne pour le couronner, il en fut fort joyeux, et, sachant qu'Othon mettoit des embûches sur les chemins et les passages pour le prendre, il manda aux Génois qu'ils missent grands frais et grande peine à le faire passer bientôt en Allemagne, et qu'il les en récompenseroit bien. Les Génois firent tant près de ceux de Lombardie, que le roi passa en Allemagne et prit la couronne à Aix. Sitôt qu'il fut couronné, il prit la croix d'outre mer, et fit serment à Dieu qu'il iroit à la terre de promission et aideroit de tout son pouvoir à délivrer le pays des mains des Sarrasins.

Quand le roi de Sicile eut pris la couronne à Aix, les archevêques et les évêques tinrent son parti par le commandement de l'apostole, et aussi une partie des chevaliers de toute la Lorraine. Il avint un jour qu'il étoit en Lorraine dans un château, et qu'on avoit négocié de le mettre à mort à cause des promesses qu'Othon avoit faites. Un chevalier qui savoit cette trahison vint à lui et lui dit qu'on avoit négocié de sa mort, et qu'on le devoit occire la nuit; que, s'il vouloit suivre son conseil, il feroit tant qu'il ne mourroit pas. Le roi lui dit qu'il le feroit volontiers. « Sire,

vous ferez. Quant ce vendra encore nuit, vos ferés un vaslet dormir en vostre lit, et serés derriere l'uis de la chambre. Quant cil sauront qui vous doivent occire, que vous serés endormi, et il verront celi qui gierra en vostre lit, si cuideront que ce soiés vos, si passeront outre, et entendront à celui occire, et vous tantost istres de la chambre; et je ferai apareillies à tot chevaucheors, si vos emmenrai. Li cris levera que vos serés occis, et je, à l'aide de Dieu, vos menrai à sauveté la nuit. » Et lendemain fu li cris par toute la ville et par toute la terre que le roi de Cesile estoit occis en son lit. Quant le cuens de Bar le sout, et li dus qui marchisoit à Loheraine, si le firent savoir au roi de France. Quant il le sout, il en fu trop dolent, porce qu'il se doutoit d'Othon que s'il venist en possession, qu'il ne le grevast. Le jour meisme refist asavoir le cuens de Bar et li dus au roi de France qu'il estoit eschapé et comment, dont li roi fu mult lies quant il le sot. Aprés ce avint que le roi de Cesile manda au roi de France que volentiers parleroit à lui à Vaucolor. Le roi Felippe n'i pot aler, ains i envoia Lois son fils, et furent là et parlerent ensemble; mes de lor conseil ne vos sai-je rien dire, fors tant que aucune gens distrent que le roi Felippe li presta grant avoir por maintenir sa guerre contre Othon.

Othes sout bien que le roi de France amoit le roi de Cesile,

« lui dit-il, si vous bougez maintenant, vous êtes
« guetté de tous côtés, vous ne pouvez aller nulle
« part que vous ne soyez occis. Je vous dirai ce qu'il
« faut faire. Quand reviendra la nuit vous ferez dor-
« mir un valet en votre lit et serez derrière la porte
« de la chambre. Quand ceux qui vous doivent occire
« sauront que vous serez endormi et verront celui qui
« couchera en votre lit, ils croiront que c'est vous;
« alors ils suivront leur projet et se mettront à l'oc-
« cire; et vous sortirez pendant ce temps hors de la
« chambre. Je ferai préparer des hommes à cheval,
« et vous emmènerai. Le bruit s'élèvera que vous
« serez occis, et, à l'aide de Dieu, je vous emmè-
« nerai en sauveté de nuit. » Le lendemain le bruit
fut dans toute la ville que le roi de Sicile étoit occis
dans son lit. Quand le comte de Bar le sut, et aussi
les ducs qui confinoient à la Lorraine, ils le firent
savoir au roi de France. Quand il le sut il en fut très-
fort dolent, parce qu'il craignoit Othon, et que, s'il se
mettoit en possession, il ne l'incommodât. Le jour
même le comte de Bar et les ducs renvoyèrent dire
au roi de France que le roi de Sicile étoit échappé,
et comment, dont le roi fut très-joyeux quand il le
sut. Après cela il avint que le roi de Sicile manda
au roi de France que volontiers il parleroit avec lui à
Vaucouleurs. Le roi Philippe n'y put aller, mais y
envoya Louis son fils. Ils y vinrent et parlèrent ensemble; mais de ce qu'ils avisèrent je ne puis vous
en rien dire, hors seulement que quelques gens ont
dit que le roi Philippe lui prêta grand avoir pour défendre sa terre contre Othon.

Othon savoit bien que le roi de France aimoit le

et qu'il li aidoit du sien encontre lui. Il sot que le roi d'Engleterre, son oncle, et le cuens de Flandre, qui Ferrand avoit nom, estoient concordes ensemble, et assembloient gens por guerroier le roi de France. Il assembla grant gens, dus et contes, et s'en ala en Flandre en l'aide le conte por grever le roi de France. Le roi d'Engleterre envoia grant chevalerie au conte de Flandres por estre encontre le roi de France, et si i envoia son frere, qui avoit nom Guillaume Longue-Espée, et le conte Renaut de Boloingne, qui avoit lui manoit en la guerre, et Hue de Boves. Aprés passa le roi d'Engleterre en Poitou à tout grant ost et grant chevalerie. Quant le roi de France sout que le roi d'Engleterre estoit arrivés en Poitou por entrer en sa terre, si envoia là Loïs son fil, et le conte de Nevers, et grant chevalerie, et tant i firent qu'il eussent pris le roi d'Engleterre en un chastel, se ne fust un cardinal de Rome qui estoit engleis, et estoit en cele terre por croisier à aler outre-mer. Quant il vit que le roi d'Engleterre en avoit le peor, tant pria Loïs le fils le roi de France, qu'il ot trives, et le roi s'en ala. Ainsi fist eschaper le cardinal le roi d'Engleterre, qu'il ne fu mie pris.

Quant le roi de France oï dire que le cuens de Flandre assembloit gens, et que Othes et le frere le roi d'Engleterre, et Renaut le cuens de Boloingne, estoient venu en s'aide, il semonst ses os, et s'en ala en Flandre encontre lui, et se herberja à quatre lieuës prés de lui à une cité qui a nom Tornai. Cele jor que le roi vint à Tornai fu samedi, et du samedi fu dimanche, si dist le roi qu'il ne se moveroit

roi de Sicile et qu'il l'aidoit du sien contre lui. Il sut que le roi d'Angleterre, son oncle, et le comte de Flandre, qui avoit nom Ferrand, étoient d'accord ensemble et assembloient des gens pour guerroyer le roi de France. Il assembla beaucoup de monde, ducs et comtes, et s'en alla en Flandre aider le comte pour incommoder le roi de France. Le roi d'Angleterre envoya beaucoup de chevaliers au comte de Flandre pour combattre le roi de France. Il y envoya son frère, qui avoit nom Guillaume *Longue-Épée*, et le comte Renaut de Boulogne, qui le suivoit à la guerre, et Hugues de Boves. Puis le roi d'Angleterre passa en Poitou avec une grande armée et beaucoup de chevaliers. Quand le roi de France sut que le roi d'Angleterre étoit arrivé en Poitou pour entrer en son pays, il envoya Louis son fils et le comte de Nevers et beaucoup de chevaliers, et ils firent tant qu'ils eussent pris le roi d'Angleterre en un château, sans un cardinal de Rome qui étoit anglais et qui étoit en ce pays pour croiser des gens qui allassent outre mer. Quand il vit que le roi d'Angleterre avoit du pire, il pria tant Louis le fils du roi de France, qu'il eut trève et que le roi s'en alla. Ainsi le cardinal fit échapper le roi d'Angleterre pour qu'il ne fût pas pris.

Quand le roi de France ouït dire que le comte de Flandre assembloit ses gens, et qu'Othon et le frère du roi d'Angleterre, et Renaut, comte de Boulogne, étoient venus à son aide, il assembla ses armées et s'en alla en Flandre contre lui, et s'hébergea à quatre lieues de lui, à une cité qui a nom Tournai. Le jour que le roi vint à Tournai fut un samedi, et au sa-

por la hautesse du jor. Li Flamenc, quant il sorent que le roi estoit si prés d'eus, si s'armerent et vindrent encontre lui, car il le cuidierent trover à Tornai. L'en fist à savoir au roi que li Flamenc venoient sor lui; le roi fist ses gens armer et se leva d'iluec, et s'en revint à une herberge dont il meust estoit le jor devant, et establi s'arriere garde, et chargea à Champenois, et s'arresta à un pont cou apelle le pont de Bovines. Là attendoit s'arriere garde qu'ele venist, qu'il ne voloit mie aler contre les Flamens por combatre, porce que le dimanche estoit. L'en fist à savoir au conte de Flandre que le roi de France s'enfuioit et qu'il ne l'osoit attendre. Adonc vint le cuens si poinst tant qu'il se feri en l'arriere garde, et cil le recueillirent à l'aide des eschieles des chevaliers qui prés d'eus estoient. Si pristrent le cuens de Flandres et Guillaume Longue-Espée et un conte d'Alemaigne qu'on apeloit le conte Pelvi, et Renaut de Boloingne, et des Flamens grant partie et des autres chevaliers assés.

Othes s'enfui et li dus de Brabant qui avec lui, et Hue de Bove. Cil eschaperent, et s'en ala Othes en Alemaigne. Quant Frederic oi dire que Othes estoit deconfis en Flandre, et qu'il s'en estoit afuis, si assembla grant gens, et ala sor lui. Quant Othes oi dire que le roi Frederic venoit sor lui à tout grant gens, si voida Alemaigne et ala à Soissone en la terre son frere, et le roi Frederic aprés, et le chaça tant qu'il l'atainst et l'assiegea en un chastel. Là prit maladie à Othes, si fut mort; mesançois qu'il morust se demist-il de l'empire, et rendi au roi Frederic la corone de Rome, et les adoubemens qu'il portoit quant il estoit empereor. Si, comme vous avez

medi suivoit le dimanche, en sorte que le roi dit qu'il ne se mettroit pas en marche à cause de la sainteté du jour. Les Flamands, quand ils surent que le roi étoit si près d'eux, s'armèrent et vinrent contre lui, car ils le crurent trouver à Tournai. L'on fit savoir au roi que les Flamands venoient sur lui. Le roi fit armer ses gens, partit de là, et s'en revint à un logement qu'il avoit quitté le jour d'avant; il établit son arrière-garde, en chargea les Champenois, et s'arrêta à un pont qu'on appelle le pont de Bovines. Là il attendit que son arrière-garde arrivât, car il ne vouloit pas aller contre les Flamands pour combattre, à cause que c'étoit dimanche. L'on fit savoir au comte de Flandre que le roi de France s'enfuyoit et qu'il ne l'osoit attendre. Le comte vint donc, et s'avança tellement qu'il tomba en l'arrière-garde. Ceux-ci le reçurent, avec l'aide des corps de chevaliers qui étoient près d'eux[1]; ils prirent le comte de Flandre et Guillaume *Longue-Épée*, et un comte d'Allemagne qu'on appeloit Pellevi, et Renaut de Boulogne, et une grande partie des Flamands et beaucoup des autres chevaliers.

Othon s'enfuit et aussi le duc de Brabant qui étoit avec lui, et aussi Hugues de Boves; ils échappèrent, et Othon s'en alla en Allemagne. Quand Frédéric ouït dire qu'Othon étoit déconfit en Flandre et qu'il s'en étoit fui, il assembla beaucoup de gens et alla sur lui. Quand Othon ouït dire que le roi Frédéric venoit sur lui avec beaucoup de gens, il alla en la terre de son frère, et le roi Frédéric alla après lui et le poursuivit jusqu'à ce qu'il l'atteignit dans un château. Là Othon prit une maladie et mourut[2]; mais avant qu'il mourût

---

[1] Le 27 août 1214. — [2] Dans le château de Hartzbourg, le 19 mai 1218.

oi, aida Dame Dex à Frederic de si povre com il fu au commencement. Or vous lairons à parler du roi Frederic qui en Alemaigne estoit, et sejorna grant piece, ains qu'il ala à Rome, jusques que ore et point en sera con en parlera. Cil roi Frederic manda son fil et sa fame qu'il avoit laissié en Cesile.

Or vous dirons de la terre de Jerusalem. Il avint chose que le cuens Henri fu mort, et que la terre eschai à la fille le marquis que li Hassisis occistrent. Elle n'ot point de seignor, ains fist-l'en d'un sien oncle baillif de la terre jusques à tant qu'il auroit trouvé à qui il la donroient, et de qui il feroient seignor. Cil chevalier de qui l'en fist baillif et qui estoit son oncle, avoit nom Jehan d'Ibelin, et fu fil de Balian et la roine Marie, qui fame fu au roi Amauri. Cil fu baillif de la terre ançois con eust trouvé à cui donner la damoiselle, et bien tint en pes la terre envers les Sarrazins. Il avint chose que li patriarche et li evesques et li chevalier de la terre et li Templiers et li Hospitaliers s'assemblerent ensemble, et pristrent conseil à cui il porroient donner la demoiselle et faire roi de la terre. Là estoit un chevalier quant ensemble estoient, et se leva en piés, et lor dist qu'il savoit un chevalier en France qui n'avoit point de fame, et estoit haut hons et prodons, et, s'il si voloient accorder, il li estoit bien avis que le roiaume li afferroit bien, et qu'ele i seroit bien emploiée. Il demanderent qui il estoit, et comment il avoit nom. Il lor dist qu'il avoit nom le cuens Johan de Brene. Il en parlerent ensemble, et s'en conseillerent, et i ot assés de ceus qui bien le connoissoient, et avoient oï parler de li; si

il se démit de l'empire et rendit au roi Frédéric la couronne de Rome et les ornemens qu'il portoit quand il étoit empereur. Ainsi, comme vous l'avez ouï, le Seigneur Dieu aida Frédéric à sortir de l'état si pauvre où il avoit été au commencement. Or nous cesserons de parler du roi Frédéric qui étoit en Allemagne et y séjourna grand temps avant d'aller à Rome, jusqu'à ce que revienne l'heure et le moment d'en parler. Ce roi Frédéric manda son fils et sa femme qu'il avoit laissés en Sicile.

Or nous vous dirons de la terre de Jérusalem. Il arriva que le comte Henri mourut[1] et que le pays échut à la fille du marquis[2] qu'avoient occis les Hassissins; elle n'avoit point de seigneur, mais on fit un sien oncle bailli du pays jusqu'à ce qu'on eût trouvé à qui on la donneroit et qui on prendroit pour seigneur. Ce chevalier que l'on fit bailli, et qui étoit son oncle, avoit nom Jean d'Ibelin, et étoit fils de Balian et de la reine Marie qui avoit été femme du roi Amauri. Celui-ci fut bailli du pays jusqu'à ce qu'on eût trouvé à qui donner la demoiselle, et il tint bien le pays en paix envers les Sarrasins. Il avint que le patriarche et les évêques, les chevaliers du pays, les Templiers et les Hospitaliers, s'assemblèrent et avisèrent à qui ils pourroient donner la demoiselle, pour en faire le roi du pays. Tandis qu'ils étoient ensemble il y avoit un chevalier qui se leva en pied, et dit qu'il savoit un chevalier en France qui n'avoit point de

---

[1] Il s'agit ici, non du comte Henri qui étoit mort en 1197, mais du roi Amauri de Lusignan, mort le premier avril 1205.

[2] Marie, fille de Conrad, marquis de Monferrat, et de la reine Isabelle.

s'accorderent tuit de demander, le querre et de donner li la demoiselle, et de faire le roi. Il pristrent messages, et l'envoierent querre. Li messages vindrent à lui là où il estoit en France, et li distrent que cil de la terre d'outre-mer le mandoient querre por lui faire roi. Quant il oi ce, si dist qu'il en prendroit conseil. Il ala au roi de France, et li dist que l'en l'avoit mandé querre por estre roi en la terre d'outre-mer. Le roi li conseilla bien, et li loa qu'il i alast. Il ala et arriva en Acre, où l'en le receut à grant honor et à grant seignorie, puis ala à Sur, et espousa sa fame, et porterent corone.

Quant li Sarrazins sorent qu'il ot roi en Acre, si brisierent les trives qu'il avoient fait au baillif, et commença la guerre. Quant le roi Johan ot porté corone, si manda le roi de Chipre qu'il prist sa fame la fille le conte Henri. Li cuens Henri, le pere à la demoiselle, avoit fait cele mariage ains qu'il morust. Le roi de Chipre la manda querre, si l'espousa et la fist roine. Li roi Johan avoit un cosin germain qui avoit nom Herart de Brene. Il sout un jor que le roi estoit alé à Sur; si fist tant vers la roine, qu'ele li dona l'autre fille au comte Henri, qui sa seror estoit. Il l'espousa coiement tantost com la roine li ot donnée, porce qu'il ne voloit mie que le roi en eust blasme, ne con dist qu'il li eust donnée. Il passa mer tantost, et s'en vint en France.

femme et étoit haut seigneur et prud'homme, et, s'ils vouloient s'y accorder, il lui étoit avis que la royauté lui conviendroit bien et qu'elle seroit bien placée. Ils demandèrent comment il étoit et comment il avoit nom. Il répondit qu'il avoit nom le comte Jean de Brienne[1]. Ils en parlèrent ensemble et en avisèrent, et il y avoit beaucoup de gens qui le connoissoient bien et avoient ouï parler de lui, et ils s'accordèrent tous de le mander, le requérir, lui donner la demoiselle et le faire roi. Ils prirent des messagers et l'envoyèrent quérir. Les messagers vinrent à lui là où il étoit en France. Ils lui dirent que ceux du pays d'outre mer l'envoyoient quérir pour le faire roi. Quand il ouït ceci il dit qu'il en aviseroit. Il alla au roi de France et lui dit qu'on l'avoit envoyé quérir pour être roi au pays d'outre mer. Le roi lui conseilla bien et l'approuva qu'il y allât. Il alla et arriva à Acre[2], où on le reçut avec de grands honneurs et en grande pompe ; puis il alla à Tyr, épousa sa femme, et ils prirent la couronne[3].

Quand les Sarrasins surent qu'il y avoit un roi à Acre, ils rompirent les traités qu'ils avoient faits avec le bailli, et la guerre commença. Quand le roi Jean eut pris la couronne, il manda au roi de Chypre qu'il prît la femme du comte Henri. Le comte Henri, père de la demoiselle, avoit fait ce mariage avant qu'il mourût[4]. Le roi de Chypre l'envoya quérir, l'épousa

---

[1] Second fils d'Erard II, comte de Brienne. — [2] Le 13 septembre 1210.

[3] Le 3 octobre. L'*Art de vérifier les dates* se trompe en disant que, d'après Bernard le Trésorier, le couronnement eut lieu à Acre et non à Tyr.

[4] Henri de Champagne, roi de Jérusalem, était mort en 1197, et sa fille Alix n'épousa Hugues I, roi de Chypre, qu'en 1208.

Je ne vous dirai ore plus de Herart ne de sa fame, mes par aventure vos en orrés autrefois parler. Le roi Johan, qui en Acre estoit, manda à l'apostole que, por Dieu, le secorust, et qu'il avoit grant mestier de gens. Quant l'apostole oi la novelle de la terre d'outre-mer qui avoit mestier d'aide, il manda par toute crestienté as meillors clercs qu'il savoit qu'il prechassent de la crois d'outre-mer Aprés i envoia cardinax por eus conforter et confermer ce qu'il disoient, et mult en croisierent par toutes terres. Il ot en France un clerc qui precha de la crois qui avoit nom maistre Jacques de Vitri; cil en croisa mult. Là où il estoit en la predication l'elurent les chanoines d'Acre, et manderent à l'apostole qu'il lor envoia por estre evesque d'Acre; et sachiés, s'il n'en eust eu le commandement l'apostole, il ne l'eust mie reçu, mes toutes voies passa il outre-mer, et fust evesque grant piece, et fist mult de biens en la terre; mes puis resigna il et retorna en France, et puis fu il cardinal de Rome. Le premier haut home de cele croiserie qui passa fu le roi de Honguerie, qui mult de gens mena; et mult de gens passerent à ce passage de toutes terres et arriverent en Acre. En cel point que le roi de Honguerie passa, fu la roine la fame le roi Johan morte, si li demora une fille. Le roi ne vout mie estre sans fame, ains envoia au roi d'Ermenie qu'il li envoia une de ses filles, et

et la fit reine[1]. Le roi Jean avoit un cousin qui avoit nom Érard de Brienne; celui-ci sut un jour que le roi étoit allé à Tyr, et fit tant auprès de la reine qu'elle lui donna l'autre fille du comte Henri[2], qui étoit sœur de la première. Il l'épousa secrètement aussitôt que la reine la lui eut donnée, parce qu'il ne vouloit pas que le roi en eût blâmé, ni qu'on dît qu'il la lui eût donnée. Il passa aussitôt la mer et s'en vint en France.

Je ne vous dirai plus rien maintenant d'Érard ni de sa femme, mais par aventure vous en ouïrez encore parler. Le roi Jean, qui étoit à Acre, manda à l'apostole que, pour Dieu, il le secourût, et qu'il avoit grand besoin de monde. Quand l'apostole ouït la nouvelle du pays d'outre mer qui avoit besoin de secours, il manda par toute la chrétienté aux meilleurs clercs qu'il avoit qu'ils prêchassent pour qu'on se croisât outre mer. Il envoya après des cardinaux pour les fortifier et confirmer ce qu'ils disoient; et ils en croisèrent beaucoup dans le pays. Il y avoit en France un clerc qui prêchoit de la croix et qui avoit nom maître Jacques de Vitry; il en croisa beaucoup. Tandis qu'il étoit en la prédication, les chanoines d'Acre l'élurent, et mandèrent à l'apostole qu'il le leur envoyât pour être évêque d'Acre; et sachez que, s'il n'en eût eu le commandement de l'apostole, il n'eût pas accepté, mais toutefois il passa outre mer, fut évêque long-temps, et fit beaucoup de bien dans le pays; mais ensuite il résigna, et retourna en France, et fut après cardinal de Rome. Le premier seigneur de

---

[1] Il l'avoit épousée en 1208, et la fit couronner en 1211.
[2] Philippine.

il la prendroit à fame. Le roi li envoia et il l'espousa. Aprés vint le roi d'Ermenie en Acre. Quant le roi Johan ot sa fame espousée, vint le roi de Chipre en Acre à tot grant gent.

Or furent en Acre quatre rois et i ot mult grant pueple qui arrivés i estoit. Là pristrent conseil qu'il iroient asseoir un chastel qui estoit à quatre milles d'Acre, qui a nom Monte-Tabor. Il i alerent et l'assistrent, mes il ne le pristrent pas; car li soudan ot assemblé grant gens, et vint son chastel secorre. Quant li Crestiens sorent que le soudan estoit prés d'eus, et qu'il venoit por eus grever, si se leverent du siege et alerent encontre por combatre. Li Sarrazins furent es montaignes en haut, et li Crestiens u plain. Coredain, le fils au soudan, vint à son pere, et li dist : « Sires, ores descendés à val, si nous combatrons as Crestiens. » Li soudan dit que non feroit : « Veés, dit-il, biau fils, com il viennent erans et espris por combatre. Se nous descendons à val, espoir nous en aurons le meillor ; car aussi chier ont il à estre mort com vif. Il m'est avis qu'il sont tuit abandonnés à la mort, si ne veul mie mes homes faire occire. Veés, dist-il, com il sont grant gens, et si n'ont point de seignor qui les gouverne, et vit chascun du sien. Quant il auront despendu ce qu'il ont, si s'en iront. » Li soudan se tint tous cois es montaignes. Quant les Crestiens virent qu'il n'avaleroient mie, si n'oserent demorer

cette croisade qui passa fut le roi de Hongrie [1], qui mena beaucoup de monde ; et beaucoup de gens de tous pays passèrent à cette expédition et arrivèrent en Acre. Au temps que le roi de Hongrie passa, la reine femme du roi Jean mourut [2] et lui laissa une fille. Le roi ne voulut pas demeurer sans femme, et envoya au roi d'Arménie pour qu'il lui envoyât une de ses filles, disant qu'il en feroit sa femme. Le roi la lui envoya et il l'épousa. Après cela le roi d'Arménie vint à Acre. Quand le roi Jean eut épousé sa femme, le roi de Chypre vint à Acre avec beaucoup de monde.

Or il y avoit à Acre quatre rois et une grande multitude de peuple qui y étoit arrivé. Ils délibérèrent qu'ils iroient assiéger un château à quatre milles d'Acre, et qui a nom Mont-Thabor. Ils y allèrent et l'assiégèrent, mais ils ne le prirent pas, car le soudan avoit assemblé beaucoup de monde et vint secourir son château. Quand les Chrétiens surent que le soudan étoit près d'eux et qu'il venoit pour leur faire dommage, ils levèrent le siége et allèrent à sa rencontre pour combattre. Les Sarrasins étoient sur la montagne en haut, et les Chrétiens dans la plaine. Coradin, le fils du soudan, vint à son père et lui dit : « Sire, descendez en bas, afin que nous combattions « les Chrétiens. » Le soudan lui dit qu'il n'en feroit rien. « Voyez, dit-il, beau fils, comme ils viennent « promptement et ardemment pour combattre. Si nous « descendons en bas, vraisemblablement ils nous en

---

[1] André II, roi de Hongrie de 1204 à 1235. Il passa en Palestine en 1217.
[2] En 1212.

au siege, por ce qu'il ne se meissent entr'eus en Acre, et qu'il ne lor tollissent la viande. Il n'orent gaires esté en Acre puis qu'il furent revenus, que le roi Honguerie entra en mer et s'en r'ala en son païs, et le roi d'Ermenie s'en r'ala en Ermenie, et le roi de Chipre s'en retorna ariere, et arriva à Triple, et acoucha malade et fu mort. Le roi Johan fu en Acre, et ot mult grant gens, et mult en venoient chascun jor. Il se porpensa qu'il ne porroit rien esploitier en cele terre, et que, s'il avoit conseil du Temple et de l'Hospital et des chevaliers de la terre, qu'il iroit volentier Alixandre ou Damiete aseoir, s'il li conseilloient. Et s'il li estoit bien avis, que s'il avoit l'une de ces cités, que por cele cité porroit bien avoir le roiaume de Jerusalem. Quant ainsi ot pensé, si manda les Templiers et les Hospitaliers et les chevaliers de la terre, por prendre conseil de ce qu'il avoit pensé.

Quant tuit furent assemblés, si vint le roi, et lor dist : « Seignors, dist-il, or me conseilliés, por Dieu, de ce que je vous dirai. Nos avons mult grant gens, mult en i a de croisiés par toutes terres qui venront, et mult croisera l'en encore. Il

« donneront de leur meilleur, car ils aiment autant
« être morts que vivans. Il m'est avis qu'ils se sont
« tous dévoués à la mort, ainsi je ne veux pas faire
« occire mes hommes. Mais voyez, dit-il, tout ce qu'ils
« sont là de monde : ils n'ont pas de seigneur qui les
« gouverne, et chacun vit du sien ; quand ils auront
« dépensé ce qu'ils ont, ils s'en iront. » Le soudan
se tint tout tranquillement sur les montagnes. Quand
les Chrétiens virent que les Sarrasins ne vouloient pas
descendre, ils n'osèrent demeurer au siége, de peur
que les autres ne se missent entre eux et Acre et ne
leur ôtassent les vivres. Après être revenus à Acre, ils
n'y furent guère que le roi de Hongrie se mit en mer
et s'en retourna dans son pays. Le roi d'Arménie s'en
retourna en Arménie. Le roi de Chypre s'en retourna
d'où il étoit venu, arriva à Tripoli, se mit au lit malade et mourut. Le roi Jean étoit à Acre et avoit
beaucoup de monde, et il en venoit tous les jours
beaucoup. Il pensa en lui-même qu'il n'y avoit
rien à faire en ce pays, et que si le Temple, l'Hôpital et les chevaliers du pays vouloient s'y accorder,
il iroit volontiers assiéger Alexandrie ou Damiette s'ils
le lui conseilloient, et il lui étoit avis que, s'il prenoit une de ces cités, il pourroit bien avoir pour
celle-là le royaume de Jérusalem. Quand il eut ainsi
pensé il manda les Templiers, les Hospitaliers et les
chevaliers du pays pour prendre conseil sur ce qu'il
avoit pensé.

Quand ils furent tous assemblés, le roi vint et
leur dit : « Seigneurs, conseillez-moi, pour Dieu,
« sur ce que je vous dirai. Nous avons beaucoup
« de gens ici ; il y en a beaucoup de croisés par

m'est avis que nous ne pourrons mie ci gramment esploitier sor les Sarrazins, et se vous vées que ce soit bien à faire, et consens le vos aportoit, je irois volentier en la terre d'Egypte asseoir Damiete ou Alixandre. Car se nos poons avoir une de ces cités, il m'est avis que nous en porrions avoir toute ceste terre par l'une de ces deus, se Dex la nos donoit prendre. »
Li Templier et li Hospitalier et li chevalier en parlerent ensemble, et lor apporta lor conseil que bien seroit à faire ; il si accorderent, et creanterent qu'il iroient. Quant le roi vit qu'il se furent accordés ensemble, si commanda à chascun qu'il atornassent lor nes et chariassent es galies armes et viandes, et chascun selonc ce qu'il estoit, et pristrent jor de mouvoir. Et quant la muete fut atirée, le roi garni bien Sur et Acre de chevaliers et de serjans, et laissa à Acre bien cinq cens chevaliers quant il s'en ala en la terre d'Egypte, que de ceus de la terre que des pelerins. Et quant li rois ot ainsi garni Sur et Acre, si fist par Acre crier qui haitié estoient, fors ceus qui demorés estoient es garnisons, entrassent es nes, et alassent avec lui, sor escomeniement. Quant les nes et les galies furent appareilliés, si entrerent ens, et quant Dex lor dona bon vent, si murent, et ererent tant que poi de tans vindrent à Damiete, et pristrent terre, et descendirent à une isle qui est devant Damiete, et se logierent iluec sur le flun. Là furent bien un an que onques ne porent rien faire à Damiete, fors tant qu'il pristrent une tor qui est prés de la rive du flun, là où il estoient logiés, et estoit bien garnie. En cele tor estoit un chief d'une chaene et à Damiete l'autre, qu'il levoient quant il voloient que vessiaux ne montassent ne avalassent le flun. Quant les Crestiens orent pris cele tor, si la garnirent, et brisierent la chaene, si que li vaissel, quant il estoient arrivés, ne venoit[1] à lor ost tot contre mont le flun à la rive devers eus.

[1] *Ne venoit*, lisez : *se venoient.*

« tous pays qui viendront, et il s'en croisera beau-
« coup encore. Il m'est avis que nous ne pour-
« rons ici faire de grands exploits contre les Sarra-
« sins. S'il vous paroît que ce soit bien faire, et
« que vous y donniez votre consentement, j'irai
« volontiers en la terre d'Égypte assiéger Damiette
« ou Alexandrie, car si nous pouvons avoir une
« de ces cités, il m'est avis que pour l'une de ces
« deux, si Dieu nous accordoit de la prendre, nous
« pourrions avoir tout le pays. » Les Templiers,
les Hospitaliers et les chevaliers en parlèrent ensemble, et décidèrent en leur conseil que ce seroit bien
fait; ils s'y accordèrent, et promirent qu'ils iroient.
Quand le roi vit qu'ils s'étoient accordés ensemble,
il commanda à tous qu'ils apprêtassent leurs navires et transportassent aux galères des armes et
vivres, chacun selon qu'il étoit, et prissent jour pour
se mettre en route. Quand l'expédition fut prête, le
roi garnit bien Tyr et Acre de chevaliers et d'hommes
d'armes, et, en partant pour la terre d'Égypte, laissa
bien à Acre cinq cents chevaliers, tant de ceux du
pays que des pélerins. Quand le roi eut ainsi garni
Tyr et Acre, il fit crier par la ville d'Acre que tous
ceux qui se portoient bien, hors ceux qui demeuroient pour les garnisons, entrassent dans les navires
et allassent avec lui, sous peine d'excommunication.
Quand les navires et les galères furent apprêtés ils
entrèrent dedans, et quand Dieu leur donna bon
vent, ils se mirent en route et avancèrent si bien
qu'en peu de temps ils vinrent à Damiette, prirent
terre, et descendirent à une île qui est devant Damiette, et se logèrent là sur le fleuve. Là ils furent

Quant li apostole sout que li Crestiens orent assiegé Damiete, si manda par toute crestienté que li croisiés meussent, et aprés manda as arcevesques et as evesques des pors qu'il fussent legat à descroisier la menue gens, et qu'il renvoiassent ariere ceus qui n'estoient mie deffensable, et prissent lors deniers. Ceus con descroiseroit à Rome ne lairoit l'en d'argent, fors tant qu'il s'en porroient r'aler en lor païs, si come aucune gens distrent. Aprés envoia l'apostole legas par toutes les terres por descroisier et por faire movoir ceus qui ne se descroiseroient. Si manda par tout qu'on ne tenist crestienté à croisié qui ne mouveroit ou donroit du sien, tant comme raison seroit, à porter en la terre d'outre mer. Aprés envoia deus cardinaus à Damiete à l'ost : li cardinaus Robert, qui anglois estoit, et le cardinal Pelage, qui estoit de Portigal. Le cardinal Robert i fut mort, et Pelage vesqui, dont ce fu grant damage, qui mult i fist de mal, si comme oirés dire en aucun tans.

bien un an sans pouvoir rien faire à Damiette, hors seulement qu'ils prirent une tour qui est près de l'endroit où ils étoient logés, et étoit bien garnie. En cette tour étoit le bout d'une chaîne dont l'autre bout étoit à Damiette, ils la levoient quand ils vouloient que les vaisseaux ne montassent ni ne descendissent le fleuve. Quand les Chrétiens eurent pris cette tour ils y mirent garnison et brisèrent la chaîne, en sorte que les vaisseaux, quand ils étoient arrivés, venoient à leur camp et remontoient le fleuve vers le rivage où ils étoient.

Quand l'apostole sut que les Chrétiens avoient assiégé Damiette, il manda par toute la chrétienté que les croisés se missent en route, puis il manda aux archevêques et évêques des villes de port qu'ils lui servissent de légats pour décroiser les petites gens, qu'ils renvoyassent ceux qui n'étoient pas en état de se défendre et prissent leur argent. Ceux qu'on décroiseroit à Rome, on ne devoit, à ce qu'ont dit quelques-uns, leur laisser d'argent que seulement ce qu'il leur en faudroit pour retourner dans leur pays. L'apostole envoya ensuite des légats dans tous les pays pour décroiser et pour faire partir ceux qui ne se décroiseroient pas, et il manda partout qu'on ne gardât pas communion chrétienne avec le croisé qui ne partiroit pas, ou ne donneroit pas du sien autant que raison seroit, pour le porter au pays d'outre mer. Après cela il envoya à l'armée à Damiette deux cardinaux : le cardinal Robert, qui étoit anglais, et le cardinal Pélage, qui étoit de Portugal. Le cardinal Robert y mourut, et Pélage vécut ; dont ce fut grand dommage,

Quant li soudan sout que li Crestiens estoient meu por aler en Egypte, si ne fu mie lie, ains fist abatre les murs et les chastiaus entor Jerusalem, fors seulement le Crac. Car il cuida bien que, quant li murs de Jerusalem et li chastel seroient abatus, qu'il s'en retornassent ariere, et alassent en Jerusalem faire lor pelerinage, et puis s'en r'alassent en lor païs. Mes ce ne firent-il pas, ains pristrent terre, et se logierent devant Damiete, si com vos avés oi. Quant li soudan vit que li Crestiens ne retornoient pas, et con li fist à savoir qu'il avoient pris terre et assegié Damiete, si fu mult dolent, si assembla gent et ala là, et mena un sien fil qui avoit nom Loquemel, à cui il dona la terre d'Egypte quant il morut. Son autre fil laissa en la terre por garder la, et à celui laissa-il la terre de Domas et de Jerusalem. Li soudan s'en alast en la terre d'Egypte, et quant il vint là, et il vit que li Crestiens estoient prés de Damiete de l'autre part du flun, si fu mult dolent. Il s'ala herbergier devant Damiete, ne vesqui gaires aprés, ains fu mort, et son fil fu sire de la terre et maintint l'ost. Il fit le flun paler de grant pieus de l'une rive jusqu'à l'autre, que li Crestiens ne montassent le flun et pristrent terre devers lui. Aprés fist mult bien garnir la rive du flun dés les palis jusqu'à Damiete, de cele part où il estoit, que li Crestiens ni arrivassent.

car il fit beaucoup de mal, comme vous l'ouïrez dire en un autre temps.

Quand le soudan sut que les Chrétiens étoient allés en Égypte, il n'en fut pas content, et il fit abattre les murs et les châteaux aux environs de Jérusalem, hors seulement le Krac, car il pensoit que quand les murs de Jérusalem et les châteaux seroient abattus, ils s'en reviendroient sur leurs pas, iroient en Jérusalem faire leur pélerinage et puis retourneroient dans leur pays. Mais ils ne le firent pas ainsi; au contraire ils prirent terre et se logèrent devant Damiette, comme vous l'avez ouï. Quand le soudan vit que les Chrétiens ne s'en retournoient pas, et qu'on lui eut fait savoir qu'ils avoient pris terre et assiégé Damiette, il fut très-dolent; il assembla du monde et y alla, et mena un sien fils qui avoit nom Loquemel [1], à qui il donna ensuite le pays d'Égypte quand il mourut. Il laissa son autre fils dans le pays pour le garder, et à celui-là il laissa le pays de Damas et de Jérusalem. Le soudan s'en alla en la terre d'Égypte; et quand il vint là et vit que les Chrétiens étoient de l'autre côté du fleuve, il fut très-dolent. Il s'alla héberger devant Damiette et ne vécut guère, mais mourut bientôt. Son fils fut sire du pays et maintint l'armée. Il fit garnir le fleuve de grands pieux d'une rive à l'autre, pour empêcher les Chrétiens de le remonter et de prendre terre devers lui, puis fit bien garnir de monde la rive du fleuve, depuis la palissade jusqu'à Damiette du côté où il étoit, afin que les Chrétiens n'y arrivassent pas.

[1] Malek-El-Kamel, sultan d'Egypte de 1218 à 1238. Son père Malek-El-Adel-Scifeddyn n'alla pas lui-même en Egypte pour repousser l'invasion des Francs.

Quant li Crestiens orent esté en l'isle grant piece, si pristrent conseil qu'il feroient; car là ne faisoient nul exploit, et qu'il lor convenoit passer par devers Damiete. Il distrent que nulle fin ne porroient-il prendre terre entre Damiete et le palis, mes s'il pooient tant faire qu'il peussent brisier le palis et passer outre, à l'aide de Dieu, il prendroient terre. Là pristrent conseil, et s'accorderent qu'il iroient. Quant il furent acordé, si garnirent mult bien lor ost et lor lices. Après s'armerent et monterent es nes et es galies, et quant il furent dedens, Dieu lor dona bon vent, si murent. En la nef qui devant aloit, estoit Gautier le chamberlene le roi de France, par qui le roi avoit envoié grant avoir à la besoigne de la terre. Cele nef fu fort et ot bon vent, si se feri u palis et le froissa et passa outre, et fist la voie as autres nes, qui après passerent sauvement, fors une du Temple qui traversa, que li Sarrazins ardirent, mes les gens eschaperent. Quant li Sarrazins virent que li Crestiens s'apareilloient de monter le flun, si s'armerent, et alerent sor la rive por contretenir qu'il n'arrivassent, et traioient à eus et lançoient feu gregeois. Et quant li Crestiens orent esloingnié Damiete, si troverent une rive, où lor fu avis qu'il pooient bien arriver. Il virent que toute la terre fu couverte de Sarrazins et tot le rivage. Si distrent qu'il ne porroient mie arriver en cel point, car trop estoit la terre couverte de Sarrazins. Il orent conseil qu'il arriveroient en la rive de l'isle par où il montoient, et que lendemain prendroient terre à l'ajorner d'autre part. Il ariverent et geterent ancres selon la rive du flun. Li Sarrazins d'autre part garnirent mult bien lor rive et alerent à lor herberges.

Quand les Chrétiens eurent été grand temps dans l'île, ils tinrent conseil de ce qu'ils avoient à faire, car ils ne faisoient là nul exploit, et ils disoient qu'il leur falloit passer de l'autre côté vers Damiette. Ils dirent qu'en aucune manière ils ne pourroient prendre terre entre Damiette et la palissade, mais que, s'ils pouvoient tant faire que de briser la palissade et passer outre, à l'aide de Dieu ils prendroient terre. Ils tinrent conseil là-dessus et s'accordèrent d'y aller. Quand ils furent accordés, ils mirent très-forte garde à leur camp et à leurs barrières, puis s'armèrent et montèrent dans les navires et les galères, et quand ils furent dedans Dieu leur donna bon vent, et ils se mirent en marche. Dans le navire qui alloit devant étoit Gautier, le chambellan du roi de France, par qui le roi avoit envoyé grand avoir pour les besoins du pays. Ce navire marcha fort et eut bon vent; il alla heurter la palissade, la brisa, passa outre, et fit la voie aux autres navires qui après passèrent en sauveté, hors un navire du Temple qui traversa le fleuve. Les Sarrasins le brûlèrent, et ceux qui étoient dedans échappèrent. Quand les Sarrasins virent que les Chrétiens s'apprêtoient à monter le fleuve, ils s'armèrent, et allèrent sur la rive pour la défendre et empêcher qu'ils n'abordassent, et ils tirèrent sur eux et lancèrent du feu grégeois. Quand les Chrétiens se furent éloignés de Damiette, ils trouvèrent un rivage où il leur fut avis qu'ils pourroient bien aborder. Ils virent que le pays étoit couvert de Sarrasins et aussi tout le rivage. Ils connurent qu'il ne pourroient aborder en cet endroit, car il étoit trop garni de Sarrasins. Ils se conseillèrent d'aborder sur la rive de l'île par où ils étoient

Or vous dirai comment il avint, et comment Dex aida as Crestiens. Il ot discorde entre un haut home de l'ost des Sarrazins et le soudan; car li soudan le voloit metre dedens Damiete en garnison; mes cil dist qu'il n'y entreroit ja, car Salahadin son oncle avoit mis son pere en garnison dedens Acre, et le laissa prendre quant li Crestiens pristrent Acre. Cil haut home s'esparti de l'ost, il et si home et grant gent avec lui; mes il laissa son hernois et ses tentes, porce qu'il ne voloit mie qu'on s'en aperçust, ne qu'il fu pris. Quant cil qui estoient en garnison sor la rive por garder les Crestiens, oirent la frainte et la noise de ceus qui s'en aloient, si cuiderent estre trais. Il guerpirent le rivage et s'en alerent. Quant le jor commença à esclairier, ceus qui eschargaitoient lor nes et gaitoient l'ost esgarderent sor le rivage d'autre part de la rive, si n'y virent nullui, ains virent le rivage tout vuit, et il le firent à savoir as Crestiens; si s'armerent et leverent lor ancres, et passerent, et pristrent terre d'autre part, et descendirent les chevaliers et les serjans, fors les mariniers, qui enremenerent la naïve contre-val le flun. Cil se mistrent en conroi et alerent vers Damiete. Quant li Sarrazins sorent qu'il avoient passé le flun, si s'armerent et issirent des herberges por venir encontre eus. L'en fist à savoir au soudan que cil haus hons qu'il avoit prié d'entrer dedens Damiete s'en estoit alés o toutes ses gens et grant partie de l'ost avec lui. Quant le soudan oi ce, si ne vout mie aler contre les Crestiens, ains guerpi ses herberges et s'en ala. Li Crestiens l'en virent bien aler, mes ne vodrent mie aler aprés, ains alerent as her-

venus, et que le lendemain au point du jour ils prendroient terre de l'autre côté. Ils abordèrent et jetèrent l'ancre le long de la rive du fleuve. Les Sarrasins de l'autre côté garnirent fort bien le rivage et allèrent à leurs logemens.

Or je vous dirai ce qui avint et comment Dieu aida les Chrétiens. Il y eut discorde entre un seigneur de l'armée des Sarrasins et le soudan : car le soudan le vouloit mettre dedans Damiette en garnison ; mais celui-ci dit qu'il n'y entreroit pas, car Saladin, père du soudan, avoit mis son père en garnison dedans Acre ; et le laissa prendre quand les Chrétiens prirent Acre. Ce seigneur partit de l'armée, lui et ses hommes et beaucoup de gens avec lui ; mais il laissa son bagage et ses tentes, parce qu'il ne vouloit pas qu'on s'en aperçût et craignoit d'être pris. Quand ceux qu'on avoit postés sur la rive pour se garder des Chrétiens ouïrent le tumulte et le bruit de ceux qui s'en alloient, ils crurent être trahis. Ils abandonnèrent le rivage et s'en allèrent. Quand le jour commença à luire, ceux qui faisoient sentinelle sur les vaisseaux et épioient les mouvemens de l'armée, regardèrent sur l'autre rive ; ils n'y virent personne, et s'aperçurent que le rivage étoit tout vide. Ils le firent savoir aux Chrétiens, qui s'armèrent, levèrent les ancres, passèrent et prirent terre de l'autre côté. Tous descendirent, chevaliers et hommes d'armes hors les mariniers, qui emmenèrent la flotte en lui faisant remonter le fleuve. Ils se mirent en troupe et allèrent vers Damiette. Quand les Sarrasins surent que les Chrétiens avoient passé le fleuve, ils s'armèrent et sortirent des logemens pour venir contre eux.

berges des Sarrazins qu'il orent laissiés. Si se herbergierent, et assistrent Damiete. Il troverent les herberges bien garnies, qui grant mestier lor ot, et grant avoir i gaaignerent, aprés despartirent les viandes, et le gaaing donerent à chascun selonc ce qu'il estoit. Aprés firent deux pons sor le flun de l'un ost à l'autre; aprés firent derriere eus bons fossés et bones lices, que li Sarrazins ne lor corrussent sus; puis drecierent perrieres et mangouneaus, tresbuches, por geter as murs de Damiete, mes ni pooient riens faire, et faisoient assaillir chascun jor, et bien furent un an ainsi que rien ne firent.

Quant li Sarrazins orent guerpi lor herberges, et il se furent tuit trait ariere, et il sorent que li Crestiens estoient herbergiés, et qu'il avoient drecié engin devant la ville, et faisoient assaillir, si se herbergierent à deus milles prés d'eus et establirent qu'il envoiroient chascun jor de lor gens por assaillir as lices. Aprés manda li soudan à Coredin son frere, qui estoit en la terre de Jerusalem, qu'il le secorrust à tant de gent com il porroit avoir; car li Crestiens avoient passé le flun et avoient assise Damiete tout entor à la ronde. Aprés manda au caliphe de Baudac, qui apostole est des Sarrazins, et par Mahomet, qu'il le secorust, et s'il ne le secorroit, il perdroit la terre; car l'apostole de Rome i envoioit tant de

On fit savoir au soudan que ce seigneur qu'il avoit prié d'entrer dans Damiette s'en étoit allé avec tout son monde et une grande partie de l'armée avec lui. Quand le soudan ouït ceci, il ne voulut pas aller contre les Chrétiens, mais abandonna ses logemens et s'en alla. Les Chrétiens le virent bien partir, mais ne voulurent pas aller après lui. Ils allèrent aux logemens que les Sarrasins avoient laissés, s'hébergèrent, et assiégèrent Damiette. Ils trouvèrent les logemens bien garnis, et, ce qui leur faisoit grand besoin, ils y trouvèrent grand avoir, se partagèrent les vivres, puis donnèrent du butin à chacun selon ce qu'il étoit. Ensuite ils établirent deux ponts sur le fleuve d'un de leurs camps à l'autre, puis firent derrière eux de bons fossés et de bonnes barrières pour que les Sarrasins ne vinssent pas sur eux; puis ils dressèrent des pierriers, des mangonneaux, des bascules, pour lancer des pierres contre Damiette; mais ils n'y pouvoient rien faire; et ils donnoient l'assaut chaque jour, et furent bien un an ainsi sans avancer de rien.

Quand les Sarrasins eurent abandonné leurs logemens et se furent tous retirés en arrière, et qu'ils surent que les Chrétiens étoient logés, qu'ils avoient dressé leurs engins devant la ville et la faisoient assaillir, ils logèrent à deux milles d'eux et décidèrent qu'ils enverroient chaque jour du monde pour attaquer leur camp. Puis le soudan manda à Coradin son frère [1], qui étoit en la terre de Jérusalem, qu'il le secourût avec tout ce qu'il pourroit avoir de monde, car les Chrétiens avoient passé le fleuve et assiégé

---

[1] Malek-El-Moadham-Scharfeddyn, sultan de Damas et second fils de Seifeddyn.

gent que ce n'estoit mie conte ne mesure, et qu'il feist prescier par païenisme ausi com cil faisoient par la crestienté, et envoia au soudan grant secors de gent par son preschement.

Ançois que li Crestiens meussent d'Acre por aler en la terre d'Egypte, fermerent il un chastel au chief d'une cité sor la mer qui a nom Cesaire. Il encommencierent à fermer un autre à sept milles d'Acre et à cinq de Cesaire, en un lieu qu'on apele le Destroit. Cil chastiaus qu'il laissierent fermant quant il murent, est en la mer; il li mistrent nom Chastiau-Pelerin, porce que li pelerins le commancierent à fermer. Cil chastel tienent li Templiers porce qu'en lor terres fu fermés.

Li Coredin, qui fu fils au soudan de Domas, ot mult grant gent assemblés le jor de la feste Saint-Johan decolast, qui est à l'issuë d'aoust, fist un embuschement prés d'Acre, puis fist corre par devant. Quant les garnisons d'Acre virent les correors venir, si issirent aprés eus et chacierent tant qu'il vindrent sor cel embuschement; si s'arresterent qu'il ne vodrent aler avant, et se tindrent por fous de ce qu'il avoit tant chacié ceus. Quant li Sarrazins virent les Crestiens, si saillirent et se combatirent à eus. Assés i ot de mors d'une part et d'autre, tant que li Crestiens ne porent plus endurer, ains torna en fine qui eschaper pout vers Acre, et li Sarrazins les suirent jusqu'as portes d'Acre, et en pristrent assés et occistrent. Quant les Crestiens qui estoient en Acre virent venir lor gens tous desconfis, si corurent as armes, et fermerent les

Damiette tout à l'entour. Puis il manda au calife de Bagdad, qui est l'apostole des Sarrasins, que par Mahomet il le secourût, et que, s'il n'étoit secouru, il perdroit le pays, car l'apostole de Rome envoyoit tant de monde qu'il n'y avoit ni compte ni mesure, et qu'il falloit qu'il fît prêcher par le pays des Païens comme celui-ci le faisoit par la chrétienté. Le calife fit prêcher, et envoya au soudan grand secours de monde.

Avant que les Chrétiens partissent d'Acre pour aller en la terre d'Égypte, ils fortifièrent un château situé sur la mer, en avant d'une cité qui a nom Césarée; ils commencèrent à en fortifier un autre à sept milles d'Acre et à cinq de Césarée, en un lieu qu'on appelle le Détroit. Ce château qu'on étoit occupé à fortifier quand ils se mirent en route, est en la mer; ils lui donnèrent nom Château-Pélerin, parce que ce sont les pélerins qui l'ont commencé à fortifier. Les Templiers tiennent ce château parce qu'il a été établi sur leur terre.

Coradin, fils du soudan de Damas, ayant assemblé beaucoup de monde le jour de la fête de la décollation de saint Jean, qui est à la fin d'août, fit une embuscade près d'Acre, puis envoya des hommes courir devant. Quand les gens d'Acre virent venir les coureurs, ils sortirent après eux, et les poursuivirent tant qu'ils vinrent sur l'embuscade : ils s'arrêtèrent alors, et ne voulurent plus aller en avant, se tenant pour fous de les avoir tant poursuivis. Quand les Sarrasins virent les Chrétiens, ils sortirent de leur embuscade et les combattirent; il y eut beaucoup de morts de part et d'autre, mais enfin les Chrétiens furent obligés de céder, et qui put s'échapper tourna vers Acre. Les Sarrasins les suivirent jusqu'aux portes d'Acre, et en

portes et garnirent que li Sarrazins n'entrassent ens. Quant Coredin ot desconfit les garnisons d'Acre, si assis le chastel. Quant cil du chastel furent assis, si envoierent à Acre por secors. Cil d'Acre lor envoierent galies, et lor manderent qu'il laissassent le chastel et venissent à Acre, qu'il ne les pooient secorre. Et quant cil du chastel oirent la novelle, si entrerent es galies par nuit, et s'en alerent à Acre, et laissierent le chastel.

Quant ce vint lendemain, li Sarrazins s'armerent por assaillir le chastel, et quant il vindrent prés des murs si ne troverent nullui qui fust encontre eus. Il firent porter eschielles et monterent sus les murs et entrerent u chastel, et quant il l'orent pris, il ne le vodrent mie garnir, ains l'abatirent. Quant il l'orent abatu, si alerent asseoir Chastel-Pelerin. Quant li messages vit que son frere le soudan li mandoit qu'il l'alast secorre à tant de gent come il porroit avoir, Coredin se leva du siege et garni sa terre, puis ala en Egypte à son frere. Quant li Crestiens orent esté devant Damiete une piece, il pristrent conseil, et s'accorderent qu'il iroient Sarrazins requere les et se combatroient à eus. Quant il orent ce conseil pris, si establirent ceus qui demorroient por garder les lices, et ceus qui iroient as Sarrazins. Le roi Johan issist avant de l'ost et li eslus de Biauvés, qui puis fu evesque, et Gautier li chamberlant et grant chevalerie de toutes terres, et merveilles en issi de gent à pié, et errerent tant qu'il vindrent prés de l'ost des Sarrazins. Quant li Sarrazins les virent venir si se traistrent ariere, et monterent es chevaus, et les nos gens à pié se mistrent es

prirent et occirent beaucoup. Quand les Chrétiens qui étoient en Acre virent venir leurs gens tout déconfits, ils coururent aux armes, fermèrent les portes et les garnirent de monde pour que les Sarrasins n'entrassent pas. Quand Coradin eut déconfit la garnison d'Acre il assiégea le château. Ceux du château étant assiégés, ils s'adressèrent à Acre pour avoir des secours. Ceux d'Acre leur envoyèrent des galères et leur mandèrent qu'ils quittassent le château et qu'ils vinssent à Acre, qu'ils ne les pouvoient secourir; et quand ceux du château ouïrent cette nouvelle, ils entrèrent dans les galères pendant la nuit, s'en allèrent à Acre et laissèrent le château.

Quand ce vint le lendemain les Sarrasins s'armèrent pour assaillir le château : mais quand ils arrivèrent près des murs, ils ne virent personne pour les combattre. Ils firent porter des échelles, montèrent sur les murs et entrèrent au château, et quand ils l'eurent pris ils ne le voulurent pas garnir, mais l'abattirent. Quand ils l'eurent abattu, ils allèrent assiéger Château-Pélerin. Quand vint le message par où son frère le soudan lui mandoit qu'il l'allât secourir avec tout ce qu'il avoit de monde, Coradin se leva du siége, mit garnison en sa terre, puis alla en Égypte vers son frère. Quand les Chrétiens eurent été long-temps devant Damiette, ils délibérèrent et s'accordèrent à aller chercher les Sarrasins et les combattre. Quand ils eurent ainsi délibéré, ils établirent ceux qui devoient demeurer pour garder le camp et ceux qui iroient vers les Sarrasins. Le roi Jean sortit en avant du camp, avec l'élu de Beauvais, qui depuis fut évêque, et Gautier le chambellan, et beaucoup de

herberges, et se chargierent de viandes et de ce qu'il porent avoir trové, et retornerent ariere. Quant li Sarrazins virent que li Crestiens avoient chargié, si lor corrurent sus. Le roi et la chevalerie qui les gardoient alerent encontre, si assemblerent et se combatirent, si que li Crestiens en orent le peor et furent desconfis. Si fu pris li eslut de Biauvés et Gautier li chamberlan, et grant partie de ceus de France et d'aillors, ne des gens à pié n'en eschapa un sol, ains furent tous occis et mort de soif; car il fist mult grant chaut ce jor, et il n'orent point d'iauë là où il alerent. Le jor fu feste saint Johan à l'issuë d'aoust, et ce jor ot un an que li Crestiens furent desconfis devant Acre. Grant joie firent les Sarrazins des Crestiens qu'il avoient pris, qui haus hons estoient, et de ce qu'il avoient desconfi le roi, et li Crestiens firent grant duel, et si vous dis que chascun jor tuoient Sarrazins ou prenoient.

A ceus qui dedens Damiete estoient prist grant maladie, si qu'il i en ot mult de mort, et moroient chascun jor. Il le firent asavoir au soudan, et li manderent qu'il rendist la cité, ou qu'il lor mandast gens qui defendre se peussent, qu'il ne se pooient defendre. Li soudan fist appareiller cinq cens chevaliers bien montés, si lor dist que, s'il pooient tant faire qu'il fussent dedens Damiete, il lor donroit quant qu'il deviseroient. Cil distrent qu'il iroient et entreroient ens. Cil s'appareillerent

chevaliers de tous pays et de gens de pied, que c'étoit merveille. Ils allèrent tant qu'ils arrivèrent près du camp des Sarrasins. Quand les Sarrasins les virent venir ils se tirèrent en arrière et montèrent sur leurs chevaux, et nos gens de pied entrèrent dans les logemens, se chargèrent de vivres et de ce qu'ils purent trouver, et retournèrent sur leurs pas. Quand les Sarrasins virent les Chrétiens chargés, ils leur coururent sus. Le roi et les chevaliers qui les gardoient allèrent contre les Sarrasins, ils se mêlèrent et se combattirent. Les Chrétiens eurent du pire et furent déconfits. Là furent pris l'élu de Beauvais et Gautier le chambellan, et grande partie de ceux de France et d'ailleurs, et il n'échappa pas un seul des gens de pied, mais ils furent tous occis ou moururent de soif, car il faisoit grand chaud ce jour là, et il n'y avoit point d'eau là où ils allèrent. C'étoit le jour de la fête de Saint-Jean, à la fin d'août, et il y avoit ce jour-là un an que les Chrétiens avoient été déconfits devant Acre. Les Sarrasins firent grande fête à cause des Chrétiens qu'ils avoient pris, et qui étoient des seigneurs, et parce qu'ils avoient déconfit le roi; et les Chrétiens en menèrent grand deuil : et je vous dis pourtant que chaque jour ils tuoient ou prenoient des Sarrasins.

Il prit une grande maladie à ceux qui étoient dedans Damiette, en sorte qu'il en mouroit beaucoup, et ils mouroient chaque jour. Ils le firent savoir au soudan, et lui mandèrent qu'il rendît la cité, ou qu'il leur envoyât des gens qui pussent se défendre, car eux ne le pouvoient. Le soudan fit apprêter cinq cents chevaliers bien montés, et il leur dit que, s'ils pouvoient tant faire que d'entrer dedans Damiette,

et atornerent por entrer ens la nuit. Quant ainsi furent atorné, si firent asavoir à ceus de Damiete que quant il orroient la nuit la frainte et la noise en l'ost des Crestiens, qu'il ouvrissent une porte par où il entreroient. Quant ce vint la nuit de prim somme, et li os des Crestiens fu endormis, li Sarrazins qui furent bien armé et bien monté se ferirent en l'ost parmi les gaites qui les lices gardoient; et li Sarrazins qui dedens Damiete estoient ouvrirent la porte, et cil entrerent ens. Et de cele part où il entrerent estoit le cuens de Nevers herbergié, dont il ot grant blasme et banis en fu hors de l'ost. Ne demora guaires après ce que li Sarrazins furent entrés dedens Damiete, que la gent le cardinal firent l'eschargaite une nuit pardevers la cité, dont il avenoit que chascun haut home faisoit l'eschargaite une nuit à son tor, tant que cele nuit eschai au cardinal. Cele nuit donnerent escot si comme il soloient faire, et se merveillerent que ce pooit estre. Il parlerent ensemble et appareillerent eschielles, et mistrent es murs, et quant il fu jor si monterent sus, si ne troverent nulli. Si le firent asavoir en l'ost, et avalerent as portes et les ouvrirent, et entrerent ens sans contredit. L'en trouva les mors et les malades parmi les rues, si que tote la ville en puoit, et tant de Sarrazins qui aidier se pooient se recueillirent en une tor, et là furent pris. L'en geta tous les mors u flun, si alerent en la mer.

il leur donneroit tout ce qu'ils demanderoient. Ils dirent qu'ils iroient et entreroient dedans. Ils se préparèrent pour entrer la nuit. Quand ils furent ainsi apprêtés, ils firent savoir à ceux de Damiette que, quand ils entendroient la nuit du tumulte et du bruit dans le camp des Chrétiens, ils ouvrissent une porte par où ils entreroient. Quand ce vint la nuit, au temps du premier somme, et que le camp des Chrétiens fut endormi, les Sarrasins bien armés et bien montés se jetèrent dans le camp à travers les sentinelles qui gardoient les barrières : les Sarrasins qui étoient dans Damiette ouvrirent la porte, et ceux-ci entrèrent dedans. Le côté par où ils entrèrent étoit celui des logemens du comte de Nevers : il en eut grand blâme et fut banni hors du camp. Il ne tarda guère, après que les Sarrasins furent entrés dans Damiette, que les gens du cardinal furent chargés une nuit de faire le guet du côté de la cité. Chaque seigneur faisoit le guet une nuit à son tour, et cette nuit échut au cardinal. Cette nuit ils épièrent comme ils avoient coutume de faire, et s'émerveillèrent de ce que ce pouvoit être. Ils parlèrent ensemble, apprêtèrent des échelles, les mirent contre les murs, et quand il fut jour ils montèrent dessus et ne trouvèrent personne. Ils le firent savoir au camp, descendirent aux portes et les ouvrirent, et entrèrent dedans sans obstacle [1]. On trouva les morts et les malades par les rues, tellement que toute la ville en puoit. Tous ceux des Sarrasins qui se pouvoient encore aider se retirèrent en une tour, et ils y furent pris. On jeta tous les morts dans le fleuve, et ils allèrent en la mer.

[1] Le 20 novembre 1219.

Quant li Crestiens orent pris Damiete, si donnerent à chascun sa part de la cité et de l'avoir selonc ce qu'il estoit. Ne demora gaires aprés ce qu'il ot grant mautalent entre le roi et le cardinal; dont il avint que le cardinal escommenioit chascun jor tous ceus et toutes celes qui en la partie de Damiete que le roi Johan tenoit maindroit ne loueroit maison. Le roi fu mult dolent de ce que le cardinal faisoit; car coust et paine avoit mis en Damiete prendre.

L'en àporta novelles au roi Johan que le roi d'Ermenie, cui fille il avoit, estoit mort, dont fu mult lies, dont il ot mult honorable achaison de laissier l'ost, car il estoit mult ennuiés, porce que le cardinal avoit seignorie sor lui, et avoit defendu con ne feist riens por lui en l'ost. Il manda querre les chevaliers de l'ost, si prist congié, et dit qu'il li convenoit aler en Ermenie, car la terre li estoit eschuë par sa fame. Cil de l'ost furent mult dolent quant il sorent que le roi s'en iroit. Le roi Johan s'en alla en Ermenie, et quant il vint là si requist la terre. Cil d'Ermenie distrent qu'il ne le connoissoient mie à seignor, mes, s'il veoient la fille le roi, il li rendroient la terre come à lor dame. Le roi Johan ala en Acre por amener sa feme en Ermenie. Quant il fut en Acre, si li firent aucunes gens accroire que sa feme voloit apoisoner sa fille dont il tenoit le roiaume. Le roi fu mult dolent, si bati sa fame de ses esperons, si que l'en dit qu'ele fu morte de cele bature. Le roi ne demora mie à Damiete, ains demora à Acre, demora bien un an puis qu'il retorna de Damiete ançois qu'il i ralast, dont il fu en l'aventure de la vie[1] perdre. Quant le roi se parti de Damiete, le cardinal demora sire de l'ost. Il avoit establi devant ce qu'il eust Damiete, et faisoit encore, que nus hons, tant eust laissié sa fame

[1] Lisez *la ville*.

Quand les Chrétiens eurent pris Damiette, ils donnèrent à chacun sa part de la cité et de l'avoir, selon ce qu'il étoit. Il ne tarda guère après cela qu'il n'y eût grande mésintelligence entre le roi et le cardinal; dont il avint que le cardinal excommunioit chaque jour tous ceux et toutes celles qui demeureroient ou loueroient des maisons dans la partie de Damiette que tenoit le roi Jean. Le roi fut très-dolent de ce que faisoit le cardinal, car il lui en avoit coûté peine et dépense pour prendre Damiette.

On apporta la nouvelle au roi Jean que le roi d'Arménie, dont il avoit la fille, étoit mort; dont il fut fort joyeux et eut très-honorable occasion de quitter l'armée, car il étoit fort ennuyé à cause que le cardinal étoit plus puissant que lui et avoit défendu qu'on fît rien pour lui en l'armée. Il envoya quérir les chevaliers de l'armée, prit congé, et dit qu'il lui falloit aller en Arménie, car le pays lui étoit échu par sa femme. Ceux de l'armée furent très-dolens quand ils surent que le roi s'en alloit. Le roi Jean s'en alla en Arménie, et quand il fut là il requit le pays. Ceux d'Arménie dirent qu'ils ne le reconnoissoient pas pour seigneur, mais que, s'ils voyoient la fille du roi, ils lui rendroient le pays comme à leur dame. Le roi Jean alla à Acre pour emmener sa femme en Arménie. Quand il fut à Acre, quelques-uns lui firent croire que sa femme vouloit empoisonner sa fille dont il tenoit le royaume. Le roi fut très-dolent et battit sa femme de ses éperons, tant qu'on dit qu'elle mourut d'avoir été ainsi battue. Le roi ne demeura pas à Damiette, mais à Acre. Il se passa bien un an depuis qu'il vint de Damiette avant qu'il y retournât;

povre, ne ses enfans, ne endetés, nulle chose ne pooit renvoir
ariere, ains li convenoit tot laissier en l'ost; et faisoit chascun
jor escomenier tous ceus et toutes celes qui rien emporteroit
d'home qui mort fust en l'ost. Aprés faisoit jurer à ceus qui les
nes looient que nul pelerin lairoient entrer dedens, ne nul ne
passeroient s'il ne veoient son scel : encore avec tot ce les faisoit escomenier, tout autre tel commandement fist-il en Acre et
en la terre. Quant li pelerins qui lor nes avoient loées et chargié lor viandes cuiderent entrer ens, et oirent que li mariniers
lor disoient qu'il ni entreroient pas, se il ne veoient le scel au cardinal, si furent mult dolent. Il alerent au cardinal, et li demanderent porquoi il avoit defendu as mariniers qu'il ne les passassent. Et il dit qu'il l'avoit defendu porce qu'il laissassent du lor
en l'ost. Li un disoient : « Sire, nous avons ja ci demoré un an
ou deus, n'avons pas mie assez dependu ? » Toutes voies pre-
noit-il de chascun selonc ce qu'il estoit, quand il s'en voloit
venir ou avoir son scel. Tout ainsi faisoit-il en Acre.

Li Sarrazins sorent que li Crestiens n'avoient nulles galées
sor mer, né que la mer n'estoit mie gardée. Il firent appareillier
galies et armer et mettre en mer por prendre les Crestiens qui
venoient à Damiete. Espies vindrent au cardinal, et distrent
que li Sarrazins avoient galies appareillées, et qu'il s'appareil-

dont il fut en danger de perdre la ville. Quand le roi partit de Damiette le cardinal demeura sire de l'armée. Il avoit établi avant qu'il eût Damiette, et il le vouloit encore, que nul homme, eût-il laissé sa femme et ses enfans pauvres ou endettés, ne pût rien envoyer dans son pays, mais il lui falloit tout laisser dans l'armée; et il faisoit chaque jour excommunier tous ceux et toutes celles qui emporteroient de ce qui avoit appartenu à un homme mort en l'armée. Ensuite il faisoit jurer à tous ceux qui louoient des navires qu'ils ne laisseroient entrer dedans nul pélerin, et qu'ils n'en passeroient aucun s'ils ne voyoient son sceau. Outre cela encore ils étoient excommuniés pour tous les autres commandemens de ce genre qu'il avoit faits à Acre et dans le pays. Quand les pélerins qui avoient loué des navires et chargé leurs vivres pensoient entrer dedans, les mariniers leur disoient qu'ils n'y entreroient pas s'ils ne montroient le sceau du cardinal. Ils étoient fort dolens; ils alloient au cardinal et lui demandoit pourquoi il avoit défendu aux mariniers qu'ils les passassent; et il leur disoit qu'il l'avoit défendu pour qu'ils laissassent du leur en l'armée. Quelques-uns disoient : « Sire, nous avons déjà « demeuré ici un an ou deux, n'avons nous pas assez « dépensé? » Toutefois il prenoit de chacun selon ce qu'il étoit lorsqu'on vouloit s'en aller ou avoir son sceau; et ainsi faisoit-il en Acre.

Les Sarrasins surent que les Chrétiens n'avoient aucune galère en mer et que la mer n'étoit pas gardée. Ils firent apprêter, armer et mettre en mer des galères pour prendre les Chrétiens qui venoient à Damiette. Il vint des espions au cardinal qui lui dirent

last encontre, et s'il ne le faisoit, il i recevroit damage. Le cardinal ne les vout croire, ains lor dona à mangier et les laissa aler. Quant les galies furent en mer, les espies revindrent au cardinal, et li distrent : « Or vos gardés, les galies sont en mer. » Le cardinal dist : « Quant cist vilain volent mangier, si viennent dire aucune novelles; vai si lor done à boivre du vin et à mangier! » Les galies qui furent en mer ne s'oublierent pas, ains alerent en l'isle de Chipre, et trouverent nes assés chargiés de pelerins à un port devant Limeçon. Il alerent avant, si les ardirent et les pelerins. Il furent grant piece iluec et ardoient et prenoient toutes les nes qui aloient à Acre ou à Damiete. La novelle vint au cardinal que les galies des Sarrazins avoient fait grant damage as Crestiens et estoient en l'isle de Chipre, et bien avoient ja pris, que occis, que ars, plus de treize mille Crestiens. Quant le cardinal oi la novelle, si fu mult dolent, et il ot droit, car le damage avoit esté por lui, qu'il ne vout croire ceus qui l'en avoient garni. Il fist armer galies, mes ce fu à tart; car celes s'en estoient tornées bien garnies d'avoir et de gens qu'il avoient gaaignié.

Or vous dirai que deus clers furent en l'ost qui estoit à Damiete, et vindrent au cardinal; si li distrent qu'il iroient au soudan preschier, et qu'il i voloient aler par son congié. Le cardinal dist qu'il n'iroient pas par son congié; car il savoit bien que si i alassent, qu'il n'en eschaperoient ja. Toutes voies distrent qu'il s'offrit qu'il i alassent, et mult l'en prierent. Quant li cardinaus oit qu'il estoient si en grant d'aler, si lor dist : « Je

que les Sarrasins avoient apprêté des galères, et qu'il s'apprêtât de son côté, et que, s'il ne le faisoit, il en recevroit dommage. Le cardinal ne les voulut croire ; mais il leur donna à manger et les laissa aller. Quand les galères furent en mer les espions revinrent au cardinal et lui dirent : « Maintenant prenez garde à vous, « les galères sont en mer. » Le cardinal dit : « Quand « ces vilains veulent manger ils viennent dire quel- « que nouvelle ; malheur à moi si je leur donne à « boire du vin et à manger ! » Les galères qui étoient en mer ne s'oublièrent pas, mais allèrent à l'île de Chypre et y trouvèrent beaucoup de vaisseaux et de navires chargés de pélerins, à un port qui est devant Limeçon. Elles avancèrent et les brûlèrent avec les pélerins. Elles furent long-temps en ce lieu et prenoient ou brûloient tous les navires qui alloient à Acre ou à Damiette. La nouvelle vint au cardinal que les galères des Sarrasins avoient fait grand dommage aux Chrétiens et étoient en l'île de Chypre, et avoient déjà pris, occis ou brûlé plus de treize mille Chrétiens. Quand le cardinal ouït la nouvelle, il fut très-dolent : et eut raison, car le dommage lui venoit de ce qu'il n'avoit voulu croire ceux qui l'en avoient averti. Il fit armer des galères : mais ce fut trop tard, car les autres s'en étoient retournés bien garnis d'avoir et de gens qu'ils avoient pris.

Or je vous dirai que deux clercs furent en l'armée qui étoit à Damiette et vinrent au cardinal. Ils lui dirent qu'ils iroient prêcher le soudan, et qu'ils y vouloient aller avec son congé. Le cardinal dit qu'ils n'iroient pas avec son congé, parce qu'il savoit que s'ils y alloient ils n'en échapperoient pas. Toutefois ils lui demandèrent qu'il leur permît d'y aller, et l'en

ne connois mie vos pensées, mes gardés, si vous alés, que vos cuers soient toujours à Dame Dieu. » Il distrent qu'il ni voloient aler se por mult grant bien non, si le pooient exploiter. Dont dist le cardinal qu'il i pooient bien aler, s'il voloient. A tant se partirent de l'ost des Crestiens, et s'en allerent en l'ost des Sarrazins. Quant les Sarrazins qui eschargaitoient les virent venir, si cuidierent qu'il venissent en message ou por eus renoier. Il alerent à l'encontre, et les pristrent et les menerent devant le soudan. Quant il vindrent devant le soudan si le saluerent, et il les salua aussi, puis lor demanda s'il voloient estre sarrazins ou s'il venoient en message. Il respondirent que sarrazins ne seroient il-ja, ains estoient venu en message de par Dieu et por sa vie sauver s'il les voloit croire; « car nous disons por voir que se vous morés en cette loi vos estes perdu, et por ce sommes-nous ci venus à vos; et se nos volés oir et entendre, nos vos montrerons par droite raison, pardevant les plus sages homes de votre terre, que vos estes tuit perdus, et estes tuit noient. » Li soudan dist qu'il avoit arcevesque et evesques de sa loi mult bons clers, ne sans eus ne porroit-il oir ce qu'il diroient. Li clers respondirent : « De ce sommes nos mult lies, mandés les querre. » Le soudan les manda querre, et il vindrent à lui en sa tente, et si i ot des plus haus homes et des plus sages de la terre, et li diu clerc i furent aussi. Et quant il furent venus, si lor dist li soudan porquoi il les avoit mandés querre. Si lor conta ce que li clerc li avoit dit. Il respondirent : « Sire, tu es espées de la loi, si lor doit maintenir et garder; nous te commandons, de par Mahomet qui la nos doné, que tu lor face lor teste couper; car nos n'orrions chose que il deissent; car la loi defent con ne croie nul preschement, et porce te commandons que tu lor face les testes coper. » A tant pristrent congié, si s'en alerent. Li soudan demora et li diu clerc. Dont vint li soudan, si lor dist : « Seignors, il m'ont commandé, de par Maho-

prièrent beaucoup. Quand le cardinal vit qu'ils étoient en si grand désir d'y aller, il leur dit : « Je ne con- « nois pas vos pensées, mais, si vous y allez, ayez « garde que vos cœurs soient toujours au Seigneur « Dieu. » Ils dirent qu'ils n'y vouloient aller que pour un très-grand bien, s'ils le pouvoient accomplir. Le cardinal leur dit donc qu'ils pouvoient bien aller s'ils le vouloient. Alors ils se partirent de l'armée des Chrétiens et s'en allèrent dans celle des Sarrasins. Quand les Sarrasins qui faisoient sentinelle les virent venir, ils crurent qu'ils venoient en message ou pour se faire renégats. Ils allèrent au-devant d'eux, les prirent, et les emmenèrent devant le soudan. Quand ils vinrent devant le soudan ils le saluèrent. Il les salua aussi, puis il leur demanda s'ils vouloient être sarrasins ou s'ils venoient en message. Ils répondirent qu'ils ne seroient pas sarrasins, mais qu'ils étoient venus en message de la part de Dieu pour sauver sa vie s'il les vouloit croire; « car nous disons pour vrai, ajoutèrent- « ils, que si vous mourez en cette loi vous êtes per- « du, et c'est pour cela que nous sommes venus ici « vers vous; et si vous nous voulez ouïr et entendre, « nous vous montrerons par droite raison, par devant « les plus sages hommes de votre pays, que vous êtes « tous perdus et êtes tous à néant. » Le soudan dit qu'il avoit un archevêque et des évêques de sa loi très-bons clercs, et qu'il ne pouvoit ouïr sans eux ce qu'ils lui diroient. Les clercs répondirent : « Nous en « sommes très-contens, envoyez-les quérir. » Le soudan les envoya quérir, et ils vinrent à lui en sa tente. C'étoit des premiers et des plus sages du pays, et les deux clercs y étoient aussi; et quand ils furent venus,

met et de par la loi, que je vous face les testes couper; car ainsi le commande la loi. Mes j'irai encontre le commandement; car mauvais guerridon vous rendroi-je de ce que vos vos estes mis en avanture de morir por m'ame sauver. » Aprés dist, s'il voloient demorer avec lui, qui lor donroit grant terre et grans possessions. Il distrent qu'il ne demorroient mie, ains s'en iroient volentier ariere, se son commandement i estoit. Le soudan dist que volentier les feroit ariere conduire sauvement. Aprés lor fist aporter or et argent, et dras de soie à grant plente, et commenda qu'il en prissent ce qu'il voudroient. Il distrent qu'il n'en prendroient noient, puis qu'il ne pooient avoir l'ame de lui à Dieu, et plus chier auroient l'ame de lui à Dieu qu'il n'auroient quant qu'il avoit vaillant; à lor eus mes fist-il bien, dona lor à mangier, si s'en iroient, puisque autrement ne pooient estre. Le soudan lor fist doner assés à mengier et à boivre; et quant il orent mengié si pristrent congié au soudan, et il les fist conduire jusque à l'ost des Crestiens.

le soudan leur dit pourquoi il les avoit envoyé quérir. Il leur conta ce que les clercs lui avoient dit. Ils répondirent : « Sire, tu es l'épée de la loi, ainsi tu dois garder « et défendre la loi. Nous te commandons, de par Ma- « homet qui nous l'a donnée, que tu leur fasses couper « la tête, car nous n'écouterons rien de ce qu'ils pour- « roient dire, parce que la loi défend qu'on croie au- « cun prêchement, et pour cela nous te commandons « que tu leur fasses couper la tête. » Après cela ils prirent congé et s'en allèrent. Le soudan demeura avec les deux clercs. Le soudan vint à eux et leur dit : « Sei- « gneurs, ils m'ont commandé, de par Mahomet et de « par la loi, que je vous fasse couper la tête, car ainsi « le commande la loi ; mais j'irai contre le comman- « dement, car ce seroit vous rendre mauvaise récom- « pense de ce que vous vous êtes mis au hasard de « mourir pour sauver mon ame. » Après il leur dit que, s'ils vouloient demeurer avec lui, il leur donneroit de grandes terres et de grandes richesses. Ils dirent qu'ils ne demeureroient pas, mais s'en retourneroient volontiers si c'étoit son commandement. Le soudan dit qu'il les feroit volontiers reconduire en sauveté. Après il leur fit apporter de l'or et de l'argent et des draps de soie en grande abondance, et commanda qu'ils en prissent ce qu'ils voudroient. Ils dirent qu'ils n'en prendroient rien puis qu'ils ne pouvoient gagner son ame à Dieu, et qu'ils aimeroient mieux gagner son ame à Dieu que d'avoir à leur disposition tout ce qu'il avoit vaillant, mais qu'il leur fît donner à boire et à manger, et qu'ils s'en iroient, puis que ce ne pouvoit être autrement. Le soudan leur fit donner beaucoup à manger et à boire ; et quand ils eurent mangé ils

Quant li Sarrazins orent perdu Damiete, si furent mult dolent. Il manderent as Crestiens que, s'il voloient rendre Damiette, il lor rendroient toute la terre de Jerusalem, si come li Crestiens la tindrent, fors que le Crac, et tous les Crestiens qui en prison estoient en paienisme. Li Crestiens en parlerent et prirent conseil, et conseil lor aporta qu'il ne la rendroient mie, que par Damiete porroient-il conquerre toute la terre d'Egypte et aprés la terre de Jerusalem; car cil qui empereor d'Allemaigne estoit estoit croisiés par le monde, et assés s'en croiseroit; que se li empereres estoit là o tot son pooir, et li croisiés qui estoient encore à venir à l'aide, et au commancement qu'il avoient, et à l'aide de Dieu, bien porroient avoir toute la terre d'Egypte et de Jerusalem. Quant le roi Felippe oi dire qu'il pooient avoir un roiaume por une cité, si les tint à fous et à musars quant il ne le faisoient.

Li cardinaus fist asavoir à l'apostole que Dex lor avoit donné à prendre Damiete, et que c'estoit la clef d'Egypte, et que li Sarrazins lor en voloient rendre toute la terre de Jerusalem, fors le Crac, mes cil de la terre ne s'y accordoient pas, por le secors qu'il attendoient de l'empereor et des autres Crestiens. Quant li apostole oi ce, si mult lie, et le fist asavoir par toute la crestienté, et manda qu'on fist movoir tous les pelerins qui croisiers estoient. Aprés manda à Frederic, qui en Alemaigne estoit, qu'il venist à Rome et portast corone, puis alast en la terre d'outre-mer. L'empereor envoia tantost

prirent congé du soudan, et il les fit conduire jusqu'au camp des Chrétiens.

Quand les Sarrasins eurent perdu Damiette, ils furent très-dolens; ils mandèrent aux Chrétiens que, s'ils vouloient rendre Damiette, ils leur donneroient tout le pays de Jérusalem, comme les Chrétiens l'avoient possédé, hors le Krac, et qu'ils leur rendroient aussi tous les Chrétiens qui étoient en prison dans le pays des Païens. Les Chrétiens en parlèrent et délibérèrent, et leur fut avis qu'ils ne la rendroient pas, et qu'ayant Damiette ils pouvoient conquérir tout le pays d'Égypte, et après tout le pays de Jérusalem, car il y avoit par le monde l'empereur d'Allemagne qui s'étoit croisé, et il s'en devoit croiser beaucoup d'autres; et si l'empereur étoit là avec toutes ses forces, et aussi tous les croisés qui devoient encore venir à leur secours, avec ce commencement qu'ils avoient, et avec l'aide de Dieu, ils pourroient bien prendre tout le pays d'Égypte et de Jérusalem. Quand le roi Philippe ouït dire qu'ils pouvoient avoir un royaume pour une cité, il les tint pour fous et musards s'ils ne le faisoient pas.

Le cardinal fit savoir à l'apostole que Dieu leur avoit donné Damiette en leurs mains, que c'étoit la clef d'Égypte, et que les Sarrasins leur vouloient rendre pour cela tout le pays de Jérusalem, hors le Krac, mais que les Chrétiens du pays ne le vouloient pas à cause du secours qu'ils attendoient de l'empereur et des autres Chrétiens. Quand l'apostole ouït ceci, il en fut très-joyeux. Il le fit savoir par toute la chrétienté, et manda qu'on fît partir tous les pèlerins qui étoient croisés. Après il manda à Frédéric,

à Messines, et manda qu'on fist galies et huissiers [1] à chevaus mettre à grant plente por lui passer. Quant Frederic oi le message, il prist congié en Alemaigne, et laissa son fils, ala à Rome entre lui et sa fame, et porterent corone; mesançois qu'il portast corone, rendi il à l'apostole les cités et les chastiaus que Othes li avoit toluës. Et quant Frederic fu coronés, si li manda qu'il alast en la terre d'outre-mer. L'empereor dist qu'il ni porroit mie aler sitost, qu'il avoit mult de Sarrazins en sa terre et en Cesile qu'il voloit ançois oster; car s'il i aloit avant qu'il fussent hors, il i porroit bien perdre. D'autre part il n'avoit mie Puille ne Calabre à sa volenté, ne Cesile, que si home avoient tenuë contre lui; mes s'il avoit sa terre mise à point, il passeroit, à l'aide de Dieu, et mult de bien feroit en la terre. Aprés s'en ala l'empereor en Puille à une soue cité qui a nom Capes. Quant li chevaliers et li haus homes oirent que Frederic avoit porté corone et qu'il estoit à Capes, assés en vint à sa merci, et li rendirent lor terres; et tex i ot qui ne l'oserent attendre, ne venir à sa merci, ains s'enfuirent en la terre d'outre-mer, et tex i ot qui se rendirent au Temple, et tex i ot dont il ne vout avoir merci, ains les fist pendre. Ainsi li rendi l'en toute la terre de Puille, et de Calabre et de Cesile, fors les Sarrazins qui y estoient; mes puis les prist il, et les envoia en Puille. Là en fist l'en une grant cité, où il sont encore; mes ni sont mie tuit, ains en ala par les villes de Puille manans.

---

[1] *Huissier:* en basse latinité *huisserium* ou *hippigus*, sorte d'embarcation destinée à passer les chevaux.

qui étoit en Allemagne, qu'il vînt à Rome, prît la couronne, puis allât en la terre d'outre mer. L'empereur envoya aussitôt à Messine, et manda qu'on préparât une grande abondance de galères et barques à chevaux pour le passer. Quand Frédéric ouït le message il prit congé en Allemagne, laissa son fils, alla à Rome avec sa femme, et ils y prirent la couronne [1]; mais avant qu'il prît la couronne il rendit à l'apostole les cités et châteaux que lui avoit enlevés Othon; et quand Frédéric fut couronné, l'apostole lui manda qu'il allât en la terre d'outre mer. L'empereur dit qu'il n'y pourroit aller sitôt, car il avoit en son pays et en Sicile beaucoup de Sarrasins qu'il en vouloit d'abord ôter; car s'il y alloit avant qu'ils fussent dehors, il y pourroit bien perdre; que d'autre part il n'avoit en son pouvoir ni la Pouille ni la Calabre, ni la Sicile, que ses hommes avoient tenues contre lui, mais que quand il auroit remis son pays en bon état, il passeroit, avec l'aide de Dieu, et feroit beaucoup de bien en la Terre-Sainte. Après cela l'empereur s'en alla en Pouille à une sienne cité qui a nom Capoue. Quand les chevaliers et les seigneurs surent que Frédéric avoit pris la couronne et qu'il étoit à Capoue, il en vint beaucoup se mettre à sa merci et qui lui rendirent leur terre. Il y en eut tels qui ne l'osèrent attendre ni se mettre à sa merci, mais s'enfuirent en la terre d'outre mer. Il y en eut tels qui se rendirent au Temple, et tels dont il ne voulut pas avoir merci et qu'il fit pendre. Ainsi lui fut rendue toute la terre de Pouille, de Calabre et de Sicile, hors que les Sarrasins y étoient: mais depuis il les prit et les envoya en Pouille. Là

[1] Le 22 novembre 1220.

Or vous lairons à parler de l'empereor d'Alemaigne jusqu'à tant que point en sera, si vos dirons des Crestiens qui sont à Damiete. Il oirent dire que l'empereor ot porté corone, et qu'il faisoit grant apareillement de passer et d'eus secorre. Il parlerent ensemble et distrent qu'il pooient bien aler asseoir le Caire. Cil qui conseil lor en dona, lor dona conseil d'eus noier; car je vos dirai la maniere de la terre. Il a escluses d'un flun par toute la terre d'Egypte por l'euë du flun detenir. Cil flun si a sept branches quant il se part, et il vient en la terre d'Egypte, si se partent en sept, et tuit chient en la mer de Grece. Le graindre de ces sept si vient en Babilone et au Caire. Babilone est une cité et li Caire est un chastel desous Babilone; forche cil bras d'euë et se part en deus: l'une de ces parties se part Damiete, et l'autre core à une cité qui a nom Fae, et chiet aussi en mer, et chascun de ces fluns si porte navie. Entre ces deus fluns pristrent li Crestiens terre quant il vindrent devant Damiete. Il avient chose chascun an le jor de la mie aoust qu'en ront les escluses, si que l'euë s'espant par toute la terre, si seme l'en les blés, et autrement, se cele euë ne s'espandist, ainsi por pluie qu'il i face, bled ne vendroit en la terre. Aucune fois avint en nos tans que le flun ne coroit mie, ne s'espandoit, ne qu'il se pooit mie espandre por defaut d'euë, dont il avint que cil de la terre furent tuit mort de faim.

on en fit une grande cité, où ils sont encore; mais ils n'y sont pas tous, et il en est allé demeurer dans d'autres villes de la Pouille.

Nous cesserons maintenant de vous parler de l'empereur d'Allemagne jusqu'à ce qu'il en soit temps, et vous dirons des Chrétiens qui sont à Damiette. Ils ouïrent dire que l'empereur avoit pris la couronne et qu'il faisoit de grands apprêts pour passer et venir à leur secours. Ils parlèrent ensemble et dirent qu'ils pourroient bien aller assiéger le Caire. Celui qui leur en donna le conseil leur conseilla de s'aller noyer: car je vous dirai la coutume du pays. Il y a dans tout le pays d'Égypte des écluses faites à un fleuve pour contenir ses eaux. Ce fleuve a sept branches quand il se sépare. Il vient au pays d'Égypte, et là se sépare en sept branches qui toutes tombent dans la mer de Grèce. La plus grande de ces sept branches vient à Babylone et au Caire. Babylone est une cité, et le Caire est un château au-dessous de Babylone. Ce bras de rivière fait la fourche et se sépare en deux; l'une de ses parties va à Damiette, et l'autre coule vers une cité qui a nom Fae[1] et tombe aussi en la mer, et chacun de ces fleuves porte navire. C'est entre ces deux fleuves que les Chrétiens prirent terre quand ils vinrent devant Damiette. Il arrive chaque année que le jour de la mi-août on rompt les écluses et que l'eau s'épand par tout le pays. C'est ainsi que l'on sème les blés; et si cette eau ne s'épandoit pas, quelque pluie qu'il fît, il ne viendroit pas de blé dans le pays. Il avint une fois en nos temps que le fleuve ne courut ni ne s'épandit point et ne se pouvoit épan-

[1] Aschemoien : c'est le *phatmeticum ostium*.

En cel point que li flun se devoit espandre, murent-il à aler vers le Caire. Li Sarrazins, quant il orent perduë Damiete, si sorent bien que li Crestien ne lairoient mie à tant, ains iroient en Babilone et au Caire. Il firent sor le flun là où l'euë enforce un pont, si le couvrirent tot de fer, et porce le firent u fort de cele euë, qu'il ne voloient mie que li Crestiens alassent à l'autre bras du flun à aler en Babilone. Quant li Crestiens orent pris conseil, et il se furent accordés d'aler au Caire, il garnirent bien Damiete, et s'atirerent por aler. Ançois qu'il meussent manda le cardinal querre le roi Johan, qui en Acre estoit, qu'il venist à Damiete, car il estoient atorné por aler asseoir le Caire. Le roi dist qu'il n'iroit pas, ains garderoit sa terre, et bien li convenist de la terre dont il estoit sires, qui demorée li estoit et qu'il avoit aidié à conquerre. Quant li Sarrazins oirent dire que li Crestien s'apparcilloient por aler en Babilone et au Caire, si s'alerent herbergier et logier au pont de fer por garder iluec le passage. Aprés manda le soudan au cardinal que, s'il voloit rendre Damiete, il lor rendroit toute la terre de Jerusalem, si comme li Crestiens l'avoient tenuë, fors le Crac, et si fermeroit Jerusalem à son coust, et tous les chastiaus qui furent abatus puis qu'il murent à aler vers Damiete, et si donneroit trives à trente ans, tant qu'il porroient bien avoir la terre garnie de Crestiens.

dre faute d'eau, dont il avint que ceux du pays moururent tous de faim.

En ce moment que le fleuve se devoit épandre, ils se mirent en marche pour aller vers le Caire. Les Sarrasins, quand ils eurent perdu Damiette, surent bien que les Chrétiens ne s'arrêteroient pas là, mais qu'ils iroient à Babylone et au Caire. Ils firent un pont sur le fleuve là où il se sépare en deux, et le couvrirent tout de fer; et ils le firent à l'endroit où la rivière se sépare, parce qu'ils ne vouloient pas que les Chrétiens prissent l'autre bras du fleuve pour aller à Babylone. Quand les Chrétiens eurent délibéré et se furent accordés d'aller au Caire, ils garnirent bien Damiette et s'apprêtèrent à partir. Avant qu'ils partissent le cardinale envoya quérir le roi Jean, qui étoit à Acre, et lui manda qu'il vînt à Damiette, car ils étoient prêts à partir pour aller assiéger le Caire. Le roi dit qu'il n'iroit pas, mais garderoit son pays, et qu'il falloit qu'on traitât avec lui du pays dont il étoit sire, qui lui étoit demeuré et qu'il avoit aidé à conquérir. Quand les Sarrasins ouïrent dire que les Chrétiens s'apprêtoient pour aller à Babylone et au Caire ils s'allèrent héberger et loger au pont de fer, pour garder en ce lieu le passage; puis le soudan manda au cardinal que, s'il vouloit rendre Damiette, il leur rendroit tout le pays de Jérusalem, comme les Chrétiens l'avoient possédé, hors le Krac, et fortifieroit Jérusalem à ses dépens, et aussi tous les châteaux qui avoient été abattus depuis qu'ils étoient partis pour aller vers Damiette, et qu'il donneroit une trêve de trente ans, tellement qu'ils auroient bien le temps de garnir le pays de Chrétiens.

A cele pes s'accorderent li Templiers et li Hospitalier et les gens de la terre; mes li cardinaus ne si voloit accorder, ains fist movoir ceus de l'ost, fors les garnisons, et alerent contre mont le flun et la navie par euë, et il alerent par terre, si qu'il se hebergeoient tuit jors li un encontre l'autre. Quant le cardinal fu meu, il manda au roi Johan que, por Dieu, eust pitié de la crestienté, car il estoient meus por aler au Caire, et que, por Dieu, meust aprés eus, et il paieroit ce dont il estoit endetté: bien cent mille besans qu'il devoit por l'ost de Damiete. Quant le roi oi que l'ost estoit meu por aler au Caire, si fu mult dolent, quant il estoit meus en tel point; car en grant aventure aloit de tout perdre; si come il finrent. Le roi vist bien qu'il le convenoit aler après eus, car s'il n'i alast, il lor mescheoit, grant blasme en auroit. Si se parti d'Acre et ala après eus, et erra tant qu'il vint à eus au pont de fer, où il estoient logiés prés de l'ost des Sarrazins. Li vaissel de l'ost aloient chascun jor à Damiete, et amenoit en l'ost viandes, si que li os estoit bien plenteif.

Or vous dirai que li Sarrazins firent. Il firent lor galies qui estoient u flun de Fae, si les firent monter jusqu'au pont, et avaler coiement u flun de Damiete, si que onques la navie des Crestiens, qui d'autre part estoit, ne le sout ne n'aperceut. Les galies des Sarrazins se mistrent entre l'ost et Damiete. Iluec s'arresterent, et si prenoient li vaissiaus qui aloient de l'ost à Damiete, et de Damiete à l'ost; ains clostrent le chemin de l'euë, que viandes ne pooient aler en l'ost, et bien fu huit jors ou plus que viande n'alast de Damiete en l'ost, dont cil

Les Templiers, les Hospitaliers et les gens du pays s'accordèrent à cette paix; mais le cardinal ne voulut pas s'y accorder. Il fit mettre en marche toute l'armée, hors les garnisons. Ils remontèrent le fleuve, la flotte sur l'eau et eux par terre : en sorte que l'armée et la flotte hébergeoient toujours l'une près de l'autre. Quand le cardinal fut en marche, il manda au roi Jean que, pour Dieu, il eût pitié de la chrétienté, car ils étoient en marche pour aller au Caire, et que, pour Dieu, il marchât à leur suite, et qu'il paieroit ce dont il étoit endetté : ce qui alloit bien à cent mille besans pour l'armée de Damiette. Quand le roi ouït que l'armée étoit en marche pour aller au Caire, il fut fort dolent qu'on fût parti en ce temps, car on couroit grand hasard de tout perdre : comme il arriva. Le roi vit bien qu'il lui falloit marcher à leur suite, car s'il n'y alloit et qu'ils eussent mésaventure, il en auroit grand blâme. Il se partit d'Acre et alla après eux, et marcha tant qu'il les joignit au pont de fer où ils étoient logés près du camp des Sarrasins. Les vaisseaux de l'armée alloient chaque jour à Damiette, et amenoient des vivres, tellement que l'armée étoit dans l'abondance.

Or je vous dirai ce que firent les Sarrasins. Ils firent monter jusqu'au pont les galères qu'ils avoient sur le fleuve de Fae, et les firent redescendre secrètement dans le fleuve de Damiette, tellement que la flotte des Chrétiens, qui étoit ailleurs, ne le sut ni ne s'en aperçut. Les galères des Sarrasins se mirent entre le camp des Chrétiens et Damiette. Là ils s'arrêtoient et prenoient les vaisseaux qui alloient du camp à Damiette et de Damiette au camp, et fermèrent ainsi

de l'ost s'esmerveillerent mult que ce pooit estre, qu'il ne pooit oïr noveles de Damiete, ne cil de Damiete ne pooient oïr noveles de l'ost. Dont il avint que en cel point que les galies des Sarrazins avaloient le flun de Fae, u flun de Damiete estoient cent galies armées, arrivées u flun de Damiete, que l'empereor d'Alemaigne i avoit envoiée, et là sejornerent; que s'il seussent qu'il eust entre eus et l'ost galies, il les eussent prises et secoru l'ost, si n'eust mie Damiete esté perduë. Quant li soudan sout qu'il out galies des Crestiens arrivées à Damiete, si dist qu'il porroit bien trop targier des Crestiens damagier; il fist couper les escluses, et l'euë s'espandit, si s'en ala en l'ost des Crestiens, si qu'il i furent tex i ot jusqu'à la goule, et mult en i ot de noiés, et lor viande fu tote perduë, qu'il ne pooit n'avant n'ariere aler en lors vessiaus ne à terre; si furent-il atorné de l'euë, que li soudan si lor dona congié d'aler ariere sauvement à Damiete, n'en peut il pié eschaper que tuit ne fussent noiés.

Quant le roi vit la mescheance de l'ost, si manda au soudan qu'il le combatroit volentiers. Li soudan li manda qu'il ne se combatroit mie, qu'il estoient tuit mort s'il voloit, et qu'il n'en eschaperoit ja pié que tuit ne fussent noiés; si manda au roi se son plaisir estoit qu'il venist parler à lui. Le roi i ala por le congié au cardinal, si mena avec lui maistre Jacques, qui evesque estoit d'Acre. Le soudan fist grant feste au roi quant il le vit, et le fist

le chemin, tellement que les vivres ne pouvoient aller au camp; et il se passa bien huit jours, et plus, sans qu'il arrivât des vivres de Damiette au camp. Ceux du camp s'émerveilloient beaucoup de ce que ce pouvoit être, car ils ne pouvoient ouïr nouvelles de Damiette, ni ceux de Damiette ouïr nouvelles du camp. Il avint que, dans ce moment où les galères des Sarrasins descendoient du fleuve de Faë dans le fleuve de Damiette, il étoit arrivé dans le fleuve de Damiette cent galères armées qu'envoyoit l'empereur d'Allemagne; elles s'y arrêtèrent, et si elles eussent su qu'il y avoit des galères entre elles et le camp, elles les eussent prises et eussent secouru le camp, et Damiette n'eût pas été perdue. Quand le soudan sut qu'il étoit arrivé à Damiette des galères chrétiennes, il dit qu'il ne falloit pas trop tarder à faire dommage aux Chrétiens. Il fit couper les écluses : l'eau s'épandit et s'en alla dans le camp des Chrétiens; en sorte que tels eurent de l'eau jusqu'au cou; il y en eut beaucoup de noyés. Leurs vivres furent tous perdus, car ils ne pouvoient, ni en avant, ni en arrière, aller à leurs vaisseaux ni à terre; et ils étoient tellement entourés d'eau que, le soudan leur eût-il donné congé de retourner en sauveté à Damiette, il n'en auroit échappé aucun, mais tous auroient été noyés.

Quand le roi vit le malheur arrivé à l'armée, il manda au soudan qu'il le combattroit volontiers. Le soudan lui manda qu'il ne combattroit point, qu'ils étoient tous morts s'il le vouloit, qu'il n'en échapperoit pas un, et qu'ils seroient tous noyés. Il manda au roi que, si c'étoit son plaisir, il vînt lui parler. Le roi y alla par le congé du cardinal, et mena avec lui maître

seoir à costé de lui; aprés li dist : « Sires roi, j'ai mult grant pitié de vos et de vos gens qui là moront à grant dolor comme de faim, et si se seront noiés. Et se vos volés, vos les porrés bien garantir de mort. » Le roi li dist : « Sire, comment? — Je vous dirai comment, dist le soudan: se vos volés rendre Damiete, je les metrai tos en sauveté. » Le roi dist que Damiete n'estoit pas toute souë, ainsi avoit parconiers assés, et s'il voloit, il lor feroit asavoir, et ce qu'il en feroit il le tendroit volontiers. Li soudan dist que bel li seroit si enveoit. Le roi envoia l'evesque d'Acre au cardinal, et à ceus qui en l'euë estoient; si lor fist asavoir la requeste que li soudan li avoit faite. Le cardinal et cil de l'ost s'i accorderent ensemble, et mult furent lies de sa requeste, et manderent au roi qu'il feist le meillor plet qu'il porroit, mes qu'il pussent issir de là où il estoient, et ce qu'il feroit il tendroit. Li evesque retorna ariere au roi, si li fist asavoir ce qu'il avoit trouvé. Lors atirerent entre lui et le soudan la pés tele comme vous dirai. Il rendirent Damiete au soudan, et quant qu'il avoient de Sarrazins en prison deça mer; et le soudan lor rendit les Crestiens qui estoient en prison en la terre et en la terre de Coredin son frere, et dist qu'il rendroit la sainte crois qui fust perduë en la bataille devant Acre, et si firent trives à huit ans en tel point come eles estoient quant le roi Johan porta corone.

Jacques, évêque d'Acre. Le soudan fit grande fête au roi quand il le vit, le fit asseoir à côté de lui, et lui dit ensuite : « Sire roi, j'ai très-grande pitié de vous « et de vos gens qui mourront là en si grande dou- « leur que celle de la faim, et seront noyés, et si vous « voulez, vous les pourrez bien garantir de mort. » Le roi lui dit : « Sire, comment? — Je vous dirai « comment, dit le soudan : si vous voulez rendre « Damiette je les mettrai tous en sauveté. » Le roi dit que Damiette n'étoit pas toute sienne, mais qu'il y avoit beaucoup de co-partageans; que, s'il vouloit, il leur feroit savoir ce qu'il proposoit, et que ce qu'ils décideroient il s'y accorderoit volontiers. Le soudan lui dit qu'il étoit le maître d'envoyer. Le roi envoya l'évêque d'Acre au cardinal et à ceux qui étoient dans l'eau, et il leur fit savoir la requête du soudan. Le cardinal et ceux du camp s'accordèrent ensemble et furent fort joyeux de sa requête. Ils mandèrent au roi qu'il fît le meilleur accommodement qu'il pourroit, mais qu'ils pussent sortir de là où ils étoient, et que ce qu'il feroit ils le tiendroient. L'évêque retourna au roi, et lui fit savoir ce qu'on lui avoit dit. Alors ils arrangèrent entre lui et le soudan la paix telle que je vous dirai. Ils rendirent Damiette au soudan, et tout ce qu'ils avoient de Sarrasins en prison en deçà la mer, et le soudan leur rendit les Chrétiens qui étoient prisonniers dans son pays et au pays de Coradin son frère; et il dit qu'il rendroit la sainte croix qui avoit été perdue dans la bataille devant Acre, et ils firent trêve pour huit ans à telles conditions comme elles étoient quand le roi Jean prit la couronne.

Quant la pes fu ainsi creantée d'une part et d'autre, li soudan envoia des vilains de sa terre faire pons et escluses par quoi li Crestiens peussent issir de l'euë et aler à seche terre. Aprés dist li soudan au roi qu'il voloit avoir ostages de la pes jusques que ses gens seroient dedens Damiete et que li Crestiens en seroient dehors. Le roi demora en ostage et l'evesque d'Acre. Aprés envoia l'en à Damiete, et fist l'en issir hors les Crestiens, et si la livra l'en au soudan et tous les prisonniers qui dedens estoient. Quant ainsi orent fait, le roi se seoit devant le soudan, si commença à plorer, et encore estoient li Crestiens en l'euë qui moroient de faim. Le soudan regarda le roi qui ploroit, si li dist : « Sire, porquoi plorés-vos ? Ja ne fiert-il mie à roi qu'il doit plorer. — Sire, j'ai droit, dist le roi, car je vois le pueple que Diex m'a chargié morir à si grant mesaige comme de faim. » Li soudan ot pitié de ce qu'il vit le roi plorer, si plora aussi. Aprés li dist qu'il ne plora plus, qu'il auroient à mengier; si lor envoia trente mille pains à departir as povres et as riches, ainsi lor envoia quatre jors tant qu'il furent hors de l'euë. Et quant il furent hors, si envoia marchié de pain et de viande à ceus qui acheter le pooient, et as povres gens envoia as chacun du pain quinze jors. Là furent jusqu'à tant que li message revindrent ariere au soudan qui avoit esté à Damiete. Quant li messages furent venu, le soudan lor dona congié, et s'en alerent chascun en son endroit. Le roi s'en ala à Acre, et laissa chevalier en la terre por cherchier les cités et les chastiaus et les viles, et delivrerent les prisonniers. Quant le roi ot ainsi fait, si fist un sien parent baillif de la terre, qui avoit nom Eudes de Mont-Beliard, et puis passa mer por aler à Rome et en France, et por parler à l'apostole et à l'empereor et au roi de France et au roi d'Angleterre, por avoir secors et aide à la terre d'outre-mer, et por plaindre soi à l'apostole de la honte que li cardinal li avoit fait devant Damiete, et por querre baron à sa fille, qui la terre peust maintenir.

Quand la paix eut été ainsi conclue de part et d'autre, le soudan envoya des vilains de ses terres pour faire des ponts et des écluses par où les Chrétiens pussent sortir de l'eau et aller en terre sèche. Après le soudan dit au roi qu'il vouloit avoir des otages de la paix jusqu'à ce que ses gens fussent en Damiette et que les Chrétiens en fussent hors. Le roi demeura en otage, comme aussi l'évêque d'Acre. Puis on envoya à Damiette et l'on en fit sortir les Chrétiens, et on la livra au soudan avec tous les prisonniers qui étoient dedans. Quand ils eurent ainsi fait, le roi s'assit devant le soudan et commença à pleurer, et les Chrétiens étoient encore dans l'eau qui mouroient de faim. Le soudan regarda le roi qui pleuroit, et lui dit : « Sire, pourquoi pleurez-vous? il ne convient « pas à un roi de pleurer. — Sire, j'en ai bien le droit, « dit le roi; car je vois le peuple que Dieu m'a con- « fié mourir d'une si grande détresse que celle de la « faim. » Le soudan eut pitié de ce qu'il voyoit le roi pleurer, et pleura aussi. Après il lui dit qu'il ne pleurât plus et qu'ils auroient à manger. Il leur envoya donc trente mille pains à partager entre eux, pauvres et riches, et leur envoya ainsi pendant quatre jours, jusqu'à ce qu'ils fussent hors de l'eau. Quand ils furent dehors, il envoya du pain et de la viande à acheter à ceux qui pouvoient payer, et aux pauvres gens il envoya à chacun du pain pendant quinze jours. Ils furent là jusqu'à ce que revinrent au soudan les messagers qui avoient été à Damiette. Quand les messagers furent venus le soudan leur donna congé, et ils s'en allèrent chacun dans son pays. Le roi s'en alla à Acre, et laissa des chevaliers dans le

Quant l'emperes sout qu'il fu arrivé, si ala contre lui, et le receut à grant honor, et grant joie fist de sa venuë, et ala avec lui tant qu'il vint à l'apostole. L'apostole le reçut à grant honor, et ala encontre lui, et le roi se plaint de la honte que li cardinal li avoit faite. Là atirerent li apostole, et li empereor et li rois, que james ne feroit l'on partison de chose que l'en conquist, puis qu'en seroit més à aler en la terre d'outre mer, ains seroit tot au roi de Jerusalem. En ce point que le roi arriva en Puille fu la dame la fame l'empereor morte. Et quant il orent fait cet atirement des conquestes demorer au roi, l'apostole parla à l'empereor de la fille au roi Johan prendre à fame. L'empereor dist qu'il la prendroit volentiers por l'amor qu'il avoit au pere. Là la plein à la main l'apostole. Quant ainsi orent fait, si se departirent. L'empereor s'en alla en Puille, et le roi s'en ala à Rome, et là li receut l'en à procession, et d'iluec s'en ala en France au roi Felippe, qui grant honor li fist. Aprés ala en Angleterre au roi, et retorna ariere en France. Et si vous di por voir qu'en toutes les terres où il passoit, et as bones villes, aloit l'en encontre lui et le recevoit l'en à procession. Ne demora guaires, puis que le roi Johan fu en France, que le roi Felippe morut, et laissa grant avoir au roi Johan por porter en la terre

pays pour visiter les cités, les châteaux et les villes, et délivrer les prisonniers. Quand le roi eut ainsi fait, il mit pour bailli de la terre un sien parent qui avoit nom Eudes de Montbéliard, et puis passa la mer pour aller à Rome et en France, et pour parler à l'apostole et à l'empereur, et au roi de France et au roi d'Angleterre, afin d'avoir secours et aide en la terre d'outre mer, et aussi pour se plaindre à l'apostole de la honte que le cardinal lui avoit faite devant Damiette, et pour chercher à sa fille un mari qui pût défendre le pays.

Quand l'Empereur sut qu'il étoit arrivé, il alla vers lui, le reçut avec de grands honneurs et fit grande fête de sa venue, et alla avec lui jusqu'à ce qu'il arrivât chez l'apostole. L'apostole le reçut avec grand honneur et alla au-devant de lui. Le roi se plaignit de la honte que le cardinal lui avoit faite. L'apostole, l'empereur et le roi convinrent que jamais on ne feroit partage d'aucune conquête lorsqu'on iroit désormais en la terre d'outre mer, mais que tout seroit au roi de Jérusalem. En ce temps que le roi arriva en Pouille mourut la dame femme de l'empereur [1]. Et quand ils eurent fait cet arrangement, que les conquêtes demeureroient au roi, l'apostole parla à l'empereur de prendre pour femme la fille du roi Jean [2]. L'empereur dit qu'il la prendroit volontiers pour l'amour qu'il avoit au père. Alors il fiança dans les mains de l'apostole. L'empereur s'en alla en Pouille, et le roi s'en alla à Rome, et là on le reçut en procession. De là il s'en alla en France au roi Philippe, qui lui fit

---

[1] Constance d'Aragon était morte le 23 juin 1212.
[2] Yolande, en 1225.

d'outre-mer. Le roi Johan fu à Saint Denys pour sousterrer le roi Felippe. Aprés fu au coronement le roi Loïs son fil à Rains; puis s'en ala à Saint-Jacques. Au revenir qu'il fist fu le roi d'Espaigne à son encontre à Burs, qui grant honor li fist. Là li dona le roi d'Espagne une soue seror à fame qu'il avoit. Quant le roi Johan ot espousée fame, si s'en ala en France. Quant il i ot esté une piece, si prist congié au roi et as barons, et dist qu'il l'en convenoit aler, car l'empereor l'attendoit en Puille por passer et por sa fille espouser. Si s'en ala et erra tant qu'il vint à l'empereor en Puille. Quant il fu là l'empereor si fist mander querre sa fille, et l'espousa, et li fist porter corone, et mult ama le roi Johan, et le fist seignor de sa terre.

Li diables, qui vit le grant amor entre l'empereor et le roi Johan, si fu mult dolent, et entra u corps l'empereor, et li fist amer une niece le roi Johan qui estoit venuë avec sa fille. Il la depucela, et sa fame en haït. Dont il avint un jor que le roi Johan ala veoir sa fille, si la trouva en sa chambre mult corociée. Il li demanda qu'ele avoit, et ele li dist que tout ainsi avoit fait l'empereor de sa niece, qu'il l'avoit depucelée et la tenoit, et li en haioit. Quant le roi oï, si fu mult dolent, et conforta sa fille, et puis prist congié et s'en ala à l'empereor. Quant il vint là, l'empereor se leva contre lui, et bel le salua, et le roi li dist qu'il

grand honneur. Après il alla en Angleterre vers le roi, puis il revint en France. Et je vous dis pour vrai que dans toutes les villes où il passoit on alloit à sa rencontre et on le recevoit en procession. Il ne tarda guère, lorsque le roi Jean fut revenu en France, que le roi Philippe mourut [1], et laissa grand avoir au roi Jean pour le porter en la terre d'outre mer. Le roi Jean fut à Saint-Denis pour enterrer le roi Philippe; après il alla à Rheims au couronnement du roi Louis son fils; puis il s'en alla à Saint-Jacques; et quand il revint le roi d'Espagne alla à sa rencontre, et lui rendit grand honneur. Là le roi d'Espagne lui donna pour femme une sienne sœur. Quand le roi Jean eut épousé femme, il s'en alla en France. Quand il y eut été un temps il prit congé du roi et des barons, et dit qu'il lui falloit s'en aller, car l'empereur l'attendoit en Pouille pour y passer et pour y épouser sa fille. Il partit, et alla tant qu'il arriva vers l'empereur en Pouille. Quand il fut là l'empereur lui dit d'aller quérir sa fille et l'épouser, et lui fit prendre la couronne. Il aima beaucoup le roi Jean et le fit seigneur de sa terre.

Quand le diable vit le grand amour qui étoit entre l'empereur et le roi Jean, il en fut très-dolent et entra au corps de l'empereur et lui fit aimer une nièce du roi Jean qui étoit venue avec sa fille. Il la dépucela, et en prit sa femme en haine; dont il avint qu'un jour que le roi Jean alla voir sa fille, il la trouva en sa chambre en grande fâcherie. Il lui demanda ce qu'elle avoit, et elle lui dit que l'empereur avoit dépucelé sa nièce et la tenoit comme maîtresse, et que

[1] Le 14 juillet 1223.

ne le saluoit pas, et honni fussent tuit cil par qui il estoit empereor, fors le roi de France, et se por pechié ne fust, il l'occiroit. Quant l'empereor l'oi, si ot grant paor, et li commanda qu'il vuida sa terre. Le roi Johan dist volentiers qu'en la terre de si desloial home ne demorroit-il ja. Il vuida la terre et ala à Rome. Cil de Rome alerent encontre lui, et le receurent à grant honor, et li promistrent qu'il li aideroient de soixante mille escus, se mestier en avoit. Il les en mercia, et se parti de Rome, et ala en Lombardie, à Boloigne la Crasse, et sejorna il et sa fame.

Quant cil de Lombardie oirent dire que le roi Johan estoit à Boloigne la Crasse, si s'assemblerent li postat des cités, et alerent à lui. Bel le saluerent et li distrent que s'il voloit, il li rendroit la terre et le coroneroient. Le roi les en mercia, et dist qu'il ne le refusoit pas, mes la terre estoit de sa fille, qui dame en estoit; mes soffrissent-il il demorroit en la terre tant comme il vodroit. Quant l'empereor ot bani le roi de sa terre, il fu mult dolent de la honte que le roi li ot dite. Il ala à sa fame, si la bati durement, si qu'a poi que l'enfant que ele avoit en son ventre ne perdi, et aprés la fist enfermer en un chastel; et là fu grant piece. L'empereor ot grant paor que le roi ne li tollist sa terre; porce li manda qu'il iroit à lui à merci, et li amenderoit la honte qu'il li avoit faite. Le roi ne vout mie guerroier l'empereor, ains li manda ariere que volentiers li pardonneroit por ce qu'il li amendast. L'empereor ala en Lom-

pour elle il l'avoit prise en haine. Quand le roi ouït ceci il en fut fort dolent; il consola sa fille, puis prit congé et s'en alla à l'empereur. Quand il arriva chez lui, l'empereur se leva pour aller à sa rencontre et le salua gracieusement. Le roi lui dit qu'il ne le saluoit pas, et que honnis fussent tous ceux par qui il étoit empereur, hors le roi de France, et que, si ce n'étoit péché, il l'occiroit. Quand l'empereur l'ouït, il eut grand'peur et lui commanda de vider ses terres. Le roi dit qu'il le feroit volontiers et ne demeureroit pas dans les terres d'un homme si déloyal. Il vida le pays et alla à Rome. Ceux de Rome allèrent à sa rencontre et le reçurent avec grand honneur, et lui promirent qu'ils l'aideroient de soixante mille écus s'il en avoit besoin. Il les en remercia, se partit de Rome et alla en Italie, à Bologne-la-Grasse, où il séjourna avec sa femme.

Quand ceux de Lombardie ouïrent dire que le roi Jean étoit à Bologne-la-Grasse, les podestats s'assemblèrent et allèrent à lui. Ils le saluèrent gracieusement, et lui dirent que s'il vouloit ils lui rendroient le pays et le couronneroient. Le roi les en remercia, et dit qu'il ne les refusoit pas, mais que la terre étoit à sa fille qui en étoit dame; que, s'ils le permettoient, il demeureroit dans le pays aussi long-temps qu'ils le voudroient. Quand l'empereur eut banni le roi de sa terre, il fut très-dolent des injures que le roi lui avoit dites; il alla à sa femme et la battit si rudement qu'il s'en fallut peu que l'enfant qu'elle avoit en son ventre ne pérît, puis il la fit enfermer en un château, et elle y demeura long-temps. L'empereur eut grand'peur que le roi ne lui prît sa terre; et

bardie à tout grant gent, si cria au roi merci, et le roi li pardona. Aprés mist pes le roi entre l'empereor et les Lombars en telle maniere comme je vous dirai. Toutes les communes cités de Lombardie amenderoient le meffait par cinq cens chevalier amener deus ans à leur coust en la terre d'outre-mer. Aprés ala l'empereor en Puille; et le roi demora à Boloigne, porce qu'il ne vout mie aler avec l'empereor. Quant li apostole oï dire qu'il avoit mautalent entre le roi et l'empereor, si manda au roi qu'il venist à lui; il i ala. Li apostole li commanda sa terre à garder et vivre des rentes. Il avint que la fame l'empereor se delivra d'un fil : si ne demora guaires aprés qu'ele fu morte ; dont mult fu dolent, et toutes voies fut-il liés de ce que oïr i ot demoré. Li apostole manda à l'empereor qu'il passa outre-mer, et feist son pelerinage, et, s'il ni passoit, il en feroit justice. Li empereres manda que volentiers passeroit et jor en prist. Quant l'apostole sout le jour, si manda par toute crestienté à ceus qui croisiés estoient, qu'il meussent et alassent à Brandis, que li empereres passeroit. Li empereres fist grant apareillement de nes et de galies, et fist chargier viandes et gens. Quant li pelerins furent venu et les nes furent apareilliés, et il furent recueilli, li empereres entra en une galie, et mut la navie et li vaissel aprés. Quant ce vint aprés au vespres, l'empereor fist retorner sa galie coiement, con ne le seust fors cil de la galie, si s'en revint à Brandis, et li pelerins passerent outre, et s'en vindrent en Acre.

pour cela il lui manda qu'il iroit à lui lui crier merci et amenderoit l'outrage qu'il lui avoit fait. Le roi ne voulut pas guerroyer l'empereur, mais lui répondit qu'il lui pardonneroit volontiers, pourvu qu'il s'amendât. L'empereur alla en Lombardie avec beaucoup de monde, cria au roi merci, et le roi lui pardonna. Après cela le roi fit la paix entre l'empereur et les Lombards de la manière que je vous dirai. Toutes les communes cités de Lombardie devoient amender leurs méfaits en envoyant à leurs frais pendant deux ans cinq cents chevaliers en la terre d'outre mer. Après cela l'empereur alla en Pouille ; et le roi demeura à Bologne, parce qu'il ne vouloit pas aller avec l'empereur. Quand l'apostole ouït dire qu'il y avoit mauvaise volonté entre le roi et l'empereur, il manda au roi qu'il vînt à lui, et il y alla. L'apostole lui remit sa terre à garder pour qu'il vécût des rentes. Il avint que la femme de l'empereur se délivra d'un fils. Après cela il ne tarda guère qu'elle ne mourût [1] ; dont il fut fort dolent : mais toutefois fut-il joyeux de ce qu'il lui étoit demeuré un hoir. L'apostole manda à l'empereur qu'il passât outre mer et qu'il fît son pélerinage, et que, s'il n'y passoit, il en feroit justice. L'empereur manda que volontiers il passeroit, et prit jour. Quand l'apostole sut le jour, il manda à tous ceux de la chrétienté qui étoient croisés qu'ils se missent en route et qu'ils allassent à Brindes, que l'empereur passeroit. L'empereur fit grands apprêts de navires et de galères, et les fit charger de vivres et de gens. Quand les pélerins furent venus et les navires préparés, et qu'ils furent embarqués, l'empereur

[1] En 1228.

Quant l'apostole oï dire que l'empereor estoit ainsi retorné, si fu mult dolent, et l'escomenia et fist escomenier par toute crestienté come traïte et desloial qu'il estoit. L'empereor envoia au soudan por faire pes forcé [1], si com vos oïrés. En ce point que li pelerin ariverent, estoit li Coredin mort : si demora sa terre à ses enfans. Il laissa la terre et les enfans à un chevalier en bail, qui estoit d'Espaigne et frere avoit esté du Temple; et porce li laissa il qu'il l'avoit loiaument servi, et avoit loiaument sa loi tenuë, fors seulement qu'il aloit contre les Crestiens; porce li laissa il qu'il savoit bien qu'il la garderoit loiaument. Ne la vout mie laissié as Sarrazins qu'il savoit bien qu'il la rendroient à son frere le soudan de Babilone. Et quant le soudan fu mort, si furent les trives mortes en la terre d'outre-mer. Li pelerins qui i estoient pristrent conseil qu'il iroient fermer un chastel à sept milles de Sur, en un lieu qui a nom Sajete. Il i alerent, et quant il vindrent lor conseil lor aporta qu'il ne le fermeroient mie, car trop i avoit à faire, et si ne seroit mie mult defensable, ains fermeroient un chastel à une isle qui est devant la cité, et feroient chaucié de terre jusques-là; et se li chasteaus estoit fait, il ne douteroit nul assaut, ne par mer ne par terre. Cil de l'ost si accorderent tuit, et sejornerent iluec, et fermerent le chastel tout l'iver, et firent la chaucié, et au chief de la chaucié firent une porte bien defensable. En cel ost i ot mult d'Anglois, et i ot deus evesques, qui mult de biens firent en l'ost, et aillors, si come vous oïrés.

[1] Lisez *forcelée*.

entra en une galère, la flotte se mit en route et son vaisseau après¹. Quand ensuite ce vint au soir, l'empereur fit retourner secrètement sa galère, sans que personne le sût, hors ceux de la galère, et s'en revint à Brindes. Les pélerins passèrent outre et s'en vinrent à Acre.

Quand l'apostole ouït dire que l'empereur étoit ainsi retourné, il fut dolent et l'excommunia, et le fit excommunier par toute la chrétienté, comme traître et déloyal qu'il étoit. L'empereur envoya au soudan pour faire la paix à la dérobée, comme vous l'apprendrez. Au moment que les pélerins arrivèrent, Coradin étoit mort². Son pays demeura à ses enfans. Il confia son pays et ses enfans à un chevalier qui étoit d'Espagne et avoit été frère du Temple; et il les lui laissa parce qu'il l'avoit loyalement servi, et avoit loyalement tenu sa religion, hors seulement qu'il étoit contre les Chrétiens; et ainsi il savoit bien qu'il garderoit loyalement sa terre. Il ne la voulut pas laisser aux Sarrasins parce qu'il savoit bien qu'ils la rendroient à son frère le soudan de Babylone. Et quand le soudan fut mort, les trèves qu'il avoit faites en la terre d'outre mer demeurèrent mortes avec lui. Les pélerins qui étoient outre mer se délibérèrent d'aller fortifier un château à sept milles de Tyr, en un lieu qui a nom Sidon. Ils y allèrent, et quand ils furent arrivés il leur fut avis de ne le point fortifier, car il y avoit trop à faire, et qu'il ne seroit pas de très-grande défense, mais de fortifier un château dans une île qui est devant la cité, et de faire une chaussée de terre jusque là; et il leur parut que si le château

¹ Le 8 septembre 1227. — ² En novembre 1227.

Li Alemant fermerent un autre chastel qui a nom Frans-Chastiaus. Quant il orent fermés ces deus chastiaus l'ivert, il alerent à Cesaire l'esté, où il fermerent un autre chastel, et li Espagnol qui avoit la terre en baillie n'osoit pas laissier ce qu'il gardoit, que li soudan ni entrast, qui son neveu beoit à deseriter.

Quant li messages que l'empereor ot mandé au soudan furent retorné, il entra tantost en mer, et s'en ala en la terre d'outremer, sans ce qu'il le fist assavoir à l'apostole, si s'en ala tous escommeniés. Quant il vint en droit l'isle de Chipre, il descendit à terre et sejourna iluec. Il envoia son mareschal en Acre, et grant gens avec, por parler au soudan. En ce point que li mareschal envoia en Acre, estoient encore li pelerin à Cesaire. Il orent un jor envoié forriers en paienisme por querre viandes. Grant bestail et grant gaaing en amenerent. Li mareschaus l'oï dire, si monta et ses chevaliers tous armés, et ala encontre. Quant il virent le mareschal, il connurent les enseignes et furent mult liés; car il cuidoient qu'il venissent por eus aidier, mes il n'en avoient talent, ains los corurent sus, et tuerent et navrerent, et tolirent ce qu'il avoient gaaignié. Quant il orent ainsi fait, li mareschal s'en retorna en Acre. D'iluec s'en ala en un lieu de la terre en message au soudan por parler de la pes, qu'il ne voloit mie qu'il venissent en Acre, ne que cil de la terre

étoit fait, il ne redouteroit nul assaut ni par mer ni par terre. Ceux de l'armée s'y accordèrent tous. Ils séjournèrent en ce lieu, et travaillèrent tout l'hiver à fortifier le château. Ils firent la chaussée, et à la tête de la chaussée ils firent une porte de bonne défense. Il y avoit dans cette armée beaucoup d'Anglais; il y avoit aussi deux évêques qui firent beaucoup de bien à l'armée et ailleurs, comme on l'apprendra. Les Allemands fortifièrent un autre château qui a nom Franc-Château. Quand ils eurent fortifié ces deux châteaux durant l'hiver, ils allèrent l'été à Césarée, où ils fortifièrent un autre château. L'Espagnol qui avoit le pays en garde ne l'osoit pas quitter, de peur d'y laisser entrer le soudan, qui aspiroit à déshériter son neveu.

Quand les messagers que l'empereur avoit envoyés au soudan furent revenus, il entra aussitôt en mer et s'en alla en la terre d'outre mer, sans le faire savoir à l'apostole, et s'en alla ainsi tout excommunié. Quand il vint à l'île de Chypre, il descendit là à terre et y séjourna. Il envoya son maréchal à Acre, et beaucoup de monde avec lui, pour parler au soudan. En ce temps qu'il envoya son maréchal à Acre les pélerins étoient encore à Césarée. Ils avoient un jour envoyé des fourrageurs sur les terres des Païens, pour quérir des vivres: ils en emmenèrent beaucoup de bétail et de butin. Le maréchal, l'ayant ouï dire, monta à cheval avec ses chevaliers tout armés, et alla à leur rencontre. Quand ils virent le maréchal, ils reconnurent les enseignes et furent fort joyeux, car ils croyoient que les chevaliers venoient pour les aider: mais ils n'en avoient nulle volonté. Au contraire, ils

seussent lor conseil. Cil de la terre envoierent un message à l'apostole, et li firent asavoir comment la gent l'empereor les avoit mal baillis, et comment il aloient souvent parler as Sarrazins. Quant l'empereor ot sejorné une piece en l'isle de Chipre, si li fist son mareschal asavoir ce qu'il avoit trouvé u soudan, et l'empereor entra tantost en mer, et arriva en Acre. En ce point estoient li Crestiens devant Cesaire, où il avoient fermé un chastel, et d'iluec alerent à Jaffe, où il fermerent un autre chastel mult fort. Quant l'empereor fu en Acre, si fist tantost armer une galie, et mist messages ens et les envoia à l'apostole, et fist asavoir qu'il estoit en la Terre Sainte, et qu'il lasousist, et il li creanteroit que james ne torneroit ariere jusques qu'il auroit conquise tote la terre des Sarrazins, et mise en la main des Crestiens. L'apostole dist qu'il ne l'asoudroit mie, qu'il ne le tenoit mie por crestien, ains estoit passé com faus et traitres. Aprés manda au patriarche, au Temple et à l'Ospital qu'il ne fussent à son conseil n'a son accort, et que bien se prissent garde de lui, car il ni feroit ja bien, si comme il cuidoit.

Un jor se porpensa l'empereor de grant traïson. Il ala à un chastel du Temple qui a nom Chastiau-Pelerin, si entra ens.

leur coururent sus, les tuèrent et blessèrent, et leur prirent ce qu'ils avoient fait de butin. Quand ils eurent ainsi fait le maréchal s'en retourna à Acre. De là il s'en alla en un endroit du pays, en message vers le soudan pour lui parler de la paix, car ils ne vouloient pas qu'il vînt à Acre, ni que ceux du pays sussent leurs projets. Ceux du pays envoyèrent un message à l'apostole et lui firent savoir comment les gens de l'empereur les avoient malmenés, et comme quoi ils alloient souvent parler aux Sarrasins. Quand l'empereur eut séjourné un temps à l'île de Chypre, son maréchal lui fit savoir en quelle disposition il avoit trouvé le soudan, et l'empereur entra aussitôt en mer et arriva à Acre. En ce moment les Chrétiens étoient devant Césarée, où ils avoient fortifié un château, et de là ils allèrent à Jaffa, où ils fortifièrent un autre château et le rendirent très-fort. Quand l'empereur fut à Acre il fit aussitôt amener une galère et mit dedans des messagers, et les envoya à l'apostole pour lui faire savoir qu'il étoit en la Terre-Sainte. Il lui demanda de l'absoudre, moyennant quoi il lui promettoit de ne jamais revenir jusqu'à ce qu'il eût conquis tout le pays des Sarrasins et l'eût mis entre les mains des Chrétiens. L'apostole lui dit qu'il ne l'absoudroit pas, qu'il ne le tenoit pas pour chrétien, mais qu'il étoit passé comme faux et traître. Après il manda au patriarche, au Temple et à l'Hôpital qu'ils n'eussent avec lui ni conseil ni accord, et qu'ils se gardassent bien de lui; car, à ce qu'il croyoit, il ne feroit rien de bien.

Un jour l'empereur médita une grande trahison. Il alla à un château du Temple qui a nom château-Pé-

Il le trouva fort et bien garni, si dist qu'il le voloit avoir, et qu'il le vuidassent. Li Templiers corurent as portes, et les fermerent, et distrent que, s'il ne s'en aloit, il le mettroit en tel lieu dont il n'istroit james. L'empereor vit qu'il ne n'avoit mie la force, si s'en issi, et s'en ala en Acre, et fist armer ses gens, et s'en ala à la maison du Temple, et la vodrent abatre, et li Templier la defendirent bien, tant que l'empereor se trait ariere, et s'en ala à Jaffe, là où on fermoit un chastel, et manda au soudan qu'il li tenist ses covenances. Le soudan sout la discorde qui estoit entre lui et l'apostole et ceus de la terre; si li manda qu'il ne les li pooit mie tenir; car son frere Coredins estoit mort, et il ne pooit mie faire de sa terre à son talent, car elle estoit demorée en baillif. L'empereor fist son serment, et li manda que, s'il ne li tenoit ses covenances, seust-il bien que james n'auroit repos jusques qu'il l'auroit deserité. Quant le soudan oï ce, si manda ceus qui son neveu avoient en baillie, car il ne pooit mie faire pes sans eus, tele come il l'avoient en convent. Li baillifs vindrent au soudan, li soudan lor dist : « Seignors, vées si l'empereor qui est venu por une pes que nos avions porparlée entre moi et mon frere, et creantée li avions. Il escuet que vous le creantiés ausi, et se vos ne les volés créanter, il ira sor vos. » Quant il oirent ce, si distrent qu'il feist et il l'ottroeroient; car il lor estoit bien avis que plus porroient perdre en la guerre qu'en la pes.

Or vous dirai de la pes quele ele estoit. Li soudan rendi toute la terre de Jerusalem si com li Crestiens la tindrent au

lerin, et entra dedans. Il le trouva fort et bien garni. Il dit qu'il le vouloit avoir et qu'ils eussent à le vider. Les Templiers coururent aux portes et les fermèrent, et lui dirent que, s'il ne s'en alloit, ils le mettroient en lieu d'où il ne sortiroit jamais. L'empereur vit qu'il n'avoit pas la force ; il sortit et s'en alla à Acre. Là il fit armer ses gens et s'en alla à la maison du Temple et la voulut abattre. Les Templiers la défendirent bien, en sorte que l'empereur se retira, s'en alla à Jaffa, où on fortifioit un château, et il manda au soudan qu'on lui tînt les conventions faites. Le soudan, sachant la discorde qui étoit entre lui et les Chrétiens du pays, lui manda qu'il ne les pouvoit tenir, car son frère Coradin étoit mort, et il ne pouvoit faire du pays à sa volonté, car il étoit demeuré aux mains d'un bailli. L'empereur fit serment et lui manda que s'il ne tenoit pas ses conventions, qu'il sût bien que jamais il n'auroit repos jusqu'à ce qu'il l'eût dépossédé. Quand le soudan ouït ceci, il manda ceux qui avoient son neveu en garde, car il ne pouvoit sans eux faire la paix, comme il en étoit convenu. Les baillis vinrent au soudan, et le soudan leur dit : « Seigneurs, voici l'empereur qui est venu pour une « paix dont nous avions conféré avec lui, moi et mon « frère, et que nous lui avions promise. Il exige que « vous la promettiez aussi, et, si vous ne la vou- « lez promettre, il ira sur vous. » Quand ils ouïrent ceci ils dirent qu'il la fît et qu'ils y consentiroient, car il leur étoit avis qu'ils pourroient perdre plus par la guerre que par la paix.

Or je vous dirai quelle fut cette paix. Le soudan rendit tout le pays de Jérusalem comme les Chré-

jor que li Sarrazins la conquistrent sor eus, fors seulement le Crac de Montroial, et trois chastiaus en la terre de Sur et de Sajete que haus homes avoient garnis et ne les voloient rendre. Mes ne pout mie gramment chaloir qu'il n'estoient mie si fors qu'il covenist estre devant à siege; mes du Crac fu damage; car toute crestienté porroit seoir devant, puis qu'il i eust à mangier ains qu'il fust pris. La cité de Jerusalem rendroit par tel convenant qu'il i auroit trois Sarrazins por garder le temple où Dieu fu offert, et que li Crestiens ni auroient aucune seignorie, et que sauvement, sans trevage doner, vendroient li pelerin Sarrazins au Temple et u manoir Salomon, où li Templiers estoient au tans que la terre fu perduë. Mist l'empercre Sarrazins en la victance des pelerins templiers, porce qu'il ne voloit mie qu'il fussent dans la ville; et que l'empereor pooit fermer chastiaus et cités, et ce qui avoit esté fermé, mes fermeté novelle ne pooit faire, ne li Sarrazins ne se pooient mie fermer. Ceste pes fust creantée d'une part et d'autre, et trives prises à dix ans. Quant ainsi fu fait, et les trives prises, le soudan fist voider la cité des Sarrazins, fors seulement le Temple. L'empereor i entra et si home, et porta corone ou demi-quaresme. Quant il ot porté corone, si dona le manoir le roi qui est devant la tor David à l'ospital des Alemans. A cele pes ne à celes trives ne fu mie li Temple, ne li Hospitaus, ne le patriarche, porce que l'apostole lor avoit mandé qu'il ne fussent à son conseil ne à s'aide. D'autre part, se l'apostole ne lor eust mandé, si ne eussent-il mie cele pes aidié à faire; car cele pes tint l'en à fause et à mauvaise.

tiens l'avoient au jour que les Sarrasins le conquirent sur eux, hors seulement le Krac de Montréal, et trois châteaux en la terre de Tyr et de Sidon où des seigneurs avoient mis garnison et ne les vouloient pas rendre. Mais on ne put s'en inquiéter grandement, car ils n'étoient pas si forts qu'on fût obligé de les assiéger; mais pour le Krac c'étoit dommage, car maintenant qu'il étoit pourvu de vivres, toute la chrétienté pouvoit l'assiéger sans qu'il fût pris. Ils devoient rendre la cité de Jérusalem à condition qu'il y auroit trois Sarrasins pour garder le temple où Dieu fut offert, et que les Chrétiens n'y auroient aucune puissance, et que les pélerins sarrasins viendroient, sauvement et sans donner sûreté, au Temple et au manoir de Salomon, où étoient les Templiers avant que la ville fût perdue. L'empereur y mit les Sarrasins pour faire empêchement aux pélerins templiers, parce qu'il ne vouloit pas qu'ils fussent dans la ville. Il fut convenu que l'empereur pourroit fortifier cités et châteaux, et tout ce qui avoit déjà été fortifié, mais qu'il ne pourroit faire de forteresses nouvelles, et que les Sarrasins ne se pourroient pas fortifier. Cette paix fut garantie de part et d'autre, et les trèves furent faites pour dix ans. Quand ainsi fut fait, et les trèves convenues, le soudan fit vider la cité de Sarrasins, hors seulement le Temple. L'empereur y entra avec ses hommes, et prit la couronne à la mi-carême [1]. Quand il eut pris la couronne il donna le manoir du roi qui est devant la tour de David à l'hôpital des Allemands. A cette paix et à ces trèves ne concoururent ni le Temple, ni l'Hôpital, ni le patriarche, parce que l'apos-

[1] Le 17 mars 1229.

Quant l'empereor ot porté corone en Jerusalem, si envoia un sien clerc à l'apostole et à son fil en Alemaigne et au roi de France, et si lor manda comment on li avoit la terre renduë. Quant l'apostole oï ces noveles, si n'en fu mie liés, porce qu'il estoit escommenié, et qu'il li estoit avis qu'il avoit faite mauvaise pes, porce que li Sarrazins tenoient le Temple; et por ce ne vout-il soffrir con le seust par lui, ne que sainte yglise en fist feste, ains commanda par tout crestienté con escommeniast l'empereor come renoié et mescreant; aprés assembla grant gent et les charga au roi Johan, et fist entrer en la terre l'empereor por gaster en la terre de son demaine, non mie de son empire. Le roi Johan i entra et prist chastiaus et viles, et fist grant conquest sor l'empereor. L'en fist à savoir à l'empereor, qui outre mer estoit, que l'apostole avoit chargié gens au roi Johan, et qu'il prenoit ses chastiaus et ses cités et ses homes. Quant l'empereor oï ce, si fist atirer galies et se mist ens, et si laissa baillif en la terre de Jerusalem, et passa mer, et arriva en Puille. Quant il fu arrivé, si envoia par toutes ses cités por saisir toutes les maisons du Temple, et fist chacier tous les Templiers hors de sa terre; aprés assembla grant ost et ala encontre le roi Johan, et manda à son fil en Alemaigne qu'il le secorust à son pooir. Quant le roi Johan vist que l'empereor venoit contre lui à tot son pooir, si se traist ariere et le manda à l'apostole. Li apostole manda en France con le secorust. L'evesque de Biauvés i ala et grant chevalerie avec. L'empereor reconquist toute sa terre que le roi Johan li avoit prise. Li duc d'Osteriche, qui estoit alé en l'aide l'empereor avec son fils, vint à l'apostole, si li dist que la guerre n'avenoit pas à lui

tole leur avoit mandé de ne lui donner ni secours ni aide. D'autre part, quand l'apostole ne leur eût pas mandé, ils ne l'auroient pas aidé à faire cette paix, car on la tint pour fausse et mauvaise.

Quand l'empereur eut pris la couronne, il envoya un sien clerc à l'apostole et à son fils en Allemagne, et leur manda comment on avoit rendu le pays. Quand l'apostole ouït ces nouvelles, il n'en fut pas content, parce que l'empereur étoit excommunié, et qu'il lui étoit avis qu'il avoit fait une mauvaise paix, puisque les Sarrasins conservoient le Temple ; et à cause de cela il ne voulut pas souffrir qu'on en reçût la nouvelle de lui, ni que la sainte Église en fît fête ; mais il commanda par toute la chrétienté qu'on excommuniât l'empereur comme renégat et mécréant ; puis il assembla beaucoup de gens et les confia au roi Jean qu'il fit entrer au pays de l'empereur pour ravager les terres de son domaine et non pas celles de son empire. Le roi Jean y entra, prit des châteaux et des villes, et fit de grandes conquêtes sur l'empereur. L'on fit savoir à l'empereur, qui étoit outre mer, que le roi Jean étoit entré sur ses terres, et qu'il prenoit ses cités, ses châteaux et ses hommes. Quand l'empereur ouït ceci il fit apprêter des galères, se mit dedans, laissa un bailli en la terre de Jérusalem, passa la mer, et arriva en Pouille. Quand il fut arrivé il envoya par toutes ses cités pour saisir les maisons du Temple, et fit chasser tous les Templiers hors de ses terres ; puis il assembla une grande armée et alla à la rencontre du roi Jean, et manda à son fils en Allemagne qu'il le secourût de tout son pouvoir. Quand le roi Jean vit que l'empereur venoit contre

n'a l'empereor, mes feist pes; et li apostole dit : « Quele pes feroie-je? Il m'a tant menti qu'à peine porroie-je croire chose qu'il me deist, ne serement qu'il me feist. — Sire, dist li dus, l'en vos sera seur de la pes. » Là porparlerent une pes entre l'apostole et les cardinaux et le duc, dont l'apostole envoya à l'empereor deus cardinaus et li dus por la forme de la pes. Il dit que cele pes ne feroit il mie, ains lor mut une autre pes qu'il feroit. Li cardinas ne si accorderent mie, ains estriverent ensemble de deus part, et le duc pria tant l'empereor qu'il s'en mist sor li et sor les deus cardinaus, et jura sor saint que ce qu'il en feroit il tendroit, et en fist bien le creant, et li cardinal le creanterent de par l'apostole. La pes fut creantés d'une part et d'autre, et fu l'empereur absous.

Un poi aprés que l'empereor se fu parti de la terre de Jerusalem, s'assemblerent vilains de la terre as Sarrazins, et alerent en Jerusalem une matinée por occire les Crestiens qui dedens estoient. Li Crestiens se defendirent bien, si com l'en dit, et occistrent bien cinq cens Sarrazins, et ni ot que un Crestien mort : cil fu Englois.

lui avec toutes ses forces, il se retira en arrière et le manda à l'apostole. L'apostole manda en France qu'on le secourût. L'évêque de Beauvais y alla, et beaucoup de chevaliers avec lui. L'empereur reconquit toutes les terres que le roi Jean lui avoit prises. Le duc d'Autriche, qui étoit allé au secours de l'empereur avec son fils, vint à l'apostole et lui dit que la guerre ne convenoit pas à lui ni à l'empereur, et qu'il falloit faire la paix; et l'apostole dit : « Quelle paix « ferois-je? il m'a tant menti qu'à peine pourrois-je « croire ce qu'il me diroit ou les sermens qu'il me fe- « roit. — Sire, dit le duc, on vous donnera des sûre- « tés de la paix. » Alors la paix se négocia entre l'apostole, les cardinaux et le duc; et l'apostole envoya à l'empereur deux cardinaux et le duc pour traiter des conditions de la paix. Il dit qu'il ne feroit pas la paix qu'on lui offroit, mais en proposa une autre, et dit qu'il la feroit. Les cardinaux ne s'y accordèrent pas. Ils discutèrent ensemble des deux parts, et le duc pria tant l'empereur qu'il s'en remit au duc et aux deux cardinaux, et il jura sur les saints que ce qu'ils feroient il le tiendroit, et en prit bien l'engagement, et les cardinaux le promirent au nom de l'apostole. La paix fut ratifiée de part et d'autre, et l'empereur fut absous [1].

Un peu après que l'empereur fut parti du pays de Jérusalem, des vilains du pays des Sarrasins s'assemblèrent, et allèrent en Jérusalem un matin pour occire les Chrétiens qui étoient dedans. Les Chrétiens se défendirent bien, à ce qu'on dit, et occirent bien

[1] La paix fut signée le 9 juillet 1230, et Frédéric II fut absous le 28 août suivant.

Or vous lairons à parler de la terre de Jerusalem tant que point et hore en sera. Si vos dirons de Constantinople. Li Crestiens qui dedens estoient avoient perdue toute la terre, fors seulement la cité et un poi de terre par dehors. Il pristrent conseil ensemble. Si plusor distrent qu'il lairoient la cité et vendroient. Li autres distrent que ce ne feroit-il ja, car grant honte et grant reprovier en auroient en tous les lieus où il iroient, si laissoient si riche cité por noient; ains manderoit à l'apostole secors, et li feroit asavoir l'estat de la terre, et li manderoient, por Diex, qu'il lor donast le roi Johan à seignor, car s'il le pooit avoir, à l'aide de Dieu, bien tendroit la terre; et si tôt come il vendroit en la terre il li rendroient et feroient de lui seignor. A cil conseil s'acorderent tuit. Il envoierent à l'apostole et au roi Johan. Quant l'apostole oi ces noveles, si manda le roi Johan qu'il venist parler à lui; il i vint. Quant il i fu venu, l'apostole li dist ce que l'en li avoit mandé de Constantinople, et mult le pria qu'il le fist et qu'il s'en conseilla. Le roi li dist qu'il en estoit tot conseillé, et qu'il n'iroit mie, car un enfes estoit remes de l'empereor Pirron, qui estoit oir de la terre, si ne se voloit mie mettre en aventure por garantir autrui terre. Mult li pria l'apostole qu'il i alast, et grant secors li promist d'avoir et de gent. Li rois dist que por cele promesse n'iroit-il mie, ne cele promesse, si li aloit, ne refuseroient-il mie. Li rois, porce qu'il veoit le besoing de la terre, et porce que l'apostole l'en prioit, dist qu'il iroit por tele division, se li chevaliers de la terre li ottroient et li apostole li looit, que li oirs de la terre espouseroit une fille qu'il avoit et porteroit corone; après, quant il auroit espousée sa fille, il jureroit sor sains que tant com il vivroit il seroit en baillie, et seignorie n'auroit sor lui; après li feroient li chevalier homage à sa vie, et que

cinq cents Sarrasins. Il n'y eut qu'un Chrétien de tué : ce fut un Anglais.

Nous cesserons maintenant de parler du pays de Jérusalem, jusqu'à ce qu'en reviennent l'heure et le moment, et nous vous dirons de Constantinople. Les Chrétiens qui étoient dedans avoient perdu tout le pays, hors seulement la cité et quelques terres par dehors. Ils prirent conseil ensemble, et plusieurs dirent qu'ils laisseroient la cité et s'en iroient. Les autres dirent qu'ils n'en feroient rien, car ils auroient grande honte et grands reproches en tous les lieux où ils iroient, s'ils laissoient pour rien une si riche cité; mais qu'ils demanderoient du secours à l'apostole, lui feroient savoir l'état du pays, et lui manderoient, pour Dieu, qu'il leur donnât le roi Jean pour seigneur, car s'ils le pouvoient avoir, avec l'aide de Dieu, ils tiendroient bien le pays, et le lui rendroient, et le feroient leur seigneur. Ils s'accordèrent tous à ce conseil, et envoyèrent à l'apostole et au roi Jean [1]. Quand l'apostole ouït ces nouvelles il manda au roi Jean qu'il vînt lui parler, et il y vint. Quand il fut venu, l'apostole lui dit ce qu'on lui avoit mandé de Constantinople, et le pria beaucoup qu'il le fît et qu'il en délibérât. Le roi lui dit qu'il en étoit tout délibéré, et qu'il n'iroit pas; car il étoit resté un enfant [2] à l'empereur Pierre, qui étoit hoir du pays, et qu'il ne se vouloit pas mettre en péril pour défendre la terre d'autrui. L'apostole le pria beaucoup d'y aller, et lui promit grand secours d'avoir et de gens. Le roi dit que

[1] En 1229.
[2] Baudouin, fils de Pierre de Courtenai et d'Yolande, et qui fut empereur de Constantinople sous le nom de Baudouin II.

toute la terre qu'il conquerroist que ses ancestres avoient tenuë, tout seroit à l'empereor, et s'il conqueroit terre que ses ancestres n'eussent tenuë, elle seroit à ses oirs et de l'empereor la tendroient; se ainsi le voloit faire, il iroit. Li apostole loa mult ce que le roi avoit dit, et bien si acorda. Li message distrent qu'il s'en iroit ariere, et qu'il le feroient asavoir as chevaliers. Il retornerent en Constantinople, et lor firent asavoir. Li chevaliers parlerent ensemble, et bien s'acorderent tuit à ce que li apostoles et le roi lor avoit mandé. Il envoierent ariere et manderent le roi qu'il venist en Constantinople, et qu'il feroient quant qu'il avoit devisé. Le roi, quant il ot oï ces messages, ala à l'apostole, et prist congié à lui. Li apostole li dona de son avoir et li creanta qu'il le secorroit de gens et d'avoir, se mestier en avoit. Aprés li rois s'atorna et ala en Venice, et entra en mer, et ala en Constantinople. Il manda querre tous les chevaliers de la terre, et fist espouser sa fille au vaslet qui emperere devoit estre. Quant le vaslet l'out espousée, le roi li requist qu'il li feist ses convenances, et il et li chevaliers de la terre. L'empereor et li chevaliers li firent ce qu'il devisa, si com il avoit en convent, et le roi à tant s'en tint.

cette promesse ne l'y feroit pas aller, mais que, s'il y alloit, il ne la refuseroit pas. Le roi, voyant le besoin du pays, et parce que l'apostole l'en prioit, dit qu'il iroit à cette condition, si les chevaliers du pays la lui octroyoient et si l'apostole le lui conseilloit, que l'hoir de la terre épouseroit une fille qu'il avoit et prendroit la couronne; après, quand il auroit épousé sa fille, il jureroit sur les saints que tant qu'il vivroit il seroit en sa tutelle et n'auroit sur lui aucune domination; qu'ensuite les chevaliers lui feroient hommage pour sa vie, et que tout ce qu'il conquerroit des pays que les ancêtres de l'empereur avoient possédés seroit audit empereur, et que s'il conquéroit des pays que ses ancêtres n'eussent pas possédés, ils seroient à ses hoirs et ils les tiendroient de l'empereur; que si on le vouloit faire ainsi, il iroit. L'apostole fut très-fort d'avis de ce que le roi avoit dit, et s'y accorda. Les messagers dirent qu'ils s'en retourneroient et le feroient savoir aux chevaliers. Ils retournèrent à Constantinople, et ils le leur firent savoir. Les chevaliers parlèrent ensemble, et s'accordèrent tous à ce que l'apostole et le roi leur avoit mandé. Ils renvoyèrent, et mandèrent au roi qu'il vînt en Constantinople, et qu'ils feroient tout ce qu'il avoit demandé. Le roi, quand il eut ouï ces messages, alla à l'apostole et prit congé de lui. L'apostole lui donna de son avoir, et lui promit qu'il le secourroit de gens et d'avoir s'il en avoit besoin. Après cela le roi s'apprêta et alla à Venise, se mit en mer et alla à Constantinople [1]. Il envoya quérir tous les chevaliers du pays, fit épouser sa fille [2] au jeune garçon qui devoit être empereur. Quand le jeune garçon

---

[1] Il y arriva en 1231. — [2] Marie; elle épousa Baudouin II en 1234.

En cel point que l'empereor se parti de la terre de Surie et de Chipre, Aelis la roine de Chipre, mere le roi Henri, vint en Acre, et requist le roiaume de Jerusalem com le plus droit hoir qui fust aparant du roi Aemeri son aiol. Les gens de la terre orent conseil, et li respondirent qu'il estoient homes de l'empereor Frederic, qui tenoit la terre par le baliage de son fil Coraut, porquoi ne pooient mie faire ce com lor requeroit; mes porce qu'il n'avoient onques veu celui sien fil Coraut, ne il n'avoient esté present u roiaume, il manderoient à l'empereor que dedens un an lor mandast Coraut son fil, et s'il l'enveoit, il le garderoient come lor seignor, ou se ce non il feroient vers lui ce qu'il devroient; et por ceste chose faire, à l'empereor envoioient message deus chevaliers, l'un fu Giefroi Litors, qui estoit né du païs, et li autres fu Johan de Baillou, qui fut né de Flandres. Cil diu passerent en Puille en une galie, et arriverent à Brandis, et d'iluec alerent tant qu'il trouverent l'empereor à Saint Lorens, que s'en aloient à Capres. Si com vos avez oi, il distrent lor message; à quoi il respondist que il feroit dedens brief tans ce qu'il devroit.

l'eut épousée, le roi le requit de tenir ses conventions, lui et les chevaliers du pays. L'empereur et les chevaliers firent ce qu'il demanda, comme il étoit convenu, et le roi s'en contenta [1].

En ce temps que l'empereur étoit parti de la terre de Syrie et de Chypre, Alix, reine de Chypre, mère du roi Henri [2], vint à Acre, et requit le royaume de Jérusalem en qualité d'héritière la plus directe qui restât du roi Amauri son aïeul [3]. Les gens du pays prirent conseil, et lui répondirent qu'ils étoient les hommes de l'empereur Frédéric, qui tenoit le pays pour son fils Conrad, c'est pourquoi ils ne pouvoient faire ce qu'on leur demandoit; mais comme ils n'avoient jamais vu son fils Conrad, et que celui-ci n'étoit pas venu dans le royaume, ils dirent qu'ils manderoient à l'empereur que dans l'espace d'un an il leur envoyât Conrad son fils, et que, s'il l'envoyoit, ils le garderoient comme leur seigneur; que sinon ils verroient ce qu'ils auroient à faire envers lui; et pour cela ils envoyèrent à l'empereur en message deux chevaliers : l'un étoit Geoffroy Le Tort, qui étoit né dans le pays, et l'autre Jean de Baillon, qui étoit né en Flandre. Ces deux chevaliers passèrent en Pouille en une galère, et arrivèrent à Brindes. De là ils allè-

---

[1] C'est ici que se termine, à mon avis, l'ouvrage de Bernard le Trésorier; ce qui suit me paraît l'ouvrage d'un second continuateur, peut-être de Hugues Plagon. (Voir la *Notice* placée en tête de ce volume.) Les diversités et même les contradictions qui se rencontrent entre les derniers paragraphes qu'on vient de lire et ceux qui viennent immédiatement après, rendent cette conjecture très-probable.

[2] Henri 1, dit le Gros, roi de Chypre, de 1219 à 1253.

[3] La reine Alix avait épousé en secondes noces Raoul, sire de Cœuvres, frère de Jean II, comte de Soissons; et ce fut ce Raoul qui en 1239 revendiqua les droits de sa femme au royaume de Jérusalem.

Cil vous dirons du roi Johan qu'il li avint quant il fu alé en France. Il avint en Constantinople quant l'empereor Robert fu mort, à cui Felippe son frere, le cuens de Namur, avoit donné et quitté l'empire, qui li remest un fil mult jone et mult petit enfant qui ot nom Baudoin, de qui li barons de la terre par accort firent baillif et garde de l'empire et de l'enfant un vaillant home qui avoit nom Anseau, lequel maintain bien la terre selonc le mauvais point où ele estoit ; et porce qu'il la pust miex maintenir fit-il pes et aliance as Comans, et espousa la fille d'un Coman por miex atraire à soi ; et de ce avint que la terre fu en meillor point et plus plenteive. En ce que la terre de Constantinople fu en si fieble point, li barons orent conseil, et par acort manderent par bon message au roi Johan qu'il venist recevoir l'empire de Constantinople, par les covenances qu'il lui faisoient. Le roi Johan si assenti en la maniere qu'il avoit esté devisé, et amena beles gens avec lui, et aporta grant avoir. Es convenances fu que li enfes qui estoit droit oir devoit espouser une souë fille, qu'il avoit eu de la seror le roi de Castelle, et tout ce qu'il conquerroit outre le bras Saint George, en la terre de Bethyne, seroit à lui et à ses oirs, mes qu'il le tendroit de l'empire, et qu'il tendroit l'empire tant com il vivroit. Quant il fu venu en Constantinople, il fu coroné empereor, et reçut les homage et les feautés. En ce qu'en cuida qu'il deust chevauchier et commencier la guerre, si se mist à plaidier as Veniciens. Aprés se trouva mult amenuisié de gens et d'avoir, et toutes voies si, come il pout, passa le bras Saint-George, et asseia un fort chastel qu'en apelle Lespigas, et i furent tant qu'il le prist, non mie

rent tant qu'ils trouvèrent à Saint-Laurens l'empereur qui s'en alloit à Caprée. Ils firent leur message comme vous l'avez entendu: à quoi il répondit qu'il feroit promptement ce qu'il falloit faire.

Nous vous dirons ici ce qui avint au roi Jean quand il fut allé en France. Il avint à Constantinople quand mourut l'empereur Robert, à qui Philippe son frère, le comte de Namur, avoit donné et abandonné l'empire, qu'il lui restoit un fils très-jeune et très-petit enfant, qui eut nom Baudouin [1], et que les barons de la terre s'accordèrent à confier à un vaillant homme nommé Anselme, qu'ils firent bailli et garde de l'empire et de l'enfant, lequel défendit bien le pays autant qu'il étoit possible dans le mauvais état où il étoit; et, pour le pouvoir mieux défendre, il fit paix et alliance avec les Comans, et épousa la fille d'un Coman pour se les mieux attacher; et il arriva de là que le pays fut en meilleur état et en plus grande abondance. Et lorsque l'empire de Constantinople se trouva en un état si débile, les barons prirent conseil, et s'accordèrent pour mander par messagers au roi Jean qu'il vînt le recevoir avec les conditions qu'ils lui faisoient. Le roi Jean consentit à ce qui avoit été proposé, emmena de belles troupes avec lui, et apporta grand avoir. Les conventions furent que l'enfant qui étoit hoir légitime devoit épouser une sienne fille qu'il avoit eue de la sœur du roi de Castille, et que tout ce qu'il conquerroit au-delà du bras de Saint-George, au pays de Bithynie, seroit à lui et à ses hoirs; mais qu'il le tiendroit de l'empire, et qu'il

[1] Baudouin II était frère et non pas fils de Robert de Courtenai, auquel il succéda sur le trône de Constantinople.

par force, ains fu emblés. Lors le garni, ala avant, et chevaucha par la terre du Vatas. Icil Vatas estoit un Grieu qui tenoit la terre outre le bras Saint George et se faisoit appeler empereor, et por empereor se tenoit. Et ce qu'il tenoit la terre estoit de par sa fame qui avoit esté fille de Lascrie, liquiex s'appelloit empereor porce qu'il estoit de l'empire et du lignage au bon empereor Manuel, de cui cist livre a parlé ja en ariere. Quant l'empereor Johan ot chevauchié par cele terre, et vescu sor ses enemis un tans, que onques li Grecs n'oserent venir à bataille, ains l'eschivoient tous jors, aprés s'en retorna en Constantinople, ne onques puis ne issi por mefaire à ses enemis, ains s'en revint au plait. En si poi de profit gasta tot l'avoir qu'il avoit aporté u païs; de quoi ses gens le guerpirent; si demeura seul en pauvreté, tant come il vesqui puis.

Il avint, aprés ce que l'empereor Frederic se parti de la terre de Surie, que li soudan de Babilone, Melec Elquemel, à tout son frere Melec Elferac, et o tot grant gent à pié et à cheval, alerent assiegier la cité de Domas, et firent semblant de tailler les jardins; dont cil de Domas orent grant doute, car ce est une de lor grant richesses, et si est tot lor grans delis. Il se trou-

tiendroit l'empire aussi long-temps qu'il le voudroit. Quand il fut venu en Constantinople, il fut couronné empereur, et reçut foi et hommage. Et comme on croyoit qu'il alloit se mettre à cheval et commencer la guerre, il se mit à plaider contre les Vénitiens. Ensuite il se trouva fort diminué de gens et d'avoir, et toutefois passa, comme il put, le bras de Saint-George, et assiégea un fort château qu'on appelle Lespigane. Ils y demeurèrent jusqu'à ce qu'ils le prissent, non par force, mais par ruse. Alors il y mit garnison, alla en avant, et chevaucha par le pays de Vatace[1]. Ce Vatace étoit un Grégeois qui tenoit le pays au-delà du lac de Saint-George, et se faisoit appeler empereur, et se tenoit pour empereur. Il possédoit le pays par sa femme, fille de Lascaris[2], lequel s'appeloit empereur parce qu'il étoit de l'empire et du lignage du bon empereur Manuel, de qui ce livre a parlé ci-devant. Quand l'empereur Jean eut chevauché dans ce pays et vécu sur ses ennemis pendant un temps, sans que les Grecs osassent jamais livrer bataille, mais l'esquivoient au contraire tous les jours, il s'en retourna à Constantinople, et depuis n'en sortit plus pour attaquer ses ennemis, mais s'en revint à ses plaideries. Il dissipa avec si peu de profit tout l'avoir qu'il avoit apporté dans le pays, que ses gens l'abandonnèrent, et il demeura seul en pauvreté, où il a toujours vécu depuis.

Il avint, lorsque l'empereur Frédéric fut parti de la terre de Syrie, que le soudan de Babylone, Melec Elquemel[3], et son frère Melec Elferac[4] vinrent avec

[1] Jean Ducas Vatace, empereur grec d'Orient, de 1222 à 1255, et dont la capitale était Nicée.
[2] Théodore Lascaris 1, empereur grec d'Orient, de 1204 à 1222.
[3] Malek-El-Kamel. — [4] Malek-El-Ascraf.

verent esgarés, com ceux qui n'avoient de seignor qu'un enfant et estoient en main d'un baillif. Si douterent estre destruis porce qu'il n'avoient seignor qui les maintenist; porquoi il finerent à Elquemel, et li rendirent la cité, et tantost la dona à son frere Elferac, et cil l'en dona quatre cités en eschange au Levant. Quant Seyfedineber sout que cil de Domas voloient rendre la cité et deseriter son seignor Melec Enassel, le fil de li Coredin, et ni pooit mettre conseil, il prist son seignor, et le traist hors du chastel de Domas soudenement par une posterne, et l'emmena au Crac, où sa mere estoit, et son tresor iluec le laisa, et s'en ala à son chastel Salquet : et ce qu'il fist de l'enfant garentir, si fu porce que son oncle Elquemel et Elferac ne l'occissent.

Aprés ce que la pes fu faite entre le pape Gregoire et l'empereor Frederic, l'empereor fist mult grant semblant qu'il vousist metre conseil en la terre d'outre-mer, et qu'en li avoit fait à savoir que li Sarrazins li tenoient mult mauvaisement les trives, et les autres outrages et tors qu'il faisoient as Crestiens, occioient il les pelerins u chemin de Jerusalem; et sans faille il en i ot occis en celui tans plus de dix mil, et encore firent greignor meffet li Sarrazins, qu'il assemblerent plus de quinze milles homes à pié en la terre Saint Abrahan et des montaignes de Jerusalem et de Naples, et du païs entor, et distrent qu'il ne voloient mie soffrir que la cité de Jerusalem fust en

beaucoup de gens de pied et de cheval assiéger la cité de Damas, et firent mine de vouloir couper les jardins; dont ceux de Damas eurent beaucoup de crainte, car c'est une de leurs grandes richesses et leur plus grand plaisir. Ils se trouvèrent tout hors d'eux-mêmes, comme gens qui n'avoient de seigneur qu'un enfant [1] et étoient en la main d'un bailli. Ils craignirent d'être détruits, parce qu'ils n'avoient pas de seigneur qui les défendît : c'est pourquoi ils composèrent à prix d'argent avec Elquemel, et lui rendirent la cité [2]. Il la donna aussitôt à son frère Elferac. Celui-ci lui donna en échange quatre cités à l'Orient. Quand Seifedineber sut que ceux de Damas vouloient rendre la cité et déshériter son seigneur Melec Enassel, fils de Coradin, et qu'il ne pouvoit l'empêcher, il prit son seigneur, le tira soudainement hors du château de Damas par une poterne, et l'emmena au Krac, où étoit sa mère, laissant là son trésor, et il s'en alla à son château de Salquet : ce qu'il fit pour garantir l'enfant, afin qu'il ne fût pas tué par ses oncles Elquemel et Elferac.

Lorsque la paix fut faite entre le pape Grégoire et l'empereur Frédéric, l'empereur fit très-grand semblant de vouloir mettre l'ordre en la terre d'outre mer, parce qu'on lui avoit fait savoir que les Sarrasins lui tenoient très-mal les trèves et faisoient beaucoup d'outrages et de torts aux Chrétiens, et tuoient les pélerins sur le chemin de Jérusalem; et certainement ils en avoient tué en ce temps-là plus de dix mille. Les Sarrasins firent encore de plus grands méfaits. Ils assemblèrent plus de quinze mille

[1] Malek-El-Naser-Salaheddyn-Daoud. — [2] En juillet 1229.

mains de Crestiens, ne qu'il eussent pooir d'entrer u temple *Domini*, qui estoit la maison de Dieu, et faisoit semblant que ce faisoient-il sans la volenté du soudan, et que en ce les avoient mis lor faquis : ce sont lor prestres. Il s'en vindrent tuit armé dedens la cité, et corurent parmi les ruës tot abandon, et brisierent ostiex, et roberent, et occistrent mains Crestiens, mes non mie gramment.

Li Crestiens qui estoient en Jerusalem, Latin et Surien, et toutes autres nations, quant il sorent la venuë de ces gens, si se receterent, eus et lor fames et lor enfans et lor meillors choses, en la tor de David, en une fermeté qu'on i avoit faite, et iluec delés es plus fort maisons qui près de là estoient. Li baillis de la ville, qui avoit nom Renaut de Cayphas, chamberlens du roiaume, manda en Acre au seignor de Sajete et à Garnier Lalemant, qui estoit remes u lieu l'empereor baillis du roiaume, et fist asavoir cele assemblée; dont cil pristrent chevaliers et serjans, et murent d'Acre, et alerent jusques à Jaffe, si envoierent un chevalier qui avoit nom Baudouin de Piguegni avant, et Tricople o lui, por veoir la covine des Sarrazins, et l'ost venoit après. Cil murent à prime soir et alerent le chemin d'Emaüs; c'est li chastiaus où nostre Sire s'aparut à deus pelerins après la resurrection. Il chevaucierent toute nuit, si qu'il furent au jor en Bethleem.

hommes de pied dans la terre de Saint-Abraham et dans les montagnes de Jérusalem et de Naplouse, et dans les pays d'alentour. Ils dirent qu'ils ne vouloient plus souffrir que la cité de Jérusalem fût aux mains des Chrétiens, ni qu'ils eussent pouvoir d'entrer au temple *Domini*, c'est-à-dire la maison de Dieu; et ils avoient l'air de faire cela sans la volonté du soudan, et d'y avoir été excités par leurs fakirs, qui sont leurs prêtres; et ils vinrent tout armés dedans la cité, coururent à la débandade par les rues, forcèrent les maisons, volèrent, et occirent plusieurs Chrétiens, mais pas beaucoup.

Les Chrétiens qui étoient en Jérusalem, Latins et Syriens, et de tous les autres pays, quand ils surent l'arrivée de ces gens, se retirèrent, eux, leurs femmes et leurs enfans, et leurs meilleurs effets, en la tour de David, en une fortification qu'on y avoit faite, et tout à l'entour aux maisons les plus fortes qui se trouvoient près de là. Le bailli de la ville, qui avoit nom Renaud de Caïpha, chambellan du royaume, manda en Acre au seigneur de Sidon et à Garnier, l'Allemand, qui étoit demeuré bailli du royaume pour l'empereur, et leur fit savoir cet attroupement. Ils prirent des chevaliers et hommes d'armes, partirent d'Acre, et allèrent jusqu'à Jaffa. De là ils envoyèrent en avant un chevalier qui avoit nom Baudouin de Pecquigny, et avec lui des Turcopoles, pour voir ce que faisoient les Sarrasins; et l'armée venoit après. Ceux-ci partirent vers le soir, et suivirent le chemin d'Emmaüs : c'est le château où notre Seigneur apparut à deux pélerins après la résurrection. Ils chevauchèrent toute la nuit, si bien qu'ils furent au jour à Bethléem.

Quant li Crestiens qui s'estoient receté en la tor David virent paroir les qui venoient de Bethleem, si conurent les gonfanons, et sorent qu'on les venoit secorre ; si en furent mult liés, car il estoient en mult grant paor, comme ceus que Sarrazins avoient enclos, et les assailloient de toutes pars, et ce lor avoit ja duré deus jors, et il estoient ce tiers. Adonc pristrent cuer, et corurent as Sarrazins et les desconfirent, et les brisierent, si qu'il n'orent poair de ralier eus ne de recouvrir, ains les emmenerent chaçant et ferant et occiant parmi les ruës, si que une partie s'enfui par la porte Saint Estienne, l'autre par la porte de Josaphat, l'autre vers le Temple et vers monte Sion, liquel se descouloient des murs à val ; et quant cil qui venoient devers Bethleem furent approchiés de la ville, si virent la desconfiture, et conurent la chace, si ferirent des esperons aprés ceux qui s'enfuioient, si qu'il en atainstrent plusors et occistrent ; dont il fu trouvé qu'il i en ot de mors, que dehors que dedans, bien deus milles ou plus. Lors manderent en l'ost por faire asavoir cele novele ; dont li messages trova l'ost au toron des chevaliers ; et quant il lor ot dit la novele, si en furent mult liés, et se tindrent qu'il n'alerent plus avant, ains s'en retornerent en Acre. Et sor tout achaisons l'empereor, sous couverture de ces choses, par le seu du pape, fist atorner trois cents chevaliers et deux cents arbalestriers et serjans à cheval, et lor fist chargier à Brandis chevax et armeures et viandes en vingt huit salandres, liquels murent et tant alerent qu'il arriverent au Gavata, la pointe qui est devant Limeçon. Quant il furent là venus, si geterent lor ancres, et demorerent iluec por attendre lor chevetaine Richart fils Augier, le mareschal l'empereor, qui devoit movoir après eus à tot quinze galies.

Quand les Chrétiens qui s'étoient retirés à la tour de David virent paroître ceux qui arrivoient de Bethléem, ils reconnurent les gonfanons, et comprirent qu'on les venoit secourir, et ils en furent fort joyeux, car ils étoient en grande peur, comme gens que les Sarrasins avoient enclos et assailloient de toutes parts. Cela avoit déjà duré deux jours, et ils étoient au troisième. Alors ils prirent cœur, coururent aux Sarrasins, et les déconfirent et rompirent tellement qu'ils ne purent se rallier ni se remettre; mais ils les menèrent chassant et frappant et tuant par les rues, en sorte qu'une partie s'en fut par la porte Saint-Etienne, l'autre par la porte de Josaphat, l'autre vers le Temple et vers le mont Sion, et ceux-ci se laissoient glisser des murs en bas. Quand ceux qui venoient de Bethléem approchèrent de la ville, et, voyant la déconfiture, reconnurent qui faisoit la chasse, ils donnèrent des éperons après les gens qui s'enfuyoient, en atteignirent et tuèrent plusieurs, en sorte qu'on en trouva de morts, tant dehors que dedans, deux mille et plus. Alors ils envoyèrent au camp pour faire savoir cette nouvelle. Le messager trouva l'armée à la colline des Chevaliers; et quand il leur eut dit la nouvelle, ils en furent fort joyeux, et il leur fut avis de n'aller pas plus avant; ils s'en retournèrent à Acre. Ce fut à cette occasion, et sous prétexte de ces affaires, que l'empereur, au su du pape, fit apprêter trois cents chevaliers et deux cents arbalétriers et hommes d'armes à cheval, et leur fit charger à Brindes des chevaux et des armures et des vivres sur dix-huit salandres [1]. Ils partirent, et allèrent tant qu'ils arrivèrent au Gavata [2], ce qui est la

---

[1] Sorte de vaisseaux de transport. — [2] Le cap *delle Galte*.

Quant les salandres durent movoir de Brandis, une nef de l'hospital des Alemans mut avant que les salandres, et vint en Acre. En quoi vint un espie Johan d'Ibelin, seignor de Baruth, qui li fist asavoir la venuë des gens l'empereor, et tout lor entendement. Porquoi il vint pié estant en Acre, et amena tant de gens come il pout avoir, que à sous que de ses amis, et s'en ala à Baruth, et d'iluec en Chipre. Et quant il fu là venus, il prist le roi et un poi de gens. Et s'en ala herbergier au Quit. Tot le remanent des gens, chevaliers et serjans fit herbergier à Limeçon, et fist chevetaine Balian son ainsné fil. En cel point ariverent deus galies à Limeçon, en quoi estoit l'evesque de Melfe, et deus chevaliers qui avoient lor fie en Acre. Li uns estoit appellé l'Alemant, li autre Johan de Balle, qui estoient flamens, et demanderent le roi por parler à li, et l'en lor dist qu'il estoit au Quit. Il partirent de Limeçon o lor galies et s'en alerent au Quit, où le roi estoit herbergié. Quant il vindrent là, si distrent au roi, en presence du seignor de Baruth : « Mes sires, l'empereor vos mande, come à celui qui est ses hons, que vos congiés et faites partir de vostre terre Johan d'Ibelin et ses enfans, et ses nevous et ses parens ; car il li ont meffait ; porquoi il vos mande et defent que vos ne recettés ne garantissiés en vostre terre. » Li rois, qui estoit enfes et jone d'aage, ot son conseil, et lor fist faire response par un sien chevalier, qui estoit ses hons, et avoit à nom Guillaume viscomte, et lor dist : « Seignor, le roi m'a commandé et chargié que je vous die qu'il s'esmerveille que l'empereor vostre sire li a fait tel commandement;

pointe devant Limeçon. Quand ils furent arrivés en ce lieu, ils jetèrent leurs ancres, et y demeurèrent pour attendre leur capitaine Richard Felingher, maréchal de l'empereur, qui devoit les suivre avec quinze galères.

Quand les salandres furent prêtes à partir de Brindes, un navire de l'hôpital des Allemands partit avant les salandres, et vint à Acre. Sur ce navire vint un espion à Jean d'Ibelin, seigneur de Béryte, qui lui fit savoir la venue des gens de l'empereur et tous leurs projets. C'est pourquoi il vint sur-le-champ à Acre, et emmena tout ce qu'il put avoir de monde, tant à lui qu'à ses amis, et s'en alla à Béryte, et de là en Chypre. Quand il fut arrivé, il prit le roi et quelque peu de gens, et s'en alla héberger au Quit. Il fit héberger tout le reste de ses gens, chevaliers et hommes d'armes à Limeçon. En ce temps arrivèrent à Limeçon deux galères dans lesquelles étoient l'évêque d'Amalfi et deux chevaliers qui avoient leurs fiefs à Acre : l'un étoit appelé l'Allemand, l'autre Jean de Bâle; ils étoient flamands. Ils demandèrent le roi pour lui parler, et on leur dit qu'il étoit au Quit. Ils partirent de Limeçon avec leurs galères, et allèrent au Quit, où le roi étoit hébergé. Quand ils furent là ils dirent au roi, en présence du seigneur de Béryte : « Messire, « l'empereur vous mande, comme à son homme, que « vous renvoyiez et fassiez partir de votre pays Jean « d'Ibelin et ses enfans, et ses neveux, et ses pa- « rens, car ils lui ont méfait; ce pourquoi il vous « mande et défend de les recevoir et protéger en vos « terres. » Le roi, qui étoit enfant et jeune d'âge, fut conseillé, et leur fit réponse par un sien chevalier qui

car li sire de Baruth est oncle sa mere, et si est bien su que il et si neveus, et grant partie de ses parens sont si home, porquoi il ne lor puet faillir; et, sauve soit la grace l'empereor, le roi ne puet ne ne doit faire ce que vos li avez requis, et s'il le faisoit, il mesprendroit vers eus. » Aprés ce Johan d'Ibelin se dreça et dist au roi : « Sire, je suis vos hons, si vos prie que vos me maintenés à droit, que je suis prest de faire devant vos droit, et en vostre cort, se nus me soit que demander. » Sor ce li messages se leverent, et distrent au roi : « Sire, vous avés bien entendu ce que nos vos avons dit de par l'empereor, et nos avons entendu vostre responce. » Si s'en partirent à tant, et se recueillirent en lor galies, et alerent au Gavata, où lor salandres estoient.

Quant cil des salandres orent iluec attendu le mareschal qui lor chevetaine estoit plusors jors, et virent qu'il ne venoit pas, si orent conseil, et se partirent du Gavata, et s'en alerent tant qu'il vindrent à une isle qui est devant Baruth. Là descendirent à terre et deschargierent lor chevax, et s'armerent et se mistrent en eschieles, et chevauchierent vers la cité de Baruth les eschieles rengiées. Quant cil de Baruth les virent venir, si i ot de tex qui se mistrent u chastel, li autre ouvrirent les portes de la ville et les reçurent, si que cil s'espandirent parmi la ville, et se herbergierent par les ostex, où il troverent grant plente de viandes et d'autres choses, et mistrent la main à assegier le chastel et faire engins, et firent un grant trebuchet

étoit son homme et avoit nom vicomte Guillaume, et qui leur dit : « Seigneurs, le roi m'a commandé et « chargé de vous dire qu'il s'émerveille que l'empe- « reur votre sire lui ait fait un pareil commandement, « car le sire de Béryte est oncle de sa mère, et il est « bien connu que lui et son neveu, et une grande « partie de ses parens, sont les hommes du roi ; par « quoi il ne leur peut faillir; et, sauf le bon plaisir « de l'empereur, le roi ne peut ni ne doit faire ce que « vous lui avez requis ; et s'il le faisoit, il feroit faute « envers eux. » Alors Jean d'Ibelin se leva, et dit au roi : « Sire, je suis votre homme, et vous prie de me « maintenir dans mes droits, car je suis prêt de faire « raison, devant vous et en votre cour, à quiconque « me la demandera. » Sur ce les messagers se levèrent et dirent au roi : « Sire, vous avez bien entendu ce « que nous avons dit de la part de l'empereur, et nous « avons entendu votre réponse. » Alors ils se partirent, montèrent dans leurs galères, et vinrent au Gavata, où étoient leurs salandres.

Quand ceux des salandres eurent attendu pendant plusieurs jours le maréchal, qui étoit leur chef, et virent qu'il ne venoit pas, ils prirent tous conseil, partirent du Gavata, et allèrent tant qu'ils arrivèrent à une île qui est devant Béryte. Là ils descendirent à terre, firent descendre leurs chevaux, s'armèrent, et se formèrent en troupe, et chevauchèrent vers la cité de Béryte, rangés en bataille. Quand ceux de Béryte les virent venir, il y en eut plusieurs qui se mirent dans le château, les autres ouvrirent les portes de la ville et les reçurent. En sorte que ceux-ci s'épandirent dans la ville et s'hébergèrent dans les maisons, où

qui gettoit le pesant d'un quintax. Entre peut trebuches et tomberiaus i avoit cent et vingt. Si tindrent mult ceus du chastel, si que nus ne pooit entrer ne issir.

Aprés ce ne taria guaires que li mareschaus Richart fils Augier arriva à Limeçon à tot les quinze galies. Quant il vint là, et il sout que les salandres estoient alées à Baruth, il mut d'iluec et ala prés et vint à Baruth, et trova le siege, et le maintint, si come il l'avoient commencié, et l'efforça tant come il pot. Sus ce il envoia Henri son frere à Sur, et manda dire à Hemart de Laion qu'il li rendist Sur qu'il avoit en garde. Cil receut le mandement, et li livra la cité et le chastel. Quant le mareschal ot esté une piece à Baruth, si s'en ala en Acre tot eschierement. Quant il fu là venu, il assembla les chevaliers et les borgeois. Quant il furent tuit assemblés u chastel devant le grant palés, il fist lire une lettre en lor presence qui estoit scelés d'or, et venoit de par l'empereor Frederic à tous ceus du roiaume, en quoi il se contenoient mult de beles paroles et amiables, et entre les autres paroles disoit : « Je vous ai mandé le mareschal de l'empereor Richart fil Augier, legat de ma coste [1], por estre baillif du roiaume, et por maintenir justice et droit, et por garder en lor raisons les grans et les petits, les riches et les povres. Quant ces lettres furent luës, Richart se leva, et dist : « Seignors, vous avés entendu les letres de mon seignor l'empereor, et tot ainsi come elles devisent, le ma il comandé, et je suis prest de faire, par le conseil des prodomes de la terre. » Se li contenemens et les euvres eussent esté teles comme estoient les paroles, et les lettres les

[1] Légat *a latere.*

ils trouvèrent grande abondance de vivres et d'autres choses. Ils se mirent à assiéger le château et à construire des engins. Ils firent une grande bascule qui jetoit un quintal pesant. Il pouvoit y avoir, tant bascules que tombereaux, cent vingt machines. Cependant celles des Chrétiens tiroient si bien que nul ne pouvoit entrer ni sortir.

Il ne tarda guère ensuite que le maréchal Richard Félingher arrivât à Limeçon avec les quinze galères. Quand il arriva et sut que les salandres étoient allées à Béryte, il partit, les suivit, et vint à Béryte. Il y trouva le siége, le maintint comme il étoit commencé, et le poussa tant qu'il put. Sur ce il envoya Henri son frère à Tyr, et manda à Hémart de Laion qu'il rendît Tyr qu'il avoit en garde. Celui-ci obéit à l'ordre et lui livra la cité et le château. Quand le maréchal eut été un temps à Béryte, il s'en partit et s'en alla à Acre avec grande assurance. Quand il y fut venu, il assembla les chevaliers et les bourgeois; et quand ils furent tous assemblés au château devant le grand palais, il fit lire en leur présence une lettre scellée d'or, adressée par l'empereur Frédéric à tous ceux du royaume, et contenant beaucoup de paroles belles et amicales. Entre autres choses elle disoit : « Je vous
« ai envoyé le maréchal Richard Félingher, mon dé-
« légué de confiance, pour être bailli du royaume,
« maintenir la justice et les lois, et pour garder
« en leurs droits les grands et les petits, les ri-
« ches et les pauvres. » Quand ces lettres eurent été lues, Richard se leva et dit : « Seigneurs, vous avez
« entendu les lettres de monseigneur l'empereur et
« tout ce qu'elles contiennent; il m'a commandé de

gens du païs se fussent bien tenuës à païes, et l'eussent retenu
à baillif; mes aprés ce ne demora guaires u païs que ses porte-
mens fussent tot autres, et qu'il descouvrist son cuer et sa
pensée come cil qui estoit orgueilleus et bobauchier, et
n'estoit mie mult garni de sens. Par quoi les gens de la terre
s'aperceurent que son entendement estoit de tout destruire
et mettre à neant.

Quant il orent ce aperceu, et il furent certain de sa mauvaistié et de sa male volenté, il furent ensemble, et orent
conseil, et par accort vindrent devant le mareschal Richart,
de quoi Balian de Sajette li dist: « Il m'ont enchargié que je
vos die por moi et por eus une parole. Il vos font asavoir
que quant ceste terre fu conquise, ce ne fu pas por nul meschief [1] de seignor, ains fu conquise par croiserie et par pelerins et de gens assemblées; et quant il l'orent conquise, il
firent seignor par accort et par election, et li donnerent la
seignorie du roiaume; aprés firent, par accort et par connoissance des prodomes, establissemens et assises, que il voudrent
qu'il fussent tenues et usées u roiaume, por le sauvement du
seignor et des autres gens, et por maintenir raison, et puis
le jurerent et firent jurer au seignor, et dès-lors en ça tuit
li seignor qui ont esté u roiaume l'ont juré jusque à ore,
et tot aussi le doit jurer l'empereor. Entre les autres establissemens et les assises i est ceste assise que nus sire ne puet
ne ne doit dessaisir son bien sen autrui, et veés li Johan
d'Ibelin, sire de Baruth, qui est hons de l'empereor, et sus
à vous, qui estes en lieu de lui por la terre garder et droit

[1] *Meschief*, lisez *mesclaf*.

« l'accomplir, et je suis prêt à le faire par le conseil
« des prud'hommes du pays. » Si la conduite et les
œuvres eussent été telles que les paroles et les lettres,
les gens du pays se fussent bien tenus pour satisfaits,
et l'eussent bien gardé pour bailli; mais ensuite il ne
demeura guère au pays que ses déportemens ne fussent
tout autres, et qu'il ne découvrît son cœur et sa pensée comme d'un homme orgueilleux et superbe, et
qui n'étoit guère garni de sens. Par quoi les gens du
pays s'aperçurent que son projet étoit de tout détruire
et mettre à néant.

Quand ils eurent aperçu ceci, et furent certains de
son incapacité et de sa mauvaise volonté, ils se réunirent, prirent conseil, et vinrent ensemble devant
le maréchal Richard. Alors Balian de Sidon lui dit:
« Ils m'ont chargé, pour moi et pour eux, de vous
« dire une parole. Ils vous font savoir que quand
« cette terre fut conquise, ce ne fut pas pour aucune
« querelle de seigneurs, mais qu'elle fut conquise
« par des croisés, des pélerins et des gens assemblés.
« Quand ils l'eurent conquise, ils nommèrent un sei-
« gneur par accord et par élection, et lui donnèrent
« la seigneurie du royaume. Ils firent ensuite, par ac-
« cord, et par la délibération des prud'hommes, des
« réglemens et lois qu'ils voulurent qu'on tînt en
« usage dans le royaume, pour l'avantage du sei-
« gneur et des autres gens, et pour maintenir les
« droits; puis ils les jurèrent et les firent jurer aux
« seigneurs; et depuis lors jusqu'à présent tous les
« seigneurs qui ont gouverné le royaume les ont
« jurés, et l'empereur les doit jurer aussi. Entre les
« autres réglemens et lois est celle-ci, que nul ne

maintenir, avés mis main sus ses choses et sus ses teneures, et l'avés dessaisi de la cité de Baruth et des terres entor, et avés assegié son chastel sans esgart de cort et sans jugement. Porquoi nos vos requerons, par droit et par raison, et por sauver le serment et la foi de nostre seignor l'empereor, que vos departés, vos et vos gens, de Baruth. Par quoi le sire de Baruth resort en sa saisine, et se vos li volés n'en metre sus ne demander, si le faites semondre par l'usage du roiaume, et le menés par l'esgart de la terre, et s'il par esgart de cort en chiet, nos somes prés de vos aidier à nostre pooir, et de faire tant qu'il soit amendé. »

Quant li mareschaus Richart entendi cele parole, si s'esmerveilla mult qu'il osa onques ce dire: car il cuidoit que nus ne li osast contredire chose qu'il vosist faire. Mes il veoit ores bien que le fait n'iroit mie ains com il avoit en pensé; toutes voies ouvri son cuer de ce qu'il ne pooit amender, si lor dist que de ce ne pooit repondre tant qu'il eust conseil des riches homes de l'empire qui o lui estoient venus, qui estoient à Baruth; mes il iroit là et auroit conseil à eus, et qu'il mandassent là à lui por le respons. Sor ce s'en parti le lendemain bien matin, et s'en ala à Baruth. Et quant il vint là, si destraint et greva plus le chastel qu'il n'avoit fait devant. Johan de Saiete, Huete de Mont-Beliard, Garnier l'Alemant, et li autres chevaliers du roiaume, envoierent deus chevaliers à Baruth demander le respons du mareschal, si come il lor

« peut ni ne doit déposséder un autre de ses biens. Or
« voici Jean d'Ibelin, sire de Béryte, qui est homme
« de l'empereur; et vous, qui êtes en son lieu pour
« garder la terre et maintenir le droit, vous avez mis
« la main sur ses biens et possessions, et l'avez des-
« saisi de la cité de Béryte et des terres à l'entour, et
« avez assiégé son château sans examen d'aucune cour
« et sans jugement. Ce pourquoi nous vous requérons
« par droit et raison, et pour garder la foi et le ser-
« ment de votre seigneur l'empereur, que vous quit-
« tiez Béryte, vous et vos gens. Par quoi le sire de
« Béryte rentrera en jouissance; et si vous avez ou à
« l'accuser ou quelque chose à réclamer de lui, faites
« le sommer selon les usages du royaume, que son
« procès soit fait devant le pays, et si par jugement
« de la cour il le perd, nous sommes prêts de vous
« aider de tout notre pouvoir, et d'avoir soin que jus-
« tice soit faite. »

Quand le maréchal Richard entendit cette parole, il s'émerveilla beaucoup qu'on osât lui dire ainsi : car il croyoit que nul n'auroit la hardiesse de le contredire en rien de ce qu'il vouloit faire. Mais il vit bien qu'il n'en iroit pas comme il avoit pensé; toutefois il cacha sa pensée sur ce qu'il ne pouvoit empêcher, et il leur dit qu'il ne pouvoit répondre là-dessus qu'il n'eût pris le conseil des riches hommes de l'empire qui étoient venus avec lui, et étoient à Béryte; mais qu'il iroit et délibéreroit avec eux, et qu'ils envoyassent vers lui pour la réponse. Sur ce il partit le lendemain de grand matin et s'en alla à Béryte; et quand il y fut, il resserra et attaqua le château plus qu'il n'avoit fait auparavant. Jean de Sidon,

avoit promis. De quoi li uns des chevaliers avoit nom Renaut de Caifas, chamberlan du roiaume, et l'autre fu Daniel de Malenbec. Quant cil d'ici furent à Baruth, si firent asavoir au mareschal qu'il estoient venus à lui por oir son respons de ce que li homes de l'empereor li avoient dit et requis. Son respons fu tex : « Seignors, dist-il, je vous fais asavoir que je suis home de l'empereor, si suis tenu de faire son commandement ; par quoi je veus que chascun sache que je ne veul trespasser en tel chose qui est resnable ; car l'en sait bien comment Johan d'Ibelin s'est prouvé et contenu envers l'empereor, non mie [1] porce que je ne suis que serjant, et l'empereor est sire. S'entre vos entendés que l'empereor vos face autre chose qu'il ne doie, si mandés à lui, et il est si bon seignor et si loial qu'il le drecera si comme il devra. » Li message s'en retornerent en Acre, et retraistrent les respons du mareschal à ceus qui les i avoient envoiés.

Quant li gens du roiaume entendirent le respons, si aperceurent bien que la volenté du mareschal estoit telle com l'en lor avoit fait entendant ; si se penserent que, s'il ne mettoient conseil en eus et en lor fait, qu'il estoient en mauvais point. Porquoi les plus sages d'eus et les plus porveant orent conseil ensemble, et virent qu'il n'avoient autre recouse fors tant qu'il fussent tuit tenus ensemble par serement de garder et de sauver lor raisons et lor droitures, et les franchises du

[1] *Mie*, lisez *moe* ou *moi*.

Jean de Césarée, Eudes de Montbéliard, Garnier l'Allemand, et les autres chevaliers du royaume, envoyèrent deux chevaliers à Béryte pour demander la réponse du maréchal comme il leur avoit promis. L'un des chevaliers avoit nom Renaud de Caïpha, chambellan du royaume, et l'autre étoit Daniel de Malenbec. Quand ceux-ci furent à Béryte, ils firent savoir au maréchal qu'ils étoient venus à lui pour savoir sa réponse sur ce que les hommes de l'empereur lui avoient dit et requis. Sa réponse fut telle : « Seigneurs, je vous fais savoir que je suis l'homme de « l'empereur, et ainsi tenu de faire son commande- « ment; par quoi je veux que chacun sache que je « ne prétends manquer en rien à ce qui est raisonna- « ble; car on sait bien comment Jean d'Ibelin s'est « montré et conduit envers l'empereur, et non envers « moi, car je ne suis que le délégué, et l'empereur « est le sire. Si vous pensez entre vous que l'empe- « reur vous fasse autre chose qu'il ne doit, envoyez « vers lui, il est si bon seigneur et si loyal qu'il le « redressera ainsi qu'il le devra. » Les messagers s'en retournèrent à Acre, et rapportèrent la réponse du maréchal à ceux qui les avoient envoyés.

Quand les gens du royaume entendirent la réponse, ils s'aperçurent bien que la volonté du maréchal étoit telle qu'on la leur avoit fait entendre, et ils pensèrent que, s'ils n'avisoient par eux-mêmes à leurs affaires, ils étoient en mauvaise situation. C'est pourquoi les plus sages d'entre eux et les plus prévoyans tinrent conseil ensemble, et virent qu'ils n'avoient d'autres moyens de salut que de s'engager tous ensemble par serment à garder et défendre leurs

roiaume. Lors s'apenserent qu'en la terre avoit une frairie Saint Audrien, laquel estoit otroié du roi Baudouin et afermée par son privilege. En cele frairie avoit establissement, devises et motison et privileges. Entre les autres establissemens estoit ce que tuit cil qui en cette frairie se voloit mettre, li frere et cil de la frairie les pooient recevoir. Lors s'assemblerent tuit chevaliers et borgois, et tuit li riche home, et quant il furent assemblés, il manderent querre les conseilliers de la frairie et les privileges, et quant il furent là venus, si firent venir les deus privileges, aprés les firent lire. Adonc virent[1] la frairie, adonc la jurerent li plus du pueple qui le firent volentiers, por la paor qu'il avoient de la maisnie le mareschal Richart. Et lors furent tenus les uns as autres. Puis fu mandée ceste chose en Chipre por faire li asavoir à Johan d'Ibelin sire de Baruth.

Quant il entendit le fait d'Acre et des gens du roiaume en la maniere que vous avés oi, si en fu mult lie, et li sembla bien que ce li estoit grant aide à son fait maintenir. Lors vint au roi Henri, qui encore estoit menuet d'aage, et li dist, devant les barons qu'il avoit assemblés : « Sire, vos savés que je suis vos hons, si vos fait asavoir ce que gens estrangers m'ont fait, et font encore grant outrage et grant tort; car il ont prise et saisie ma cité de Baruth et ma terre entor, et ont saisi mon chastel de Baruth, dont je vous prie, come à mon seignor, et à celui qui estes tenus de moi aidier, à delivrer et à rescorre ma terre et mon chastel de Baruth, et vos meismes vicigniés

[1] *Virent*, lisez *murent*.

droits et libertés et les franchises du royaume. Alors ils songèrent qu'il y avoit dans le pays une confrérie de Saint-Adrien, laquelle avoit été autorisée du roi Baudouin et confirmée par son privilége. Cette confrérie avoit des réglemens, conventions, chartes et priviléges. Entre les autres réglemens étoit celui-ci, que tous ceux qui vouloient se mettre en cette confrérie, les frères et gens de la confrérie les pouvoient recevoir. Alors s'assemblèrent tous les chevaliers et bourgeois et tous les hommes riches; et quand ils furent assemblés ils envoyèrent quérir les conseillers de la confrérie et ses priviléges; et quand ils furent arrivés ils se firent apporter les priviléges appartenant à la confrérie et les firent lire. Ils proposèrent donc la confrérie, et la plus grande partie du peuple la jura très-volontiers, à cause de la peur qu'ils avoient des gens du maréchal Richard; et ainsi ils furent engagés les uns aux autres. Puis la chose fut mandée en Chypre pour la faire savoir à Jean d'Ibelin, seigneur de Béryte.

Quand il apprit ce qui s'étoit passé à Acre, et ce qu'avoient fait les gens du royaume, de la manière que vous avez ouïe, il en fut très-joyeux, et il lui sembla bien que ce lui étoit grand secours pour maintenir son droit. Alors il vint au roi Henri, qui étoit encore mineur d'âge, et il lui dit, devant les barons qui étoient assemblés: « Sire, vous savez que je suis
« votre homme. Je vous fais donc savoir le grand
« outrage et grand tort que m'ont fait et me font
« encore des gens étrangers, car ils ont pris et saisi
« ma cité de Béryte et mes terres à l'entour, et ont saisi
« mon château de Béryte; ce pourquoi je vous prie,

et amenés vos homes qui ci sont, et leur prie à tous, si comme à mes amis et mes freres, qu'il i mettent conseil et aide. » Le roi li fist respondre qu'il iroit volontiers, et menroit tant com il porroit de ses homes; et li home le roi qui là estoient respondirent qu'il estoient prests de lui aidier, et si i avoit de tex qui mult à envis l'eussent otroié, si l'osassent refuser, et bien le monstrerent puis, quant il virent que tans fu. Il firent porchacier vessiaus et firent armer galies, et assemblement à Maugoste, et là attendirent le tans, tant qu'il murent le premier jor de quaresme, et passerent à mult souef tans, et ariverent au Pui du conestable, qui est entre Nefin et Bouceron, et là descendirent tuit ensemble. Lors avint que Amauri Belais et Hemeri de Bessan, et Odes de Gibelet et lor compaignon, s'enfuirent la nuit, et laissierent lor hernois et lor herberges, et s'en alerent à Triple, et là lor envoia le mareschal Richart une galie, en quoi il s'en alerent à Baruth. La chaison porquoi il se partirent du roi si fu parce qu'il distrent que le roi estoit menor d'aage et en autrui pooir, et qu'il estoient hons de l'empereor en chief, et li estoient plus tenant qu'au roi.

Après se parti Johan d'Ibelin du Pui, et emmena le roi o son ost, et passa le Pui, et s'en ala devant Gibelet, et tant qu'il vindrent devant Baruth à une terre con apelle Sincifil, et là se herbergierent sor le flun. Quant il furent là venu Johan d'Ibelin envoia en message à Acre un sien vaslet qui

« comme mon seigneur et celui qui est tenu de me
« secourir, que vous m'aidiez à délivrer et repren-
« dre ma terre et mon château de Béryte, et que
« vous-même veniez et ameniez vos hommes qui sont
« ici, et je les prie tous, comme mes amis et mes
« frères, de m'y apporter conseil et secours. » Et les
hommes du roi qui étoient là lui répondirent qu'ils
étoient prêts de l'aider; et cependant il y en avoit
tels qui l'avoient octroyé bien à contre-cœur, et ils
eussent refusé s'ils avoient osé, et ils le montrèrent
bien depuis quand ils virent qu'il en étoit temps.
On fit acheter des vaisseaux, armer des galères, et
on donna rendez-vous à Mangoste[1]. Là on attendit
le moment de partir, et on se mit en route le premier jour de carême. On eut pour le passage un
très-beau temps, et on arriva au Puy du connétable,
qui est entre Nefin et Bousseron, et là ils descendirent tous ensemble. Alors il arriva que Camerin
Barlas et Amauri de Bersan, et Eudes de Gibel et leurs
compagnons, s'enfuirent la nuit, laissèrent leurs bagages et leurs logemens, et s'en allèrent à Tripoli, où
le maréchal Richard leur envoya une galère, en laquelle ils s'en allèrent à Béryte. La raison qu'ils donnèrent pourquoi ils se séparoient du roi fut que
le roi étoit mineur d'âge et en pouvoir d'autrui, que
l'empereur étoit leur suzerain en chef, et qu'ils étoient
plus tenus envers lui qu'envers le roi.

Ensuite Jean d'Ibelin se partit du Puy, et emmenant
le roi avec son armée, passa le Puy et s'en alla devant Gibel, tant qu'ils arrivèrent devant Béryte, à un
endroit qu'on appelle Sineifile. Là ils s'hébergèrent

[1] Famagouste.

avoit nom Droon, et envoia plusors lettres à Balian de Sajette et à Johan de Cesaire, qui estoient ses mesfil de sa seror, et à mains autres de ses amis, et envoia une lettre au commun de la terre, esquelles lettres se contenoit ainsi, et disoit, après le salu : « Seignors, je vous fais asavoir que gens estranges d'autres terres m'ont coru sus, et ont saisi et prise ma cité et ma terre, et ont assiégé mon chastel ; et porce que je n'ai pooir de venir à vous, ne d'envoier à vos de mes homes, car il sont enclos en mon chastel ; porquoi je vos fais asavoir mon besoing par ces lettres, esquelles je vous pri et requir et semon, si comme mes freres et mes amis, que vous me maintenés selonc l'us et les coustumes du roiaume de Jerusalem, et que vos m'aidiés à recorre et à delivrer ma cité et mon chastel, et ma terre. » Ces lettres furent luës en l'ostel Balian de Sajette, où li plus des homes l'empereor estoient assemblés ; de quoi Johan de Cesaire demanda respons por son oncle Johan d'Ibelin, dont il avint qu'une grant parti s'accorda à ce que l'en li devoit aidier et lui rescorre, et ainsi s'offrirent por li aidier ; li autres disoient qu'il n'estoient mie apensé. Cil qui si accorderent à aler furent Johan de Cesaire, Bohart de Cayfas, et Renaut son pere, Giefroit le Fort [1], Giefroi d'Estruens, Baudoin de Bonvoisin, et d'autres chevaliers, tant qu'il en ot quarante trois. Cil s'atornerent et murent, et vindrent là où le roi de Chipre estoit, o Johan d'Ibelin, et lors se meust l'ost des Chiprois de Seneifil, et s'en alerent herbergier prés de la cité en un lieu con apele Loros, et iluec furent tant qu'il avint que Girart, le patriarche de Jerusalem, et Pierre, l'arcevesque de Cesaire, et Johan de Saiete, Huedes de Mont-Beliard, et frere Garin, maistre de l'ospital de Saint Johan, et frere Hermant de Pierregort, maistre du Temple, le baillif de Venice, et le conseil de Pise et de Genes, se partirent

---

[1] *Le Fort*, lisez *le Tort*.

sur le fleuve. Quand ils y furent arrivés, Jean d'Ibelin envoya en message à Acre un sien valet qui avoit nom Droon, et écrivit plusieurs lettres à Balian de Sidon et à Jean de Césarée, qui étoient ses demi fils par sa sœur, et à plusieurs autres de ses amis, et il envoya une lettre au peuple du pays, laquelle contenoit ce qui suit, et disoit, après les salutations : « Seigneurs, je vous fais savoir que des gens étrangers venus d'un autre pays m'ont couru sus, ont saisi et pris ma cité et ma terre, et ont assiégé mon château. Comme je n'ai pas de moyen de venir vers vous, ni de vous envoyer de mes hommes, car ils sont enclos en mon château, c'est pourquoi je vous fais savoir mon besoin en ces lettres, par lesquelles je vous prie, requiers et somme, comme mes frères et mes amis, que vous me défendiez selon les us et coutumes du royaume de Jérusalem, et que vous m'aidiez à reprendre ma cité, mon château et ma terre. » Ces lettres furent lues en l'hôtel de Balian de Sidon, où la plupart des hommes de l'empereur étoient assemblés, desquelles Jean de Césarée demanda réponse pour son oncle Jean d'Ibelin; et il avint qu'une grande partie fut d'accord qu'on le devoit aider et délivrer, et s'offrirent pour le secourir, et les autres disoient qu'ils n'y avoient pas assez réfléchi. Ceux qui s'accordèrent à y aller furent Jean de Césarée, Bohart de Caïpha et Renaud son père, Geoffroi le Tort, Geoffroi d'Estreins, Baudouin de Bonvoisin et d'autres chevaliers, tant qu'il y en eut quarante-trois. Ils s'apprêtèrent et se mirent en route, et vinrent là où étoit le roi de Chypre avec Jean d'Ibelin. Alors l'armée des Cypriotes partit de Sineifile, et

d'Acre et alerent à Baruth, et se herbergierent dessous la ville, et parlerent à l'une partie et à l'autre por savoir s'il i peussent metre conseil et pes; et quant il orent assés parlé as deus partie, si virent qu'il n'i pooient rien faire en nulle maniere, si s'en partirent et s'en retornerent ariere en Acre. Johan d'Ibelin vit et conut qu'il ne faisoit riens là où il estoit d'esploit, ne force avoit-il mie de grever ceus qui estoient devant Baruth, et qui avoient son chastel assegié; car s'il fussent enmi les chans, si deussent-il prendre la bataille encontre les Chiprois; car il avoit plus gent à cheval et à pié que n'avoit Johan d'Ibelin.

Quant il ot ce connu, si se partit d'iluec qu'il estoit, et emmena le roi Henri en l'ost de Chipre, et s'en ala à Sajete, et laissa là le roi et Anseau de Brie por lui garder, et o lui le plus de l'ost; les autres emmena o lui, et s'en ala en Acre. Quant il fu là si fist assembler les gens de la ville, chevaliers et borgois et l'autre pueple, et devant tous jura la frairie Saint Audrien au letrin de l'yglise. Aprés ce qu'il ot juré, il parla tot le pueple, et fist sa plainte; et lor dist que les salandres de lor avenu s'estoient venuës et estoient encore au port, et qu'encore lor poroient-il faire grant damage, por quoi il looit qu'en les arrestast. Si tost com il ot ce dist, un cri leva par l'yglise que chascun dist et cria : « As salandres. » Lors s'es-

s'alla héberger près de la cité, en un lieu qu'on appelle Loros, et ils demeurèrent tant qu'il avint que Girard, le patriarche de Jérusalem, et Pierre, archevêque de Césarée, et Jean de Sidon, Eudes de Montbéliard, frère Guérin [1], maître de l'hôpital de Saint-Jean, frère Armand de Périgord, maître du Temple [2], le bailli de Venise, et les conseillers de Pise et de Gênes, se partirent d'Acre et allèrent à Béryte, et s'hébergèrent en-dessous de la ville. Ils parlèrent à l'un et à l'autre parti pour savoir s'ils pourroient par leurs conseils mettre entre eux la paix, et quand ils eurent ainsi beaucoup parlé aux deux partis, voyant qu'ils n'y pouvoient rien faire en aucune manière, ils s'en partirent et revinrent à Acre. Jean d'Ibelin vint et reconnut qu'il ne faisoit là rien d'utile, n'ayant pas assez de forces pour incommoder ceux qui étoient devant Béryte et avoient assiégé son château ; car s'ils avoient été en plaine, c'étoit à eux à chercher la bataille plutôt qu'aux Cypriotes, car ils avoient plus de gens de cheval et de pied que n'en avoit Jean d'Ibelin.

Quand il eut reconnu ceci il se partit du lieu où il étoit, emmena le roi Henri et l'armée de Chypre, s'en alla à Sidon, et laissa là le roi avec Anselme de Brie pour le garder, lui et le reste de l'armée ; il emmena les autres avec lui, et s'en alla à Acre. Quand il y fut il fit assembler les gens de la ville, chevaliers et bourgeois et autres gens, et devant tous jura la confrérie de Saint-Adrien au lutrin de l'église. Après avoir juré il parla à tout le peuple, se plaignit, et leur dit que les salandres de leurs ennemis étoient venues et étoient encore au port, qu'elles leur pourroient faire

---

[1] Grand-maître des Hospitaliers, de 1231 à 1236. — [2] De 1233 à 1244.

murent et corurent à la mer, et se mistrent en barges, et alerent as salandres, et en pristrent les dix sept, et l'une eschapa qui estoit à la cole [1]. Et ce qu'il les troverent en Acre, si fust ainsi que quant les Lombars furent descendus à Baruth, li mareschal les manda en Acre por iverner; car il cuidoit avoir la terre tot à son commandement, mes de ce se trouva il engignié. Quant les salandres furent prises, si com vous avés entendu, le mareschal le sout qui estoit à Sur, si en fu mult dolent. Aprés ce que les salandres furent prises, le roi se parti de Sajete et vint en Acre. Quant il fu venu, Johan d'Ibelin ot conseil, que par la cort, que par la gent de la ville, et par lor aide, alast assegier Sur; et à ce li aidierent li Genevois de gens et de viandes. Si qu'il s'esmut, et ala gesir au Casal Ymbert. Quant li mareschaus Richart sot ceste entreprise, il manda à Baruth à son frere le tier [2], qui estoit en son lieu, qu'il se partist du siege, et amenast l'ost à Sur, et ce fist-il porce qu'il douta la venuë de cele gent qui devant Sur devoient aler. Li tier fist ce que son frere li ot mandé, si qu'il mist le feu es engins et se parti de Baruth, et emmena les gens qui avec lui estoient, et les galies et les autres vessiaus, et s'en vint à Sur.

Quant Johan d'Ibelin sout la novele de ce que cil de l'ost qui estoient devant Baruth s'estoient partis, et avoient guerpi le siege et s'en estoient venu à Sur, si en fu mult lies. Si qu'il s'en retorna en Acre, et laissa le roi o les Chiprois delés Casal-

[1] *A la cole*, lisez probablement *à la coste*.
[2] Probablement *Lothier*, c'est-à-dire *Lothaire*.

grand dommage; ce pourquoi il conseilloit qu'on les arrêtât. Sitôt qu'il eut dit ceci un cri s'éleva dans l'église, et chacun dit : « Aux salandres ! » Alors ils s'émurent, coururent à la mer, se mirent dans des barques, allèrent aux salandres et en prirent dix-sept ; il s'en échappa une qui étoit à la côte. Ils les avoient trouvées à Acre parce que, quand les Lombards furent arrivés à Béryte, le maréchal les avoit envoyées à Acre pour hiverner, car il croyoit avoir tout le pays à son commandement : mais il se trompa en ceci. Quand les salandres furent prises, comme vous l'avez vu, le maréchal en fut très-dolent. Après la prise des salandres le roi partit de Sidon et vint à Acre. Quand il fut venu, Jean d'Ibelin fut conseillé, tant par l'assemblée que par les gens de la ville, d'aller, avec leur secours, assiéger Tyr, et les Génois les y aidèrent de gens et de vivres, si bien qu'il se mit en marche et alla coucher au village d'Imbert. Quand le maréchal Richard sut cette entreprise, il manda à Béryte à son frère Lothaire, qui y étoit à sa place, de quitter le siége et d'amener l'armée à Tyr, parce qu'il craignoit la venue des gens qui devoient se rendre devant Tyr. Lothaire fit ce que son frère lui avoit mandé, mit le feu aux engins et partit de Béryte. Il emmena les gens qui étoient avec lui, les galères et les autres vaisseaux, et s'en vint à Tyr.

Quand Jean d'Ibelin sut que ceux de l'armée qui étoient devant Béryte avoient abandonné le siége et s'en étoient venus devant Tyr, il en fut fort joyeux. Il s'en retourna en Acre, et laissa le roi avec les Cypriotes près le village d'Imbert, au Sablon devers Acre. Dès que Jean d'Ibelin fut à Acre pour aviser

en Acre por avoir conseil qu'il feroit, li mareschaus, qui estoit à Sur, soüt la covine de ceus de Chipre. Il atorna ses gens et ses galies, et mut de Sur à prime somme, et chevauchierent toute nuit. Et quant ce vint à l'aube du jor, il se ferirent en la herberje des Chiprois, par terre et par mer, et les pristrent; si qu'il trouverent le plus d'eus en lor lis, dont il i ot mult poi de ceus qui se peüssent armer à droit. Si lor avoit l'en fait asavoir par espies à l'anuitier; mes Anseau de Brie, que Johan d'Ibelin ot laissié chevetaine de l'ost en son lieu, ne vout croire les espies, ains en fist son gabois, et dist que mult fait mal à croire qu'il vieignent six lieuës par si mauvais chemin por nous assaillir, et il ne le faisoient mie quant il estoient à deus archies de nos devant Baruth; et por ce ni vout mettre conseil, ne soi garder de ses enemis, et si avoit establis chevaliers à la gait, si come il soloit chacun soir; mes cil qui faisoit le guait n'estoit mie de cele part dont cil devoient venir, ains s'estoient mis devant Acre fors de la herberje, et se tenoient en une tente tous desarmés en lor lis dessous lor espreviers. Le chevetaine de ceus du gait estoit Johan d'Ibelin, le neveu du seignor de Baruth.

Quant cil de Puille se furent ferus en la herberge, le cri fu mult grant. Un chevalier qui estoit maistre du roi et le gardoit le fist monter sor un cheval, et bailla à gens qui le menerent à Acre, et il demora en la besoigne, où il fu pris, et navré u visage mult malement. Ceslui chevalier avoit nom Johan Babin. Li Chiprois, qui furent montés si come il porent, que armé que desarmé, se mistrent ensemble une partie d'eus,

de ce qu'il feroit, le maréchal, qui étoit à Tyr, sut la situation de ceux de Chypre. Il apprêta ses gens et ses galères, partit de Tyr à l'heure du premier somme, et ils chevauchèrent toute la nuit, et quand ce vint à l'aube du jour ils se jetèrent sur les logemens des Cypriotes, par terre et par mer, et les prirent. Ils trouvèrent la plupart d'entre eux en leur lit, et il y en eut peu qui se pussent armer comme ils le devoient. Cependant on les en avoit fait avertir par espions à l'entrée de la nuit; mais Anselme de Brie, que Jean d'Ibelin avoit laissé chef de l'armée en son lieu, ne voulut pas croire les espions, en fit des railleries, et dit qu'il avoit beaucoup de peine à croire qu'ils vinssent faire six lieues par si mauvais chemins pour les assaillir, bien qu'ils ne l'eussent pas fait quand ils étoient à deux traits d'arc d'eux devant Béryte; et pour cela il ne voulut pas s'en occuper, ni se garder de ses ennemis. Cependant il avoit établi des chevaliers pour faire sentinelle, comme il avoit coutume chaque soir; mais ceux qui faisoient sentinelle n'étoient pas du côté par où les autres devoient venir; ils s'étoient mis devant Acre hors des logemens, et se tenoient en une tente tout désarmés en leurs lits, au-dessous de leurs lances. Le chef du poste étoit Jean d'Ibelin, neveu du seigneur de Béryte.

Quand les gens de la Pouille se furent jetés sur les logemens, le cri en fut très-grand dans le camp. Un chevalier qui étoit gouverneur du roi et le gardoit le fit monter sur un cheval, et le bailla à des gens qui le menèrent à Acre; et lui demeura à la besogne, où il fut pris, et blessé au visage très-grièvement. Ce chevalier avoit nom Jean Babin. Une par-

et se mistrent à deffense tant qu'il i ot bons poignars jusques que le jor fu esclairé, et qu'il se troverent poi de gens, et ne porent soffrir le fes, si se traistrent ariere en une terre; car une partie de lor gent ne pristrent conseil de nulle chose, fors que d'aler s'en vers Acre. Lors se ferirent cil de Puille en li herberge, et cil des galies descendirent à terre, et refirent autre tel, ne onques n'entendirent senon à gaaignier, si qu'il pristrent quant que les Chiprois avoient en lor herberge, et emporterent le gaaing à Sur. Si-tot com li cris et la novele vint en Acre, Johan d'Ibelin, sire de Baruth, Belian de Sajete, Huede de Mont-Beliard, Johan de Cesaire, Bohart de Cayfas, et li autres chevaliers d'Acre, saillirent as armes, et s'en alerent bone à l'eure [1] jusques à Casal-Ymbert. Là troverent ceus qui s'estoient mis au terre. Lors passerent tuit le Casal, et corurent jusques au pié de la montaigne con appelle Passe-Poulain. Quant il furent là venus, si trouverent que cil avoient ja passé le pas et virent qu'il ne les porroient mie ataindre, si s'en retornerent en Acre. Le jor que cele besoigne avint fu par un mardi le tiers jor de may, l'an de l'incarnation nostre seignor Jesus-Christ MCCXXXII. Celui jor ot compli le roi Henri de Chipre son aage de quinze ans.

Quant les Chiprois furent retornés en Acre, il se trouverent à grant meschief et en grant povreté, com cil qui estoient repairie tuit nu, car il avoient perdu armes, robes, et dras et

---

[1] *Bone à l'eure*, lisez *bonne alleure*.

tie des Cypriotes, montés comme ils purent, tant armés que désarmés, se rangèrent ensemble et se mirent en défense, en sorte qu'on se battit bien jusqu'à ce que le jour vînt. Alors ils se trouvèrent très-peu de monde, ne purent soutenir le poids du combat, et se retirèrent sur un tertre, car une partie de leurs gens ne songèrent à autre chose qu'à s'en aller vers Acre. Alors ceux de la Pouille se jetèrent sur les logemens. Ceux des galères descendirent à terre et en firent autant, et ne pensèrent qu'à piller, tellement qu'ils prirent tout ce que les Cypriotes avoient dans leurs logemens, et emportèrent leur butin à Tyr. Sitôt que le bruit et la nouvelle en vinrent à Acre, Jean d'Ibelin, sire de Béryte, Balian de Sidon, Eudes de Montbéliard, Jean de Césarée, Bohard de Caïpha, et les autres chevaliers d'Acre, coururent aux armes et s'en allèrent grand train jusqu'au village d'Imbert. Là ils trouvèrent ceux qui s'étoient retirés sur le tertre. Alors ils traversèrent tout le village, et coururent jusqu'au pied de la montagne qu'on appelle Passe-Poulain. Quand ils furent arrivés là, ils trouvèrent que les autres étoient déjà au-delà du passage, et virent qu'ils ne les pouvoient atteindre. Ils s'en retournèrent à Acre. Le jour qu'arriva cette affaire fut un mardi, le troisième jour de mai, l'an de l'incarnation de notre Seigneur Jésus-Christ 1232 [1]. Ce jour-là le roi Henri de Chypre avoit accompli son âge de quinze ans.

Quand les Cypriotes furent retournés à Acre, ils se trouvèrent en grand mésaise et grande pauvreté, comme gens qui s'étoient sauvés tout nus, car ils

[1] En 1233; Henri le Gros étoit né le 3 mai 1218.

deniers et joyaus, et n'avoient raporté riens, fors ce qu'il avoient vestu, et la beste sor quoi il seoient. De ce furent-il si esbahis et si esmaie que poi s'en failli que grant partie d'eus ne se tornerent de l'autre part, et ne se soustraitrent le roi avec eus, qui estoit enfes et legier à engignier. Quant Johan d'Ibelin aperçut ces choses, si n'en fist semblant, ains couvri son cuer et se pensa qu'il porroit faire. Lors fist ainsi que Johan de Cesaire, ses nies, vendi à son neveu un casal qui ot nom Caferlet por seize mil besans, et ses autres nies Johan d'Ibelin vendi au Temple un autre Casal qui ot nom Arames por quinze mille besans. Et quant il orent ces besans assemblés, il assembla tous les Chiprois, et les conforta et lor presta une partie de cel avoir, et de l'autre partie prist gens et arma galies et vessiaus, et s'atorna por passer en Chipre, et emmena le roi avec lui, et fist tant que le roi dona fié à plusors chevaliers por mener les en o soi en Chypre. Et lors firent chargier les salandres qui avoient esté à ceus de Puille, et es autres vessiaus, les chevaus et les autres hernois, et s'apresterent de movoir.

Or retornons à Richart le mareschal. Après ce qu'il ot fait l'eschec à Casal-Imbert, il envoia en Chipre les Chiprois qui o lui estoient, et de la soue gent aussi. Quant cil furent venus en Chipre, il firent tant qu'il orent le chastel et la ville de Cherines, et la Caudare, et la tor de Famagouste, et assegierent Dieudamors. Dedens le chastel Dieudamors estoient deus serors le roi, damoiselle Marie et damoiselle Isabel, et si i avoit un chastelain qui avoit nom Felippe de Cafran, et si i estoit Her-

avoient perdu armes, bagages, habits, deniers, joyaux, et n'avoient rien rapporté que ce qu'ils avoient sur le corps, ou la bête sur laquelle ils étoient montés. Ils en furent si ébahis et si consternés qu'il s'en fallut peu que beaucoup d'entre eux ne se tournassent de l'autre côté et n'emmenassent avec eux le roi, qui étoit enfant et facile à tromper. Quand Jean d'Ibelin aperçut ces choses, il n'en fit pas semblant, mais cacha sa pensée et songea à ce qu'il pourroit faire. Alors il fit que Jean de Césarée, son neveu, vendit pour seize mille besans à un neveu à lui un village qui a nom Caferlet, et que Jean d'Ibelin, son autre neveu, vendit au Temple pour quinze mille besans un autre village qui a nom Arames. Et quand ils eurent mis ensemble tous ces besans, il assembla tous les Cypriotes, les consola, leur prêta une partie de cet avoir, et de l'autre partie prit du monde, arma des galères et vaisseaux, s'apprêta pour passer en Chypre, emmena le roi avec lui, et fit tant que le roi donna des fiefs à plusieurs chevaliers pour les emmener avec soi en Chypre. Alors ils firent charger sur les salandres qui avoient appartenu aux gens de la Pouille, et sur les autres vaisseaux, les chevaux et le reste des bagages, et se préparèrent à partir.

Maintenant retournons à Richard le maréchal. Après qu'il eut fait la déconfiture du village d'Imbert, il envoya en Chypre les Cypriotes qui étoient avec lui, et aussi de ses gens. Quand ceux-ci furent venus en Chypre, ils firent tant qu'ils eurent le château et la ville de Chérines, et la Caudare, et la tour de Famagouste, et ils assiégèrent Dieudamors. Dedans le château de Dieudamors étoient deux sœurs du roi, de-

nous de Gibelet, que le sire de Baruth avoit laissé chevetaine en la terre, qui mult poi i mit de conroi, si que neis le chastel où estoient les deus serors le roi, et il meismes ne garni-il mie, ains dut estre rendu por soffraite de viande, et à grant mesaise et à grant meschief se tindrent tant qu'il furent rescous.

Si-tot com li mareschaus sout que les Chiprois qui estoient en Acre s'aprestoient d'aler en Chipre, il se parti de Sur, et emmena sa gent, fors un poi qu'il laissa por garder Sur, et s'en passa en Chipre. Quant il fu là venu, si envoia ses gens par la terre, si qu'il out toute la terre en sa main et à son commendement, fors le chastel de Dieudamors et le chastel de Bufevent.

Le roi Henri et li Chiprois qui o li estoient furent chargiés et murent du port d'Acre le jor de Pentecoste, et alerent jusques à Sajete, et d'iqui murent, et alerent en Chipre, et arriverent en l'isle devant Famagouste, et descendirent sans contens et sans contredit; et si estoit le mareschal Richart en la cité de Famagouste à tout son ost, ne onques ne mistrent contredit à l'arriver, ains fist le soir en minuit bouter le feu as galies qui estoient au port, et ne s'aresta onques jusques qu'il vint à Nicosie à tout ses gens. Le roi et Johan d'Ibelin, et les autres qui avec lui estoient, passerent li lendemain de l'isle, et alerent et se herbergierent dans la ville. Quant il i orent esté deus jors, si se partirent au tiers, et chevauchierent à petites jornées, tant qu'il vindrent à Nicosie. Si-tost com li mareschax sout qu'il approchoient, il et toutes ses gens s'en partirent, et s'en alerent herbergier entre la montagne et

moiselle Marie et demoiselle Isabelle, et il y avoit un châtelain qui avoit nom Philippe de Cafran, et y étoit aussi Arnaud de Gibel, que le sire de Béryte avoit laissé capitaine dans le pays, et qui y apporta très-peu de prévoyance, en sorte qu'il n'approvisionna ni le château où étoient les deux sœurs du roi, ni lui-même, et fut près d'être obligé de se rendre par disette de vivres. Ils se tinrent en grand malaise et grande souffrance jusqu'à ce qu'ils fussent délivrés.

Sitôt que le maréchal sut que les Cypriotes qui étoient en Acre vouloient aller en Chypre, il partit de Tyr et emmena son monde, hors un peu qu'il laissa pour garder Tyr, et passa en Chypre. Quand il y fut venu il envoya ses gens par le pays, en sorte qu'il l'eut tout entier en son pouvoir et en son commandement, hors le château de Dieudamors et le château de Bufévent.

Le roi Henri et les Cypriotes qui étoient avec lui s'embarquèrent et partirent du port d'Acre le jour de la Pentecôte. Ils allèrent jusqu'à Sidon. De là ils partirent et allèrent en Chypre. Ils arrivèrent en l'île qui est devant Famagouste, et débarquèrent sans opposition et sans obstacle. Cependant le maréchal Richard étoit en la cité de Famagouste avec toute son armée. Il ne s'opposa nullement à leur débarquement, mais le soir, à minuit, fit mettre le feu aux galères qui étoient dans le port, et ne s'arrêta point jusqu'à ce qu'il fût à Nicosie avec tous ses gens. Le roi et Jean d'Ibelin, et les autres qui étoient avec lui, passèrent le lendemain de l'île où ils étoient, avancèrent, et s'hébergèrent dans la ville. Quand ils y eurent été deux jours, ils en partirent le troisième et chevauchèrent à

la valée du païs par où l'en va à Nicosie, à Cherines, et iqui se tindrent. Le roi et Johan d'Ibelin, et cil qui avec lui estoient, se partirent de Nicosie le jor mesme qu'il i vindrent, et s'en alerent herbergier de fors la ville en un lieu que l'en appelle Tracona, et d'iqui se partirent lendemain matin à un mardi à xi jor de juing, et chevauchierent là où lor enemis estoient. Si alerent tant qu'il vindrent prés du Casal qui a nom la Gride. Là se vodrent herbergier, si que une partie de lor hernois et de lor serjans s'estoient ja mis u casal, et li autre venoient aprés. Quant il se regarderent, si virent ceus de Puille descendre contre val le pas, lor eschieles devisées et livrées à leur chevetaines, chascun por soi et tous aprestés de combattre.

Quant les Chiprois connurent que cil venoient por combattre, il s'apresterent et adrecierent vers eus, et s'approchierent tant qu'il heurterent ensemble, et que la bataille dura longuement entr'eus, et i en ot mult d'abatus. mes une chose i ot qui mult aida as Chiprois, ce qu'il avoient serjans à pié, dont il avint que quant un de lor chevaliers estoit abatu, li serjant le relevoient et mettoient à cheval, et quant un des autres estoit abatu, tantost l'occioient li serjant, et prenoient, et por ce i ot mult d'occis et de pris de ceus de Puille en cele bataille; car il i ot mort plus de soixante chevaliers, et bien pris quarante de ceus de Puille, et des Chiprois ni ot mort qu'un chevalier qui avoit nom Sierge et estoit né de Touscane. Quant la bataille ot tant duré, cil de

petites journées jusqu'à ce qu'ils vinssent à Nicosie. Sitôt que le maréchal sut qu'ils approchoient, lui et tous ses gens s'en partirent et s'en allèrent héberger entre la montagne et la vallée du pays par où l'on va de Nicosie à Chérines, et s'y arrêtèrent. Le roi et Jean d'Ibelin, et ceux qui étoient avec lui, partirent de Nicosie le jour même qu'ils y vinrent, et s'en allèrent héberger hors la ville en un lieu qu'on appelle Tracona, et partirent de là le lendemain mardi, onzième jour de juin. Ils chevauchèrent là où étoient leur ennemis. Ils allèrent tant qu'ils vinrent près du village qui a nom la Gride. Là ils se voulurent héberger, si bien qu'une partie de leurs bagages et de leurs hommes s'étoient déjà mis dans le village, et que les autres venoient après. Quand ils commencèrent à reconnoître la position, ils virent les gens de la Pouille descendre la montagne, leurs troupes en bataille et conduites par leurs capitaines, chacun à son poste, et tous prêts à combattre.

Quand les Cypriotes connurent que ceux-ci venoient pour combattre, ils s'apprêtèrent et avancèrent vers eux, et s'approchèrent tant qu'ils se heurtèrent et que la bataille dura longuement; et il y en eut beaucoup d'abattus. Mais il y eut une chose qui aida beaucoup les Cypriotes, c'est qu'ils avoient des hommes d'armes à pied, dont il arrivoit que quand un chevalier étoit abattu, les hommes d'armes le relevoient et remettoient à cheval, et quand un des autres étoit abattu, aussitôt les hommes d'armes le tuoient ou prenoient. A cause de cela il y eut des gens de la Pouille beaucoup de tués en cette bataille, car on leur tua plus de soixante chevaliers, et on en prit bien qua-

Puille ne porent plus durer ne soffrir le fes ; car il recevoient trop grant damage. Si se partirent du champ, et s'en retornerent à deconfiture tout contre mont le pas à aler vers Cherines. Li Chiprois les acueillirent et enchaucierent, et s'en alerent ensemble pesle mesle, et ainsi les menerent jusqu'à portes de Cherines, où il se recuillerent à grant meschief.

Quant li Chiprois orent vaincuë la bataille et gaaignié le champ, si com vos avés oi, il retornerent en une place qui estoit en une costiere qui est au pied de la montagne ; là se herbergierent. Li mareschaus vit qu'il estoit enclos, et qu'il avoit gens assés et viandes, dont il ot conseil, et manda à Jaffe por ses galies qui là estoient. Quant eles furent venuës à lui, il establi teles gens com il vout qui demourassent à Cherines, et il et li autres se recuillirent en Ermenie, et entrerent en la fois. Là les reçurent li roi et son pere Constans, et les honorerent mult, et i demorerent grant piece, si que enfermeté les i prist, par quoi il en i ot mult de mort, et tous li plus furent malades. Quant il virent qu'il ne pooit durer en la terre, si s'en partirent et aler à Sur. Si-tost com ceus que vous avez oi se partirent de Cherines por aler en Ermenie, le roi Henri et si homes s'alerent herbergier delés les murs de Cherines, et l'assegierent de si prés que nus ne pooit issir ne entrer. Et par cele bataille qui ot esté demora le roi en sa seignorie bien et en pes, il et si homes qui o lui estoient. Le siege fu devant Cherines jusqu'aprés Pasques, et lors fu faite fin, que le roi Henri delivra et rendi tous les prisoniers

rante, et les Cypriotes n'eurent de tué qu'un chevalier qui avoit nom Serge et étoit de Toscane. Quand la bataille eut duré quelque temps, ceux de Pouille ne furent plus en état de tenir ni d'en soutenir le faix, car ils recevoient trop grand dommage. Ils abandonnèrent le champ de bataille et s'en retournèrent en déconfiture, remontant la hauteur vers le passage qui conduisoit vers Chérines. Les Cypriotes continuèrent à les presser et les poursuivre, s'en allant avec eux pêle-mêle, et les menèrent ainsi jusqu'aux portes de Chérines, où ils se réfugièrent en grand désordre.

Quand les Cypriotes eurent gagné le combat et furent demeurés maîtres du champ de bataille, comme vous l'avez entendu, ils retournèrent en un lieu qui étoit sur une côte au pied de la montagne, et là ils s'hébergèrent. Le maréchal vit qu'il étoit entouré et qu'il avoit beaucoup de gens et de vivres. Alors il en délibéra et envoya à Jaffa pour qu'on lui fît venir ses galères qui y étoient. Quand elles furent venues il établit ceux dont il vouloit qu'ils demeurassent à Chérines, et les autres se réfugièrent en Arménie et y entrèrent en assurance. Le roi et son père Constant [1] les y reçurent et les honorèrent beaucoup, et ils y demeurèrent long-temps, tellement qu'ils s'y engagèrent à lui : mais il en mourut beaucoup, et tous les autres devinrent malades. Quand ils virent qu'ils ne pouvoient durer dans le pays, ils s'en partirent et allèrent à Tyr. Sitôt que ceux dont on vient de parler

[1] Constant, grand seigneur arménien, était resté tuteur d'Isabelle, fille du roi Livon ; il lui fit épouser, en secondes noces, son propre fils Aïton ou Othon qui devint ainsi roi d'Arménie.

qu'il avoit en sa prison, et il li rendirent Cherines et tous les prisoniers qu'il avoient pris à Casal-Imbert, et toutes les dames qu'il avoient prises par Nicosie et par les yglises et és maisons de religion en lor venir en la terre.

En tant com li sieges estoit devant Cherines, la roine Aelis la fame au roi Henri, et fille le marquis de Montferrat, qui s'estoit mise dedens Cherines avec ceus de Puille, acoucha malade au lit d'une maladie dont ele morut. Quant ele fu trespassée, cil qui dedens Cherines estoient l'atornerent si come l'en doit atorner roine, et puis firent demander fiance au roi por envoier un home parler à lui. Cil ot fiance, si vint au roi, si li dist que la roine sa fame estoit morte de ceste siecle, et que cil qui estoient dedens Cherines li mandoient que, se lui plaisoit, il la fist prendre et enterrer si come il aferoit à roine, et qu'il en fist come de sa fame. Le roi li assenti, et furent données trives que l'en ne traist dehors ne dedens, tant que la roine fu traite hors et emportée en la herberge le roi. Lors la mistrent cil du chastel de Cherines fors; cil de fors la reçurent et la porterent à Nicosie à mult grant compaignie de gent, et fut enterrée honorablement en la mere yglise de Sainte Sophie, et l'enterra l'arcevesque Estorquet. Aprés ne tarja mie que Beumont le quart, prince d'Antioche

furent partis de Chérines pour aller en Arménie, le roi Henri et ses hommes s'allèrent héberger près des murs de Chérines, et l'assiégèrent de si près que nul ne pouvoit sortir ni entrer; et cette bataille qui avoit été gagnée laissa le roi bien maître chez lui et en paix, ainsi que ceux de ses hommes qui étoient avec lui. Le siége dura devant Chérines jusqu'après Pâques, et alors la fin fut que le roi Henri rendit et délivra tous les prisonniers qu'il avoit, et qu'ils lui rendirent Chérines et tous les prisonniers qu'ils avoient faits au village d'Imbert, et toutes les dames qu'ils avoient prises à Nicosie et dans les églises et maisons de religion lorsqu'ils étoient venus dans le pays.

Tandis que le siége étoit devant Chérines, la reine Alix, femme du roi Henri, et fille du marquis de Montferrat, qui étoit entrée en Chérines avec ceux de la Pouille, se mit au lit malade d'une maladie dont elle mourut. Ceux qui étoient dedans Chérines l'accommodèrent comme on doit accommoder une reine, puis firent demander un sauf-conduit au roi pour envoyer un homme lui parler. Celui-ci eut un sauf-conduit, il vint au roi, et lui dit que sa femme étoit morte pour ce monde, et que ceux qui étoient devant Chérines lui mandoient que, s'il lui plaisoit, il la fît prendre et la fît enterrer comme une reine, et qu'il en fît comme de sa femme. Le roi y consentit, et l'on convint d'une trève pour ne tirer ni dehors ni dedans jusqu'à ce que la reine fût sortie de la ville et emportée au logement du roi. Alors ceux du château de Chérines la mirent dehors. Ceux du dehors la reçurent et la portèrent à Nicosie avec un grand cortége, et

et cuens de Triple, trespassa de cest siecle, si que Beumont le quint, son fil, fu en son lieu et tint les deus seignories. En celui tans avint que le soudan de Haman ne vout paier l'hospital Saint Johan d'une paie qu'il avoit usée à rendre au Crac, dont la trive brisa entre l'Ospital et le soudan, si que l'Ospital assembla gent por guerroier au soudan du Haman, et fu en cele assemblée le maistre du Temple frere Hermant de Pierregort, et tous ses convens, et i ot de gens de Chipre cent chevaliers, et fu lor chevetaine Johan d'Ibelin seignor de Baruth, et fu o lui Gautier le cuens de Brenne, qui avoit espousée en cel an meismes Marie, la seror le roi Henri, qui lors manoit en Chipre, où les rois li avoit donné terre en Chipre, et si ot quatre vingts chevaliers du roiaume. Si en fu chevetaine Pierre d'Avalon, qui estoit nies Huede de Montbeliart, et si i fu Henri, le frere le prince, a tout trente chevaliers, que son frere le prince i avoit baillés; car il ni pooit aler por la trive qu'il avoit au soudan du Haman. Toute cele gent ot assemblée frere Garnier, maistre de l'ospital Saint Johan, qui i avoit tout son convent et tout son pooir, et bien avoit en celui ost cent chevaliers et quatre vingt serjans à cheval et mille et cinq cens serjans à pié et plus.

Quant toute cele gent fut assemblée, et il furent à la Bouquée dessus le Crac, aprés ce qu'il orent esté deus jors là,

elle fut enterrée honorablement en l'église métropolitaine de Sainte-Sophie, et ses funérailles furent faites par l'archevêque Estorquet. Il ne tarda guère après cela que Boémond IV, prince d'Antioche et comte de Tripoli, trépassa de ce siècle; en sorte que Boémond V fut en son lieu et tint les deux seigneuries. En ce temps avint que le soudan de Hamath ne voulut pas payer à l'hôpital Saint-Jean un tribut qu'il avoit coutume de payer au Krac, ce qui rompit la trève entre l'Hôpital et le soudan, tellement que l'Hôpital assembla des gens pour faire la guerre au soudan de Hamath. En cette assemblée étoient le maître du Temple, frère Armand de Périgord, et tous ses chevaliers. Il y eut de Chypre cent chevaliers, ayant à leur tête Jean d'Ibelin, seigneur de Béryte, et avec lui étoit Gautier, comte de Brienne, qui avoit épousé en cette même année Marie, sœur du roi Henri, qui alors demeuroit en Chypre, où le roi lui avoit donné des terres. Il y eut aussi quatre-vingts chevaliers du royaume [1] : ils avoient pour capitaine Pierre d'Avallon, qui étoit neveu d'Eudes de Montbéliard, et Henri frère du prince y fut avec trente chevaliers que son frère lui avoit baillés, car lui n'y pouvoit aller à cause de la trève qu'il avoit avec le soudan de Hamath. Tout ce monde avoit été assemblé par frère Guérin, maître de l'hôpital de Saint-Jean, qui y avoit tous ses religieux et toutes ses forces, et avoit bien en cette armée cent chevaliers et quatre-vingts hommes d'armes à cheval, et quinze cents hommes d'armes à pied, et plus.

Quand tout ce monde fut assemblé, ils furent à la

[1] Du royaume de Jérusalem.

il s'en partirent à l'anuitier, et chevauchierent toute nuit, si qu'il furent à l'aube de jor à Montferrant. Lors murent vers le borc si com à hui [1], si que le bore fu pris et robé, mes poi i trouva l'en gent, car cil qui i estoient s'enfuirent au chastel si-tost com il virent les Crestiens movoir et aler vers eus; il orent assés loisir d'eus recueillir u chastel, car les ruës et les entrées du bore estoient barrées de bonne tors et de fors murs, si qu'il les convint as Crestiens deffaire ains qu'il i peussent entrer. Quant il orent pris ce qu'il troverent, et il orent abatu et gasté grant partie du bore, si passerent outre et alerent herbergier à deus lieues prés d'iluec à un casal où il a fontaine con apelle Mergemit, et furent là deus jors, et d'iluec envoierent lor forrieres et coureors parmi la terre, qui roboient les casiaus et emporterent le gaaing. Au tiers s'en partirent, et retornerent arriere devant Montferrant, et se riens fust demoré u bore à prendre ne à gaster, il ne l'esparnierent pas. D'iluec s'en alerent à un casal herbergier que l'on clame Lasonjaquiée, et lendemain s'en retornerent en la Boquiée, dont ils estoient partis, et quant il orent là esté entor huit jors, et il cuidierent faire une autre chevauchiée novelle. Lor vindrent que li soudan de Babilone et son frere Elseraf, à tout quinze mille homes à cheval et grant serjanterie à pié, s'estoient partis de Domas et estoient venus à Haman por aler vers les marches d'eus et du soudan du Coine, où il avoient guerre; et quant il furent là venus, et il sorent le fait de l'Ospital, il s'arresterent por mettre le fait du soudan de Haman à point, qui estoit lor nies fils de lor seror; et ainsi fu faite la pes entre lui et l'Ospital, et lor fu renduë la paie dés iluec en avant que il lor avoient arestés. Lors se departirent les gens, s'en ala chascun en sa contrée.

[1] *Hui*, lisez *hués*.

Bocquée au-dessus du Krac. Quand ils eurent été là deux jours, ils en partirent au jour tombant, chevauchèrent toute la nuit, et furent à l'aube du jour à Montferrand. Alors ils marchèrent vers la ville comme au butin, en sorte qu'elle fut prise et pillée. Mais ils y trouvèrent peu de monde, car ceux qui y étoient s'enfuirent du château sitôt qu'ils virent les Chrétiens se mettre en marche et venir vers eux; et ils eurent loisir de se retirer au château, car les rues et entrées de la ville étoient fermées de bonnes tours et de fortes murailles que les Chrétiens furent obligés de détruire avant de pouvoir y entrer. Quand ils eurent pris ce qu'ils trouvèrent, abattu et détruit une partie de la ville, ils passèrent outre et s'allèrent héberger à deux lieues de là, à un village où il y a une fontaine qui a nom Mergemite. Ils y furent deux jours. De là ils envoyèrent par le pays leurs fourrageurs et coureurs, qui pilloient les villages et emportoient le butin. Le troisième jour ils s'en partirent et retournèrent devant Montferrand, et s'il étoit rien demeuré dans la ville à prendre ou à dévaster, ils ne l'épargnèrent pas. De là ils s'allèrent héberger à un village qui a nom la Sonjaquiée. Le lendemain ils s'en retournèrent à la Bocquée, d'où ils étoient partis, et quand ils eurent été là environ huit jours, ils songèrent à faire une nouvelle chevauchée. Il leur vint nouvelle que le soudan de Babylone et son frère Elferac, avec quinze mille hommes à cheval et beaucoup de gens de pied, étoient partis de Damas et venus à Hamath pour se rendre sur leurs frontières et celles du soudan d'Iconium, avec qui ils avoient la guerre; et quand lesdits soudans furent là et surent ce qui étoit

Quant le maistre du Temple et si freres se furent partis de celui fait, si s'assemblerent avec le prince d'Antioche, et mena chascun son pooir, et s'en alerent en Ermenie por vengier un outrage que le roi d'Ermenie avoit fait au Temple de ne sai quant de lor freres qu'il avoit que pendus que escorciés, par achaison de ce qu'il disoit qu'il voloit atraire gent en la terre por lui grever. Le prince aloit volentiers en cele besoigne, por la haine qu'il avoit au roi d'Ermenie et à son pere por le fait qu'il firent de son frere Felippe. Quant Constans, le pere le roi, vit l'effors qui venoit sor lui, il se douta, et manda au maistre du Temple qu'il se voloit acorder à lui, et si fist, et li amenderent il et li rois ce qu'il avoient meffait, si que li Templiers s'en tindrent bien à paie et s'en retornerent; dont il ennuia mult au prince, car il voulsist bien qu'il se fust vengiés de ses anemis d'aucune chose.

En cel point les gens du roiaume de Jerusalem envoierent messages à Rome por l'atrait Haymart, maistre de l'ospital des Alemans, por traitier entre eus et l'empereor. Li messages furent deus chevaliers d'Acre, Felippe de Troie et Henri de Nazarel. Quant cil furent venus à Rome, si firent tot ce qui li maistres des Alemans vout, tout au gré de l'empereor, et orent ses lettres scellées de son scel des convenances de la pes. Quant

arrivé à l'Hôpital, ils s'arrêtèrent pour accommoder l'affaire du soudan de Hamath, qui étoit leur neveu, fils de leur sœur; et ainsi fut faite la paix entre lui et l'Hôpital, à qui fut rendu le tribut qui avoit été convenu auparavant. Alors on se sépara, et chacun alla en son pays.

Quand le maître du Temple et ses frères eurent fini cette expédition, ils s'unirent avec le prince d'Antioche, chacun conduisant ses troupes, et s'en allèrent en Arménie pour venger un outrage que le roi d'Arménie avoit fait au Temple sur je ne sais combien de leurs frères qu'il avoit tant pendus qu'écorchés, sous prétexte que, disoit-il, ils vouloient attirer du monde en son pays pour l'attaquer. Le prince alloit de bon cœur à cette besogne, à cause de la haine qu'il portoit au roi d'Arménie et à son frère pour ce qu'ils avoient fait à son frère Philippe [1]. Quand Constant, le père du roi, vit l'effort qui se préparoit contre lui, il eut peur, et dit au maître du Temple qu'il se vouloit accorder avec lui. Ainsi fit-il. Les Templiers eurent réparation de lui et du roi pour ce qu'ils avoient méfait envers eux; ensorte qu'ils se tinrent pour bien satisfaits et s'en retournèrent; dont le prince eut grand ennui, car il eût bien voulu se venger quelque peu de ses ennemis.

En ce temps les gens du royaume de Jérusalem envoyèrent des messagers à Rome, à la persuasion de Hermann [2], maître de l'hôpital des Allemands, pour traiter entre eux et l'empereur. Les messagers fu-

[1] Premier mari d'Isabelle, pupille de Constant.

[2] Hermann de Salza, grand-maître de l'ordre Teutonique, de 1210 à 1239.

il furent retornés en Acre, et il baillierent les lettres, lesqueles furent leuës. Et quant cil du roiaume entendirent la maniere de la pes par la tenor des lettres, si en furent mult corociés; et bien i ot de quoi, car cele pes estoit au domage et à la honte d'eus, et encontre le commandement et le pooir que li messages avoient eu, si qu'il les laidengierent et les tindrent à traitors et à faus, et poi s'en failli qu'il ne lor firent honte de lor cors. Les gens du roiaume orent conseil, et par accort manderent au roi de Chipre, si qu'il avint ainsi entre le roi de Chipre et ceus du roiaume de Jerusalem envoierent communaument un message à Rome au pape por eus escuser, et por monstrer raison qu'il ne devoient mie cele pes recevoir, et por ce manderent-il ceste chose au pape que cele pes avoit esté faite devant lui et par son seu. Li message qu'il i envoierent fu un chevalier de Chipre qui estoit de Surie, mes il estoit alés manoir en Chipre por un grant fié que le roi Henri li avoit doné, et puis le fist chamberlenc de Chipre. Cil chevalier avoit nom Giefroi le Tort, et por ce se mist le roi en la communauté des gens du roiaume de Jerusalem.....

En cele maniere de pes dont nos avons parlé touchoit

rent deux chevaliers d'Acre, Philippe de Troyes et Henri de Nazareth. Quand ceux-ci furent venus à Rome, ils firent tout ce que le maître des Allemands voulut, entièrement au gré de l'empereur, et emportèrent ses lettres scellées de son sceau pour les conditions de la paix. Quand ils furent arrivés à Acre, ils baillèrent les lettres, lesquelles furent lues. Et quand ceux du royaume entendirent la manière dont avoit été faite la paix et la teneur des lettres, ils en furent très-courroucés; et bien y avoit-il de quoi, car cette paix étoit à leur honte et dommage, et contraire aux pouvoirs et commandemens que les chevaliers avoient reçus; tant qu'ils les chargèrent d'injures et les tinrent pour traîtres et felons; et peu s'en fallut qu'ils ne leur fissent outrage en leur corps. Les gens du royaume prirent conseil, et d'accord entre eux écrivirent au roi de Chypre; en sorte qu'il avint que ceux de Chypre et ceux du royaume de Jérusalem envoyèrent en commun un message à Rome au pape pour s'excuser et faire voir les raisons pourquoi ils ne devoient recevoir cette paix, et ils s'adressèrent ainsi au pape, parce que cette paix avoit été faite devant lui et à son su. Le messager qu'ils y envoyèrent fut un chevalier de Chypre qui étoit né en Syrie, mais étoit allé demeurer en Chypre à cause d'un grand fief que le roi Henri lui avoit donné, et le roi le fit ensuite chambellan de Chypre. Ce chevalier avoit nom Geoffroi le Tort, et le roi se mit en commun avec les gens du royaume de Jérusalem parce que cette manière de paix dont nous avons parlé étoit fort à son grand dommage.

Geoffroi le Tort se partit de Chypre et s'en vint

mult à son grant damage [1]. Giefroi Le Tort se parti de Chipre, et s'en vint en Acre, et reçut les lettres des barons de la terre, et ce qu'il li enchargierent, et ce qu'il avoit reçu du roi de Chipre, et se mit en une nef des Genevois et s'en passa à Gennes, et d'iluec s'en passa à Viterbe, où le pape estoit et toute la cort. Il porta bians presens et riches au pape et as cardinaus, et fit son message, et mostra les poins et les raisons au pape que cele pes ne devoit pas estre reçuë. Le pape le reçut bel, et l'entendi mult volentiers, et respondi que ce n'estoit mie merveille s'il la refusoient; car des lors qu'elle fu faite, la tint-il à fause et à mauvaise; et il ne pooit autre faire, car li messages disoient qu'il avoient commandement de ce faire qu'il firent, et s'il deissent qu'il ne le vosissent tenir. C'estoit en eus que force ne lor feissent-il mie [2], ains lor promettoit l'aide et le maintenement de l'Yglise, et lor envoioit lettres en quoi il lor mandoit qu'il voloit que li dui roiaume fussent toute une chose, et manda en Acre as quatre regions et à toutes les communes qui au roi de Chipre et à sa terre, et à ceus du roiaume au roiaume de Jerusalem, feussent aidant à garder et à deffendre eus et lor choses, et si lor commandoit-il mult especiaument, et à la poeste de Gennes et au commun manda il ce meismes. Toutes ces lettres et maintes autres trait Giefroi le Tort du pape Gregoire, qu'il emporta et s'en retorna en Gennes, et là si se mist en une nef, et s'en passa en Acre, et d'iluec s'en ala en Chipre.

---

[1] C'est ici que doivent être évidemment placés le point et l'alinéa. Il est clair aussi que, pour la liaison de la phrase, au lieu de *en cele maniere*, il faut lire *que cele maniere*.

[2] La ponctuation de cette phrase est totalement intervertie, ce qui la rend inintelligible. Il faut la lire ainsi : *Il ne pooit autre faire,*

à Acre. Il reçut les lettres des barons du pays et ce dont ils le chargèrent, avec ce qu'il avoit reçu du roi de Chypre. Il se mit en un navire des Génois, et passa à Gênes. De là il passa à Viterbe, où étoit le pape avec toute la cour. Il porta de beaux et riches présens au pape et aux cardinaux, fit son message, et montra au pape les points et raisons pourquoi cette paix ne devoit pas être acceptée. Le pape le reçut bien et l'entendit très-volontiers, et répondit que ce n'étoit pas merveille s'ils la refusoient; lorsqu'elle avoit été faite il l'avoit tenue pour fausse et mauvaise, et n'avoit pu agir autrement qu'il n'avoit agi; car les messagers dirent qu'ils avoient commandement de faire ce qu'ils firent; si les gens du royaume disoient qu'ils ne la vouloient pas tenir, cela les regardoit, il ne les y obligeroit pas; au contraire, il leur promit du secours et l'appui de l'Eglise, et leur envoya des lettres dans lesquelles il leur mandoit qu'il vouloit que les deux royaumes ne fissent qu'un. Il envoya en Acre aux quatre compagnies de chevaliers religieux, et à tout le peuple du roi de Chypre et de son pays, et à ceux du royaume de Jérusalem, qu'ils s'aidassent tous à se garder et défendre, eux et leurs biens; il le leur commandoit très-expressément, et il manda la même chose au gouvernement et au peuple de Gênes. Geoffroi le Tort tira du pape Grégoire toutes ces lettres et plusieurs autres qu'il emporta. Il s'en retourna à Gênes, se mit dans un navire, passa à Acre, et de là s'en alla en Chypre.

car li messages disoient qu'il avoient commandement de ce faire qu'il firent. Et s'il deissent qu'il ne le vosissent tenir, c'estoit en eux; que force ni leur feist il mie.

En ce tans fu mort li soudans de Babilone con nomoit Lequemel, et demora en son lieu, et fu soudan le secont de ses fils con apeloit Melec Eladel, car son ainsné fils, qui avoit nom Melec Elsalah, estoit en la terre du Levant que son pere li avoit donée, et l'en avoit fait soudan en sa vie. En ce tans Beumons, le prince d'Antioche et cuens de Triple, s'estoit partis de la roine Aelis, porce que l'en trouva qu'il estoit son cousin en tier et en quart du roi Hugues de Chipre, de qui ele avoit esté fame. Après ce qu'il fu departis ne vout mie demorer sans fame, dont il manda à Rome, et li fu amenée Luciane, la fille du comte Pol, fil du comte Richart, qui avoit esté frere au bon pape Innocent. Et lors espousa le roi Henri de Chipre Stephaine, la fille le roi Heton d'Ermenie, et la fist coroner ausi, comme il avoit fait Aelis, la fille le marquis de Montferrat.

En ce tans avint que l'empereor Frederic assembla grant ost, et s'en entra en Lombardie, de quoi tuit cil qui à lui se tenoient le reçurent à grant joie. Et ce fust la cité de Cremone et toutes les cités qui à lui se tenoient, et encontre lui fu la cité de Melan et toutes les cités de sa compagnie. Lors commença la guerre entr'eus grant et fort, et dura longuement, donc cil de Melan ne porent plus soffrir le fes, ains se partirent du champ come gent desconfite. Mes mult i ot gens mort et pris, et d'une part et d'autre, et i fu pris le posta de Melan, qui estoit fil du duc de Venice, que l'empereor fist pendre en la terre de Trane, sor une haute tor qui est sor le rivage de la mer. Dont cil de Melan pristrent un fils de l'empereor qui avoit nom Ance, et fu pris au siege du chastel qui a nom Gorgezole, et si i fu pris le carros de Melan et portés à Cre-

En ce temps mourut le soudan de Babylone qu'on nommoit Elquemel [1], et à sa place fut soudan son fils qu'on appeloit Melec Eladel [2]; car son fils aîné, qui avoit nom Melec Elsalah [3], étoit au pays du Levant que son père lui avoit donné, et dont il l'avoit fait soudan pendant sa vie. En ce temps Boémond, prince d'Antioche et comte de Tripoli, se sépara de la reine Alix, parce que l'on trouva qu'il étoit son cousin au troisième degré, et qu'il l'étoit au quatrième du roi Hugues de Chypre, de qui elle avoit été femme. Après qu'il en fut séparé il ne voulut pas demeurer sans femme, mais envoya à Rome, et on lui amena Luciane, fille du comte Paul, fils du comte Richard, qui avoit été frère du bon pape Innocent [4]. Et alors aussi le roi Henri de Chypre épousa Stéphanie, fille du roi Aiton d'Arménie, et la fit couronner, comme il avoit fait couronner Alix, fille du marquis de Montferrat.

En ce temps il avint que l'empereur Frédéric assembla une grande armée et entra en Lombardie. Ceux qui tenoient son parti le reçurent avec beaucoup de joie. Il eut pour lui la cité de Crémone et toutes les cités qui y tenoient, et contre lui la cité de Milan et toutes les cités qui lui étoient alliées. Alors commença entre eux une grande et forte lutte qui dura longuement. Ceux de Milan n'en purent sou-

---

[1] Malek-El-Kamel mourut au mois de mars 1238.

[2] Malek-Adhel-Seifeddyn Aboubekr II régna de 1238 à 1240.

[3] Malek-Saleh-Nodgemeddyn-Ayoub.

[4] Le chroniqueur confond ici Boémond IV, prince d'Antioche, et Boémond V son fils. C'est le premier qui avoit eu pour femme Alix de Jérusalem, et ce fut le second qui épousa Lucie, fille du comte de Saint-Pol.

mone, et mis en la merc yglise de la cité. Le carros si est li le grant estendart que l'en met sor un char à quatre rouës. Cestui Ance, fil de l'empereor, qui fu pris, si fu fil d'une haute dame d'Alemaigne, et l'avoit fait roi de Sardaine. Mes il ne fu mie longuement en prison; car li Alemant le pristrent arriere u chastel où il estoit mis en prison. Aprés ceste bataille ala l'empereor assegié une forte cité mult efforciement, qui estoit de la miscie de Melan et avoit nom Vincence, et la destraint mult durement de siege et d'assaut, et fist faire une ville cui il mit à nom Victoire ; de quoi cil de Vincence furent mult destrois, qu'il ne pooit issir hors ne entrer, et n'attendoient secors de nulle part. Quant il se virent à tel meschief que ce lor ot longuement duré, si qu'il commençoient avoir soffraite de viandes, et de soif avoit tele soffraite que grant partie d'eus en perdirent les dens, si se voudrent metre en ayanture, et lor sembla que ce lor valoit miex que plus attendre u point où il estoient. Si gaitierent lor point, et issirent fors soudainement et efforciement, et se ferirent en l'ost de l'empereor et desbareterent, et pristrent Victoire, et i bouterent le feu et l'ardirent tote. Ainsi furent delivrés du siege et de la mesaise où il estoient.

tenir le faix, mais quittèrent la partie comme gens déconfits. Il y eut cependant de part et d'autre beaucoup de gens tués et pris. On y fit prisonnier le podestat de Milan [1], qui étoit fils du duc de Venise. L'empereur le fit pendre à Trani, au haut d'une tour qui est au rivage de la mer. Ceux de Milan prirent un fils de l'empereur qui avoit nom Entzen. Il fut pris [2] au siége d'un château qui a nom Gorgezole. On y prit aussi le *carrosse* de Milan qui fut porté à Crémone, et mis en l'église métropolitaine de la cité. Le *carrosse* est un grand étendart que l'on met sur un char à quatre roues. Cet Entzen, fils de l'empereur, qui fut pris étoit fils d'une grande dame d'Allemagne, et l'empereur l'avoit fait roi de Sardaigne. Mais il ne fut pas long-temps en prison, car les Allemands le reprirent dans le château où il étoit en prison [3]. Après cette bataille l'empereur alla assiéger très-vigoureusement une grosse cité du district de Milan qui avoit nom Vicence. Il la pressa rudement de siége et d'assaut. Il fit une ville qu'il appela du nom de Victoire. Par quoi ceux de Vicence furent fort resserrés, et ne purent sortir ni entrer, et ils n'attendoient de secours nulle part. Quand ils virent qu'ils avoient longuement souffert, et qu'ils commençoient à manquer de vivres et étoient tellement tourmentés de la soif qu'une grande partie en perdirent les dents, ils voulurent mettre tout au hasard, et il leur sembla que cela leur valoit mieux que de plus attendre dans l'état où ils étoient. Ils épièrent le moment, sortirent de la ville

---

[1] Pierre de Tripoli. — [2] Le 26 mai 1249, par les Bolonais.

[3] Il y a ici erreur; Entzen mourut à Bologne en 1272 dans la prison où il avait été mis après sa défaite.

En celui point le pape Gregoire, qui fu né d'Anaigne, d'une cité qui est prés de Rome à une jornée, vout assembler un general concile por traiter encontre l'empereor. Dont il manda outre les mons semondre les prelas, qu'il venissent à lui à Rome. Quant l'empereor le sout, si lor fist encombrer le chemin, si qu'il ne pooient passer par sa terre; et lors manda le pape as Genevois, et lor pria et semonst qu'il deussent envoier galies en Provence por amener les prelats d'outre les mons à Rome. Dont les Genevois, por l'amor du pape et por mal de l'empereor, i envoierent bien soixante vessiaux armés, et fu lor amiraut, c'est lor chevetaine, un de Gennes qui estoit du lignage des Ambrias, et l'apelloit l'en Guillaume le Negre. Cil Guillaume estoit orgueilleus et poisenes, et bien le monstra en celui fait, car par son outrage fu cil fait tout perdu. Icele estoire que vous avés oie ala à une cité en Provence qui siet sor la mer et a nom Nice. Là se recuillirent li prelats, qui estoient grant masse, et un cardinal avec eus, qui estoit alés legat outre les mons, et estoit evesque de Palestrine. Quant il se furent recueillis si se mistrent au chemin por venir à la fois du Toivre qui cort parmi Rome. Quant l'empereor sout ce fait, il manda u reigne, et fist armer galie et autres veissaus, et manda as Pisains qu'il li aidassent de vessiaux armés, qu'il le firent volentiers, et armerent tant de vessiaux, que les lor et ceus du reigne furent quarante vessiaux armés, et fu lor amiraut un vaillant home de Pise qui avoit nom Huguelin Bonzacharie. Quant cil vessel furent assemblés, il se mistrent à un port qui a nom Ferrare, qui est une contrée qu'en nome Leche. L'estoire de Gennes s'en venoit, et com il furent au chief de l'isle de

soudainement et vigoureusement, se jetèrent sur le camp de l'empereur, le forcèrent, prirent Victoire, y mirent le feu et la brulèrent tout entière. Ainsi ils furent délivrés du siége et du malaise où ils étoient.

En ce temps le pape Grégoire, natif d'Anagni, cité qui est à une journée de Rome, voulut assembler un concile général pour y délibérer contre l'empereur. Il envoya en deçà des monts sommer les prélats de venir vers lui à Rome. Quand l'empereur le sut il leur fit barrer le chemin, tellement qu'ils ne pouvoient passer par son pays. Alors le pape envoya vers les Génois, et les pria et somma d'envoyer des galères en Provence pour amener à Rome les prélats d'au delà les monts. Alors les Génois, pour l'amour du pape, et à cause du mal qu'ils vouloient à l'empereur, envoyèrent bien soixante vaisseaux armés; et leur amiral, c'est-à-dire leur capitaine, étoit un Génois du lignage des Ambrias, et on l'appeloit Guillaume le Nègre [1]. Ce Guillaume étoit orgueilleux et hautain, et il le montra bien; car par son insolence toute cette affaire fut perdue. Cette flotte que je vous ai dite alla en Provence à une cité qui est sur la mer et qui s'appelle Nice. Là s'embarquèrent les prélats qui étoient en très-grand nombre, et avec eux un cardinal qui étoit allé légat delà les monts, et étoit évêque de Palestrine. Quand ils furent embarqués ils se mirent en route pour venir à l'embouchure du Tibre qui traverse Rome. Quand l'empereur le sut, il envoya en son royaume, fit armer des galères et autres vaisseaux, et manda aux Pisans qu'ils l'aidassent de vaisseaux armés, ce qu'ils firent volontiers, et ils en ar-

[1] Boccanegra.

Corse, il sorent la novele de l'estoire l'empereor qui les attendoit à la voye. Si orent conseil, et s'accorderent à ce qu'il eschiveroient la bataille, et s'en iroient dehors les isles, et bien le peussent ainsi avoir fait s'il vosissent. Mes Guillaume Negre, qui estoit tex com vos avés oi ça arriere, sailli avant, et dist que ce ne seroit ja que li Genevois eschivassent les Pisains ne les Lombarts de bataille, et qu'il passeroit parmi eus, à la honte d'eus et de lor seignor. Lor s'adreça cele part où il estoient, et s'il i fust alés si com l'en doit aler en bataille quant l'en va contre ses enemis, et il eust establi ses vessiaus si com il aferoit à tel fait, ce li peust avoir valu; car il avoit plus grant pooir de vessiaus et de gent qu'il n'avoient; mes il n'establi onques rien, ne ne devisa son fait; mes si-tot com il les vit de prés, il s'escria: « Or à eus. » Huguelin ot establi ses vessiaus et fait avoir avant-garde et arriere-garde, et vindrent ensemble et hurterent à permeraims, si qu'à l'assembler pristrent trois galies des Genevois, par quoi li autre tornerent à desconfiture, et se mistrent au fuir. Li Pisans et cil du reigne ne les vodrent mie chacier, mes as galies qui lor chairent entre les mains s'arresterent, et les pristrent, et i firent mult grant gaaing, et pristrent grant masse de prelats, et i fu pris li cardinaus Blans qui estoit evesque de Palestrine, et un chapelain du pape qui estoit legat en Gennes, et nom avoit Gregoire de Romaigne. Tuit cil furent amenés à l'empereor qui les fist mettre en prison parmi sa terre.

mèrent tant qu'entre les leurs et ceux de l'empire il y avoit quarante vaisseaux armés ; et leur amiral étoit un vaillant homme de Pise qui avoit nom Huguelin Buonzacchari. Quand ces vaisseaux furent assemblés ils se mirent en un port qui a nom Ferrare, dans un pays qu'on nomme Lèche [1]. La flotte de Gênes s'en venoit, et comme ils furent à la pointe de l'île de Corse, ils surent la nouvelle de la flotte de l'empereur qui les attendoit au passage. Ils prirent conseil, et s'accordèrent à éviter la bataille et à s'en aller par dehors des îles ; et ils l'auroient bien pu s'ils l'eussent voulu ; mais Guillaume le Nègre, qui étoit tel qu'on vous l'a dit ci-dessus, poussa en avant, et dit qu'il ne se verroit pas que les Génois évitassent de se battre avec les Pisans et les Lombards, et qu'il passeroit au milieu d'eux, à la honte d'eux et de leurs seigneurs. Alors il s'avança vers le lieu où ils étoient, et s'il y fût allé comme on doit aller en une bataille, quand on va contre ses ennemis, s'il eût ordonné ses vaisseaux comme il convenoit à telle occasion, il eût pu avoir l'avantage, car il avoit plus de monde et de vaisseaux qu'eux ; mais il n'ordonna rien, ne médita point son affaire, et sitôt qu'il les vit de près il s'écria : « Maintenant donnons sur eux. » Huguelin avoit arrangé ses vaisseaux, et fait une avant-garde et une arrière-garde. Ils s'accostèrent et heurtèrent de leur premier rang, tellement qu'en ce choc ils prirent trois galères des Génois, en sorte que ceux-ci tournèrent en déconfiture et s'enfuirent. Les

[1] Je suppose que le chroniqueur, qui défigure tous les noms, veut désigner ici Porto-Ferraro dans l'île d'Elbe ; mais il se trompe ; la bataille des Génois et des Pisans eut lieu le 3 mai 1241, à la hauteur de la petite île de Melora, près de Livourne.

En ce tans avint que mult grant croiserie s'esmut du roiaume de France por passer en la terre de Syrie, dont il avint qu'il murent de lor païs, et alerent à Marseille et à Aiguemorte, et iluec se mistrent es nes por passer en Acre. En cele alée estoit Thibaut le roi de Navarre, qui estoit cuens de Champagne, et si i fu Henri le cuens du Bar, Pierre de Dreuës, cuens de Bretaigne, et si i fu le cuens de Forés, qui estoit cuens de Nevers de par sa fame, et Amauris, cuens de Montfort, Johan de Droes le cuens de Mascon, et plusors autres riches homes. Quant cil pelerins furent venus en Acre, il se herbergierent parmi la ville et de fors, u Sablon. Là orent conseil, et par commun acort murent por aler fermer Escalone, et chevauchierent tant qu'il vindrent à Jaffe. Quant il furent là venus, si vint une espie as Templiers qui lor fist à savoir que à Gadres avoit mille et cinquante Turcs herbergiés, et en estoit chevetaine un amiraus qui avoit nom le Croc Elgevi. Quant li Chrestien sorent ces noveles, si s'accorderent qu'il iroient à cele besoigne faire quatre cens chevaliers. Si i ala le cuens du Bar et le cuens de Montfort, et Belian de Saiete, et Huedes de Montbeliart, et Johan d'Arsur, et le Temple et l'Ospital, et murent de Jaffe à prim soir, et chevauchierent si qu'il furent au jor prés de Gadres. Lors s'armerent et se mistrent au chevauchier, les eschieles rangiés, cele part où li Turcs estoient herbergiés.

Pisans et les gens de l'empire ne les voulurent pas poursuivre, mais s'en tinrent aux galères qui leur tombèrent entre les mains, les prirent et y firent un grand butin. Ils prirent un grand nombre de prélats, entre autres le cardinal Blanc, qui étoit évêque de Palestrine, et un chapelain du pape qui étoit légat à Gênes et avoit nom Grégoire de Romagne. Ils furent tous menés à l'empereur qui les fit mettre en prison en son pays.

En ce temps il avint qu'une très-grande croisade se mit en route du royaume de France pour passer au pays de Syrie, d'où il avint qu'ils partirent de leur pays, allèrent à Marseille et à Aigues-mortes, et là se mirent dans des navires pour passer en Acre[1]. En ce passage étoit Thibaut, roi de Navarre, qui étoit comte de Champagne, et y fut aussi Henri comte de Bar, Pierre de Dreux, comte de Bretagne, et aussi y fut le comte de Forest, qui étoit comte de Nevers par sa femme, et Amauri, comte de Montfort, et Jean de Dreux, comte de Mâcon, et plusieurs autres riches hommes; et quand les pèlerins furent venus en Acre, ils s'hébergèrent par la ville et dehors, aux Sablons. Là ils tinrent conseil, et d'un commun accord partirent pour aller fortifier Ascalon; et ils allèrent tant qu'ils arrivèrent à Jaffa. Quand ils y furent venus, il vint un espion aux Templiers qui leur fit savoir qu'il y avoit à Gaza mille cinquante Turcs hébergés, dont étoit capitaine un amiral qui avoit nom Lecroc Elgevi. Quand les Chrétiens surent cette nouvelle, ils s'accordèrent à aller quatre cents chevaliers pour faire cette besogne, et y allèrent le comte de Bar et le comte

[1] Au mois d'août 1239

Quant li Turcs les virent venir vers eus, si monterent et se traistrent vers un tertre. Le Croc ot conseil de sa gent, qui li loerent qu'il parti d'iluec et s'en alast, car il n'avoit mie gent por combatre à eus. Le Croc respondi que au partir vendroient-il tous à tans, mes il envoieroit son gros hernois, et si iroit essaier lor covines. Lors le fist ainsi come il l'avoit devisé, si qu'il i envoia deux cens Turcs por hardier. Dont il avint que si-tost que li hardicort les aprochierent, il se mistrent au retraire, et se commencierent li Crestiens à affebloier, et à bouter l'un en l'autre. Quant li hardicor virent ce, si les commencierent plus à haster et à tenir prés. Le Croc aperçu la mauvaise covine des Crestiens, si avala du tertre où il estoit, et s'adreça grant aleure à aler vers nos gens, et si-tost com il fu prés et sa gent, ferirent des esperons, et se ferirent si estroitement entre les Francs por la mauvaise covine qu'il lor avoient vu faire, que mult les emmenerent mal, dont li Crestiens, sans mettre nul conseil en eus, se mistrent à desconfiture, et qui s'en pout aler si s'en ala. Là fu pris Amauris, le cuens de Montfort, et i fu occis le cuens de Bar, et i ot grant masse des chevaliers que mors que pris, que du siecle que de religion. Li serjant à pié i furent tuit perdu et tout le plus du hernois. Cil qui eschapierent de la bataille s'en vindrent à Escalone, où il trouverent le roi de Navarre et le conte de Bretaigne et tot l'ost; et si-tost com il furent là venus, si grant effroi se mist en eus tous qu'il lor sembloit que li Sarrazins les deussent venir tous prendre; dont il avint que si tost com

de Montfort, et Balian de Sidon, et Eudes de Montbéliard, et Jean d'Arsur et le Temple et l'Hôpital. Ils partirent de Jaffa au commencement de la nuit, et chevauchèrent si bien qu'ils furent au jour près de Gaza. Alors ils s'armèrent et chevauchèrent en ordre de bataille vers l'endroit où les Turcs étoient hébergés.

Quand les Turcs les virent venir vers eux, ils montèrent à cheval et se retirèrent vers un tertre. Lecroc tint conseil avec ses gens, qui lui conseillèrent de partir de là et de s'en aller, car il n'avoit pas assez de monde pour les combattre. Lecroc dit qu'ils partiroient tous quand il en seroit temps, mais qu'il enverroit d'abord son gros bagage, et iroit essayer comment ils se comporteroient. Alors il le fit ainsi qu'il l'avoit projeté, et y envoya deux cents Turcs pour les provoquer. D'où il avint que sitôt que les escarmoucheurs arrivèrent près des Chrétiens, ceux-ci commencèrent à se retirer ou à faiblir, et à se replier les uns sur les autres. Quand les escarmoucheurs virent ceci ils commencèrent à les presser et à les suivre de plus près. Lecroc, apercevant la mauvaise contenance des Chrétiens, descendit du tertre où il étoit, se dirigea grand train vers nos gens, et sitôt qu'il en fut près avec ses troupes, ils donnèrent des éperons, et se jetèrent si roide au milieu des Francs, à cause de la mauvaise contenance qu'ils leur avoient vu faire, qu'ils les malmenèrent beaucoup, en sorte que les Chrétiens, sans se rallier en aucune manière, se mirent en déroute, et qui put s'en aller s'en alla. Là fut pris Amauri, comte de Montfort, et fut occis le comte de Bar, et il y eut une grande masse de chevaliers tués ou pris, tant du siècle que de religion. On

il fu anuité, chascun se mist à aler vers Jaffe sans conroi, et sans attendre l'un l'autre; ains s'en alerent aussi come gent desconfite, si qu'il laissierent grant plente de viandes et de hernois. Quant il vindrent à Jaffe, il i demorerent mult poi, ainsi s'en partirent, et ne finerent tant qu'il vindrent en Acre.

Quant il furent là venus, si s'y tindrent et demorerent un lonc tans sans rien faire. Dedens ce un clerc de Triple qui avoit nom Guillaume vint en l'ost, et dist as barons que li soudan de Haman lor mandoit que, s'il voloit venir par sa terre, porquoi il eust la force et l'aide des Crestiens, il lor mettroit en main ses forteresses et si devenroit crestiens, et ce lor mandoit-il mult en priant, et requerant qu'il ne demorast en eus. Li baron orent conseil por ce, et fu lor accort qu'il atteindroient ceste chose. Adonc se parti l'ost d'Acre et chevauchierent toute la marine, tant qu'il furent à Triple. Là s'arresterent et se herbergierent dedens la cité de Mont-Pelerin, et de là envoierent lor messages au soudan en la compagnie de Guillaume le clerc, por savoir s'il porroit porsuire et parfaire ce qu'il lor avoit mandé. Cil fist semblant de demander convenance, et les mena par paroles une piece, et en la fin lor failli du tout, com cil qui ne les faisoit fors gaber; et ce semblant qu'il lor fist ne fu fors por la paor qu'il avoit de la dame de Halape la mere du soudan, qui avoit guerre à lui. Icele dame tenoit la seignorie de Halape porce que son fils le soudan estoit enfes,

perdit tous les hommes d'armes à pied et tout le reste du bagage. Ceux qui échappèrent de la bataille s'en vinrent à Ascalon, où ils trouvèrent le roi de Navarre, le comte de Bretagne et toute l'armée, et sitôt qu'ils y furent arrivés il se mit en eux tous un si grand effroi qu'il leur sembloit que les Sarrasins les venoient tous prendre; dont il avint que, sitôt qu'il fut nuit, chacun se mit en marche pour aller à Jaffa sans s'attendre les uns les autres; mais ils s'en allèrent comme gens déconfits, laissant grande abondance de vivres et de bagage. Quand ils vinrent à Jaffa, ils y demeurèrent très-peu, mais s'en partirent, et ils ne s'arrêtèrent plus qu'ils ne fussent arrivés à Acre.

Quand ils y furent arrivés ils s'y tinrent et demeurèrent un long-temps sans rien faire. En ces entrefaites un clerc de Tripoli qui avoit nom Guillaume vint en l'armée, et dit aux barons que le soudan de Hamath leur mandoit que, s'ils vouloient venir par sa terre, et qu'ainsi il eût l'appui des Chrétiens, il leur mettroit en main ses forteresses et deviendroit chrétien. Il leur demandoit ceci avec beaucoup de prières, et requéroit qu'ils n'y missent pas de retard. Les barons tinrent conseil sur cela, et s'accordèrent à y consentir. Ainsi donc l'armée se partit d'Acre, et ils chevauchèrent sur le bord de la mer jusqu'à ce qu'ils fussent arrivés à Tripoli. Là ils s'arrêtèrent, et s'hébergèrent dans la cité de Mont-Pélerin, et de là envoyèrent leurs messagers au soudan avec le clerc Guillaume pour savoir s'il pouvoit accomplir et exécuter ce qu'il leur avoit mandé. Celui-ci fit semblant de demander des conditions, et les mena par paroles un bout de temps; et à la fin il leur manqua tout-à-fait, comme un

et mainsnés d'aage. Quant li Crestiens se furent aperçu de la mençonge et du barat le soudan de Haman, aprés ce qu'il orent été une piece devant Triple, et Beumont le prince d'Antioche les ot mult honorés, il s'en partirent et s'en retornerent en Acre. Mes Johan le cuens de Mascon morut à Triple, et fu enterré u mostier de l'ospital de Saint Johan.

Quant il furent venus en Acre, ne tarja gaires qu'il s'en alerent herbergier à la Paumeroie de Cayfas pour doner herbe à lor chevaus. Quant li herberges fu failli, il s'en alerent herbergier à la fontaine de Saphorie, et entant come il estoient là, lor vint un message de par le soudan de Domas por traitier de la trive. Cil soudan avoit nom Melec Salah, et avoit esté et estoit encore sires de Maubec, et fu fil de Hadel Seiffedin; et la maniere come il fu soudan de Domas fu ceste. Quant Seraf fu mort, Elquemel si ot Domas, si com vous avés oï ça ariere, et aprés sa mort la ville remest sans seignor; car l'ainsné fil Elquemel estoit en la terre du Levant en sa seignorie, et il avoit nom Melec Salah, tout ausi come son oncle, dons vos avés oï parler, et l'autre fil qui estoit nomé Heidel si estoit en Egypte, dont il estoit sire, et por ces achaisons eslu l'en un neveu de Salahadin con nommoit Melec Elyoiant, et ala à Domas, et fu receu à seignor, et le firent soudan, et tint la terre grand piece, tant qu'il avint que le Salah qui estoit au Levant s'esmut à tout grant gent, et vint à Domas. Elyoiant li ala encontre et li rendi Domas et demora o lui, et ce qu'il la li rendi fu porce que il vit que cil de Domas ne

homme qui ne faisoit que se moquer d'eux, et cette feinte qu'il leur fit ne fut que pour la peur qu'il avoit de la dame d'Alep, mère du soudan, qui avoit guerre contre lui. Cette dame tenoit sa seigneurie d'Alep parce que son fils le soudan étoit enfant et de bas âge. Quand les Chrétiens se furent aperçus du mensonge et de la fraude du soudan de Hamath, après avoir été quelque temps devant Tripoli, et avoir reçu de grands honneurs de Boémond, prince d'Antioche, ils s'en partirent et retournèrent à Acre. Mais Jean, le comte de Mâcon, mourut à Tripoli et fut enterré au monastère Saint-Jean.

Quand ils furent venus à Acre, il ne tarda guère qu'ils s'allassent héberger à la Pommeraie de Caïpha pour mettre leurs chevaux au vert. Quand il n'y eut plus rien en ce lieu, ils s'en allèrent héberger à la fontaine de Séphorim; et tandis qu'ils étoient là, il leur vint un messager du soudan de Damas pour négocier un traité. Ce soudan avoit nom Melec-Salah[1] : il avoit été et étoit encore sire de Balbek, et étoit fils de Adhel-Seffeidin[2], et voici la manière dont il devint soudan de Damas. Quand Elseraf[3] fut mort, Elquemel eut Damas comme vous l'avez ouï ci-dessus, et après sa mort la ville demeura sans seigneur; car le fils aîné d'Elquemel étoit dans la terre du Levant en sa seigneurie, et il avoit nom Melec-Salah comme son oncle, dont on vient de vous parler. L'autre fils, qui étoit nommé Adhel[4], étoit en Egypte dont il étoit sire. Et pour ces raisons on élut un neveu de Saladin,

---

[1] Malek-El-Saleh-Ismael. — [2] Malek-El-Adhel-Seifeddyn. — [3] Malek-El-Ascraf. — [4] Malek-El-Adhel-Seifeddyn-Aboubekr ii.

se fussent mie tenus à lui contre le Salah. Le Salah atorna son ost por aller en Egypte tolir la terre à son frere, mes il ni ala pas, car il vit bien qu'il n'avoit mie pooir de ce faire, et retorna à grant partie de sa gent à Domas, et i demora à Naples eschariement. Le fil du soudan qui avoit nom Lavasser, qui estoit au Crac, et sout coment le Salah estoit à Naples eschariement, si vint du Crac soudainement, et vint à Naples, et prist le Salah, et le mena au Crac, et le mist en gros fers en prison. Le Salah de Maubec sout ce, si meut et vint à Domas, et fu receu et fait soudan.

En ce point avint que quant li Crestiens estoient à Saphorie, et c'estoit celui Salah dont vous avés oï. Lors ot envoié son message as Frans, dont la chose ala tant que la trive fu faite de lui as Crestiens, et lor rendi par la trive le chastel de Biaufort et lor ot en convent de rendre toute la terre que li Franc tindrent de la marine jusqu'au flun Jordain, et il li orent en convent qu'il ne feroient ne trive ne fin, sans lui et sans son acort, au soudan de Babylone, et qu'il seroit en s'aide et s'en iroient herbergier à Escalone ou à Jaffe o tot lor pooir, por defendre que li soudan de Babylone ne passast la borne, et entra en la terre de Surie, où il se devoit herbergier delés eus là ou le flun de Jaffe sort. Toutes ces convenances que vous avés oïes furent jurées de tous les barons

qu'on nommoit Melec Elyoiant [1]. Il alla à Damas et fut reçu seigneur. Ils le firent soudan, et il tint le pays grand temps, jusqu'à ce qu'il avint que Salah, qui étoit au Levant, se mit en route avec beaucoup de monde et vint à Damas. Elyoiant alla au-devant de lui, lui rendit Damas et demeura avec lui, et il la lui rendit parce qu'il vit que ceux de Damas n'avoient pas tenu son parti contre Salah. Salah prépara son armée pour aller en Egypte et s'emparer du pays de son frère; mais il n'y alla pas, car il vit bien qu'il n'étoit pas assez fort pour le faire. Il retourna avec une grande partie de son monde à Damas, et demeura sans aucune crainte à Naplouse. Le fils du soudan qui avoit nom Lavasser, et qui étoit au Krac, sut comment Salah étoit à Naplouse sans aucune crainte. Il vint du Krac soudainement, arriva à Naplouse, prit Salah et l'emmena au Krac, où il le tint prisonnier en de gros fers. Salah de Balbek sut cela, se mit en marche, vint à Damas, et fut reçu et fait soudan.

Il avint donc que, quand les Chrétiens étoient à Séphorim, régnoit ce Salah dont je viens de parler. Lorsqu'il eut envoyé son message aux Francs, la chose alla tant que le traité fut fait entre lui et les Chrétiens, et il leur rendit pour la trève le château de Beaufort, et il convint de leur rendre tout le pays qu'avoient possédé les Francs depuis la mer jusqu'au fleuve du Jourdain; et ils convinrent de leur côté qu'ils ne feroient ni paix ni trève, sans lui et sans son concours, avec le soudan de Babylone, et qu'ils iroient à son aide et s'en iroient héberger à Ascalon ou à Jaffa avec toutes leurs forces, pour empêcher que le

[1] Malek-Modhaffer-El-Younous.

de l'ost et du soudan et des amiraus, et de convintaille lor rendi Biaufort, et la terre de Sajete et cele de Tabarie. Cil soudan de Babylone contre qui le soudan de Domas avoit fait ces convenances as Crestiens estoit son neveu. Le Salah de qui vous avés oï que Levasser prist, et mist en prison au Crac, quant il l'out pris si cuida recouvrer la terre de Domas; mes quant il sot que lor oncle li Salah avoit Domas, et il vit qu'il n'estoit mie ainsi come il cuidoit, si out autre pensée. Dont il dist à son cousin le Salah, qui estoit en sa prison, que, s'il voloit espouser sa seror et jurer qu'il li aideroit à son pooir d'avoir Domas, qui avoit esté de son pere, et quant il l'auroit il li offriroit à tenir en bonne pes, il estoit prest; que s'il li vouloit ce faire, de faire tant qu'il li mettroit son frere le Hadel entre les mains, et le feroit soudan de Babylone, et ceste chose avoit-il assentie en partie des amiraus de Babylone, après il avoit donné et promis grant avoir come cil qui avoit grant tresor, qui li estoit demoré de son pere.

Quant le Salah li out fait tele seurté come il demandoit, et il out espousée sa seror, et l'out mis en son delivré pooir, Levasser manda priveement en Babylone, et fist tant qu'il fust asseur des convenances que les amiraus li avoient promises et jurées. Lors mut à tot son pooir, en qui il out sept cens Turcs à cheval, et à Salah furent bien venus cinq cens Turcs puis qu'il sorent qu'il estoit delivré; et passerent le desert et

soudan de Babylone ne passât les frontières et n'entrât en la terre de Syrie, où il se devoit héberger près d'eux, là où le fleuve de Jaffa prend sa source. Toutes ces conventions que je viens de vous dire furent jurées par tous les barons de l'armée, le soudan et les amiraux; et selon la convention on leur rendit Beaufort, le pays de Sidon et celui de Tibériade. Le soudan de Babylone, contre qui le soudan de Damas avoit fait ces conditions avec les Chrétiens, étoit son neveu. Quant à ce Salah que je vous ai dit que Levasser avoit pris et mis en prison au Krac, après l'avoir pris il pensoit recouvrer le pays de Damas; mais quand il sut que leur oncle Salah avoit Damas, et vit qu'il n'en iroit pas ainsi qu'il l'avoit cru, il eut une autre pensée. Il dit à son cousin Salah, qui étoit en sa prison, que, s'il vouloit épouser sa sœur et jurer qu'il l'aideroit de son pouvoir à avoir Damas, qui avoit appartenu à son père, et s'il promettoit, quand il l'auroit, de tenir bonne paix, il étoit prêt de faire ce qu'il faudroit pour lui mettre entre les mains son frère Adhel, et le faire soudan de Babylone, et il avoit pour cela consentement d'une partie des amiraux de Babylone, et avoit pour cela donné et promis grand avoir, comme un homme qui possédoit de grands trésors que lui avoit laissés son père.

Quand Salah lui eut donné la sûreté qu'il demandoit et eut épousé sa sœur, et que Levasser lui eut rendu la liberté, celui-ci envoya secrètement à Babylone, et fit tant qu'il s'assura qu'on lui tiendroit les conventions que lui avoient promises et jurées les amiraux. Alors il se mit en marche avec toutes ses forces, qui faisoient sept cents Turcs à cheval; et

alerent si priveement, si-tost com il porent, tant qu'il furent au Caire. En ce qu'il vindrent là, il trouverent que li amiral orent pris le seignor le Hadel, et le livrerent à son frere le Salah, qui le mist en prison là où aillors; mes il ne fu onques puis seu. Ainsi fu le Salah soudan de la terre d'Egypte, et ce fu celui de qui l'autre Salah, qui estoit soudan de Domas, se douta ; porquoi il se prist as Crestiens.

Quant la trive fu jurée, tele com vos avés oie ci ariere, li Crestiens s'alerent herbergier à Jaffe, et le Salah de Domas o lui le seignor de la Chamele se herbergierent au chef du flun à tout lor ost. Iceste trive dont vos avés oi avoit esté porchacié et faite par l'atrait du Temple et sans l'accort de l'Ospital ; dont il avint que l'Ospital porchaça aussi qu'il fist trives à partie des Crestiens, et la jurerent le roi de Navarre, le cuens de Bretaigne, et maint autre pelerin, ne onques ne laissierent por serement qu'il eussent fait au soudan de Domas. En ce que cele trive fu faite en la maniere que vous avés oi, le roi de Navare et li cuens de Bretaigne et li autre pelerin qui cele trive avoient jurée, se partirent de Jaffe, et alerent à Acre, et loerent lor nes, et s'en passerent en lor païs. Le maistre de l'Ospital, frere Pierre de Vilebride, qui cele trive avoit jurée au soudan de Domas, se parti de Jaffe à tout son convent, et s'en ala en Acre, et iluec se tint o les gens de la terre. Le Temple et le cuens de Nevers et une partie des pelerins demorerent à Jaffe, et ne se vodrent partir ne retraire des convenances qu'il avoient euës au soudan de Domas. Ains fu li fins des Crestiens en contens et en discorde que li un se tindrent à une trive, et li autre à l'autre.

quand on sut que Salah étoit libre, il lui vint bien cinq cents Turcs. Ils passèrent le désert et marchèrent aussi promptement et aussi secrètement qu'ils purent jusqu'à ce qu'ils fussent au Caire. Quand ils y arrivèrent ils trouvèrent que les amiraux avoient pris le seigneur Adhel, et ils le livrèrent à son frère Salah qui le mit en prison là ou ailleurs; mais depuis on n'en entendit plus parler. Ainsi Salah devint soudan d'Égypte, et c'étoit celui que craignoit l'autre Salah soudan de Damas; c'est pourquoi il s'adressa aux Chrétiens.

Quand le traité fut juré, comme vous l'avez ouï ci-dessus, les Chrétiens s'allèrent héberger à Jaffa, et le Salah de Damas et avec lui le seigneur de la Chamelle s'hébergèrent, ainsi que toute l'armée. Ce traité dont je viens de vous parler avoit été négocié et conclu à la persuasion du Temple et contre l'avis de l'Hôpital, dont il avint que l'Hôpital négocia aussi pour traiter de concert avec une autre partie des Chrétiens. Ce traité fut juré par le roi de Navarre, le comte de Bretagne et maints autres pélerins, et ils ne furent point arrêtés par les sermens qu'ils avoient faits au soudan de Damas. Ce traité dont je vous parle étant conclu, le roi de Navarre, le comte de Bretagne et les autres pélerins qui l'avoient juré, partirent de Jaffa, allèrent à Acre, louèrent des navires et s'en retournèrent dans leur pays. Le frère de l'Hôpital, Pierre de Villebride [1], qui avoit juré le traité avec le soudan de Damas, partit de Jaffa accompagné de tous ses religieux, et s'en alla à Acre, où il se tint avec les gens du pays. Le Temple, le comte de Nevers et une

---

[1] Grand-maître des Hospitaliers, de 1241 à 1244.

En ce point que li pelerin estoient en Acre, Aelis, la mere le roi de Chipre, espousa un haut home de France qui avoit nom Raoul de Soissons, et estoit frere le comte de Soissons. Et aprés ce quant il l'out espousée, il vint en avant par assent de partie des gens du païs, et requist por sa fame la roine la garde et la seignorie du roiaume de Jerusalem, et si le requeroit porce qu'il estoit le plus droit oir qui estoit aparant en la terre des oirs le roi Amauri son aioul, ne qui i eust esté puis la mort de sa niece l'emperris Isabel. Les gens du roiaume orent conseil entr'eus, et li respondirent que la roine Isabel, qui fu fame l'empereor, avoit eu un fil, qui estoit en Puille, qui estoit le droit oir du roiaume. Mes porce qu'il n'estoit mie present, ne n'avoit esté, il la recevroient à dame, et li bailleroient le roiaume à garder, sauves les raisons et les droitures du roi Coraut, le fil l'emperris Isabel sa niece, et tout ainsi fu fait. Et quant Raoul de Soissons ot la seignorie en la maniere que vos avés oïe, il la tint assés fieblement; car cil par qui il i avoit esté mis estoient parens à la dame sa fame, et avoient plus de pooir et de commandement qu'il n'avoit. Si qu'il sembloit qu'il ne fust fort ausi come un ombre, dont il avint que du despit qu'il en ot, guerpi tot, et laissa sa fame, et s'en ala en son païs.

partie des pélerins demeurèrent à Jaffa, sans en vouloir partir ni s'écarter des conditions qu'ils avoient faites avec le soudan à Damas. Ainsi furent les Chrétiens entièrement divisés de querelles et discordes, les uns se tenant à un traité, et les autres à l'autre.

En ce temps que les pélerins étoient à Acre, Alix, la mère du roi de Chypre, épousa un seigneur de France qui avoit nom Raoul de Soissons [1], et étoit frère du comte de Soissons. Après cela, quand il l'eut épousée, il marcha d'accord avec une partie des gens du pays, et requit, pour sa femme la reine, la garde et seigneurie du royaume de Jérusalem, parce qu'il étoit l'hoir le plus direct du roi Amauri son aïeul que l'on connût dans le pays, et qu'on y eût vu depuis la mort de sa nièce l'impératrice Isabelle. Les gens du royaume prirent conseil entre eux, et lui répondirent que la reine Isabelle, qui avoit été femme de l'empereur, avoit eu un fils, qui étoit en Pouille et qui étoit l'hoir du royaume, mais que comme il n'étoit pas présent dans le pays et n'y étoit jamais venu, ils la recevroient pour dame et lui bailleroient le royaume à garder, sauf les raisons et droits du roi Conrad, le fils de l'impératrice ; et ainsi fut fait. Quand Raoul de Soissons eut la seigneurie en la manière que je viens de vous dire, il la tint assez foiblement, car ceux par qui il avoit été mis là étoient parens de la dame sa femme, et avoient plus de pouvoir et de commandement que lui ; en sorte qu'il sembloit qu'il ne fût pas aussi fort qu'une ombre de roi. Il avint donc que du dépit qu'il en eut il quitta tout, laissa sa femme et s'en alla en son pays.

[1] Raoul de Cœuvres, en 1239.

A cil passage de la sainte crois, en quoi s'en alerent le roi de Navarre et le cuens de Bretaigne, vint en Acre Richart le cuens de Cornuaille, frere le roi Henri d'Engleterre, et emmena o lui bele compagnie de chevaliers et apporta grant avoir. Et quant il fu venu en Acre, il se herberja en la maison de l'ospital Saint Johan. Et quant il ot esté une piece en Acre, il s'atira li et sa gent, et s'en ala à Jaffe, et là se herberja avec les autres Crestiens qui là estoient. En ce qu'il i estoit, li Templiers le tindrent mult prés qu'il se tenist en la trives et as convenances du soudan de Domas, et qu'il la tenist. Li Ospitaliers li remanderent et le reprirent mult de ce, et en Acre meismes en avoient-il parlé à lui qu'il se tenist à la trive du soudan de Babylone, dont il ne vout faire ne l'un ne l'autre, ains dist que se li Crestiens estoient[1] à Jaffe se vouloient aler herbergier à Escalone, il estoit prest qu'il fermast le chastel. Li baron de l'ost et li Templiers et li ospitaus des Allemans orent conseil, et jurerent ce qu'il requeroit, et que c'estoit porsuiement des Crestiens des trives qu'il avoient faites au soudan de Domas, et le profit de la crestienté. Si si accorderent et murent de Jaffe. Quant il orent porchacié ouvriers, et ce que mestié fu au labor, il s'en alerent à Escalone. Et quant il furent là venus, il establirent lor affaire, et commancierent lor labor, et fu li chastiaus fermés en la maniere que le roi Richart, l'oncle de cestui Richart qui ore le fermoit, l'avoit fermé. Quant il l'ot fermé, si le garni de ce qu'il pot; puis manda en Jerusalem un chevalier qui avoit nom Gautier Penanpié, qui en estoit baillif de par l'empereor, et tenoit la terre de Jerusalem par la fiance et par la trive du soudan de Babylone. Si-tost com cil Gautier fut venu à Escalone, le cuens Richart li rendi et livra le chastel, qu'il le deust garder de par l'empereor. Quant il ot ce fait, il s'en retorna

---

[1] *Estoient*, lisez *estant* ou *qui estoient*.

A cette expédition de la sainte croix, où s'en allèrent le roi de Navarre et le comte de Bretagne, vint en Acre Richard, comte de Cornouailles, frère du roi Henri d'Angleterre, et il amena avec lui belle compagnie de chevaliers, et apporta grand avoir. Quand il fut venu en Acre, il s'hébergea en la maison de l'hôpital Saint-Jean, et quand il eut été quelque temps en Acre, il s'apprêta, lui et son monde, et s'en alla à Jaffa, et s'hébergea avec les autres Chrétiens qui y étoient. Tandis qu'il y étoit les Templiers le pressèrent beaucoup de se joindre aux traités et conventions qu'ils avoient faits avec le soudan de Damas, et de les tenir. Les Hospitaliers envoyèrent vers lui, et le prièrent beaucoup, ainsi qu'ils l'avoient fait déjà en Acre même, qu'il se joignît au traité du soudan de Babylone; dont il ne voulut faire ni l'un ni l'autre, mais dit que si les Chrétiens qui étoient à Jaffa se vouloient aller héberger à Ascalon, il étoit prêt à fortifier le château. Les barons de l'armée et les Templiers et les Hospitaliers allemands tinrent conseil, examinèrent sa proposition, et prononcèrent que cela étoit conforme aux conventions que les Chrétiens avoient faites avec le soudan de Damas et profitable à la chrétienté; ils s'y accordèrent et partirent de Jaffa. Quand ils se furent procuré des ouvriers et qu'il fallut commencer les travaux ils s'en allèrent à Ascalon, et quand ils y furent arrivés ils firent leur établissement, commencèrent leurs travaux, et le château fut fortifié ainsi que l'avoit fortifié le roi Richard, oncle de celui qui maintenant en relevoit les fortifications. Quand il l'eut fortifié, il le garnit de ce qu'il put, puis envoya chercher en Jérusalem un

en Acre et loüa sa nef, et s'en ala en son païs; et l'ost s'en retorna à Jaffe, et où que l'ost des Crestiens aloit, li soudan de Domas à tot son ost estoit toujors herbergié prés d'eux. Et quant il orent grant piece esté à Jaffe, li pelerin qui estoient demoré aprés les autres s'en vodrent retorner en lor païs, si qu'il s'en alerent en Acre, et iqui loerent lor nes, et s'en passerent en lor terre, et tuit li autres Crestiens s'en retornerent en Acre.

En ce point que Richart, mareschal l'empereor, qui estoit à Sur, se mut en une nef por passer en Puille à l'empereor qui l'avoit mandé, et en son lieu au departir laissa Lotier son frere, et li livra Sur, la cité et le chastel. En ce que Richart s'en fu parti, Belian d'Ibelin, sire de Baruth, et Felippe de Montfort, sire de Thoron, porchacierent tant qu'il orent consent à Sur, si qu'il murent d'Acre à l'anuitier, et chevauchierent tant qu'il vindrent devant Sur. Si-tost com il furent prés des murs, cil qui estoient de lor consent furent tuit armés à la posterne de la Boucherie, et firent signe à ceus de fors. Il ferirent d'esperons, et se mistrent en la mer, et s'en alerent tout le mur de la ville delés l'ospital des Alemans, et s'en entrerent dans la ville o ceus qui les attendoient. Lors s'en alerent grant erre vers le chastel. Lotier, le fil Augier, senti le fait et s'arma, et se parti de l'ostel où il estoit, et s'en ala u chastel, et tuit cil de Puille qui en la ville estoient se mis-

chevalier qui avoit nom Gautier Penanpié, qui en étoit bailli au nom de l'empereur, et tenoit le pays de Jérusalem sous la garantie et par le traité du soudan de Babylone. Sitôt que ce Gautier fut arrivé à Ascalon, le comte Richard lui livra et rendit le château, afin qu'il le gardât au nom de l'empereur. Quand il eut fait ceci il s'en retourna à Acre, loua un navire et s'en alla en son pays, et l'armée s'en retourna à Jaffa; et partout où alloit l'armée des Chrétiens, le soudan de Damas avec toute son armée étoit toujours hébergé près d'eux: et quand ils eurent été longtemps à Jaffa, les pélerins qui étoient demeurés après les autres voulurent s'en retourner en leur pays, en sorte qu'ils revinrent en Acre, y louèrent des navires, passèrent en leur pays, et tous les autres Chrétiens s'en retournèrent en Acre.

Lorsque Richard, maréchal de l'empereur, qui étoit à Tyr, partit dans un navire pour passer en Pouille vers l'empereur qui l'avoit demandé, il laissa à sa place en partant Lothaire son frère, et lui remit la cité et château de Tyr. Dès que Richard fut parti, Balian d'Ibelin, sire de Béryte, et Richard de Montfort, sire de Thoron, firent si bien qu'ils eurent des intelligences à Tyr, en sorte qu'ils partirent d'Acre à l'entrée de la nuit, et chevauchèrent tant qu'ils vinrent devant Tyr. Sitôt qu'ils furent près des murs, ceux qui étoient de leur intelligence et se trouvoient tout armés à la poterne de la Boucherie, firent un signal à ceux qui étoient dehors. Ils donnèrent des éperons, se mirent en la mer, et s'en allèrent le long du mur de la ville à l'hôpital des Allemands, et ils entrèrent dans la ville avec ceux qui les attendoient.

trent u chastel, qui i porent recouvrer. Ainsi fu prise la cité de Sur sor les gens l'empereor.

Raoul de Soissons, qui n'ot rien seu de cele entreprise, quant il sout que Belian d'Ibelin et Felippe de Montfort avoient et tenoient Sur, il mut d'Acre, il et sa fame la roine Aelis, et vint à Sur. Quant il fut là venu, Raoul requist à Belian et à Felippe, por lui et por la roine, la cité de Sur, qu'il voloit avoir en la maniere qu'il avoit les autres choses du roiaume. Cil respondirent qu'il ne lor en livreroient point, ne bailleroient, ains la garderoient tant qu'il seussent à cui il la devroient rendre. Et ce fu une des raisons porquoi Raoul de Soissons s'en ala.

Si come vous avés oï, pape Innocent le quart vit qu'il ne pooit faire assembler concile à Rome ne en cele contrée, si manda à Gennes con li envoiast galies priveement à la fois de Tivre, et quant eles furent venuës, il se parti de Rome, et vint là et se recueilli es galies et s'en ala à Gennes. Et ce porquoi il fist ces choses à cele ore, si fu porce que l'empereor Frederic ne l'encontrast. En ce qu'il fu à Gennes, il i sejorna une piece, puis s'en parti et passa les mons, et ala à Lyon sus le Rosne, et iluec se tint et manda querre les prelats, et assembla tous ceus qu'il pout avoir; puis manda à l'empereor par ses messages, et le fist amonester de treize articles de quoi il l'accusoit, qu'il en venist estre à la merci de l'Yglise, car autrefois li avoit-il fait asavoir qu'il en estoit accusé, et porce qu'il n'estoit pas venu respondre à ce, en avoit-il fait enquisition sor lui, et avoit trouvé que c'estoit

Alors ils coururent vers le château. Lothaire Félingher vit ce qui arrivoit, s'arma, partit de la maison où il étoit, et s'en alla au château, et tous les gens de la Pouille qui étoient dans la ville et purent se retirer au château s'y renfermèrent. Ainsi fut prise la cité de Tyr sur l'empereur.

Raoul de Soissons, qui n'avoit rien su de cette entreprise, quand il apprit que Balian d'Ibelin et Philippe de Montfort avoient et tenoient Tyr, partit d'Acre avec la reine Alix sa femme, et vint à Tyr. Quand il y fut arrivé il requit Balian et Philippe, en son nom et au nom de la reine, de lui livrer la cité de Tyr, qu'il vouloit avoir de la même manière qu'il avoit le reste du royaume. Ils répondirent qu'ils ne la lui livreroient ni bailleroient point, mais la garderoient jusqu'à ce qu'ils sussent à qui la rendre; et ce fut une des raisons pourquoi Raoul de Soissons s'en alla.

Le pape Innocènt IV, voyant, comme vous l'avez ouï, qu'il ne pourroit faire assembler un concile à Rome ni en ce pays, manda à Gênes qu'on lui envoyât des galères secrètement à l'embouchure du Tibre, et quand elles furent arrivées il se partit de Rome, vint au lieu où étoient les galères, y entra et s'en alla à Gênes. Il fit ainsi alors pour que l'empereur Frédéric ne lui mît pas d'obstacle. Quand il fut à Gênes il y séjourna un temps, puis s'en partit et alla à Lyon sur le Rhône[1]. Là il s'arrêta, envoya quérir les prélats, et assembla tous ceux qu'il put avoir; puis il manda l'empereur par ses messagers, le fit admonester sur treize articles dont on l'accusoit, pour qu'il se mît à la merci de l'Église, car il lui avoit

[1] En 1245.

verité qu'en li avoit mis sus, si qu'il en estoit ataint et prouvé, et por ce voloit-il qu'il se meist en la merci de sainte Yglise. L'emperere, quant il ot entendu le commandement du pape, si envoia ses messages à Lyon, et fu l'un le marquis de Froborc, et un sien legiste bon avocat qui avoit nom maistre Pierre des Vignes. Cil vindrent au pape, et quant il furent devant lui, maistre Pierre encommença la parole, et dit ainsi : « Sire, l'emperere se recommande à vos piés, si com à seignor et à pere, et vos fait asavoir qu'il fust venu à vos piés oir vostre commandement et obeir en toutes choses qui vous pleussent, mes il a essoigne de son corps, si com cil qui est malade au lit, si qu'il ne se puet movoir. Porquoi il vous prie, sire, que vous li doniés respit, tant qu'il puisse venir à vos por faire vos commandemens; et s'il vos plaisoit de lui relaschier de toutes les choses que vous li demandés, et que vous li metés sus, et laissier le en pes com Crestien catholique en la foi de Jesus-Christ, il est prest que entre ci et un an metra Jerusalem et toute la terre qui fu des Latins en la main et u pooir des Crestiens. » Le pape li demandoit s'il avoit estrument par quoi l'en peust croire qu'il fust messaige l'empereor, et qu'il dist par lui ce qu'il avoit dit. Cil respondit que oil. Lors traist avant unes lettres scelées d'or, et une autre de notaire tabellion, en quoi se contenoit comment l'en devoit croire li et tenir à messaige. Aprés ce li demanda le pape se ses sires l'empereor avoit pooir de ce faire de la terre de Surie qu'il avoit dit, et cil dit que oil, et l'aferma mult. Lors se torna le pape vers les cardinaus et les prelats, et dist si haut que tuit cil qui là estoient le porent oir : « Seignors, or poés veoir quel Crestien l'empereor est. Quant il puet avoir la sainte terre et les saint lieus de Jerusalem, et rendre as Crestiens, et oster des mains des mescroians et de lor pooir, et il ne le fait, ne ne le veut faire, se ce n'est par convenant. » Lors dist as messages l'empereor,

déjà fait savoir qu'il en étoit accusé, et comme l'empereur n'étoit pas venu répondre il avoit fait enquête sur son compte, et avoit trouvé que les accusations étoient vraies, en sorte qu'il en étoit atteint et convaincu; et pour cela il vouloit qu'il se mît à la merci de la sainte Église. L'empereur, quand il eut entendu le commandement du pape, envoya ses messagers à Lyon. L'un fut le marquis de Fribourg, et un sien légiste, bon avocat, qui avoit nom maître Pierre des Vignes[1]. Ceux-ci vinrent au pape, et quand ils furent devant lui, maître Pierre prit la parole et parla en cette manière : « Sire, l'empereur se recommande à vos pieds, « comme à son seigneur et père, et vous fait savoir « qu'il seroit venu à vos pieds ouïr votre comman- « dement, et qu'il auroit obéi en toutes choses qui « vous plaisent, n'étoit qu'il a infirmité en son corps, « et comme un homme malade au lit il ne se peut « mouvoir; c'est pourquoi il vous prie, Sire, que « vous lui donniez répit jusqu'à ce qu'il vienne à vous « pour faire vos commandemens; et s'il vous plaisoit « de vous relâcher de toutes les choses que vous lui « demandez, et dont vous l'accusez, et de le laisser « en paix comme Chrétien catholique en la foi de « Jésus-Christ, il est prêt, entre ci et un an, à mettre « Jérusalem et tout le pays qui a appartenu aux Latins « en la main et au pouvoir des Chrétiens. » Le pape lui demanda s'il avoit des lettres patentes par où l'on pût croire qu'il fût messager de l'empereur et qu'il dît en son nom ce qu'il avoit dit. Celui-ci répondit que oui.

---

[1] Les envoyés de Frédéric II au concile furent d'abord Thaddée de Suesse, ensuite l'évêque de Freysingen, le grand-maître de l'ordre Teutonique, et Pierre des Vignes.

que li excusement qu'il avoit dist n'estoit pas suffisant, ne il ne le recevoit, car il ne l'avoit prové ne offert à prover. Lors dist qu'il iroit avant du fait, et qu'il ne venissent plus devant lui.

Aprés assembla le pape un general concile, et mist avant le fait de l'empereor, dont la chose ala tant que l'empereor fu condamnés et deposés, il et si hoirs. Et manda le pape par tout faire asavoir ce fait, et escommenia tous ceus qui por empereor le tenroient, ne qui empereor le nommeroient. Aprés ce le pape envoia un legat en l'Alemaigne, et fist preschier contre l'empereor, si que mult de gens se releverent contre lui et se tindrent au pape, et nommement tot le clergié qui mult a de pooir en la terre. Quant le pape sout que les choses estoient en tel point qu'il avoit le graignor pooir d'Alemaigne devers lui, il manda et fist tant con eslut roi en Alemaigne, et fu coronés à Aics-la-Chapelle, et cil de qui il firent roi fu Guillaume le cuens d'Hollande, et li promist le pape que si-

Alors il présenta une lettre scellée d'or et une autre dressée par un notaire, en quoi étoit contenu comment on le devoit croire et tenir pour messager. Après cela le pape lui demanda si l'empereur son sire avoit pouvoir de faire en la terre de Syrie ce qu'il avoit dit, et celui-ci dit que oui et l'affirma beaucoup. Alors le pape se tourna vers les prélats et les cardinaux, et leur dit si haut que tout le monde put ouïr : « Seigneurs, « vous pouvez voir maintenant quel Chrétien c'est « que l'empereur : quand il peut avoir la sainte terre « et les saints lieux de Jérusalem et les rendre aux « Chrétiens et les ôter des mains des mécréans et de « leur pouvoir, il ne le fait ni ne le veut faire, si ce n'est « en manière de marché. » Alors il dit aux messagers de l'empereur que les excuses qu'ils avoient apportées n'étoient pas suffisantes, et qu'il ne les recevoit pas, car ils n'avoient rien prouvé ni offert de prouver. Il dit qu'il iroit en avant, et qu'ils ne se présentassent plus devant lui.

Après cela le pape assembla un concile général, et y fit poursuivre l'affaire de l'empereur. L'affaire ne s'arrêta point que l'empereur ne fût déposé, lui et ses hoirs, et le pape envoya partout pour faire savoir ce fait, et excommunia tous ceux qui tiendroient pour l'empereur, et qui l'appelleroient empereur. Après cela le pape envoya un légat en Allemagne, et fit prêcher contre l'empereur, si bien que beaucoup de gens se tournèrent contre lui et tinrent le parti du pape, et nommément tout le clergé, qui a beaucoup de pouvoir dans ce pays. Quand le pape sut que les choses étoient à ce point qu'il avoit le dessus en Allemagne, il envoya et fit tant qu'on élut en Allema-

tost com il seroit à Rome venu, et il auroit loisir, il le coroneroit en empereor. Lors commença la guerre grant et fort entre ceus qui se tenoient avec le nouvel roi Guillaume, et ceus qui se tenoient à l'empereor Frederic, et mettoit le pape mult paine en ceste guerre maintenir, et i envoioit quant qu'il pooit de gens et de deniers, et donnoit aussi grant pardon com celui de la terre d'outre-mer. Ainsi dura longuement la guerre et le contens jusqu'à la mort l'empereor. Quant l'empereor fu mort, le pape s'en retorna à Rome. Cil du reigne manderent por le roi Corraut, fil de l'empereor, qui estoit en Alemaigne, dont son pere l'avoit fait roi, et maintenoit la guerre contre l'Yglise et contre le roi Guillaume.

Or retornons à parler de la terre de Surie. Il avint aussi, com vos avés oï, que Richart fils Augier, le mareschal l'empereor, se fu parti de Sur, Henri son frere estoit o lui, et lor fames, et emporterent grant avoir, et estoient meus por passer en Puille. Quant il orent esté neuf jors sor mer, une fortune les prist, et les tint longuement en mer où il furent travaillés. En la fin les mena le tans en la terre de Triple en Barbarie; et quant il furent là, si trouverent que lor nef se defaisoient toute, et que l'euë i entroit por mult de lieus; si se regarderent et virent une navisone de Sarrazins qui estoit amenée de Tunes, et s'en aloit en Alixandre. Il s'acosterent de lui et entrerent ens, et mistrent lor choses, et baillierent lor nef as Sarrazins, et en ce qu'il s'en cuidoient aler, un tans les prist mult fort, qui les torna ariere. Si que après ce que le tans les ot tenus plusors jors en mer, revindrent-il à Sur, dont il s'estoient parti.

gne un autre roi qui fut couronné à Aix-la-Chapelle ; et ce roi fut Guillaume, comte de Hollande [1], et le pape lui promit que sitôt qu'il seroit venu à Rome et qu'il lui seroit loisible, il le couronneroit empereur. Alors commença une grande et forte guerre entre ceux qui tenoient pour le nouveau roi Guillaume, et ceux qui tenoient pour l'empereur Frédéric ; et le pape prenoit beaucoup de peine pour soutenir cette guerre, et y envoyoit tout ce qu'il pouvoit de gens et de deniers, et donnoit d'aussi grands pardons que pour aller en la terre d'outre mer. Ainsi durèrent longuement la guerre et la discorde jusqu'à la mort de l'empereur [2]. Quand l'empereur fut mort le pape s'en retourna à Rome. Ceux de l'empire envoyèrent vers le roi Conrad, fils de l'empereur, qui étoit en Allemagne, dont son père l'avoit fait roi, et qui maintenoit la guerre contre l'Église et le roi Guillaume.

Revenons maintenant à parler du pays de Syrie. Il avint, comme vous l'avez ouï, que Richard Felingher, maréchal de l'empereur, étoit parti de Tyr. Son frère Henri étoit avec lui et aussi leurs femmes. Ils emportoient grand avoir et étoient partis pour passer en Pouille. Quand ils eurent été neuf jours en mer, une tempête les prit et les tint longuement en mer où ils furent fort travaillés. A la fin le vent les mena en la terre de Tripoli en Barbarie, et quand ils y furent ils trouvèrent que leur navire se défaisoit de tous côtés, et que l'eau y entroit par beaucoup

[1] Henri Raspon, landgrave de Thuringe, fut d'abord élu roi des Romains en 1246, dans la diète de Hochheim. Il mourut en 1247, et Guillaume de Hollande fut élu pour lui succéder.

[2] Frédéric II mourut à Fiorenzuola le 4 décembre 1250.

Quant il furent au port, si geterent les ancres, et cuidierent descendre en la ville si com en cele qui estoit lor, ce lor sembloit; car il ne savoient pas ce qui i estoit avenu puis lor partir. Quant il furent arrivés, cil de la ville s'en aperçurent, si alerent, si pristrent le mareschal et son frere et lor fames, et quant qu'il avoient, et les menerent à Belian, seignor de Baruth. Belian les fist amener devant le chastel, et fist drecier une forches, et fist dire à lor freres Lotier qu'il rendit li chastel et il delivreroit ses freres, ou se ce non il les feroit pendre devant ses eus. Lotier ot conseil et vit qu'il ne pooit tenir le chastel, si le rendi, et cil li rendi et delivra ses freres.

En ce temps avint que le Salah qui estoit soudan de Babylone envoia grant avoir au Levant, dont il estoit sire, por venir gent à lui aidier, et lor manda que il lor donroit toute la terre d'Egypte se il i voloit demorer, dont il avint qu'une grant gent d'une cité qu'on appelloit Hoarzemins vindrent bien jusques à vingt mille homes à cheval, et murent por venir à lui, et ce porquoi il le firent fu por la doute des Tartares, qui estoient venus en lor contrées. Cil Hoarzemins chevauchierent tant qu'il vindrent à Gadres. Là trove-

d'endroits. Alors ils allèrent à la découverte, et virent une barque de Sarrasins qui venoit de Tunis et alloit à Alexandrie. Ils s'approchèrent de cette barque, entrèrent dedans, y mirent leurs effets et baillèrent leur navire aux Sarrasins. Mais lorsqu'ils comptoient poursuivre leur chemin, il leur prit un très-gros temps qui les fit revenir sur leurs pas, si bien que, après avoir été tenus par le temps plusieurs jours en mer, ils revinrent à Tyr, d'où ils étoient partis. Quand ils furent au port, ils jetèrent les ancres et pensèrent descendre à la ville, comme en un lieu qui leur appartenoit, à ce qu'il leur sembloit, car ils ne savoient pas ce qui y étoit avenu depuis leur départ. Quand ils furent arrivés, ceux de la ville s'en aperçurent, allèrent à eux, prirent le maréchal, son frère, leurs femmes et tout ce qu'ils avoient, et les menèrent à Balian, seigneur de Béryte. Balian les fit amener devant le château, fit dresser une potence, et fit dire à leur frère Lothaire qu'il rendît le château et qu'il lui rendroit ses frères; que sinon il les feroit pendre devant ses yeux. Lothaire prit conseil, et voyant bien qu'il ne pouvoit tenir le château, le rendit, et Balian lui rendit ses frères.

En ce temps il avint que le Salah qui étoit soudan de Babylone envoya grand avoir au Levant, dont il étoit sire, pour qu'il vînt des gens à son aide. Il leur manda qu'il leur donneroit toute la terre d'Egypte s'ils vouloient y demeurer; dont il arriva qu'il vint d'une cité une grande nation qu'on appeloit les Koarzemins [1]. Il en vint bien jusqu'à vingt mille hommes

---

[1] Les Kharismiens, peuplade venue des bords de la mer Caspienne, d'où la chassèrent les Mongoles.

rent l'ost du soudan d'Egypte, et en lor venir firent grant damage en la terre de Triple et aillors, et vindrent en Jerusalem si en sorsaut que poi de¹ gent s'en porent fuir; ains furent si surpris que il i out occis, que homes, que fames, que enfans, plus de trente mille ; car il n'en prenoit nul vif, ains occioient tout. Le soudan de Domas, qu'en apeloit le Salah, envoia son ost en Acre, et en fu chevetaine le soudan de la Chamelle, et estoient quatre mille hommes à cheval. Quant il furent devant Acre, li Crestien qui i estoient, l'ospital de Saint Johan, le Temple, l'ospital des Alemans, et li chevaliers du païs, et autres qui estoient venu de Chipre et de Triple, se partirent d'Acre, et li Turc avec eus, et si i fu le patriarche Robert de Jerusalem, et autres plusors, qui chevauchierent tant qu'il vindrent à Escalone, et se mit en leur route le cuens Gautier de Brene, qui estoit à Jaffe, et bien estoient li Crestiens six cens chevaliers, sans autres gens à cheval et à pié. Quant il furent venus à Escalone, si orent conseil entr'eus qu'il feroient. Dont le soudan de la Chamele lor dist : « Seignors, vous avés à faire à une grant gent estrange, et qui n'ont nul recet, dont il sont aussi come gens desesperés; porquoi je ne lo mie la bataille, ains lo que nous nos tenons ci, car nous avons viandes assés, et assés nous en vendra d'Acre, et il ont poi de viandes et sont grant gent, si ne poront mie durer longuement, ains les en convendra partir, et assés soffrira s'il nous guerpissent place, et porce qu'il sont estrange et sans recet, il ne poront durer, ains se besilleront, et s'il n'ont en la terre de Babylone, ce que je ne crois mie, que li soudan les i mette, si en serons nos delivrés. » Assés i ot des Crestiens qui s'accorderent au conseil du soudan, et li autres se tindrent à ce que l'en alast combatre à eus là où il estoient. Dont il avint, par la haine et par l'envi qui estoit entre les Crestiens, et

à cheval; et ils vinrent vers lui par crainte des Tártares qui étoient entrés en leur pays. Ces Koarzemins chevauchèrent tant qu'ils vinrent à Gaza. Là ils trouvèrent l'armée du soudan d'Egypte, et à leur route ils firent grand dommage dans les terres de Tripoli et ailleurs, et vinrent à Jérusalem tellement à l'improviste que peu de gens purent s'enfuir; tous furent surpris, en sorte qu'il y en eut de tués, tant hommes que femmes et enfans, plus de trente mille; car ils n'en prenoient aucun vivant, mais tuoient tout. Le soudan de Damas, qu'on appeloit Salah [1], envoya son armée en Acre, et lui donna pour capitaine le soudan de la Chamelle. Il y avoit quatre mille hommes à cheval. Quand ils furent devant Acre, les Chrétiens qui y étoient, l'hôpital Saint-Jean, le Temple, l'hôpital des Allemands et les chevaliers du pays et autres qui étoient venus de Chypre et de Tripoli, se partirent d'Acre et les Turcs avec eux, et aussi le patriarche Robert de Jérusalem et plusieurs autres, qui chevauchèrent tant qu'ils vinrent à Ascalon, et se mit en leur compagnie le comte Gautier de Brienne qui étoit à Jaffa, et les Chrétiens étoient bien six cents chevaliers, sans compter d'autres gens à cheval et à pied. Quand ils furent arrivés à Ascalon, ils tinrent conseil de ce qu'ils feroient. Alors le soudan de la Chamelle leur dit : « Seigneurs, vous avez affaire à « une grande nation étrangère qui n'a nul lieu de re- « fuge, aussi sont-ils comme gens désespérés; c'est « pourquoi je ne conseille pas la bataille, mais con- « seille plutôt que nous nous tenions ici, car nous « avons beaucoup de vivres et il nous en viendra

[1] Malek-El-Saleh-Ismail.

pór lor pechié et por lor mescheance, le plus mauvais conseil vainquit, et se partirent d'Escalone à l'aube du jor par un mardi. Et chevauchierent tant qu'il vindrent à Gadres. Là trouverent l'ost de Babylone qui estoit trois mille Turcs, et les Hoarzemins qui estoient bien vingt mille. Lors assemblerent les batailles, et i ot grant meslée, mes poi dura ; car le soudan de la Chamele et li Turcs qui avec lui estoient se partirent tantost du champ, et s'en alerent, et si perdirent-il tot lor hernois. Li Crestiens si commancierent lors à afeblir, si que li escuier et les gens à pié se feroient parmi les eschieles, par quoi li cheval ne pooit poindre ne venir as Turcs. Lors s'esmurent à aler s'en une partie, et torna le fait à desconfiture. Ains avint cele mescheance as Crestiens par lor folie et par lor orgueil, et par lor envie. En cele maniere furent pris Guillaume de Chasteau-Nuef, le maistre de l'ospital de Saint-Johan, et Hermant de Pierregort, maistre du Temple, qui morut en la prison, Johan et Guillaume, fils de Remont, sire de Bousseron, et mult i ot mort et pris autres chevaliers du siecle et de religion, et des autres gens mult grant nombre, et à paine en eschapa le quart de tot l'ost, et i furent occis Pierre de Sergines, qui estoit arcevesque de Sur, et l'evesque de Saint George de Rames. Quant cil qui furent eschapés de cele desconfiture furent venus à Escalone, il ni firent mie lonc sejor, ains s'en alerent en Acre. Li Turc de Babylone se partirent de Gadres à tout lor gaaing, et s'en ralerent en lor terre, et laissierent les Hoarzemins en l'esperance que le soudan les manda querre; mes il douta le pooir qu'il avoient et qu'il li forfeissent; par quoi il ne les vout atraire; ains mist gent contr'eus à Belbeis, qui lor deffendissent qu'il ne passassent la Barbarie. Quant li Hoarzemins sorent cesi, se tindrent mult à entrepris et desoglés. Lors s'espandirent par la terre en mult de lieus, et orent plusors meslées à maintes gens,

« d'Acre; eux, ils ont peu de vivres et sont beau-
« coup de monde; ainsi ils ne pourront durer long-
« temps, mais il leur faudra partir, et il suffira bien
« qu'ils nous abandonnent la place. Comme ils sont
« étrangers et sans refuge, ils ne pourront résister,
« mais se détruiront un à un. S'ils n'entrent pas
« dans le pays de Babylone, et je ne crois pas que le
« soudan les y mette, nous en serons ainsi délivrés. »
Il y eut beaucoup des Chrétiens qui s'accordèrent au
conseil du soudan, et les autres tinrent à ce qu'on
allât les combattre là où ils étoient, dont il avint,
par la haine et l'envie qui étoient entre les Chrétiens,
pour leurs péchés et pour leur malheur, que le plus
mauvais conseil l'emporta. Ils se partirent d'Ascalon, à l'aube du jour, par un mardi [1], et ils chevauchèrent tant qu'ils vinrent à Gaza. Là ils trouvèrent
l'armée de Babylone qui étoit de trois mille Turcs, et
les Koarzemins étoient bien vingt mille. Alors les armées se rencontrèrent, il y eut grande mêlée; mais
elle dura peu, car le soudan de la Chamelle et les
Turcs qui étoient avec lui se partirent aussitôt du
champ de bataille et s'en allèrent, en sorte qu'ils perdirent tous leurs bagages. Alors les Chrétiens commencèrent à foiblir tellement que les écuyers et les
gens de pied se jetèrent parmi les escadrons; par quoi
les chevaux ne pouvoient avancer ni arriver aux
Turcs. Alors une partie commença à s'en aller, et l'affaire tourna en déconfiture. Cette mésaventure arriva
aux Chrétiens par leur orgueil, par leur envie, par
leur folie. De cette manière furent pris Guillaume de
Châteauneuf, maître de l'hôpital Saint-Jean, et Ar-

[1] 18 octobre 1244.

et tousjors estoient as chans, com cil qui n'avoient point de recet, ne cité, ne chastel; dont cil de la terre, qui estoient tuit encontre eus, les souprenoient mult de fois, par quoi il lor faisoient grant damage de lor gent, et tant ala lor affaire que dedens trois ans furent si besillié qu'il n'en remest nul u païs. Ceste desconfiture fu par un mardi, en l'an de l'incarnation nostre Seignor Jesus-Christ MCCLIV, u mois d'octembre; et fu le jor de saint Luc l'evangeliste.

En ce point pape Innocent le quart estoit au Lion sor le Rosne, si com vos avés oï ça ariere. Il avint en France que

mand de Périgord, maître du Temple, qui mourut en la prison. Jean et Guillaume, fils de Raimond, sire de Bousseron, et beaucoup d'autres chevaliers, tant du siècle que de la religion, y furent tués ou pris : à peine échappa-t-il le quart de l'armée ; et y furent occis Pierre de Sargines, qui étoit archevêque de Tyr, et l'évêque de Saint-Georges de Ramla. Quand ceux-ci furent échappés de cette déconfiture et arrivés à Ascalon, ils n'y firent pas un long séjour, mais s'en allèrent à Acre. Les Turcs de Babylone se partirent de Gaza avec tout leur butin. Ils retournèrent en leur pays, et laissèrent les Koarzemins en espérance que le soudan les enverroit quérir ; mais il fut effrayé de leur force, et craignit qu'ils ne lui fissent dommage ; en sorte qu'il ne voulut pas les attirer. Il plaça contre eux des gens à Belbeis pour les empêcher de passer la Barbarie. Quand les Koarzemins surent ceci, ils se tinrent pour fort embarrassés et trahis. Alors ils se répandirent par le pays en beaucoup de lieux, et eurent plusieurs combats avec divers peuples, et ils étoient toujours aux champs, comme gens qui n'avoient pas de refuge, ni cités ni châteaux ; en sorte que ceux du pays, qui étoient tous contre eux, les surprenoient souvent et faisoient périr beaucoup de leurs gens, et la chose alla tellement qu'au bout de trois ans ils furent si bien détruits ou dispersés qu'il n'en resta pas un au pays. Cette déconfiture eut lieu un mardi du mois d'octobre, l'an de l'incarnation de notre Seigneur Jésus-Christ 1254 [1], le jour de saint Luc l'évangéliste.

En ce temps que le pape Innocent IV étoit à Lyon

[1] 1244.

le roi acoucha malade d'une fort maladie, dont il fu si ataint qu'il perdi la parole et fu en tel point qu'en cuida qu'il fust mort. De quoi sa mere la roine Blanche et sa fame et si freres menoient si grand duel comme cil qui mort le tenoient, et qui avoient assemblé le clergié por faire son service à lui enterrer. En cel point il se respira et ouvrit les eus, et regarda entor soi et dist : « Faites-moi venir l'evesque de Paris : » et cil qui entor lui estoient furent si lie et si joious comme cil qui le duel avoient eu, et lor estoit torné en joie. Si firent venir l'evesque de Paris devant lui. Quant le roi le vit, si li dit : « Sire evesque, je vous requier que vous me donés la crois d'outre-mer. » Quant la roine sa mere et si frere oirent ce, si s'agenouillerent devant lui, et li distrent : « Sire, por Dieu merci, soffrés tant que vos soiés garis, et lors faites ce qu'il vos plaira. » Lors se ira, et lor dit : « Bien sachiés que je ne mangerai ni ne bevrai jusqu'à tant que j'aie la crois à l'espaule por aler outre-mer. » Lors apella l'evesque de Paris, et li requist derechef la crois. L'evesque ne li osa refuser, si prist une piece de las de soie, et le mist en crois, et s'agenouilla tout en plourant devant le roi, si li bailla. Le roi la prist, si la baisa, et la mist à ses eus, et puis la fist attachier à son espaule, puis dist : « Sachiés de voir que je suis garis. » Si grant ploureis i ot, qu'en la chambre que de fors, et tex plaintes, qu'il n'en faisoient mie plus quant il cuidoient qu'il fust mort. Et quant il fu levés et garis, il fist faire lettre, et manda en la terre de Surie faire asavoir qu'il estoit croisié, et qu'il se confortassent et garnissent lors cités et lor chastiaus; car, à l'aide de Dieu, il seroit prochainement en la Sainte Terre.

sur le Rhône, comme vous l'avez ouï ci-dessus, il arriva en France que le roi [1] se mit au lit malade d'une forte maladie, dont il fut tellement surmonté qu'il en perdit la parole et qu'on crut qu'il étoit mort. De quoi sa mère la reine Blanche, sa femme et ses frères menoient grand deuil comme gens le tenant pour mort; et ils avoient assemblé le clergé pour qu'il fît son devoir de l'enterrer. En ce moment il respira et ouvrit les yeux, et regarda autour de lui, et dit : « Faites-« moi venir l'évêque de Paris : » et ceux qui étoient autour de lui furent contens et joyeux, comme gens qui avoient eu grande douleur, laquelle avoit tourné en joie. Alors ils firent venir l'évêque de Paris devant lui. Quand le roi le vit il lui dit : « Sire évêque, je « vous requiers que vous me donniez la croix d'outre « mer. » Quand la reine sa mère et ses frères ouïrent ceci ils s'agenouillèrent devant lui et lui dirent : « Sire, pour l'amour de Dieu, attendez que vous soyez « guéri, et alors faites ce qu'il vous plaira. » Alors il se mit en colère, et leur dit : « Sachez que je ne boirai « ni ne mangerai jusqu'à ce que j'aie à l'épaule la « croix d'outre mer. » Alors il appela l'évêque de Paris, et lui requit derechef la croix. L'évêque n'osa la lui refuser. Il prit un morceau de lacet de soie, le mit en croix, s'agenouilla tout en pleurant devant le roi et la lui bailla. Le roi la prit, la baisa, la mit à ses yeux, la fit attacher à son épaule, et puis dit : « Sa-« chez de vrai que je suis guéri. » Il y eut de si grands pleurs, tant en la chambre que dehors, et de si grands gémissemens, qu'ils n'en faisoient pas davantage quand ils le croyoient mort. Et quand il fut levé et guéri il

---

[1] Saint Louis; il tomba malade en décembre 1244.

En ce tans avint que le Salah, qui estoit soudan de Domas, ala à Maubec qui estoit son premier heritage. Si ot contens entre lui et le soudan de Halape, dont il avint que furent en bataille, et fu cil de Domas desconfit et pris, et mis dedens Halape en prison. Quant le soudan de Babylone sout que le soudan de Domas estoit en Halape en prison, il s'esmut à tout grant ost et s'en ala à Domas et l'assega, et fist semblant de couper les jardins. Cil de la terre se douterent et virent qu'il n'avoient point de seignor qui les defendist, à ce qu'il sont tousjors moles gens et mauvés pueple, comme cil qui sont tuit marcheant et gent de mestier, et mult i a poi de gent d'armes, et par ceste achaison recoivent-il chascun qui amene un poi de gent. Si se rendirent à lui. Aprés ce qu'il ot Domas, il s'en ala à la Chamelle et à Maubec et les prist, et puis ne tarja gaires qu'il envoia son ost, et fist assegier un chastel que Huedes de Mont-Beliard avoit fermé à Tabarie; si le destraindrent si forment qu'il le pristrent à force, et furent tuit pris et mort cil qui dedens estoient. D'iluec alerent asegier Escalone, et mirent le siege mult fort, et l'assaillirent durement d'engins et de mines, et de venir as murs par assaut mult asprement, et destraindrent le chastel con ne le pout rafreschir par mer de gens et de viandes. Si fist le soudan venir d'Alixandre vingt-deux galies et une navisole, qui portoit la viande et estouvoirs des galies. Si se tindrent devant Escalone, si que nus vessiaus n'i pooit aler.

fit faire une lettre et l'envoya en la terre de Syrie pour faire savoir qu'il étoit croisé, et qu'ils prissent courage, et garnissent leurs cités et leurs châteaux; car, avec l'aide de Dieu, il seroit prochainement à la Terre-Sainte.

Il avint en ce temps que le Salah, qui étoit soudan de Damas, alla à Balbek qui étoit son premier héritage. Il y eut des différends entre lui et le soudan d'Alep, dont il avint qu'ils eurent bataille, que celui de Damas fut déconfit et pris, et mis dans Alep en prison. Quand le soudan de Babylone sut que le soudan de Damas étoit à Alep en prison, il se mit en marche avec une grande armée, s'en alla à Damas et l'assiégea, et fit mine de couper les jardins. Ceux du pays eurent peur et virent qu'ils n'avoient pas de seigneur pour les défendre. Ce sont toujours des gens mous et des peuples sans cœur, comme ceux qui sont tous marchands et gens de métier, et n'ont que peu d'hommes d'armes; en sorte qu'ils ouvrent leurs portes à quiconque amène quelque monde. Ils se rendirent donc à lui. Après qu'il eut Damas, il s'en alla à la Chamelle et à Balbek, les prit, et puis ne tarda guère à envoyer son armée pour assiéger un château que Eudes de Montbéliard avoit fortifié à Tibériade. Ils l'assiégèrent si vigoureusement qu'ils le prirent de force, et tous ceux qui étoient dedans furent pris ou tués. De là ils allèrent assiéger Ascalon avec beaucoup de forces, et l'attaquèrent rudement au moyen d'engins et de mines. Ils montoient âprement à l'assaut contre les murs, et resserrèrent le château tellement qu'on ne le pouvoit ravitailler de gens et de vivres. Le soudan fit venir d'Alexandrie vingt-deux

Quant li Hospitaliers qui avoient Escalone en garde de par l'empereor, qui lor avoit donnée à garder, oirent ce, si requistrent aide à tous ceus d'Acre, prelas, religion et communes, et à toutes les autres gent, qu'il lor aidassent à ce con eust vessiaus armés, par quoi l'en peust faire partir les galies de devant Escalone, si con peust ceus de dedens rafreschir de garnison. A ce faire manderent en Chipre au roi qu'il lor aidast, dont le roi i envoia huit galies bien armées et bien garnies de chevalier et de serjant, et en fust chevetaine Baudoin d'Ibelin, qui estoit seneschal de Chipre, et murent de Famagouste, et alerent en Acre. Là s'assemblerent o les vessiaus que cil d'Acre avoient aussi aprestés, et d'iqui murent tot ensemble, et i ot quinze galies et autres vessiaus menus, saities et gameles bien cinquante, et alerent à veles et à navirons tant qu'il vindrent à Escalone. Quant li Sarrazins les aperçurent, si traistrent lor galies et lor navisole si prés de la ville com il plus porent, porce qu'il les peussent defendre de terre si li vessel des Crestiens les vousissent assaillir. Li vessel des Crestiens estoient contre eus auques loing en mer sor lor ancres, et furent ainsi cinq jors. Sor ce un fort vent se meut en mer un soir qui vint devers soleil couchant, dont tuit les vaissel des Crestiens furent en grant peril, mes toutes voies se tindrent sor les ancres sans damage, et ce lor aida, qu'il estoient un poi en mer, car cele marine i est tele qu'ele i engroisse plus par vent, et est plus fort prés de terre que loing. Por ce avint que les galies des Turs ni porent durer, ains ferirent à terre et furent brisiés les vingt deux galies et la navisole. Et quant ce vint au matin li Crestiens virent les galies des Sarrazins toutes brisiées par

galères et une barque qui portoit les vivres et tout ce dont les galères avoient besoin, et elles se tinrent devant Ascalon, tellement qu'aucun vaisseau n'en pouvoit approcher.

Quand les Hospitaliers qui avoient Ascalon en garde pour l'empereur, qui le leur avoit donné à défendre, ouïrent ceci, ils requirent le secours de tous les gens d'Acre, prélats, religieux, tout le monde, demandant qu'ils les aidassent à avoir des vaisseaux armés qui pussent faire partir les galères de devant Ascalon, afin qu'on eût moyen de rafraîchir ceux du dedans d'un surcroît de garnison. Ils envoyèrent pour cela en Chypre, demandant au roi qu'il les aidât. Le roi y envoya huit galères bien armées et bien garnies de chevaliers et d'hommes d'armes, et leur donna pour capitaine Baudouin d'Ibelin qui étoit sénéchal de Chypre. Ils partirent de Famagouste et allèrent en Acre. Là ils s'assemblèrent avec les vaisseaux que ceux d'Acre avoient aussi apprêtés, et ils en partirent tous ensemble. Ils avoient quinze galères et bien cinquante autres petits vaisseaux, saities ou gamèles; et ils allèrent à voiles et à avirons jusqu'à ce qu'ils arrivassent à Ascalon. Quand les Sarrasins les aperçurent, ils tirèrent leurs galères et leurs barques aussi près de la ville qu'ils purent, afin de les pouvoir défendre de dessus le rivage si les Chrétiens les vouloient assaillir. Les vaisseaux des Chrétiens étoient devant eux assez loin en mer sur leurs ancres. Ils demeurèrent ainsi cinq jours. Sur ces entrefaites il s'éleva en mer un soir, vers le soleil couchant, un grand vent qui mit tous les vaisseaux des Chrétiens en grand péril; mais toutefois ils se tinrent sur

la rive. Si mistrent u chastel mult choses por rafreschir nos gens. Li tans fu si fort de mer et de vent qu'il ne le porent plus soffrir, ains leverent lor ancre et lor voiles, et s'en retornerent à Acre.

Quant li Turs virent que ainsi lor estoit avenu, si se penerent plus du chastel asseoir et grever. Et ce com cuida qui deust aidier u chastel li torna à damage. Car quant les galies furent depeciés, li Sarrazins firent du merrien et des tables chas et mantiaus et voies couvertes, et des arbres firent engins por geter dans le chastel, si qu'il destraindrent le chastel si forment que cil de dedens ne le porent endurer; si estoient de si grant defance, que l'en ne vit lonc tans à gens qui soffrissent tant, ne si bien se defandissent, ne si vigueureusement se contenissent comme cil firent. Mes tot ce ne lor valut ne ne lor aida que li chastiaus ne fust pris par force. Car il furent si haste d'espes assaut, qu'il ne pooient avoir repos ne loisir, et avec ce minerent les Turs par dessous tout le tertre où li chastiaus seoit; si que la mine sort emmi le chastel, tant que li Turs furent avec ceus de dedens tout pelle melle. Mes il i ot de ceus de dedens qui s'en aperçurent, si s'en alerent à la marine et se mistrent es vessiaus; par ce eschaperent plusors. Li autre qui demorerent si furent mort et pris, et fu li chatiax ainsi pris et abbatus. Ainsi avint que

leurs ancres sans éprouver aucun dommage, et ce qui les aida c'est qu'ils étoient un peu loin en mer; car sur ces parages la mer grossit davantage lorsqu'il fait du vent, et le vent y est plus fort près de terre que loin. Par là il arriva que les galères des Turcs n'y purent résister, et que les vingt-deux galères et la barque furent jetées contre terre et brisées; et quand ce vint au matin, les Chrétiens virent les galères des Sarrasins brisées sur la rive. Alors ils mirent au château beaucoup de choses pour rafraîchir nos gens. Mais ils eurent un si gros temps de mer et de vent qu'ils ne le purent plus souffrir. Ils levèrent leurs ancres, mirent à la voile et s'en retournèrent à Acre.

Quand les Turcs virent qu'il leur étoit ainsi avenu, ils assiégèrent et pressèrent le château avec plus d'efforts, et ce qu'on croyoit devoir aider le château lui tourna à dommage, car quand les galères furent dépecées, du merrain et des planches de ces galères les Sarrasins firent des travées et des mantelets et des chemins couverts, et des mâts ils firent des engins à lancer des pierres dans le château, et ainsi le resserrèrent si fortement que ceux du dedans ne le purent endurer. Cependant ils étoient de tel courage qu'il y avoit long-temps qu'on n'avoit vu des gens qui supportassent tant de choses, se défendissent si bien, et se comportassent si vigoureusement que le firent ceux-ci; mais cela ne leur valut ni ne les aida assez pour empêcher que le château ne fût pris par force, car il fut tellement pressé d'assauts multipliés qu'ils ne pouvoient avoir repos ni loisir. De plus, les Turcs minèrent par-dessous tout le tertre sur lequel étoit situé le château; tellement que la mine sortit au mi-

des chastiaus qui furent fermé en la venuë le roi de Navarre et du conte de Bretaigne et du conte de Cornoailles, ne demora nus qui ne fust perdu, fors le chastel de Saphet que li Temples ferma.

En ce temps avint en Antioche que une gent que l'en apele Turquemans s'esmurent par estrif d'atainement et d'ennui que l'en lor faisoit, et se pristrent à grever la terre d'Antioche, et à corre et à grever les casiaus, et tuer les vilains. Cil Turquemans sont une gente sauvage qui n'ont ne ville ne chastiaus, ains sont les jors herbergiés en tentes qu'ils ont de feutres, et ont bestes à grant foison, si comme brebis et moutons et aucunes chievres, et meismement bues et vasches, et vivent comme berchier, ne il ne s'entremettent de nul gaain, ne de tous les Sarrazins n'est nulle maniere de gent qui mains soit prisié de fait d'armes, et por ce les avoient les gens d'Antioche en despit; si que par cet achaison s'abandonnoient à chacier les à deroi et sans atirement, et sans convoi, tant les tenoient vils. Tant avint que cil se regarderent en lor fait, et virent que cil qui les fuioient estoient esparpeillié et espandus, si se ralierent et retornerent, et lor corurent sus et les desconfirent, et en pristrent assés et occistrent. Et ce avint tant de fois que cil d'Antioche en entrerent en grant effroi, et li Turquemans en pristrent trop grant bandor. Nous lairons ore à parler du fait d'Antioche et des Turquemans, porce qu'il nous convient porsuire la

lieu du château, et que les Turcs se trouvèrent avec ceux du dedans tous pêle-mêle. Il y eut de ceux du dedans qui s'en aperçurent, si bien qu'ils allèrent sur la côte et se mirent dans les vaisseaux. Par ce moyen il en échappa plusieurs. Ceux qui demeurèrent furent tous tués ou pris, et le château fut ainsi pris et abattu. Ainsi il avint que, des châteaux qui avoient été fortifiés lors de la venue du roi de Navarre, du comte de Bretagne et du comte de Cornouailles, il n'en demeura aucun qui ne fût perdu, hors le château de Saphet que défendoit le Temple.

En ce temps il avint à Antioche qu'une nation qu'on appelle les Turcomans se souleva par colère des vexations et chagrins qu'on lui faisoit, et ils se mirent à incommoder le pays d'Antioche, à courir et harceler les villages et tuer les vilains. Ces Turcomans sont une nation sauvage qui n'a ni villes ni châteaux; ils sont hébergés en des tentes de feutre, ont du bétail à foison, comme brebis, moutons et quelques chèvres, et même des bœufs et des vaches, et ils vivent comme des bergers, ne s'entremettent de nul commerce, et de tous les Sarrasins il n'est aucune espèce de gens qui soient moins prisés pour les faits d'armes. A cause de cela les gens d'Antioche les avoient à mépris et s'abandonnoient à les poursuivre en désordre, sans aucune règle, et tout à la débandade et sans se mettre en corps, tant ils les tenoient pour vils; dont il arriva que ceux-ci firent attention à leur affaire, et virent que ceux qui les poursuivoient étoient éparpillés et dispersés. Alors ils leur coururent sus, les défirent, en prirent et occirent beaucoup; et cela arriva tant de fois que ceux d'Antioche en entrèrent en grand effroi, et les Tur-

matiere de cest livre et mener en ordre ains comme les choses sont avenuës u roiaume de Jerusalem et en la terre de Surie.

Loeis li roi de France, qui estoit croisié, si com vous avés oi ça arriere, fist son ator et son apareil por passer en la terre de Surie, et envoia un an devant sa muete de ses gens qui arriverent en l'isle de Chipre, et les i envoia por lui faire atrait de viandes et d'autres choses qui mestier li pooient avoir, et amenerent cinquante chevaux de pris, et fu lor chevetaine un vaillant serjant qui avoit nom Nicolas de Souri. En l'an aprés que cil furent venus en Chipre, le roi se parti de France por passer en Aiguemorte. Si fu l'an de l'incarnation Jesus-Christ MCCXLVIII ans; il arriva à XXVIII jor de septembre en Chipre; et morut à Marseil le cuens Patris. Li sires d'Arsur laissa le baillage, et fu baillis Johan Fuinon, et fu legat Odes de Tusculane. A MCCXLIX à XX jor de mai, mut le roi de Limeçon por aler à Damiete, et arriva là le quart jor de jugnet, et au quint jor prist terre par force, et au sist jor fu prise, sans coup ferir, la cité de Damiete.

Et fut en Acre la guerre des Pisans et des Genevois, qui dura vingt-huit jors, et geterent les uns as autres de vingt-deux manieres d'engins, perrieres, tresbuche et mangouniaus. Johan Fuinon fu hors du bailliage, et fu derechief bailli li sire d'Arsur, qui fist trives jusqu'à trois ans entre les communes. Aprés la guerre brisierent par tempeste u port d'Acre soixante-douze vaissiaus, que petits que grands, et u port de Damiete trente-

comans en prirent trop grande hardiesse. Nous cesserons maintenant de parler de l'affaire d'Antioche et des Turcomans, parce qu'il nous faut suivre et raconter en ordre comment les choses sont avenues à Jérusalem et au royaume de Syrie.

Louis le roi de France, qui étoit croisé, comme vous l'avez ouï ci-dessus [1], fit ses préparatifs et ordonna son expédition au pays de Syrie, et envoya un an auparavant la troupe de ses gens qui arrivèrent en l'île de Chypre. Il les y envoya pour lui amasser des vivres et autres choses dont il pouvoit avoir besoin. Ils emmenèrent cinquante chevaux de prix, et avoient pour chef un vaillant homme d'armes qui avoit nom Nicolas de Souri. L'année d'après que ceux-ci furent venus en Chypre, le roi partit de France pour passer à Aigue-morte. Ce fut l'an de l'incarnation de Jésus-Christ 1248. Il arriva le dix-huitième jour de septembre en Chypre. Et le comte Patrice mourut à Marseille. Le sire d'Arsur quitta le baillage du royaume. On mit pour bailli Jean Fuinon, et le légat fut Eudes de Tusculum. En 1249, le vingtième jour de mai, le roi partit de Limeçon pour aller à Damiette, et il arriva le quatrième jour de juin. Le cinquième il prit terre par force, et le sixième la cité de Damiette fut prise sans coup férir.

Il y eut guerre en Acre entre les Pisans et les Génois; elle dura vingt-huit jours, et ils se combattirent les uns les autres par vingt-deux manières d'engins et de pierriers, de bascules et de mangonneaux. Jean

[1] Il est inutile d'avertir que le récit suivant des croisades de saint Louis est plein de lacunes et d'erreurs, et que nous renvoyons le lecteur à Joinville.

deux naves, et dix autres vessiaus et mult d'autres par la riviere. A xxvii jors de novembre mut le roi à tot son ost por aler à la Mansore, et fu là à vingt-deux jors de deloier, et troverent en lor chemin li Templier et li cuens d'Artois, qui avoit l'avant-garde, li sac, ce est l'avant-garde des Sarrazins qui estoient à Seresaph, et en occistrent entor cent et cinquante-cinq, et à lendemain i ot que pris, que occis, que noiés des Sarrazins bien mille qui avoient passé le ruissel à pié por hardoier as Crestiens. A viii jors de jenvier li sires d'Arsur et les fors du roiaume alerent por brisier Bechsen, et un herberge de Turqueman, où il gaaignierent, que grosses bestes que menuës, seize mille, et pristrent l'amiral qui estoit lor chevetaine.

A mccl à viii jors de fevrier passa le roi le flun de Thenis à tot son ost, mes mult i ot de chevaliers et d'autres gens noiés. Après sorprist le roi la herberge des Sarrazins, et en furent mult occis. L'avant-garde de l'ost s'embati dedens la Mansore, et par convoitise que les menuës gens avoient de fourer la ville. Laquele li Sarrazins conurent et retornerent, et adonques occistrent le conte d'Artois, et le conte de Salesbire, et le conte Raol de Couci et mult d'autres. Au quint jor d'avril mut le roi et son ost, par defautes de viandes, por aler à Damiete, et furent tuit pris au chemin de Setansaf. Le secont jor de mai occistrent les Sarrazins lor soudan. Dont li rois et li

Fuinon fut mis hors du baillage. Ainsi fut bailli derechef le sire d'Arsur, qui fit entre les peuples une trêve pour trois ans. Après la guerre il y eut de brisés par tempêtes, devant Acre, soixante vaisseaux tant petits que grands, et au port de Damiette trente-deux barques et dix autres vaisseaux, et beaucoup d'autres par la rivière. Le vingt-septième jour de novembre le roi partit avec toute son armée pour aller à la Mansoure. Il y fut le vingt-deuxième jour de décembre. Les Templiers et le comte d'Artois, qui avoit l'avant-garde, trouvèrent en leur chemin le *sac*, c'est-à-dire l'avant-garde des Sarrasins, qui étoit à Seresaph, et ils en occirent environ cent cinquante-cinq; et le lendemain il y eut tant pris qu'occis et noyés mille des Sarrasins qui avoient passé la rivière à pied pour attaquer les Chrétiens. Le huitième jour de janvier le sire d'Arsur et les barons du royaume allèrent pour emporter Bechsen et un logement de Turcomans, où ils gagnèrent bien, tant gros que menu bétail, seize mille bêtes, et ils prirent l'amiral, capitaine des Turcomans.

En 1250, le huitième jour de février, le roi passa le fleuve de Tanis [1] avec toute son armée, mais il y eut beaucoup de chevaliers et d'autres gens noyés. Ensuite le roi surprit le logement des Sarrasins, et il y en eut beaucoup d'occis. L'avant-garde de l'armée entra dedans la Mansoure par l'avidité qu'avoient les petites gens de piller la ville. Les Sarrasins le surent et revinrent, et ainsi occirent le comte d'Artois et le comte de Salisbury, et le comte Raoul de Coucy et beaucoup d'autres. Le cinquième jour d'a-

[1] Le Nil, la branche Tanitique.

barons jurerent trives as Sarrazins amiraus, et se racheterent cent mille mars d'argent; et fu delivré le roi et si frere, et le legat et le patriarche, et mult d'autres barons et chevaliers et autres gens, et vindrent en Acre à VIII jors de mai. Adonc ferma le roi le bore d'Acre; et murent por aler outre mer, le jor de Saint-Lorens, le conte Anfoule de Poitiers et Charles le cuens d'Angiers, et Guillaume le cuens de Flandre; et le roi Henri de Chipre espousa Plesance, fille le prince d'Antioche, u mois de septembre; et furent delivrez des Sarrazins frere Guillaume, maistre de l'Ospital, et cent et vingt chevalier, et d'autres gens entor huit cens; et morut l'empereor Frederic le jor de Sainte-Lucie.

Coradins, le roi de Jerusalem, fils de Frederic, vesqui deus ans et cinq mois et quinze jors. Cist ensuioit mult la felonie son pere, et abominoit et avoit en despit mult sexe de fame. Il estoit ivroignes et gastierres, et sans establete, et ravisseor, et persecutor de l'Yglise. Il, si com l'en disoit, fist envenimer Henri le jone neveu du roi d'Engleterre, et Frederic, son neveu, le fils du roi Henri son frere. Il occit aucuns freres Menors, et autres religieus por divers tormens. Il fist abatre les murs de Naples et de Capue. Il se fist apeler au pueple empereor, contre licence et droiture, au tans le conte Guillaume de Hollande, qui estoit eslu à roi, et qui tenoit le droit de l'empire. Cestui Corraut fust escommenié jusqu'à la mort par l'autorité du pape Innocent le quart.

vril le roi partit avec son armée, par faute de vivres, pour aller à Damiette, et ils furent tous pris au chemin de Seresaph. Le second jour de mai les Sarrasins tuèrent leur soudan. Alors les rois et les barons jurèrent des trêves avec les amiraux sarrasins, et se rachetèrent pour cent mille marcs d'argent; et furent délivrés le roi et son frère, et le légat et le patriarche, et beaucoup de chevaliers et autres gens, et ils vinrent en Acre; le huitième jour de mai. Le roi fortifia la ville d'Acre, et le jour de Saint-Laurent, le comte Alphonse de Poitiers, Charles, comte d'Anjou, et Guillaume de Flandre, se mirent en route pour passer outre mer. Au mois de septembre [1], le roi Henri de Chypre épousa Plaisance, fille du prince d'Antioche; et furent délivrés des mains des Sarrasins frère Guillaume, maître de l'Hôpital, et cent vingt chevaliers et d'autres gens, au nombre d'environ huit cents; et l'empereur Frédéric mourut le jour de Sainte-Lucie.

Conrad, roi de Jérusalem, fils de l'empereur Frédéric, vécut deux ans, cinq mois et quinze jours [2]. Il imitoit grandement la félonie de son père, commettoit l'abomination, et avoit fort à mépris le sexe féminin. Il étoit ivrogne et dissipateur, sans arrêt, et ravisseur et persécuteur de l'Eglise. On disoit qu'il avoit fait empoisonner Henri le Jeune, neveu du roi d'Angleterre, et Frédéric son neveu, fils du roi Henri son frère. Il occit par divers tourmens quelques frères Mineurs et autres religieux. Il fit abattre les murs de Naples et de Capoue, et, contre toute permission et

---

[1] En 1250. — [2] Conrad IV succéda à son père en 1250, et mourut en 1254.

Et fu desconfis en Egypte li soudan de Halape à trente milles homes à cheval, et furent occis de ceus d'Egypte en cele bataille plus de deus mille. Et se croisa le roi Henri d'Engleterre, et defendit le passage des haus homes de sa terre A MCCLI ferma le roi de France Cesaire, et fu fait archevesque de Sur Pierre Larcat, et morut Beumont, et fu aprés lui le prince et cuens Beumont son fils. Lors espousa le fils du roi d'Escosse, Alixandre, la fille du roi d'Engleterre. A MCCLII ferma le roi Lois Jaffe, et morut dame Blanche sa mere, et fu fait chevalier à Jaffe Beumont, prince d'Antioche, de la main le roi Lois; et espousa Julian, sire de Sajete, la fille de Heiton, roi d'Ermenie. A MCCLIII vindrent devant Acre li Sarrazins de Domas, et abatirent Doc et Ricordane, et pristrent Sajete, et occistrent huit cens homes ou plus, emmenerent, que maçons que autres gens, bien quatre cents en prison, et referma li rois derechief Sajete, et morurent li rois Henri de Chipre, et l'evesque de Jaffe, Gui de Nimars, Gautier, l'evesque d'Acre, et Nicolas Larcat, arcevesque de Sur. Aprés lui fu postulé à arcevesque Giles qui fu de Damiete. Heiton, roi d'Ermenie, ala à Tartars. A MCCLIV fu fait li labors des murs de Sajete, et s'en vint le roi en Acre, et fust chevalier Belian d'Ibelin, fils du seignor, qui puis espousa Plesance, la roine de Chipre. Aprés le jor de Saint-Marc mut le roi et la roine d'Acre et sa gent por aler outre mer, et laissa à monseignor Gieffroi de Sergines, seneschal du roiaume, cent chevaliers por le roiaume de Surie garder, et morut Marche, dame de Sajete, le quint jor de juing. Lendemain morut Pierre de Biaune, mareschal de l'Ospital, et

droit, se fit nommer empereur par le peuple au temps du comte de Hollande, qui étoit élu roi et qui tenoit les droits de l'empire. Ce Conrad fut excommunié jusqu'à sa mort par le pape Innocent IV.

Le soudan d'Alep fut déconfit en Egypte par trente mille hommes à cheval, et il y eut en cette bataille plus de deux mille des gens d'Egypte tués. Le roi Henri d'Angleterre se croisa, et défendit que les seigneurs de sa terre passassent outre mer. En 1251, le roi de France fortifia Césarée, Pierre Larcat fut fait archevêque de Tyr, Boémond mourut, et après lui fut prince et comte Boémond son fils. Alors le fils du roi d'Ecosse, Alexandre, épousa la fille du roi d'Angleterre. En 1252 le roi Louis fortifia Jaffa; et mourut dame Blanche sa mère [1]; et Boémond, prince d'Antioche, fut fait chevalier à Jaffa de la main du roi Louis [2]; et Julien, sire de Sidon, épousa la fille d'Aiton, roi d'Arménie. En 1253 les Sarrasins de Damas vinrent à Acre, abattirent Döc et Ricordarne, prirent Sidon et occirent huit cents hommes et plus, et emmenèrent prisonniers, tant maçons qu'autres gens, bien quatre cents personnes. Le roi fortifia derechef Sidon; et moururent les rois Henri de Chypre [3] et l'évêque de Jaffa, Gui de Nimars, Gautier, évêque d'Acre, et Nicolas Larcat [4], évêque de Tyr. Après lui l'archevêché fut demandé par Gilles, évêque de Damiette. Aiton, roi d'Arménie, passa du parti des Tartares. En 1254 furent faits les travaux des murs de Sidon. Le roi s'en vint à Acre, et fut fait chevalier Balian d'Ibelin, le fils du seigneur d'Arsur, qui

---

[1] Le 1er décembre 1252. — [2] En 1253. — [3] Le 8 janvier 1253. — [4] Il l'appelle plus haut Pierre Larcat.

morut à xxi jor de mai le roi Corraut, et à viii jors de juing morut Robert, patriarche de Jerusalem. Et arriva en Acre Epice, patriarche, et fu baillif du roiaume Johan d'Ibelin, cuens de Jaffe. A demi septembre se parti d'Acre por aler outre mer le legat Ode, evesque de Tusculane. Aprés espousa Beumont, prince d'Antioche, Sebille, fille Othon, roi d'Ermenie. Aprés cinq mois d'iver morut pape Innocent, et fut aprés lui Alixandre.

Alixandre le quart fu fait pape. Cil fu evesque d'Ostie, et dona Saint Lazare de Betanie et ses apartenances à l'ospital de Saint Johan et Monte-Tabor.

A mcclv fu faite trive au seignor de Domas, et fu la devise du flun d'Arsur jusqu'à la devise de Baruth. Othes, li cardinaus, vint u roiaume de Puille avec l'ost du pape Alixandre, et li fu rendu Foges, Saint Lorent de Sypont, le mont Saint Angele, et toute la marine jusqu'à Otrente.

A mcclvi laissa Johan d'Ibelin le bailliage, et fu bailli Johan d'Ibelin, sire d'Arsur; et le tiers jor de juing, vigile de Pentecoste, vint en Acre le patriarche de Jerusalem, maistre Jacques, qui fu evesque de Verdun. Aprés le jor de Saint Johan vint en Acre maistre Florent, evesque d'Acre, sacré à Rome, et morut Huguelin Bozacharie, consul des Pisans

depuis épousa Plaisance, la reine de Chypre. Après le jour de Saint-Marc, le roi, la reine et tout leur monde partirent d'Acre pour retourner outre mer [1]. On laissa à monseigneur de Sargines, sénéchal du royaume, cent chevaliers pour garder le royaume de Syrie, et le cinquième jour de juin mourut Marthe, dame de Sidon. Le lendemain mourut Pierre de Beaune, maréchal de l'Hôpital. Le vingt-unième jour de mai mourut le roi Conrad, et le huitième jour de juin mourut Robert, patriarche de Jérusalem. Epice, patriarche, arriva en Acre; et Jean d'Ibelin, comte de Jaffa, fut bailli du royaume. A la mi-septembre le légat Eudes, évêque de Tusculum, partit d'Acre pour repasser outre mer. Ensuite Boémond, prince d'Antioche, épousa Sybille, fille d'Aiton, roi d'Arménie; et au cinquième mois d'hiver mourut le pape Innocent [2], et après lui fut pape Alexandre.

Alexandre IV fut fait pape. Il étoit évêque d'Ostie, et donna Saint-Lazare de Béthanie avec ses dépendances et le Mont-Thabor à l'hôpital Saint-Jean.

En 1255 il fut fait trêve avec le seigneur de Damas, et les limites furent réglées depuis le fleuve d'Arsur jusqu'à Béryte. Le cardinal Othon vint au royaume de Pouille avec le pape Alexandre, et on lui rendit Foggi, San Lorenzo, le Mont-Saint-Ange, et toute la côte jusqu'à Otrante.

En 1256 Jean d'Ibelin quitta le baillage du royaume, et on fit bailli Jean d'Ibelin, sire d'Arsur; et le troisième jour de juin, veille de Pentecôte, vint en Acre le patriarche de Jérusalem, maître Jacques, qui étoit évêque de Verdun. Après le jour de Saint-Jean vint

---

[1] Le 25 avril 1254. — [2] Le 7 décembre 1254.

d'Acre, qui prist les prelats qui aloient au concile à Rome, et commença la guerre entre les Genevois et les Veniciens por la saisine de la maison Saint Sabe, dont li Genevois, à l'aide des Pisans, desconfirent les Veniciens, et pristrent et corurent lor ruë jusques dedens Saint Marc; et morut frere Renaut de Vichieres, maistre du Temple. Aprés lui fu fait maistre frere Thomas Berait.

A MCCLVII s'accorderent et jurerent les Genevois à garder et à sauver la seignorie à eus, porce que les Veniciens et Pisans s'estoient raccordé et juré contre les Genevois. Aprés vint Beumont le prince d'Antioche, et amena Plesance, sa seror, qui estoit roine de Chipre, et son neveu Hugue, fil de ladite roine, et hoirs du roiaume de Chipre et de Jerusalem, en Acre le premier jor de fevrier, por l'embrasement du Temple et du comte de Jaffe Johan d'Ibelin.

A MCCLVIII fu faite pes entre le prince Beumont et seignor d'Arsurs, qui avoient esté mal ensemble, et Belian, fil du seignor d'Arsur, quitta la roine Plesance, et ele lui, du mariage qui avoit esté entr'eus, et retornerent à Triple la roine et son fil, et le prince, et demora li bailliage du roiaume de Jerusalem au seignor d'Arsur Johan d'Ibelin. Li Rous de la Turquie [1], chevetaine des Genevois, vint devant Acre o cinquante galies des Genevois et

[1] Je n'ai pu comprendre ces mots qu'en conjecturant qu'au 13e siècle les Génois avoient à leur service un Turc surnommé *Barberousse*, comme le furent au 16e siècle les deux célébres corsaires d'Alger.

en Acre maître Florent, évêque d'Acre, sacré à Rome; et mourut Huguelin Buonzacchari, consul des Pisans d'Acre, qui avoit pris les prélats qui alloient au concile de Rome, et avoit commencé la guerre entre les Génois et les Vénitiens pour la jouissance de la maison de Saint-Sabe, dans laquelle guerre les Génois, à l'aide des Pisans, déconfirent les Vénitiens, prirent et parcoururent leurs rues jusque dans Saint-Marc; et mourut aussi frère Renaud de Vichiers [1], maître du Temple. Après lui fut fait maître du Temple frère Thomas Béraut.

En 1257 les Génois s'accordèrent et jurèrent de garder et conserver pour eux la seigneurie, parce que les Vénitiens et les Pisans s'étoient raccordés et unis par serment contre les Génois. Après cela vint Boémond, prince d'Antioche, et il amena de Jérusalem en Acre, le premier jour de février, Plaisance sa sœur, qui étoit reine de Chypre, et son neveu Hugues, fils de ladite reine, et hoir de la terre de Chypre et de Jérusalem. Il avoit quitté Jérusalem à cause de l'embrasement du Temple, où périt le comte de Jaffa, Jean d'Ibelin.

En 1258 fut faite la paix entre le prince Boémond et le sire d'Arsur, qui avoient été mal ensemble, et Balian, fils du seigneur d'Arsur quitta la reine Plaisance avec qui il avoit été marié, et elle lui, et la reine et son fils retournèrent à Tripoli avec le prince, et le baillage du royaume demeura au seigneur d'Arsur, Jean d'Ibelin. Le turc Barberousse, capitaine des Génois, vint devant Acre avec cinquante galères des Génois et quatre chaloupes. Il fut déconfit par qua-

[1] En 1256.

quatre naves, et fu desconfis de quarante galies des Veniciens, et furent prises entre Acre et Caïfas vingt quatre galies, et i ot bien que mors, que pris, mil sept cens homes genevois. Aprés firent composition que li Genevois guerpirent lor tor et lor ruë, et s'en alerent à Sur, et ne durent porter confanon sor lor veissiaus au port d'Acre, ne avoir cort ne baston dedens Acre. Aprés fu abatuë lor tor et toutes les maisons de lor ruë, et furent portée en Venice. Des pierres du fondement de la tor et des piliers et des autres pierres fermerent Pisan et Venicien lor ruës. Li Tartars pristrent la terre des Assesis en Perse, et Johan d'Ibelin, sire d'Arsur, morut, et baillis du roiaume de Jerusalem, et morut li roi Corraut qui avoit esté reconcilié aprés la mort de son pere Frederic. Il prit Naples par force qui avoit revelée contre lui.

A MCCLIX vint en Acre legat de par le pape frere Thomas, de l'ordre des Prescheors; et fu baillis du roiaume Gieffroi de Sergines, qui tint mult grant justice, et fist prendre et pendre multe de larrons et murdriers.

A MCCLX pristrent les Tartar par force Halape et Aarene, Haman et la Chamele et Domas, et vindrent u roiaume de Jerusalem, et pristrent la cité deserte; aprés furent desconfis par le soudan de Babilone au tiers jor de septembre es plains de Tabarie. Aprés Bandocdar occist le soudan qui s'en retornoit en Babilone, et il fu fait soudan en son lieu. En ce point vendi Juliens Sajete et Biaufort au Temple, dont grant haine sordi puis entre le roi d'Ermenie et le Temple. Aprés furent desconfis des Turquemans Johan d'Ibelin, sire de Baruth, et Johan de

rante galères des Vénitiens; et furent prises entre Acre et Caïpha vingt-quatre galères, et il y eut bien, tant tués que pris, dix-sept cents Génois. Après quoi on convint que les Génois quitteroient leur tour et leurs rues et s'en iroient à Tyr, et que leurs vaisseaux ne porteroient pas de gonfanons dans le port d'Acre, et qu'ils n'auroient dans Acre ni cour ni commandant. Ensuite on abattit leur tour et toutes les maisons de leur rue, et les matériaux furent portés dans le quartier de Venise. Avec les pierres des fondemens de la tour et des piliers, et avec le reste des pierres, les Pisans et les Vénitiens fortifièrent leur rue. Les Tartares prirent la terre des Hassissins, et Jean d'Ibelin, sire d'Arsur et bailli du royaume de Jérusalem, mourut; et aussi mourut le roi Conrad qui avoit été réconcilié après la mort de son père Frédéric. Il prit par force Naples qui s'étoit révoltée contre lui.

En 1259 vint en Acre le légat du pape, frère Thomas, de l'ordre des Prêcheurs; et fut bailli du royaume Geoffroi de Sargines, qui maintint très-grande justice et fit prendre et pendre beaucoup de larrons et de meurtriers.

En 1260 les Tartares prirent de force Alep, Harenc, Hamath, la Chamelle et Damas. Ils vinrent au royaume de Jérusalem et prirent la cité déserte; puis le troisième jour de septembre furent déconfis aux plaines de Tibériade par le soudan de Babylone. Ensuite Bondochar occit le soudan qui alloit en Babylone, et fut fait soudan à sa place. En ce temps Julien vendit Sidon et Beaufort au Temple; dont il s'émut depuis grande haine entre le roi d'Arménie et le Temple. Ensuite

Gibelet, mareschal du roiaume, et frere Estienne de Sissi, maistre du Temple, o tot le couvent d'Acre, de Chastiaus-Pelerin, de Safet et de Biaufort, et furent pris li sire de Baruth, et le commandeor du Temple, frere Mathieu le Sauvage, Johan de Gibelet et le cuens Judans, et plusors autres chevaliers, et mult d'autres à cheval et à pié, et furent mors et pris, et perdirent li Templiers tot lor hernois, et puis furent rachetés li sires de Baruth vingt mille besans, et furent rachetés le commandeor du Temple, li mareschaus du roiaume, Jacques Judans, et plusors autres.

A MCCLXI morut pape Alixandre et aprés fu Urbans.

Aprés Alixandre fu Urbans le quart, nés de Troyes en Champaigne, et fu estraits de povre gent. Il fu evesque de Verdun, et legat en Alemaigne, puis fu patriarche de Jerusalem. En son tems fu en Acre la grant guerre de Venitiens et des Genevois, dont la ville fu presque destruite, et il maintenoit les Venitiens. Aprés cele guerre vint en Acre legat frere Thomas de Lantil, evesque de Bethleem; et par despit de ce cil qui devoient estre desous lui vint legat de sor lui, s'en parti il de Surie, et s'en ala à la cour de Rome; mes il trouva autre achaison; car il fist entendant as gens qu'il s'en aloit por faire rapeller le don que pape Alixandre avoit fait de Saint Lazare de Bethanie à l'ospital Saint Johan. Après ce qu'il fu venu à la cort de Rome, et il ot demoré poi de tans, morut le pape Alixandre et il fu eslu pape, et fu apellé Urbains. Il fut de mult grant cuers, et fist mult de cardinaus en son commencement, et fit don du roiaume de Cesile et de la terre de Puille à Charles le conte d'Anjou, et le fi vicaire

furent déconfits par les Turcomans Jean d'Ibelin, sire de Béryte, et Jean de Gibel, maréchal du royaume, et frère Etienne de Sissi, maréchal du Temple, avec tous les religieux d'Acre, de Château-Pélerin, de Saphet et de Beaufort, et furent pris les sires de Béryte et le commandeur du Temple, frère Mathieu le Sauvage, Jean de Gibel, et le comte Judans et plusieurs autres chevaliers et beaucoup d'autres à cheval et à pied furent tués ou pris. Les Templiers perdirent tous leurs bagages. Depuis le sire de Béryte fut racheté vingt mille besans ; et furent aussi rachetés le commandeur du Temple, le maréchal du royaume, Jacques Judans, et plusieurs autres.

En 1261 mourut le pape Alexandre, et après lui fut pape Urbain.

Après Alexandre fut pape Urbain IV, né de Troyes en Champagne, et sorti de pauvres gens. Il avoit été évêque de Verdun et légat en Allemagne, puis patriarche de Jérusalem. En son temps fut en Acre la grande guerre entre les Vénitiens et les Génois, dont la ville fut presque détruite, et il soutenoit les Vénitiens. Après cette guerre vint en Acre pour légat frère Thomas de Lantil, évêque de Bethléem. Alors, par dépit de ce que celui qui devoit être au-dessous de lui venoit comme légat et son supérieur, Urbain partit de Syrie et s'en alla à la cour de Rome, mais sous un autre prétexte, car il fit entendre aux gens qu'il s'en alloit pour faire révoquer le don que le pape avoit fait de Saint-Lazare de Béthanie à l'hôpital Saint-Jean. Après qu'il fut venu à la cour de Rome et y eut demeuré peu de temps, le pape Alexandre mourut, et il fut nommé pape et appelé Urbain. Ce fut

de l'Yglise, et fist les privileges, et afferma tot le fait. Mes il morut avant que Charles venist en la terre ; par quoi le fait ne pout estre accompli à son tans. Si rapela le don que pape Alixandre avoit fait à l'ospital de Saint Johan de Saint Lazare de Bethanie. Il fist laborer l'yglise de Saint Jacques à Troyes, qui puis fu arse. Belian d'Arsur vendi Arsur le chastel o toutes ses appartenances à l'ospital de Saint Johan ; et morut Plesance, roine de Chipre, à XXII jors de septembre, et fu fait baillif de Chipre Hugues de Lesignen.

A XXI jors de juing pristrent li Grifon Constantinople des Latins. Li Parialogues s'en fist empereor, et se fist apeler Constantin.

A MCCLXII fu assegié Antioche des Sarrazins de Babylone ; mes par l'atrait du roi d'Ermenie li Tartar s'esmurent à venir contr'eus, et cil laissierent le siege et s'en partirent. Charles, cuens d'Anjou et de Provence, assega Marseille, dont cil dedens se tindrent à lui par force, et en fu sires, et mist en la ville justice de par lui.

A MCCLXIII Bandocdar, qui avoit occis le soudan de Babylone et s'estoit fait soudan d'Egypte, vint devant Acre le XIV jor d'avril, et le XV jor d'avril corurent jusques as portes d'Acre, dont la cité fu en grant peril, et i fu navré li baillis misires Giefroi de Sergines, et mult d'autres chevaliers et serjans, dont plusors en morurent. L'achaison por quoi il vint fust porce que le Temple et l'Ospital ne voudrent rendre lor esclas, ains come il l'avoient otroié por la trive faire, et il

un homme de grand cœur. Il créa au commencement de son pontificat beaucoup de cardinaux. Il fit don du royaume de Sicile et de la terre de Pouille à Charles, comte d'Anjou, le fit vicaire de l'Eglise, régla ses priviléges, et ordonna toute l'affaire; mais il mourut avant que Charles vînt dans le pays : par quoi elle ne put être accomplie de son temps. Il révoqua le don que le pape avoit fait de Saint-Lazare de Béthanie à l'hôpital de Saint-Jean. Il fit élever l'église de Saint-Jacques à Troyes, qui fut brûlée depuis. Balian d'Arsur vendit tout le château d'Arsur avec ses dépendances à l'hôpital Saint-Jean. Plaisance, reine de Chypre, mourut le vingt-deuxième jour de septembre [1]; et fut fait bailli de Chypre Hugues de Lusignan.

Le vingt-unième de juin les Grégeois prirent Constantinople sur les Latins. Paléologue s'en fit empereur, et se fit appeler Constantin.

En 1262 fut assiégée Antioche par les Sarrasins de Babylone; mais les Tartares, appelés par le roi d'Arménie, se mirent en marche pour venir contre eux, et alors ils quittèrent le siége et s'en partirent. Charles, comte d'Anjou et de Provence, assiégea Marseille. Les habitans se rendirent à lui par force. Il en fut sire, et la fit gouverner en son nom.

En 1263, Bondochar [2], qui avoit occis le soudan de Babylone et s'étoit fait soudan d'Egypte, vint devant Acre le 14ᵉ jour d'avril, et le 15 avril ses troupes coururent jusqu'aux portes d'Acre ; dont la cité fut en grand péril, et y fut blessé le bailli, messire Geoffroi de Sargines, et aussi beaucoup de chevaliers et d'hommes d'armes, dont plusieurs en

[1] En 1262. — [2] Ou Bibars 1ᵉʳ.

voloit rendre les siens. Li cuens de Jaffe li rendi ses esclas, et il li tint bien sa trive lonc tans, mes au derenier prist-il Jaffe et l'abati. Cil an vint Henri, fils du prince Beumont d'Antioche, et sa fame Isabel, qui fu fille du roi Hugues de Chipre et de la roine Alis, por qui la seignorie du roiaume li eschaioit, et requistrent as seignors d'Acre le baillage du roiaume de Jerusalem. Il furent reçus sans faire lor homage ne serement, parce qu'il n'avoient amené avec eus le droit oir. Ladite Isabelle retorna en Chipre, et laissa son baron baillis en Acre. Et vint en Acre au xxv jor de septembre legat et patriarche de Jerusalem, et ministre de l'evesque d'Acre, Guillaume qui avoit esté evesque d'Argense; et s'en retorna à Rome li legat Thomas qui estoit evesque de Bethleem.

A MCCLXIV vindrent cinquante galies et tarides, et assegierent Sur de monseignor Felippe de Montfort soudainement; mes por le secours des gens d'Acre se defendi; et quant li Venitiens virent qu'il ne pooient grever la cité, si s'en retornerent honteusement, et li Genevois pristrent sor mer une grande partie de la caravane de Venise qui suioit la route desdites galies por venir en Acre. Et morut pape Urbans le quart le premier jor d'octobre, et Johan d'Ibelin, sire de Baruth, et Huon, qui estoit hoir de Cesaire, et Isabel, qui estoit fame de Henri fils du prince; et fu fait pape maistre Gui de Saint Gille en Provence.

moururent. La raison pour laquelle il étoit venu étoit parce que le Temple et l'Hôpital ne lui vouloient pas rendre leurs esclaves comme ils en étoient convenus par les traités, et qu'il vouloit rendre les siens. Le comte de Jaffa lui rendit ses esclaves, et il lui tint long-temps ses traités; mais enfin il prit Jaffa et l'abattit. Cette année vinrent à Acre Henri, fils du prince Boémond d'Antioche, avec sa femme Isabelle, fille du roi Hugues de Chypre et de la reine Alix, et par qui il avoit droit au royaume de Jérusalem. Ils requirent du seigneur d'Acre le baillage du royaume. Ils furent reçus sans qu'on leur fît hommage ni serment, parce qu'ils n'avoient pas amené avec eux l'hoir direct. La reine Isabelle retourna en Chypre, et laissa son baron bailli en Acre. Et vint en Acre, le 25ᵉ jour de septembre, comme légat et patriarche de Jérusalem et administrateur de l'évêché d'Acre, Guillaume, qui avoit été évêque d'Agen; et le légat Thomas, qui étoit évêque de Bethléem, s'en retourna à Rome.

En 1264 cinquante galères et targes vinrent soudainement assiéger Tyr et monseigneur Philippe de Montfort; mais il se défendit par le secours des gens d'Acre : et quand les Vénitiens virent qu'ils ne pouvoient faire de mal à la cité, ils s'en retournèrent honteusement; et les Génois prirent sur mer une grande partie de la caravane de Venise qui suivoit la même route que lesdites galères pour venir en Acre. Le pape Urbain IV mourut le premier jour d'octobre; et moururent aussi Jean d'Ibelin, sire de Béryte, et Huon, l'hoir de Césarée, et Isabelle, femme de Henri, fils du prince; et fut fait pape maître Gui de Saint-Gilles en Provence.

Clement, pape né de Saint Gille en Provence, fust estrait de chevalier et de bonnes gens, et estoit grant clerc en droit, et estoit bon avocat, le meilleur de la terre, et avoit renom d'estre loiaus hons: ce que n'avient pas souvent des gens de son mestier. Il ot fame espousée de laquelle il ot deus filles. Aprés la mort de sa fame se tint come clerc, et fu entor le roi Lois de France, et de là fu evesque du Puis, puis fut archevesque de Nerbone, et de là fut apellé à estre cardinaus de Rome, aprés fu envoié legat en Angleterre por faire la pes de la guerre qui estoit entre le roi et ses barons. Tant com il fu là morut le pape Urban, et fu eslu à pape et fu apelé Clement. Il accompli ce que pape Urban avoit commencié; car en son tans vint le roi Charles à Rome, car les gens de la terre l'avoient fait senator de Rome. Il le fist coroner à Rome par un cardinal qui estoit evesque d'Albane, du roiaume de Cesile, et lui et sa fame, et li fu baillié le confanon de l'Yglise contre tous homes. En ce tans ala le roi Charles en Puille, et se combatit contre le roi Mainfroi, et le desconfi et l'occist en champ, et gaagna la terre de Puille et de Cesile, et la tint. En celui tans poi aprés Conradin d'Alemaigne, fils de l'autre Corraut, et par l'atrait des Pisans et des Romains qui s'estoient revelés contre le roi Charles, par l'amonestement de dam Henri de Castele, qu'il avoit fait senator de Rome contre le roi Charles, par l'atrait de ceus et de plusors autres, vint lidis Conradin en la terre de Puille avec mult grant gens, et se combatit au roi Charles, et en la fin fust-il desconfi, et ses gens furent que mors que pris presque tuit, et il meismes en la parfin fu pris, et ot la teste tranchiée, et plusors autres haus homes. En poi de tans aprés prist à pape Climent une maladie dont il morut; de quoi ce fu grant damage, car il estoit mult prodons et de bone vie. Aprés lui cessa li siege plus de trois ans por la discorde qui estoit entre les cardinaus, qui ne se pooient accorder de faire

Le pape Clément, né de Saint-Gilles en Provence, étoit sorti de chevaliers et de bonne famille. Il étoit grand clerc en droit; il étoit bon avocat, le meilleur du pays, et avoit réputation d'être homme loyal : ce qui n'avient pas souvent aux gens de son métier. Il avoit épousé femme, de laquelle il eut deux filles. Après la mort de sa femme il vécut comme clerc, et fut auprès du roi Louis de France. De là il fut évêque du Puy, et ensuite archevêque de Narbonne, puis appelé à être cardinal de Rome. Ensuite il fut envoyé légat en Angleterre pour pacifier la guerre qui étoit entre le roi et ses barons. Tandis qu'il étoit là mourut le pape Urbain. Il fut nommé pape et appelé Clément [1]. Il accomplit ce que le pape Urbain avoit commencé; car en son temps vint le roi Charles à Rome. Les gens du pays l'avoient fait sénateur de Rome. Il le fit couronner à Rome, lui et sa femme, roi et reine de Sicile, par un cardinal qui étoit évêque d'Albano. Le gonfanon de l'Eglise lui fut baillé envers et contre tous. En ce temps le roi Charles alla en la Pouille, combattit le roi Mainfroi, le déconfit et l'occit dans la bataille, conquit la Pouille et la Sicile et en prit possession. Peu de temps après Conradin d'Allemagne, fils de l'autre Conrad, fut appelé par les Pisans et les Romains qui s'étoient révoltés contre le roi Charles, à l'instigation de don Henri de Castille qu'ils avoient fait sénateur de Rome pour l'opposer au roi Charles. Ledit Conradin, appelé par eux et plusieurs autres, vint au pays de la Pouille avec beaucoup de monde. Il combattit le roi Charles, et à la fin en fut déconfit, et ses gens furent presque

[1] Clément IV, pape de 1265 à 1268.

pape; mes à la parfin eslurent un sage clerc prodome et de bone vie, qui estoit né de Plaisance en Lombardie, et estoit apellés sire Theals. Il estoit arcediacre de Liege et alés estoit en pelerinage outre-mer, avec monseignor Odouart, et fu mandé querre au neuviesme jor à l'issuë d'octembre, et li messages qui alerent querre furent frere Estienne de Sissi, frere du Temple et commanderes de Puille, et sire Fouque de Lerre, un chevalier grant baron de Provence qui estoit avec le roi Charles en Puille, et vint de par lui, et dui notaires de la cort de Rome, et parti d'Acre avec trois galies le jor de la Saint Martin en iver, et s'en ala de terre en terre por l'iver. Le roi de Castelle desconfit le roi de Granat entre Cortube et Sebile, et occist trois milles Sarrazins à cheval, et mult d'autres à pied, et vint en Acre Olivier de Terines.

Au tans de mcclxv, Bandocdar, soudan de Babylone, assega le chastel d'Arsur, que li Ospital tenoit, à xv jors de mars, et le prist par force d'engins et de mines le dernier jor d'avril; et furent pris dedens, chevaliers de religion et du siecle et serjans d'armes, plus de mille; et fu veu en Acre un signe cler come espée du lonc d'une lance et large d'une lune, qui vint devers Orient, et se feri par semblant u campanier

tous tués ou pris, et lui-même finit par être pris, et eut peu de temps après la tête tranchée, ainsi que plusieurs autres seigneurs[1]. Après cela le pape Clément prit une maladie dont il mourut; et ce fut grand dommage, car il étoit fort prud'homme et de bonne vie. Après lui le siége fut vacant plus de trois ans à cause de la discorde qui étoit entre les cardinaux qui ne se pouvoient accorder à faire un pape; mais à la fin ils élurent un sage clerc prud'homme et de bonne vie qui étoit de Plaisance en Lombardie et étoit appelé sire Théalde. Il étoit archidiacre de Liége et étoit allé en pélerinage outre mer avec monseigneur Édouard. On l'envoya quérir le soir du neuvième jour d'octobre. Les messagers qui l'allèrent quérir furent Étienne de Sissi, frère du Temple et commandeur de Pouille, et sire Foulques de Lerres, un chevalier grand baron de Provence qui étoit avec le roi Charles en Pouille, et vint de la part du roi, et avec eux deux notaires de la cour de Rome. Il partit d'Acre avec trois galères le jour de la Saint-Martin d'hiver, et s'en alla abordant de pays en pays à cause de l'hiver. Le roi de Castille déconfit le roi de Grenade entre Cordoue et Séville, et occit trois mille Sarrasins à cheval et beaucoup d'autres à pied. Et vint en Acre Olivier de Térines.

En 1265, Bondochar, soudan de Babylone, assiégea, le quinzième jour de mars, le château d'Arsur que tenoit l'Hôpital, et il le prit par force d'engins et de mines le dernier jour d'avril. Dedans furent pris plus de mille personnes, tant chevaliers de religion et du siècle qu'hommes d'armes; et on vit

---

[1] Le 29 octobre 1268.

de Sainte Crois. Hugues de Lesignien, fils Henri le prince, qui estoit baillis de Chipre, vint por secors en Acre o bele estoire de galies et de vessiaus, et ot avec soi cent et trente chevaliers et serjans à cheval. Sire Simon de Montfort, qui estoit cuens de Lencestre, et avoit la seror du roi d'Angleterre à fame, porchaça tant envers les barons d'Angleterre, qu'il prist le roi et son frere le comte Richart qui estoit apelés roi d'Alemaigne, et Odouart son fils. Mes Odouart eschapa de la prison, et se ralierent à lui si home, et se combati contre Simon de Montfort et le desconfit : et furent adonc occis le devant dit Simon et son fils ainsné, et mult des autres de lor partie. Aprés occistrent le conte de Ferrieres et le seignor d'Attinges et bien quatre milles chevaliers.

Charles fu fils le roi Lois de France, et estoit le mainsné de ses fils. Cil espousa la fille le comte de Provence, de par qui il ot la comté. Il estoit cuens d'Anjou avant qu'il eust cele comté. Mult estoit sage hons et chevalereus, tousjors cerchoit les tornoiamens. Il emprist à maintenir la comtesse de Flandres contre Johan, son fils, sire Johan d'Avesnes, dont il fu mult grant guerre, et mult de gens en furent mors et destruis ; mult se travailla d'estre roi de Vienne, mes ni pot avenir. A la parfin li doña l'Yglise le roiaume de Puille et de Cesile, si le pooit conquerre, par convenances qui furent faites entr'eus. Porquoi il fist armer galies à Marseille, et monta sor mer, si s'en ala en Pise, où il fu reçu mult honorablement, et de là s'en ala à Rome, dout il estoit senator, et atandi tant que sa fame, qui venoit avec mult grant gent

en Acre un signe clair comme une épée, de la longueur d'une lance et grosseur d'un flambeau, qui vint devers l'Orient, et parut frapper au clocher de Sainte-Croix. Hugues de Lusignan, fils du prince Henri, bailli de Chypre, vint à Acre, amenant le secours d'une belle flotte de galères et de vaisseaux, et il avoit avec lui cent trente chevaliers et hommes d'armes à cheval. Sire Simon de Montfort, qui étoit comte de Leicester et avoit pour femme la sœur du roi d'Angleterre, fit tant auprès des barons d'Angleterre, qu'il prit le roi et son frère le comte Richard qui étoit appelé empereur d'Allemagne, et Edouard son fils. Mais Edouard échappa de la prison; ses hommes se rallièrent à lui; il combattit contre Simon de Montfort et le déconfit; et furent tués le susdit Simon et son fils aîné, et beaucoup d'autres aussi. Ensuite ils tuèrent le comte de Ferrars et le seigneur de Hastings, et bien quatre mille chevaliers.

Charles étoit fils du roi Louis de France, et le puîné de ses fils. Il épousa la fille du comte de Provence, par qui il eut cette comté. Avant de l'avoir il étoit comte d'Anjou. Il étoit sage et valeureux, et cherchoit toujours les combats. Il entreprit de soutenir la comtesse de Flandre contre son fils sire Jean d'Avesnes, dont il résulta une grande guerre où beaucoup de gens périrent et furent détruits. Il travailla beaucoup pour être roi de Vienne, mais il ne put y parvenir. A la fin l'Eglise lui donna, à certaines conditions convenues entre eux, le royaume de Pouille et de Sicile, s'il le pouvoit conquérir. C'est pourquoi il fit armer des galères à Marseille, monta en mer et alla à Pise, où il fut reçu très-honorablement. De là il s'en alla à Rome

d'armes, fust là venuë. Quant il fu à Rome, si fu coroné à roi de Cesile et sa fame à roine par le commandement du pape, par la main du cardinal qui avoit nom sire Raoul Grosparmi. Aprés ce qu'il ot porté corone assembla il tous les gens d'armes qu'il pout avoir, et s'en entra en Puille, et prist de sa venuë Saint-Germain, Laguillier, et plusors autres terres, et si entendi novelle que le roi Mainfroi estoit à Bonevent avec toutes ses gens d'armes, dont le roi li ala à l'encontre, et se combati à lui, et le desconfi en champ, et fu le roi Mainfroi mort en la place. Por quoi li roi Charles ot tote la terre, et prist la fame du roi Mainfroi et ses enfans et tout son tresor; mes sans faille une partie des comtes et des barons de la terre se revelerent contre Mainfroi, et se tindrent avec le roi Charles, et puis aprés la victoire, come traitor, se revelerent contre le roi Charles; par quoi il furent puis destruis par la main meismes du roi Charles; dont Henri de Castele s'en vint aprés la victoire de Thunes, où il estoit, au roi Charles, et demora avec lui grant piece, et puis s'emparti par courout, et s'en ala à Rome. Là fu fait senator, et fist reveler la terre contre le roi, et s'esmurent les Pisans de guerre contre lui. En cele saison morut la fame qui fu fille le comte de Provence. Et li Pisains avec les Romains, par l'atrait du comte Gauvain et d'aucuns autres, firent venir Conradin d'Alemaigne, qui fu vaincu, si com vos avés oi dessus. Et li Sarrazins s'estoient revelés, et grant partie de la terre de Puille et de Cesile. Avec Conradin furent pris le fils du duc d'Osteriche, et dam Henri de Castele, et li cuens Girart de Pise, et le cuens Gauvain et ses fils. Et à tous ces fist le roi Charles tranchier les testes par jugement, et par le jugement de la terre de Naples, sor la marine, en sa presence meismes; fors dam Henri de Castele; mes à celui pardona il sa mort, porce qu'il estoit ses parens; mes il le fist tenir en tele ville, qu'il ama miex la mort que

et y attendit des nouvelles de sa femme, qui venoit avec beaucoup d'hommes d'armes. Quand il fut à Rome il fut couronné roi de Sicile et sa femme reine[1], par le commandement du pape, et par la main d'un cardinal qui avoit nom sire Raoul Grosparmi. Après qu'il eut pris la couronne il assembla tout ce qu'il pouvoit avoir d'hommes d'armes. Il entra en Pouille, et prit en arrivant San Germano, Aquino, et plusieurs autres terres, et il apprit que le roi Mainfroi étoit à Bénévent avec tous ses hommes d'armes. Le roi alla à sa rencontre, le combattit et le déconfit en plaine[2], et le roi Mainfroi demeura mort sur le champ de bataille. Par quoi le roi Charles eut tout le pays, prit la femme du roi Mainfroi, ses enfans et tous ses trésors. Mais à la vérité une partie des comtes et barons du pays se révoltèrent contre Mainfroi, et tinrent le parti du roi Charles; puis, après la victoire, ils se révoltèrent traîtreusement contre le roi Charles : ce pourquoi ils furent ensuite détruits par la main même du roi Charles. Entre eux, Henri de Castille, qui après la victoire de Tunis, où il étoit, s'étoit venu joindre au roi Charles et avoit demeuré avec lui grand temps, s'en partit ensuite par courroux, et s'en alla à Rome, où il fut fait sénateur, et fit révolter le pays contre le roi, et mit les Pisans en guerre contre lui. En ce temps mourut sa femme, qui étoit fille du comte de Provence; et les Pisans avec les Romains, à la persuasion du comte Gauvain et de quelques autres, firent venir d'Allemagne Conradin qui fut vaincu, comme vous avez ouï ci-dessus. Et les Sarrasins s'étoient révoltés, et aussi une grande partie des pays de Pouille et de

[1] Le 6 janvier 1266. — [2] Le 26 février 1266.

cele vie où il estoit. En cele saison espousa le roi Charles la fille du comte de Nevers, niece le duc de Bourgoigne. Aprés li Sarrazin de Nochieres virent qu'il ne porroient durer, et qu'il n'attendoient secors de nulle partie, si rendirent lor terre, et vindrent en la merci du roi Charles, et puis se tint toute la terre en pes.

Vous devez savoir que Mainfroi fu fil de l'empereor Frederic, et qu'il l'engendra à une gentil dame de Lombardie. Il fu prince de Tharente, et espousa la fille d'un grant seignor de Grece qui avoit nom Nicalixe. Il fu mult bele persone, et sage, et cortois, et mult laboroit par astronomie, et tous ses fes en faisoit; mult estoit malicieus. Il fist empoisoner, si com l'en dit, le roi Corraut et le roi Henri son frere qui estoit droit hoir et loial. Aprés lor mort fist corre noveles que Conradin, le fils de Corraut, estoit mort, et fist venir messaiges affaités qui distrent vraiement qu'il avoient esté à la mort Conradin, et affermerent par paroles et par fausses lettres que Conradin avoit laissié en son testament à Mainfroi le roiaume de Cesile et la terre de Puille, et qu'il en avoit fait son oir. Aprés ces noveles se fist Mainfroi coroner à roi, et saisit toute la terre, et mult se travailla de soi accorder à l'Yglise; mes ne si pout onques accorder. A la parfin se mist du tout en tout encontre l'Yglise, et li faisoit tous les maus

Sicile. Avec Conradin furent pris le fils du duc d'Autriche, don Henri de Castille, et le comte Gérard de Pise, et le comte Gauvain et ses fils. A tous ceux-là le roi Charles fit trancher la tête par jugement; et par le jugement du pays de Naples, ils furent exécutés sur le rivage de la mer en sa présence même; hors don Henri de Castille, qu'il exempta de la mort parce qu'il étoit de ses parens; mais il lui fit mener telle vie qu'il aima mieux la mort que la vie qu'on lui laissoit. En ce temps le roi Charles épousa la fille du comte de Nevers, mère du duc de Bourgogne. Ensuite les Sarrasins de Lucera virent qu'ils ne pouvoient tenir, et qu'ils n'attendoient secours de nulle part. Ils rendirent donc leur pays [1] et vinrent à la merci du roi Charles, et depuis tout le pays se tint en paix.

Vous saurez que Mainfroi étoit fils de l'empereur Frédéric, qui l'avoit engendré d'une noble dame de Lombardie. Il fut prince de Tarente, et épousa la fille d'un grand seigneur de Grèce qui avoit nom Nicalixe. Il fut très-beau de sa personne, habile et courtois, travailloit beaucoup sur l'astronomie, et conduisoit par là toutes ses actions; mais il étoit très-malicieux. Il fit empoisonner, à ce qu'on dit, le roi Conrad et le roi Henri son frère, qui étoit hoir direct et légitime. Après leur mort il fit courir le bruit que Conradin, fils de Conrad, étoit mort. Il fit venir des messagers très-empressés qui dirent que vraiment ils avoient été à la mort de Conradin, et affirmèrent par paroles et fausses lettres que Conradin avoit laissé par son testament à Mainfroi le pays de Sicile et de Pouille, et qu'il en avoit fait son hoir. Après ces nou-

[1] En 1269.

et tous les ennuis qu'il pooit, et tous ceus qui estoient mal de l'Yglise il recevoit et honoroit, et tenoit prés de lui. Si amoit mult les Sarrazins, et lor faisoit grant presens et souvent. Mes à la parfin l'Yglise, qui plus ne pout soffrir sa desloiauté, dona sa terre au roi Charles, qui le desconfi, si com vos avés oï ci-dessus. Ainsi fina Mainfroi mauvaisement sa vie, car mal avoit commencié. Et l'en dit que la greignor partie de ses barons li faillirent, et l'abandonnerent u champ, et grant partie se tornerent contre lui, especiaument ceus qu'il avoit mis en avant, et qu'il avoit enrichis et de neant fait. Mes c'est l'usage et la nature de la terre; car tuit cil de la terre faillent au besoing, et chascun jors vodroient avoir novel seignor.

A MCCLXV vindrent en Acre li cuens de Nevers et Erart de Valerie, et Erart de Nantuel, et bien cinquante chevaliers.

A MCCLXVI vint devant Acre Bandocdar, li soudan de Babylone, le secont jor de juing, et fu devant la cité huit jors, puis ala assegier le Saphet et le prist à XXII jors de jugnet, sauves les vies de ceus dedans, et les devoit conduire jusques en Acre, par l'atrait de frere Leon, li canselier; mes li soudan lor failli des convenances, et les fist tous occire de fors le chastel, et ledit frere Leon se renoia. Aprés ce entra li soudan en Ermenie par force à tot son ost, et occist Thoros le fils du roi d'Ermenie, et prist Luion son autre fils, et

velles Mainfroi se fit couronner roi, s'empara de tout le pays, et travailla beaucoup à se mettre d'accord avec l'Eglise ; mais il ne le put jamais. A la fin il se mit tout-à-fait contre l'Eglise, et il lui faisoit tous les maux et tous les ennuis qu'il pouvoit ; et tous ceux qui étoient mal avec l'Eglise, il les recevoit et honoroit et tenoit près de lui. Il aimoit beaucoup les Sarrasins, et leur faisoit de grands présens et souvent ; mais à la fin l'Eglise, ne pouvant plus souffrir sa déloyauté, donna son pays au roi Charles, qui le déconfit comme vous avez ouï ci-dessus. Ainsi Mainfroi finit mauvaisement sa vie, car elle avoit mal commencé ; et l'on dit que la plus grande partie de ses barons lui manquèrent et l'abandonnèrent sur le champ de bataille, et la plupart se tournèrent contre lui, spécialement ceux qu'il avoit avancés et enrichis, et fait quelque chose de rien : mais c'est l'usage et la nature du pays ; car tous ceux de ce pays manquent dans l'occasion, et voudroient chaque jour avoir un nouveau seigneur.

En 1265 vinrent en Acre le comte de Nevers, Erart de Valérie, Erart de Nanteuil, et bien cinquante chevaliers.

En 1266 vint devant Acre Bondochar, le soudan de Babylone, le second jour de juin. Il demeura devant la cité huit jours, puis alla assiéger le Saphet, et le prit le 22º jour de juillet, frère Léon, le chancelier, ayant persuadé à ceux qui étoient dedans de se rendre à condition qu'ils auroient la vie sauve et seroient conduits jusques en Acre. Mais le soudan manqua aux conventions, et les fit tous occire hors le château, et ledit frère Léon renia sa foi. Après

prist et occist mult grant pueple d'Ermenie, por l'achaison de ce que lor roi estoit allé as Tartars; et morut en Acre li cuens de Nevers u mois d'aoust. En ce mois vint en Acre Hugues de Lesignen, baillis de Chipre, à belle compagnie de gens d'armes, et firent une chévauchié avec le Temple et l'Ospital et les Alemans et les François chevaliers, avec mult d'autres gens à pied et à cheval, envers Tabarie. Li cris leva en la terre et li Turs de Saphet s'embuschierent au Carroblier, prés du plain d'Acre, et por convoitise du gaaing estoit la premiere garde de nos bien trois lieuës loing des autres. Por quoi li tuit se ferirent sor eus, et les desconfirent laidement. Les Hospitaliers et les Alemans et la compaignie des chevaliers monseignor Giefroi de Sergines et mult d'autres bien cinq cens et plus, qu'à pié qu'à cheval, de quoi mult fussent eschapés vif; mes li vilain des casiaus les occistrent la nuit qu'il vindrent querre lor armures et lor robes. En ce tans morut Johan d'Ibelin, cuens de Jaffe, u mois de loier, et Lociaumes, arcevesque de Cesaire, u mois de janvier, et li arcevesque de Sur fu mandé outre-mer.

A MCCLXVII, Bandocdar, soudan de Babylone, vint devant Acre o tot son ost le secont jor de mai, qui portoient les banieres du Temple et de l'Ospital, par quoi il soupristrent les menuës gens qui estoient de fors por gaaignier, et corurent jusque devant la ville, et occist derriere le Tho-

cela le soudan entra en Arménie par force avec toute son armée, occit Thoros, le fils du roi d'Arménie, prit Livon son autre fils, et prit et occit beaucoup de monde en Arménie, parce que leur roi avoit passé au parti des Tartares. Le comte de Nevers mourut en Acre au mois d'août. En ce mois vint en Acre Hugues de Lusignan, bailli de Chypre, avec une belle compagnie de gens d'armes, et ils firent une expédition sur Tibériade avec le Temple et l'Hôpital, les Allemands, les chevaliers français et beaucoup d'autres gens à pied et à cheval. Le bruit s'en répandit dans le pays, et les Turcs de Saphet s'embusquèrent au Carroblier près la plaine d'Acre; et par avidité de butin l'avant-garde des nôtres marchoit bien trois lieues en avant du reste, en sorte que les Sarrasins se jetèrent sur eux et les déconfirent et tuèrent. Il y avoit les Hospitaliers et les Allemands, et la compagnie des chevaliers de monseigneur Geoffroi de Sargines, et beaucoup d'autres, au nombre de cinq cents et plus, tant à pied qu'à cheval. Beaucoup de ceux-là seroient échappés en vie, mais les vilains des villages les occirent la nuit quand ils vinrent les dépouiller de leurs armures et leurs vêtemens. En ce temps mourut Jean d'Ibelin, comte de Jaffa, au mois de décembre, et Lociaume, archevêque de Césarée, au mois de janvier, et l'archevêque de Tyr fut envoyé outre mer.

En 1267, Bondochar, soudan de Babylone, vint devant Acre avec toute son armée le second jour de mai. Ses gens portoient la bannière du Temple et de l'Hôpital; par quoi ils surprirent les petites gens qui étoient hors de la ville travaillant aux champs. Ils

ron, des menuës gens qu'il ot prises, cinc cens et plus, dont il n'i ot nul qui n'eust trait le fiel du cors, et furent escorchiés les piaus des testes empris les oreilles. Landemain se retrait au Saphet, et à xvi jors de mai revint devant Acre et fist abattre les molins et les tors des jardins, et fit tailler les arbres et les jardins et les vignes qui estoient de fors les murs d'Acre. Au xvi jor d'aoust Liques de Grimaut, o vingt huit galies des Genevois, prist le port d'Acre, et ardirent u port deus naves des Pisans, et firent mult de lor volenté par douze jors. Mes vingt huit galies des Veniciens souprist-trent une partie des galies des Genevois, qui s'en cuidierent retorner, et retindrent cinc galies avec lor charnies, et assés en i ot que mort que pris; et morut Hugues, hoir du roiaume de Chipre, en novembre, et fu coroné à roi Hugues de Lesignen le jor de Noël, par la main Guillaume, patriarche de Jerusalem, qui estoit là alé por visiter les yglises et le roiaume de Chipre. En ce tans se croisa Lois, roi de France, et cil de Navarre, et li enfant, et mult d'autres comtes et barons de France et d'Engleterre et d'Alemaigne, por le secors de la Sainte Terre.

U mois de mars, à xxv jors du mois, morut li pape Clement le quart, et Charles le roi de Cesile desconfit Corradin o tot son ost. Bandocdar, soudan de Babylone, prist Jaffe à sept jors de mars par traison et sor trives, et occist mult de menuë gent; et laissa aler les autres o toutes lors choses en Acre, et lor dona conduit, et prist la teste de saint Jorge, et fist ardoir le cors de sainte Cristine, que l'evesque Johan

coururent jusque devant la ville. Il fit tuer derrière le Thoron, des petites gens qu'il avoit pris, cinq cents et plus, dont il n'y eut pas un seul à qui on n'arrachât le foie du corps, et à qui on n'enlevât la peau de la tête jusqu'aux oreilles. Le lendemain il se retira au Saphet, et le seizième jour de mai revint devant Acre, fit abattre les moulins et les tours des jardins, et fit couper les arbres, les jardins et les vignes qui étoient en dehors d'Acre. Le seizième jour d'août, Luc de Grimaldi, avec vingt-huit galères des Génois, prit le port d'Acre, et ils brûlèrent dans ce port deux navires des Pisans. Ils en furent les maîtres pendant douze jours. Mais vingt-huit galères des Vénitiens surprirent une partie des galères des Génois qui pensoient s'en retourner, et prirent cinq galères avec leurs équipages, et il y en eut beaucoup de tués et de pris. En novembre mourut en Chypre Hugues, hoir du royaume de Chypre, et Hugues de Lusignan fut couronné roi le jour de Noël par la main de Guillaume, patriarche de Jérusalem, qui étoit allé en Chypre pour visiter les églises et le royaume. En ce temps se croisèrent Louis, roi de France, et celui de Navarre, et les enfans de France et beaucoup d'autres comtes et barons de France et d'Allemagne, pour venir au secours de la Sainte-Terre.

Le quinzième jour du mois de mars mourut le pape Clément IV, et Charles, roi de Sicile, déconfit Conradin avec toute son armée. Bondochar, soudan de Babylone, prit Jaffa le septième jour de mars, par trahison et contre les traités, et occit beaucoup de petites gens. Il laissa aller les autres en Acre avec tous leurs effets, et leur donna un sauf-conduit.

de Troies avoit laissié à Jaffe, et d'iluec ala à Biaufort et le prist des Templiers par force à xxv jors d'avril, et aprés ala en Antioche, et la prist sans nulle defense à xxvii jor de mai ; et furent occis dedens la cité, puis qu'ele fu prise, dix sept milles personnes ou plus, et furent pris, homes et fames et enfans, que du siecle que de religion, plus de cent mille; et li Templiers abandonnerent lor chastiaus deus, Gaston et Noche de Rusol, et la terre de Port-Bounel à l'entrée d'Ermenie ; et fu delivré Luions, fils du roi d'Ermenie, de la prison du soudan, par eschange de Sangor, parent du soudan, que li Tartars avoient pris ; et morut Henri, archevesque de Nazareth ; et fu fait evesque de Saint Abraham frere Giefroi, de l'ordre des Prescheors ; et fu fait connestable et bailli du roiaume de Jerusalem Belian d'Ibelin qui fu sire d'Arsur.

A MCCLXIX fu un grant crole en Ermenie, qui fondi un chastiaus et trois abbaies d'Ermins, et bien douze casiaus; et morut Giefroi de Sargines à xi jors d'avril. En ce tans, à xxvi jor d'aoust, prist le roi Charles Nochieres des Sarrazins, et à xxiv jors de septembre fu coroné à roi de Jerusalem Hugues de Lesignen, roi de Chipre, en la cité de Sur. En cel tans fu chierté en Surie de toutes choses, et monta li formens à huit besans et demi. En cel an dut passer le roi d'Arragon en Surie, et monta sor mer il et ses os, et quant vint au quart jor une fortune grant le pris et rompi sa nave, et quant il vit ce si s'en retorna ariere au port o tout autres deus naves, et toute l'autre navie vint en Acre, et si dui enfans bastars, car il cuidoient que le roi venist, et il estoit retornés, ne onques puis ne vout

Il prit la tête de saint George et fit brûler le corps de sainte Christine, que l'évêque Jean de Troyes avoit laissé à Jaffa. De là il alla à Beaufort et prit les Templiers par force le vingt-cinquième jour d'avril. Puis il alla à Antioche, et la prit, sans qu'on la défendît aucunement, le vingt-septième jour de mai ; et après la prise de la cité on y occit dix-sept mille personnes et plus, et y furent pris, tant hommes que femmes et enfans, tant du siècle que de la religion, plus de cent mille personnes. Les Templiers abandonnèrent leurs châteaux le Gaston et Noche de Rusol, et le pays de Port-Bounel, à l'entrée de l'Arménie. Livon, fils du roi d'Arménie, fut délivré des prisons du soudan par un échange avec Sangor, parent du soudan, que les Tartares avoient pris. Mourut Henri, archevêque de Nazareth ; et fut fait évêque de Saint-Abraham frère Geoffroi, de l'ordre des Prêcheurs ; et fut fait connétable et bailli du royaume de Jérusalem Balian d'Ibelin, qui avoit été sire d'Arsur.

En 1269 fut en Arménie un grand tremblement de terre qui renversa un château, trois abbayes d'Arméniens et bien douze villages ; et Geoffroi de Sargines mourut le onzième jour d'avril. En ce temps le roi Charles, le seizième jour d'août, prit Nocera sur les Sarrasins, et le vingt-quatrième jour de septembre, Hugues de Lusignan, roi de Chypre, fut en la cité de Tyr couronné roi de Jérusalem. En ce temps il y eut en Syrie disette de toutes choses, et le froment monta à huit besans et demi. En cette année dut passer en Syrie le roi d'Aragon. Il se mit en mer, lui et son armée, et quand ce vint le quatrième jour, une grande tempête le prit et rompit son na-

monter sor mer, por la paor qu'il out de la fortune, et por la mort de sa mie, dame Berangiere, dont ce fu à lui grant honte et grant reproches. Et le mercredi devant Noel Robert de Cresecques, et Olivier de Termes, et li sire de Paci, et bien deus cens chevaliers estoient alés en embuschement fors d'Acre une lieuë; si vint li os du Saphet qui les sorprit, et ferirent sor nos gens, et li nostre les receurent mult bien; mes tant i sorvint de Sarrazins que nos gens ne les porent soutenir, et dit l'en que li soudan i fut présent à tout mil homes à cheval, et fu là occis Robert de Creseques, et le frere Olivier de Termes, et autres que chevaliers que serjans bien deus cens, et des Sarrazins i out bien autant ou plus de mors. Donc la chevalerie d'Acre et li Temple et li Ospitaus et li Alemans et li enfans du roi d'Arragon virent la bataille devant eus, et vodrent aler rescorre ceus qui se combatoient; mes Pierre Terrans, le fils le roi d'Arragon, les desconseilla, et dist que se son pere et ses freres estoient en la bataille, ne conseilloit-il mie que toute la crestienté se meist en tel peril por deus personnes, car il estoient trop grant gens de Sarrazins..

L'an aprés, qui estoit de MCCLXX, vindrent en Acre trente deus conques avec cinq cens Frisons qui vindrent de Thunes, du grant ost du roi de France. En lor tans ot grant plenté de biens en Acre, et cessa la grant chierté qui avoit esté; et sachiés

vire, et quand il vit cela il s'en retourna au port avec deux autres navires; et tout le reste de la flotte vint en Acre avec ses deux enfans bâtards; car ils pensoient que le roi venoit : mais il s'en étoit retourné, et jamais depuis ne voulut monter sur mer, pour la peur qu'il eut de la tempête, et à cause de la mort de sa mie, dame Bérengère : ce qui lui fut grande honte et grand reproche. Le mercredi devant Noël, Robert de Crésecques et Olivier de Termes, et le sire de Pacy, avec bien deux cents chevaliers, étoient allés se mettre en embuscade à une lieue hors d'Acre. Il y vint les troupes du Saphet qui les surprirent et attaquèrent nos gens. Les nôtres les reçurent fort bien, mais il survint tant de Sarrasins que nos gens ne les purent soutenir, et on dit que le soudan étoit présent avec mille hommes à cheval; et là furent occis Robert de Crésecques et le frère Olivier de Termes, et bien deux cents autres tant chevaliers qu'hommes d'armes, et des Sarrasins il y en eut bien autant et plus de tués. Les chevaliers d'Acre, le Temple, l'Hôpital et les Allemands et les enfans du roi d'Aragon virent la bataille et voulurent aller secourir ceux qui combattoient; mais Pierre Terrans, fils du roi d'Aragon, leur conseilla de n'en rien faire, et dit que, quand son père et ses frères seroient dans la bataille, il ne conseilleroit pas que toute la chrétienté se mît en tel péril pour deux personnes, car il y avoit trop de Sarrasins.

L'année d'après, qui étoit 1270, vinrent en Acre trente-deux conques avec cinq cents Frisons qui venoient de Tunis, de la grande armée du roi de France. En leur temps il y eut en Acre grande abon-

que mult estoient bonnes gens et catholiques. En cel an morut en Acre Guillaume, patriarche de Jerusalem, à xxi jor d'avril. Adonc vint le roi de France à Aiguemorte o ses trois enfans et son frere le comte de Poitiers, et grant partie de son harnage, et demora en la Provence por attendre son ost et sa baronie, et au second jor de jugnet mut à tout son ost, et prist port en Sardaigne à Calara, et de là mut tentost et ala vers Thunes et prist Carthage; et morut Johan Tristant, son fils, devant Thunes; aprés lui morut le legat, puis morut le bon roi de France, puis le roi de Navarre, et tant d'autres comtes et barons et chevaliers, et tant d'autres pueples que ce fu merveille. Aprés la mort du roi de France vint le roi Charles en l'ost, et fist parler de la pes, et fu faite; dont il et li autres barons receurent mult grant avoir du roi de Thunes, et s'en retornerent à Trapes. En lor retor, dedens le port meismes, furent brisiées plus de quarante naves, et fu perdu l'avoir et la gent et li chevel qui estoient dedens. Et morut la fame de sire Phelippe, qui s'en aloit en France, et morut la roine de Navarre à Ais en Provence, au retor de Thunes.

A MCCLXXI fu murdris sire Henri d'Alemaigne, fils du roi Richart d'Alemaigne, à Viterbe, dedens le mostier, quant l'en chantoit la messe, par les enfans Simon de Montfort, sire Gui et sire Simon. Aprés ce fait s'en passa misires Odouart, fils le roi d'Engleterre, en Surie avec grant gent, et prist li soudan de Babylone le Crac de l'Ospital et la tor de Chastel-Blanc, et Gibelacar qui estoit du prince; et fist trives au

dance de biens, et cessa la grande disette qu'il y avoit eu ; et sachez qu'ils étoient très-bonnes gens et catholiques. En cette année mourut en Acre Guillaume, patriarche de Jérusalem, le vingt-unième jour d'avril. Le roi de France vint donc à Aigue-morte avec ses trois enfans et son frère le comte de Poitiers, et grande partie de son bagage, et demeura en la Provence pour attendre son armée et ses barons ; et au second jour de juillet, il partit avec toute son armée, et aborda en Sardaigne, à Cagliari. De là il partit bientôt, alla vers Tunis et prit Carthage ; et mourut devant Tunis Jean Tristan, son fils. Après lui mourut le légat, puis mourut le bon roi de France, puis le roi de Navarre, et tant d'autres comtes et barons et chevaliers, et tant d'autres gens que ce fut merveille. Après la mort du roi de France vint le roi Charles en l'armée, et il fit parler de la paix, et on la fit ; et pour cela lui et les autres barons reçurent grand avoir du roi de Tunis, et ils s'en retournèrent à Trapani. A leur retour furent brisés dans le port même plus de quarante navires, et furent perdus l'avoir, l'argent et les chevaux qui étoient dedans. Et mourut la femme de sire Philippe, qui s'en alloit en France, et aussi mourut la reine de Navarre à Aix, en Provence, revenant de Tunis.

En 1271, sire Henri d'Allemagne, fils du roi Richard d'Allemagne, fut assassiné à Viterbe, dedans le monastère, tandis que l'on chantoit la messe, par les enfans de Simon de Montfort, sire Gui et sire Simon. Après cela messire Édouard, fils du roi d'Angleterre, passa en Syrie avec beaucoup de monde, et le soudan de Babylone prit à l'Hôpital le Krac et la

comte de Triples, et prist Monfort des Alemans et l'abati, et d'iqui s'en vint devant Acre, et prist li soudan un chastel du Viel de la Montaigne; et brisierent quatorze galies des Sarrazins en Chipre à Lymeçon, et furent que pris que mors bien trois mille Sarrazins; et vint le roi de Chipre en Acre por secors; et morut li cuens de Poitiers qui avoit grant piece git malade à Palerme aprés la retornée de Thunes. Si com il s'en aloit en son païs acouchi malade à Albigne, une cité prés de Gennes, et là morut: dont ce fu grant damage à la terre deça mer. Un poi aprés morut la contesse sa fame qui aloit en France, dont il demora grant thresor au roi Felippe de France, et la conté de Toulouse et de Poitiers. Et vint en Acre misire Heymont, frere monseignor Odouart, à poi de compaignie, et fu coroné misire Felippe à roi de France. En ce point desconfit Pariologues, l'emperere des Grecs, ceus de Negrepont par mer avec galies qu'il avoit armées, et prist tout le plus de gens de l'isle et des chevaliers, et prist un chastel en l'isle de Negrepont; et fu esleu à pape de Rome misire Theals, un vaillant clerc, né de Plaisance; et revindrent en Acre li messages que misire Odouart et la crestienté avoient envoiés à Tartars por querre secors, et firent si bien la besoigne qu'il amenerent les Tartars, et corurent toute la terre d'Antioche et de Halape, de Haman et de la Chamele, jusqu'à Cesaire la grant, et tuerent ce qu'il trouverent de Sarrazins, et de là s'en retornerent es mares qui sont à l'entrée de Turquie à tot grant gaaing d'esclas et grant bestiail, et là se herbergierent por reposer aprés les grans travaus qu'il avoient soffert du grant chemin qu'il avoient fait, et por l'herbage et por la grant plenté des eues qu'il trouverent en la terre por le grant bestiail qu'il menoient. En cele saison meisme, à XII jors de jugnet, sire Odouart et sa gent, et cil d'Acre, alerent brisier saint Jorge; et li Anglois moroit de chaud et de soif par le chemin, et me-

tour de Château-Blanc, et aussi Gibelacar, qui appartenoit au prince, et il fit trêve avec le comte de Tripoli, prit Montfort des Allemands, et l'abattit, et de là s'en vint devant Acre; et le soudan prit un château du Vieux de la Montagne; et furent défaites à Limeçon, en Chypre, quatorze galères des Sarrasins; et il y eut tant pris que tués bien trois mille Sarrasins; et le roi de Chypre vint pour secourir Acre; et mourut le comte de Poitiers, qui étoit demeuré long-temps malade à Palerme après son retour de Tunis. Comme il s'en alloit en son pays, il se mit au lit malade à Albinga, une cité près de Gênes, et là il mourut, ce qui fut grand dommage pour le pays de deçà la mer. Un peu après mourut la comtesse sa femme, qui alloit en France; dont il demeura de grands trésors au roi Philippe de France, et aussi la comté de Toulouse et celle de Poitiers, et plusieurs autres qu'il tenoit. En ce temps-là vint à Acre, avec peu de monde, messire Edmond, frère de monseigneur Édouard; et messire Philippe fut couronné roi de France. L'empereur grec Paléologue défit par mer les gens de Négrepont avec des galères qu'il avoit armées, et il prit tout le reste des gens de l'île et des chevaliers, et prit un château en l'île de Négrepont. Fut élu pape de Rome messire Théals, habile clerc, né de Plaisance; et les messagers que le sire Édouard et la chrétienté avoient envoyés aux Tartares pour quérir secours, revinrent en Acre et firent si bien leur besogne qu'ils amenèrent les Tartares, qui parcoururent tout le pays d'Antioche et d'Alep, de Hamath et de la Chamelle jusqu'à Césarée la grande, et tuèrent tout ce qu'ils trouvèrent de Sarrasins. De là ils s'en retournèrent aux marais qui sont à l'entrée de la Turquie avec un

noient tant de fruits et de raisins et de miel, qu'il cheoient tantost mors. Et à xxiii jors de novembre sire Odouart et ses freres, et le roi de Chipre et li Templiers et li Hospitaliers et li Alemant et tuit li Chiprois, et tuit li pelerins et toute la serjanterie à pié, chevauchierent la terre de Cesaire por brisier la tor de Quaquo. Et quant il furent là venus il trouverent plusieurs herberges de Turquemans qui là estoient herbergiés, et ne savoient rien de lor venuë. Par quoi il pristrent lor herberges et tuerent bien mille personnes, et gaaignierent bien cinc mille bestes, et s'en retornerent sains et sauf en Acre à poi de perte. Mes toute voies, por le grant gaaing qu'ils troverent, demora la tor de Quaquo, qu'il ne saillirent mie, et en furent mains proisiés des Sarrazins, et le soudan meismes le dist as messaiges du roi Charles, qui lui estoit venu por traitier les trives entre lui et la crestienté, que puisque tant de gens avoient failli à prendre une maison, il n'estoit pas semblant qu'il deussent conquerre tele terre com est le roiaume de Jerusalem.

A MCCLXXII, à xxii jors d'avril, fu faite la trive du roi de Jerusalem et de Chipre Hugues de Lesignen, et du soudan Bandocdar, et n'avoit en la trive que le plain d'Acre sans

grand butin de prisonniers et de bétail; et là ils s'hébergèrent pour se reposer après les grands travaux qu'ils avoient soufferts par la longueur de la route, et à cause des herbages et de l'abondance des eaux qu'ils trouvèrent dans ce pays pour la grande quantité de bétail qu'ils emmenoient. En ce même temps, le douzième jour de juillet, sire Édouard et ses gens et ceux d'Acre allèrent pour prendre Saint-George; et les Anglais, qui mouroient de chaud et de de soif par le chemin, mangèrent tant de fruits, de raisins et de miel, qu'ils tomboient morts aussitôt; et le vingt-troisième jour de novembre, sire Édouard et ses frères, le roi de Chypre et les Templiers, les Hospitaliers, les Allemands, tous les Cypriotes, tous les pélerins, et tous les hommes d'armes à pied, allèrent en la terre de Césarée pour prendre la tour de Caco. Quand ils furent là ils trouvèrent plusieurs camps de Turcomans qui y étoient logés et ne savoient rien de leur venue. Par quoi ils prirent ces camps et tuèrent bien mille personnes, et gagnèrent bien cinq mille bêtes, et s'en revinrent sains et saufs en Acre avec peu de perte; mais toutefois, à cause du grand butin qu'ils avoient trouvé, ils laissèrent la tour de Caco sans l'attaquer, et en furent moins prisés des Sarrasins. Le soudan le dit même au messager du roi Charles qui étoit venu pour traiter des trèves entre lui et la chrétienté, que puisque tant de gens avoient failli à prendre une maison, ils n'avoient pas mine de vouloir conquérir un pays tel que le royaume de Jérusalem.

En 1272, le vingt-deuxième jour d'avril, fut fait le traité du roi de Jérusalem, Hugues de Lusignan, et du soudan Bondochar. Le roi de Jérusalem n'avoit

plus et le chemin de Nazareth. Et en mai s'en ala sire Heymont, frere sire Odouart; et à dix-huit jors de juing un Hassasis navra sire Odouart en la chambre. A xxiii jors d'aoust passa outre-mer missire Guillaume de Valence, oncle sire Odouart, et à xiv jors de septembre s'en repassa outre-mer missire Odouart; et à viii jors d'octembre arriva en Acre frere Thomas, de l'ordre des freres Prescheors, patriarche de Jerusalem et legat de toute Surie, et evesque d'Acre. En cel an meismes fu fait arcevesque de Sur frere Bonacourt, de l'ordre des Prescheors, fil Henri de Gloire, et fu mariée la dame de Baruth à sire Heymont l'estrange. En cele saison sordi discorde entre le roi de Chipre et ses homes por le service que le roi lor demandoit fors de l'isle de Chipre, qu'il ne li cuidoient pas devoir. Et le patriarche en sa venuë amena, as deniers de l'Yglise, cinq cens homes, qu'à pied qu'à cheval. Et morut frere Johan de Saint Messan, de l'ordre des Prescheors, archevesque de Sur, et fu fait archevesque en son lieu frere Bonacourt de Gloire, si comme j'ai dit dessus.

Hayton, roi d'Ermenie, morut, et fu roi Luions son fils, et coroné à lor maniere. Si morut le duc de Borgoigne, et fu duc après lui son fils Robert Sans Terre, qui espousa la seror le roi Felippe de France. Adonc furent changié en lui li usage de Borgoigne; car selonc les anciens usages li oir du comte de Nevers, qui estoit li ainsné fils le duc, devoient avoir la duchié de Borgoigne. Et alerent li maistre du Temple et le mareschal de l'Ospital et le commendeor des Alemans, et sire Johan de Gresli et plusors autres, en Chipre, por concorder le roi et ses barons, et sans rien faire s'en retornerent; et fu fait seneschal du roiaume de Jerusalem sire Johan

par le traité que la plaine d'Acre sans plus, et le chemin de Nazareth. Et en mai s'en alla sire Edmond, frère de sire Edouard; et le dixième jour de juin un Hassissin blessa sire Edouard dans sa chambre. Le vingt-troisième passa outre mer messire Guillaume de Valence, oncle de sire Edouard; et le quatorzième jour de septembre repassa messire Edouard; et le huitième jour d'octobre arriva en Acre frère Thomas, de l'ordre des frères Prêcheurs, patriarche de Jérusalem, légat de toute la Syrie et évêque d'Acre. En cette même année fut fait archevêque de Tyr frère Bonacourt, de l'ordre des Prêcheurs, fils de Henri de Gloire; et la dame de Béryte fut mariée à sire Edmond l'étranger. En ce temps s'émut une discorde entre le roi de Chypre et ses hommes pour le service que le roi leur demandoit hors de l'île de Chypre et qu'ils ne croyoient pas lui devoir; et le patriarche amena avec lui, des deniers de l'Eglise, cinq cents hommes tant à pied qu'à cheval; et mourut frère Jean de Saint-Messan, de l'ordre des Prêcheurs, archevêque de Tyr, et fut archevêque en son lieu, comme je l'ai dit ci-dessus, frère Bonacourt de Gloire.

Aiton, le roi d'Arménie, mourut. Livon, son fils, fut roi et couronné à la manière du pays. Mourut aussi le duc de Bourgogne, et fut duc après lui son fils Robert-Sans-Terre, qui épousa la sœur du roi Philippe de France. Ainsi furent changés pour lui les usages de Bourgogne; car selon les anciens usages les hoirs du comte de Nevers, qui étoit le fils aîné du duc, devoient avoir le duché de Bourgogne. Le maître du Temple et le maréchal de l'Hôpital, le commandeur des Allemands, sire Jean de Gresli, et plusieurs autres, allèrent en Chypre pour accorder le roi et ses barons,

de Gresli, et mareschaus Guillaume de Canet, nies Olivier de Termes, et conestable Johan d'Ibelin, sire d'Arsur.

En l'an de MCCLXXIII, à VIII jors d'avril, revint Olivier de Termes en Acre avec vingt-cinq homes à cheval et cent arbalestriers à pié, as deniers le roi de France; et morut frere Thomas Beraut, maistre du Temple, le jor de la Nostre-Dame de mars; et fu fait maistre à XIII jors de may frere Guillaume de Biaujeu, qui estoit outre-mer commendeor du Temple en Puille; et alerent por lui querre frere Guillaume de Pouçon qui avoit tenu lieu de maistre, et frere Bertran de Fox; et frere Goufier fu fait commandeor grant-tenant lieu de maistre; et fu fait concorde du roi de Chipre et de ses barons, qui le devoient servir hors du roiaume de Chipre là où il li plairoit, u roiaume de Jerusalem, ou autre part deça mer, quatre mois de l'an, et là proprement où il son cors ou son fil seroit; et alerent au concile au Lion, por sire Hugues de Liseignen, roi de Chipre, et por crestienté de la mer[1], messages l'arcevesque Sur, l'evesque de Jaffe, Johan de Gresly, seneschal du roiaume, et frere Guillaume de Corcelles, frere de l'Ospital, et Jacques Visal, et Euguerrant de Jorni, et aucuns d'eus alerent procureor por le roi de Chipre encontre damoiselle Marie, qui chalangoit et demandoit à la cort le roiaume de Jerusalem come son heritage; et morut Estorgue, evesque de Tabarie, et fu fait evesque en son lieu Guillaume de Salonique, arcediacre de Saint Jorge de Lidde.

Li rois Felippe de France espousa la seror le duc de Brai-

---

[1] *Crestienté de la mer*, lisez *delà* ou *deçà de la mer*, car c'est l'Europe que l'auteur a coutume de désigner par le nom de pays d'outre-mer.

et s'en revinrent sans rien faire. Sire Jean de Gresli fut fait sénéchal du royaume de Jérusalem, et fut fait maréchal Guillaume de Canet, neveu d'Olivier de Termes, et fut connétable Jean d'Ibelin, sire d'Arsur.

En l'an 1273, le huitième jour d'avril, Olivier de Termes revint à Acre, aux deniers du roi de France, avec vingt-cinq hommes à cheval et cent arbalétriers à pied ; et mourut le jour de Notre-Dame de mars frère Thomas Béraut, frère du Temple ; et le treizième jour de mai fut fait maître frère Guillaume de Beaujeu, qui étoit outre mer commandeur du Temple en la Pouille; et allèrent pour le quérir frère Guillaume de Pousson qui avoit tenu lieu de maître, et frère Bertrand de Fox ; et frère Goufier fut fait commandeur-lieutenant du grand-maître ; et on fit l'accord du roi de Chypre et de ses barons, qui convinrent de le servir quatre mois de l'année hors du royaume de Chypre, là où il lui plairoit, soit au royaume de Jérusalem, soit autre part en deçà de la mer, et là proprement où il seroit en sa personne ou par son fils; et l'archevêque de Tyr, l'évêque de Jaffa, Jean de Gresli, sénéchal du royaume, et frère Guillaume de Corcelles, frère de l'Hôpital, Jacques Visal et Enguerrand de Jorny allèrent au concile de Lyon comme messagers de sire Hugues de Lusignan, roi de Chypre, et des Chrétiens d'au-delà de la mer. Quelques-uns d'eux étoient chargés des pouvoirs du roi de Chypre contre damoiselle Marie, qui revendiquoit et demandoit à la cour le royaume de Jérusalem comme son héritage. Mourut Estorgue, évêque de Tibériade, et fut fait évêque en son lieu Guillaume de Salonique, archidiacre de Saint-George de Lydda.

Le roi de France Philippe épousa la sœur du duc de

lant, et vint en Acre le bailli des Vénitiens, P. Geu; et ne soffrit que Johan de Montfort, qui s'apelloit sire de Sur, demorast en Acre, où il estoit venu, car il lor faisoit tort de la raison qu'il avoient à Sur; mes les religions, por eschiver la brigue, l'en firent aler en Nazareth, et de là s'en alast à Sur sans entrer en Acre à cele fois. Et vint en Acre sire Giles de Sauci avec quatre cens arbalestriers as deniers le roi de France et de l'Yglise, et puis vint sire Pierre Daminnes avec trois cens arbalestriers en cele meismes maniere.

A MCCLXXIV fu fait li concile au Lion sor le Rosne par pape Gregoire le disime; et furent deposé au concile l'evesque du Liege et l'evesque de Rodés; et furent reconciliés li Grecs, et jurerent d'estre obeissans à l'Yglise de Rome, et prouverent les articles de la foi desquex il estoient en doute, et les confesserent et regehirent estre vrais. Et fu le conte Raoul d'Aussai eslus à roi d'Alemaigne et à empereor, et confirmé par l'Yglise, et reçut la corone du roiaume d'Alemaigne, mes de l'empire ne fu pas coroné porce que li pape morut avant qu'il peust venir à Rome. A ce concile furent fais de mult bons ordenemens par le secors de la Sainte Terre, si com vos orrez aprés. Et vint le roi de Castelle à Biaucaire, à poi de compaignie, por parler au pape por aucune raison qu'il cuidoit avoir en l'empire d'Alemaigne, com cil qui en avoit esté eslu par les pers d'Alemaigne, et grant avoir i avoit despendu; mes il ni esploita rien de la besoigne, car le pape soustenoit la partie du conte Raoul; et s'en retorna en Castelle sans rien faire. Au concile furent fait cardinal frere Pierre de Tharentaise, arcevesque de Lion sor le Rosne, et li arcevesque d'Ais en Provence, et frere Bonaventure le grant maistre des freres Menors, et maistre Pierre li Espagnos; et fu fait arcevesque de Lion Aymars de Roussillon; et fu faite la pes des cha-

Brabant, et vint en Acre le bailli des Vénitiens, Pierre Zeno; et il ne souffrit pas que Jean de Montfort, qui se nommoit sire de Tyr, demeurât en Acre, où il étoit venu, car il leur faisoit tort en leurs droits à Tyr; mais les ordres religieux, pour esquiver la brigue, le firent aller à Nazareth, et de là il s'en alla à Tyr sans entrer à Acre pour cette fois. Vint en Acre sire Gilles de Sanci avec quatre cents arbalétriers aux deniers du roi de France et de l'Eglise, et ensuite vint de cette même manière sire Pierre Daminnes avec trois cents arbalétriers.

En 1274 fut tenu le concile de Lyon sur le Rhône par le pape Grégoire le dixième. A ce concile furent déposés l'évêque de Liége et l'évêque de Rhodez. Les Grecs furent réconciliés et jurèrent d'être obéissans à l'Eglise de Rome. Ils reconnurent les articles de foi dont ils étoient en doute, les confessèrent et avouèrent pour véritables. Et le comte Rodolphe de Habsbourg fut élu roi d'Allemagne et empereur, et confirmé par l'Eglise, et reçut la couronne du royaume d'Allemagne: mais il ne fut pas couronné empereur parce que le pape mourut avant qu'il pût venir à Rome. A ce concile furent faites de très-bonnes ordonnances pour porter secours à la Terre-Sainte, comme vous le verrez ci-après. Et vint le roi de Castille à Beaucaire, avec peu de monde, pour parler au pape sur quelques droits qu'il pensoit avoir à l'empire d'Allemagne, comme ayant été élu par les pairs d'Allemagne, et y avoit dépensé grand avoir; mais il ne gagna rien sur ce point, car le pape soutenoit le parti du prince Rodolphe, et il s'en retourna en Castille sans rien faire. Au concile furent faits cardinaux frère Pierre de Tarentaise, archevêque de Lyon sur le Rhône, et l'archevêque d'Aix

noines et des borjois du Lion qui longuement avoient guerroiés ensemble; et l'abbé de Savegny, frere Guillaume de Roussillon, fu fait evesque de Valence et de Die, et li demora l'abbaye de Savegny; et morut Beumont, prince d'Antioche et cuens de Triple, à xx jors de mars; et fu fait prince Beumont son fils, qui ala en la Ermenie por estre chevalier de la main du roi d'Ermenie son oncle, par le conseil de la princesse sa mere, et de Berthelemeu, evesque de Tortuose, qui gouvernoit tout son fait porce qu'il estoit menor d'aige. Et morut Olivier de Termes à xii jors d'aoust. Adonc morut le roi Henri d'Engleterre, et missire Odouart son fils fu coroné à roi; et fu fait evesque de Sajete Adam de Romery, qui estoit baillis du patriarche et deens de cele meismes yglise de Sajete; et morut Guillaume de Salonique, evesque de Tabarie; et fu fait en son lieu Guillaume li Velus, chantre de Saint Jorge de Lidde et chancelier d'Ermenie.

A mcclxxv, à xxv jors de may, morut Bandocdar, soudan de Babilone, qui s'apelloit Melet-Medavar. Il corut le plain d'Ermenie, et mist à l'espée quant qu'il trouva, et fu le nombre des mors, si come l'en dit, plus de deus cens mille personnes; et emmena pris, que garces que garçons, dix mille et plus, et gaaigna, que chevaucheures que autres grosses bestes et menues, plus de quatre cens mille. Et li rois se retraist és montaignes avec les gens armées qu'il avoit et les gens qui estoient assis en Ermenie. Cil qui orent loisir se recueillirent en mer, et grant partie de marcheans et d'autres gens qui estoient

en Provence, et frère Bonaventure le grand-maître des frères Mineurs, et maître Pierre l'Espagnol; et fut fait archevêque de Lyon Aymar de Roussillon; et on fit la paix entre les chanoines et les bourgeois de Lyon qui avoient longuement guerroié ensemble. L'abbé de Savigny, frère de Guillaume, archevêque de Lyon, fut fait archevêque de Valence et de Die, et garda l'abbaye de Savigny. Boémond, prince d'Antioche et comte de Tripoli, mourut le vingtième jour de mars. Boémond, son fils, fut fait prince, et par le conseil de la princesse sa mère, et de Barthélemi, archevêque de Tortose, qui gouvernoit toutes ses affaires parce qu'il étoit mineur d'âge, il alla en Arménie pour être fait chevalier de la main du roi d'Arménie son oncle. Olivier de Termes mourut le douzième jour d'août; et mourut aussi le roi Henri d'Angleterre: mais sire Édouard, son fils, fut couronné roi; et fut évêque de Sidon Adam de Romery qui étoit bailli du patriarche et doyen de cette même église de Sidon; et mourut Guillaume de Salonique, évêque de Tibériade; et fut fait évêque en son lieu Guillaume le Velu, chantre de Saint-George de Lydda et chancelier d'Arménie.

En 1275, le quinzième jour de mai, mourut Bondochar, soudan de Babylone, qui s'appeloit Mélec-Médavar. Il parcourut la plaine d'Arménie, passa au fil de l'épée tout ce qu'il y trouva, et le nombre des morts fut, à ce qu'on dit, de plus de deux cent mille personnes. Il en emmena prisonniers, tant filles que garçons, dix mille et plus, et gagna, tant en chevaux qu'autre gros et menu bétail, plus de quatre cent mille bêtes. Le roi se retira aux montagnes avec ce qu'il avoit de gens armés et les habitans de l'Arménie. Ceux

eschapés des Sarrazins et s'en aloient par mer chairent es mains des corsaires desrobeors. Et vint en Acre, de par le roi de France, sir Guillaume de Roussillon, et amena cent homes à cheval, c'est asavoir quarante chevaliers et soixante serjans à cheval, et quatre cens arbalestriers à pié as deniers de l'Yglise. Et morut à Triple frere Julien, de l'ordre de la Trinité, qui avoit esté sires de Sajete et frere du Temple; et morut le roi d'Arragon, dan Jame, et fu fait roi d'Arragon et cuens de Barcelone li enfes dan Pierre, son ainné fil, et dan Jame, l'autre fil, fu fait rois de Mayorgues et sire de Monpeillier. Li roi de Chipre, après la mort du prince son cousin germain, vint à Triple avec grant compaignie et bele de gens d'armes por conseiller et aidier l'enfant le fil du prince qui estoit menor d'aage; mes li evesque de Tortouse, qui estoit venu avant et avoit ja pris la cure de l'enfant par l'attrait de la princesse sa mere, destorba le roi que il ne pout accomplir ce porquoi il estoit venu, et por ce parti de Triple et vint en Acre.

Frere Guillaume de Biaujeu, maistre du Temple, qui avoit esté au concile au Lion, vint en Acre le jor de la Saint Michel. Grant multitude de Sarrazins de Barbarie passerent en Espagne, et desconfirent en lor venuë grant quantité de chevaliers et d'autres gens d'armes. Là fu occis l'arcevesque de Tolede, qui estoit frere du roi d'Arragon et de la roine de Castelle, et plusors autres vaillant chevaliers, et mult d'autres gens. Et puis furent li Sarrazins desconfis par les gens d'Espaigne et chacié hors du païs, et s'en alerent en Arragon, et desconfirent le roi d'Arragon, et pristrent mult de prisoniers, et tuerent

qui en eurent le loisir se réfugièrent en mer, et une grande partie des marchands et autres gens qui étoient échappés des mains des Sarrasins et s'en alloient par mer, tombèrent aux mains des pirates. Et vint en Acre de la part du roi de France sire Guillaume du Roussillon, amenant, aux deniers de l'Eglise, cent hommes à cheval, c'est à savoir quarante chevaliers et soixante hommes à cheval, et quatre cents arbalétriers à pied. Mourut à Tripoli frère Julien, de l'ordre de la Trinité, qui avoit été sire de Sidon et frère du Temple; et mourut le roi d'Aragon, don Jaime; et fut fait roi d'Aragon et comte de Barcelone l'infant don Pierre son fils aîné; et don Jaime, son autre fils, fut fait roi de Majorque et comte de Montpellier. Le roi de Chypre, après la mort du prince son cousin germain, vint à Tripoli avec une grande et belle compagnie de gens d'armes pour aider et conseiller le fils enfant du prince qui étoit mineur d'âge; mais l'évêque de Tortose, qui étoit déjà venu auparavant et avoit déjà pris la tutelle de l'enfant à l'instigation de la princesse sa mère, traversa le roi, qui ne put accomplir ce pourquoi il étoit venu, et pour cela partit de Tripoli et s'en vint en Acre.

Frère Guillaume de Beaujeu, frère du Temple, qui avoit été au concile de Lyon, vint en Acre le jour de la Saint-Michel. Une grande multitude de Sarrasins de Barbarie passèrent en Espagne et déconfirent une grande quantité de chevaliers et d'hommes d'armes. Là fut occis l'archevêque de Tolède, qui étoit frère du roi d'Aragon et de la reine de Castille, et plusieurs autres vaillans chevaliers et plusieurs autres gens. Ensuite les Sarrasins furent déconfits par les gens d'Espagne et chassés hors du pays.

mult de gens, et pristrent chastiaus et ville. Là fu pris li commendieres du Temple, et plusors autres que de religion que du siecle, et d'autre pueple grant quantité. Aprés rassembla le roi d'Arragon grant gens d'armes, et desconfi les Sarrazins, et recouvra grant partie des chastiaus et de la terre qu'il avoit perduë, et fu delivré li commandierre du Temple d'Arragon et plusors autres prisoniers qui avoient esté pris devant. En cele saison mut contens à Triple entre les chevaliers et les gens de la cité, porce que li Romains, qui avoient tot le pooir de la cort au tans de l'autre prince, avoient mult fait de desplaisis et d'ennuis as chevaliers de la terre; et fu tué Johan Pierre et deus autres Romains avec lui; et porce que l'evesque de Triple maintenoit les Romains, come cil qui estoient nés de Rome des perfes et oncle le prince, et l'evesque de Tortose, qui avoit le prince et tot le fait de Triple en sa main, maintenoit les chevaliers de la terre; par quoi sordi grant haine et grant noise entre ces deus evesques; qui fu racine et commencement de la grant guerre qui fu puis entre le prince et le Temple, dont mult de maux avindrent, si com vous orrez aprés. Et li sire de Gibelet, porce qu'il fist pes à l'evesque de Triple par l'atrait du Temple, en qui garde l'evesque de Triple estoit, et lui et ses choses chait en la haine du prince, par le pourchas de l'evesque de Tortouse; dont la guerre efforça, et mult de gens en furent damagiés et destruis. En celui tans sire Amauri de Montfort, fil le conte Simon de Montfort, par qui mut la guerre d'Engleterre, menoit une soüe scror en Galles por marier la au prince de Gales; et fortune de tans le mena en terre de monseignor Odouart, roi d'Engleterre, et furent prist et rendu au roi d'Engleterre qui estoit lor cousin germain, et par cele achaison et plusors autres sordi guerre entre le prince de Gales et le roi d'Engleterre.

Ils s'en allèrent en Aragon et déconfirent le roi d'Aragon, firent beaucoup de prisonniers, tuèrent beaucoup de gens, et prirent châteaux et villes. Là furent pris le commandeur du Temple et plusieurs autres, tant de la religion que du siècle, et d'autres gens en grande quantité. Ensuite le roi d'Aragon rassembla beaucoup de gens d'armes, déconfit les Sarrasins, et recouvra une grande partie des châteaux et de la terre qu'il avoit perdus; et furent délivrés le commandeur du Temple d'Aragon et d'autres prisonniers qui avoient été faits auparavant. En ce temps s'émut une discorde à Tripoli entre les chevaliers et les gens de la cité, parce que les Romains, qui avoient tout le pouvoir du gouvernement au temps de l'autre prince, avoient fait beaucoup de déplaisirs et d'ennuis aux chevaliers du pays; et fut tué Jean-Pierre, et avec lui deux autres Romains. L'évêque de Tripoli soutenoit les Romains comme étant né de Rome et oncle du prince, et l'évêque de Tortose, qui avoit le prince et tout le gouvernement de Tripoli en sa main, soutenoit les chevaliers du pays. Par quoi s'éleva grande haine et grande noise entre ces deux évêques : ce qui fut le commencement de la grande guerre qu'il y eut depuis entre le prince et le Temple; dont il avint beaucoup de maux, comme vous le verrez ci-après. Et le sire de Gibel, parce qu'il fit la paix avec l'évêque de Tripoli par l'intervention du Temple, que l'évêque de Tripoli avoit en garde, tomba, par les intrigues de l'évêque de Tortose, en la haine du prince, lui et ce qu'il avoit fait. De là la guerre augmenta, et beaucoup de gens en furent endommagés et détruits. En ce temps sire Amauri de Montfort, fils du comte Simon de Montfort, par qui s'étoit émue la guerre

Le roi Henri de Navarre et cuens Champaigne morut, qui avoit esté roi aprés la mort le roi Thiebaut, son frere, qui morut au revenir de Thunes sans oir, si com vous avés oi dessus. De cestui Henri, qui avoit la seror le comte d'Artois por fame, demora une fille petite qui fut ottroiée por mariage, par dispensation de la cort de Rome, au fil le roi Felippe de France, qui estoit son cousin remue de germain; et par cele raison vint le roiaume de Navare et la conté de Champaigne en la main du roi de France; de quoi il ennuia mult au roi de Castelle, car il ne vousist pas si prés estre de la seignorie de la courone de France; et ce fu mult grant achaison de la guerre qui s'esmut entre les deus rois. Aprés fu mariée la fame dudit roi Henri de Navare à sire Heymont, frere de misire Odouart, et li fu jurée la conté de Champaigne à tenir por le douaire de la dame, tant que sa fille, qui estoit hoirs, fust mariée et fust d'aage. En cele mesme année morut dan Ferrant, li aisné fils le roi de Castele, qui avoit espousée dame Blanche, la fille le roi Lois de France; et fu fait cil mariage par tel convenant que, s'il avoient enfans ensemble, qu'il deussent avoir le roiaume de Castelle sans contredit, en quele maniere que li avenist, ou que li rois morut avant de dan Ferrant, ou dan Ferrant avant du roi ; et ce jura le roi et la roine et la plus grant partie des barons de Castelle ; et par cest mariage fu faite concorde du roi de France et de celui de Castelle, de riote qui estoit entr'eus; car le roi de France chalengeoit et demandoit por sien le

d'Angleterre, menoit une sienne sœur au pays de Galles pour la marier au prince de Galles. Une tempête les conduisit en la terre de monseigneur Édouard roi d'Angleterre. Ils furent pris et remis au roi d'Angleterre qui étoit leur cousin germain ; et à cette occasion, et par plusieurs autres motifs, s'éleva la guerre entre le prince de Galles et le roi d'Angleterre.

Le roi Henri de Navarre, comte de Champagne, mourut. Il avoit été roi après la mort du roi Thibaut, son frère, qui mourut sans hoir à son retour de Tunis, comme vous l'avez ouï ci-dessus. De ce Henri, qui avoit pour femme la sœur du comte d'Artois, demeura une petite fille qui, par dispense de la cour de Rome, fut octroyée en mariage au fils de Philippe de France, qui étoit son cousin issu de germain ; et par là vinrent le royaume de Navarre et la comté de Champagne aux mains du roi de France. De quoi eut grand ennui le roi de Castille, car il ne vouloit pas être si près des états de la couronne de France ; et ce fut une très-grande occasion de la guerre qui s'éleva entre les deux rois. Après cela fut mariée la femme dudit roi Henri de Navarre à sire Edmond, frère de messire Édouard, roi d'Angleterre, et la comté de Champagne lui fut donnée à tenir à serment pour le douaire de la dame, jusqu'à ce que sa fille, qui étoit l'héritière, fût mariée et en âge. En cette même année mourut don Fernand, fils aîné du roi de Castille, qui avoit épousé dame Blanche, fille du roi Louis de France ; et ce mariage avoit été fait avec ces conventions que, s'ils avoient des enfans ensemble, ils auroient le royaume de Castille sans opposition, de quelque manière qu'il arrivât, ou que le roi mourût avant don Fernand, ou don Fernand avant le roi ; et cela fut juré par le roi et la reine

roiaume de Castelle, qui li estoit escheus de par dame Blanche sa mere, qui estoit droit hoir du roiaume de Castele et fille le roi.

Dame Blanche ot deus fils de son baron. Si fu mult esgarée aprés sa mort, come cele qui estoit en terre estrange, et li rois de Castele ne li estoit pas de si bonne compagnie com il deust. Et por ce porchaça tant envers son frere le roi Felippe de France, qu'il la demanda querre et l'en fist venir en France. Mes le roi de Castelle ne soffri pas que ele emmena les enfans. Por ce grant tans aprés la roine de Castele, qui ne se tenoit pas à bien paiée de son baron, et qui doutoit que li enfans ne fussent maumis, et qui voloit sauver son serement, s'en ala en Catheloigne por l'atrait du roi d'Arragon son frere, et mena avec lui les deus enfans de dame Blanche, et de là furent mandés en France. Ainsi furent sauvés li dui enfans et rendus à la mere.

Aprés la mort dan Ferrant, le baron dame Blanche, dan Sanche, li autres fils le roi de Castele, par consentement du pere, se saisi d'une grant partie de la terre, et fit jurer grant partie des barons por avoir le roiaume aprés la mort du pere, contre le serement que li rois et si baron avoient fait, et porce sordi guerre entre le roi de France et celui de Castele; car le roi de France voloit garder la raison de ses neveus, et voloit qu'il eussent le roiaume de Castele aprés la mort de lor aiel, come lor droit heritage, par les convenances dessus dites; et le roi de Castele le contredisoit, et fist mettre en revel grant partie du roiaume de Navarre, qui estoit en la main le roi de France, porce que c'estoit l'entrée de sa terre. Mes le roi de

et la plus grande partie des barons de Castille ; et par ce mariage s'apaisèrent les querelles qui étoient entre le roi de France et celui de Castille ; car le roi de France revendiquoit et demandoit pour sien le royaume de Castille, qui lui étoit échu par dame Blanche sa mère, héritière directe du royaume.

Dame Blanche eut deux fils de son baron. Elle fut fort embarrassée après sa mort, comme étant en terre étrangère, et le roi de Castille n'étant pas aussi bien pour elle comme il auroit dû ; et pour cela elle fit tant auprès de son frère le roi Philippe de France, qu'il la fit quérir et venir en France. Mais le roi de Castille ne souffrit pas qu'elle emmenât les enfans ; et à cause de cela, long-temps après, la reine de Castille, qui ne trouvoit pas que son baron lui rendît bien ce qu'il lui devoit, et qui craignoit qu'on ne fît mal aux enfans, et vouloit garder son serment, s'en alla en Catalogne à l'instigation du roi d'Aragon son frère, et emmena avec elle les deux enfans de dame Blanche ; et de là ils furent envoyés en France. Ainsi furent sauvés les deux enfans et rendus à la mère.

Après la mort de don Fernand, baron de dame Blanche, don Sanche, l'autre fils du roi de Castille, par le consentement du père, se saisit d'une grande partie du pays, et fit jurer à un grand nombre des barons qu'ils lui rendroient le royaume après la mort de son père, contre le serment qu'avoient fait le roi et ses barons ; et pour cela s'éleva la guerre entre le roi de France et celui de Castille, car le roi de France vouloit garder les droits de ses neveux, et demandoit qu'ils eussent le royaume de Castille après la mort de leur aïeul, comme leur héritage naturel, en raison des conventions ci-dessus ; et le roi de Castille s'y op-

France manda grant quantité de chevaliers et autres gens d'armes, et recouvra tot le roiaume de Navarre, et se tornerent devers le roi de France por maintenir la raison des enfans, et por sauver lor serement. Aprés s'esmut le roi de France por aler sus le roi de Castele, et ala jusqu'à l'entrée de Gascoigne, et avoit en sa compaignie, si com l'en disoit, soixante mille homes à cheval, et gens à pié d'armes sans nombre. Mes bonnes gens se mistrent entre deus et firent trives entr'eus; par quoi le roi de France donna congié à ses gens et s'en retorna en France.

Gregoire pape le disimes fu né de Plaisance en Lombardie; gentishons estoit de lignage des contes, et avoit nom maistre Thealz; chanoine estoit de Lyons sor le Rosne, et arcediacre de Liege, bons hons de bonne vie. Grant contens avoit à son evesques du Liege, porce proprement qu'il ne menoit pas bonne vie, ne ne se tenoit pas come prelat. Il estoit partis aussi come par courout de l'evesque et estoit alé en la Sainte Terre por pelerinage, et estoit en Acre quant il fu esleus. Par quoi il sembla bien que cele eslection fust sans barat; et fu esleus par commune volenté des cardinaus le jor de la feste Saint Giles, le premier jor de septembre. Frere Estienne de Sissy, frere du Temple, et sire Fouques de Puetricart, chevalier, le vindrent querre en Acre de par les cardinaus et de par le roi Charles de Cesile. Grant joie fu faite en Acre de cele eslection, car les gens de la terre avoient grant esperance que il, com cil qui avoit veu la destresse où il estoient, mettroit grant conseil à la delivrance de la terre. Il prist congié à toutes les bonnes gens de la terre, et monta sor mer en galies as octave

posoit, et fit mettre en révolte une grande partie du royaume de Navarre, qui étoit en la main du roi de France, parce qu'on avoit par là entrée en son pays. Mais le roi de France envoya une grande quantité de chevaliers et autres gens d'armes, et recouvra tout le royaume de Navarre; et les barons se tournèrent vers le roi de France pour soutenir les droits des enfans et tenir leurs sermens. Ensuite le roi de France se mit en marche pour aller contre le roi de Castille, et il alla jusqu'à l'entrée de la Gascogne, et il avoit avec lui, disoit-on, soixante mille hommes à cheval et des gens de pied sans nombre; mais les gens de bien se mirent entre deux et firent conclure un traité; en sorte que le roi de France donna congé à ses gens, et s'en retourna en France.

Le pape Grégoire x étoit né de Plaisance en Lombardie. C'étoit un gentilhomme du lignage des comtes. Il avoit nom maître Théals, et étoit chanoine de Lyon sur le Rhône, et archidiacre de Liége, homme de bien et de bonne vie. Il avoit de grandes disputes avec son évêque de Liége, parce que celui-ci ne menoit pas une bonne vie et ne se comportoit pas comme prélat; aussi s'étoit-il parti de l'évêque comme par courroux. Il étoit allé en pèlerinage en la Sainte-Terre, et étoit en Acre quand il fut élu : par quoi il parut bien que cette élection étoit faite sans intrigue. Et il fut élu par la libre volonté des cardinaux le jour de la fête de Saint-Gilles, le premier jour de septembre. Frère Etienne de Sissy, frère du Temple, et sire Foulques de Putricart, chevalier, le vinrent quérir de la part des cardinaux et du roi de Sicile. Il fut fait grande fête en Acre de cette élection, car les gens du pays avoient bonne espérance qu'ayant vu la détresse où ils étoient,

de la Saint Martin, et arriva à Brandis le jour de l'an nuef. Là fu reçu à grant feste du roi Charles, et d'une partie des cardinaus qui atendoient là sa venuë; et de là s'en ala à Roume, où il fu ordenés et sacrée. Il savoit bien le povre estat où il avoit laissié la Sainte Terre; et porce qu'il savoit bien qu'il ne poroit pas à Rome si bien acomplir son proposement com il feroit outre les mons, ne ne porroit si bien avoir conseil des rois ne des princes des terres, ne si grant plente de prelas, il ordena son fait et s'en ala au Lion. Là assembla concile general. En cele saison li vindrent grant messaiges d'Alemaigne, et li firent à savoir que li fait d'Alemaigne aloit malement, et proprement li fais de l'Yglise par defaute de roi. Il leur donna congié d'eslire. Cil s'en alerent en Alemaigne; et fu esleus, par comune volonté, le cuens Raoul d'Aussay à roi d'Alemaigne et à empereor, et fu confermé par le pape et coroné à Ais-la-Chapelle.

Aprés la mort du conte Richart de Cornouaille, frere le roi d'Engleterre, qui avoit esté roi d'Alemaigne, le roi Felippe de France vint au Lion avant le concile por avoir parlement au pape, et li rendi la conté de Veneissy que si ancessor avoient tenu grant tans de l'Yglise. Là tint le concile general, où il ot mille et quatre cents croces. Là fu dan James, le roi d'Arragon, qui vint en esperance d'estre coroné du pape, si com si ancessor avoient esté; mes il i failli, et fist mult grant offre, selon son pooir, au secors de la Sainte Terre. A ce concile fu frere Guillaume de Beaujeu, maistre du Temple, qui estoit en la terre d'outre-mer, si com vous avés oi dessus, quant il fu fait maistre. Là furent messaiges de rois, de dus, de princes,

il apporteroit beaucoup de soins pour la délivrance du pays. Il prit congé de tous les gens de bien du pays, et se mit en mer sur des galères à l'octave de la Saint-Martin, et arriva à Brindes le jour de l'an neuf. Là il fut reçu avec grandes fêtes du roi Charles et d'une partie des cardinaux qui attendoient sa venue, et de là il s'en alla à Rome, où il fut ordonné et sacré. Il n'ignoroit pas le pauvre état où il avoit laissé la Terre-Sainte, et sachant bien qu'il ne pourroit pas à Rome accomplir si bien ce qu'il se proposoit comme il le feroit au-delà des monts, et qu'il n'y pourroit si bien avoir conseil des rois des divers pays, ni si grande abondance de prélats, il arrangea ses affaires et s'en alla à Lyon. Là il assembla un concile général. En ce temps lui vinrent de grands messages d'Allemagne, et ils lui firent savoir que les affaires d'Allemagne alloient mal et aussi les affaires de l'Église par faute de roi. Il leur donna congé d'élire. Ils s'en allèrent, et le comte Rodolphe de Habsbourg fut élu, par commune volonté, roi d'Allemagne et empereur, confirmé par le pape, et couronné à Aix-la-Chapelle.

Après la mort du comte Richard de Cornouailles, frère du roi d'Angleterre, qui avoit été roi d'Allemagne, le roi Philippe de France vint à Lyon avant le concile, pour avoir une conférence avec le pape. Il lui rendit le comtat Venaissin, que ses prédécesseurs avoient long-temps retenu à l'Église. Là se tint le concile général, où il y eut quatorze cents crosses. Dom Jaime, roi d'Aragon, y vint dans l'espérance d'être couronné par le pape, comme l'avoient été ses ancêtres; mais il ne l'obtint pas, et fit, selon son pouvoir, de grandes offres de secours pour la Terre-Sainte. A ce concile se trouva frère Guillaume de Beaujeu,

de grans barons et de prelas, qui ni porent aler en propres persones. Là furent li messaige de Pariologues, empereré des Griex, et de lor patriarche, et jurerent en la mise de lor seignor d'estre obeissant de cel jor en avant à l'Yglise, et de croire tous les articles de la foy, si come Rome le commande, et regehirent les articles de la foi dont il estoient en doute d'estre vrai, et por ce furent reconcilié à l'Yglise, et assous de la sentence où il avoient longuement demoré. Là furent li messaige de la Sainte Terre, qui mult bien proposerent le povre estat où la Sainte Terre estoit; et sans faille le concile avoit esté assemblé proprement por ce, et mult bien eussent faite lor besoigne si le pape eut vescu. Là fu ordené que li disimes des yglises de crestienté fussent par six ans au secors de la Sainte Terre, et que chascun Crestien donne chascun an premier denier de la monoie qui coroit en la terre où il seroit, por le secors de la Sainte Terre, et qu'il eust en chascune yglise une huche avec trois clés qui fussent gardées par trois prodomes, où li deniers fussent mis. Là furent condamnés li usuriers, et fu defendu, sor paine d'escomeniement, que nus n'alast por marcheander, ne ne portast marchandise en terre des Sarrazins. A ce concile furent condannées et abatuës toutes les povres religions qui avoient esté controuvées et establies puis le concile de Latran, par ainsi qu'il peussent demorer en lor religion.

FIN.

maître du Temple, qui étoit, comme vous l'avez ouï ci-dessus, en la terre d'outre mer quand il fut fait maître. Là vinrent des messagers des rois, ducs, princes, grands barons et prélats qui n'y purent venir en propre personne. Vinrent les messagers de Paléologue, empereur des Grecs, et de leur patriarche. Ils jurèrent, par mission de leur seigneur, d'obéir à l'Église à compter de ce jour, de croire tous les articles de foi selon que Rome l'ordonne, et de confesser les articles de foi dont ils étoient en doute ; et pour cela ils furent réconciliés à l'Église et absous de la sentence en laquelle ils avoient longuement demeuré. Là aussi vinrent les messagers de la Sainte-Terre, qui exposèrent fort bien le pauvre état où elle étoit ; et, sans aucun doute, le concile avoit été proprement assemblé pour cela, et ils eussent bien pu faire leur affaire si le pape eût vécu. Il fut ordonné que les dîmes des églises de la chrétienté seroient employées pendant six ans au secours de la Terre-Sainte ; que chaque Chrétien donneroit la première année un denier en la monnoie courante au pays où il seroit, pour le secours de la Terre-Sainte ; et qu'il y auroit dans chaque église un coffre à trois clefs qui seroit gardé par trois prud'hommes, et où les deniers seroient mis. On condamna les usuriers, et on défendit, sous peine d'excommunication, qu'aucun allât pour faire négoce et portât marchandises aux terres des Sarrasins. A ce concile furent condamnées et renversées toutes les misérables religions qui avoient été controuvées et établies depuis le concile de Latran, afin que chacun pût demeurer en sa religion.

FIN DE LA CONTINUATION DE GUILLAUME DE TYR.

www.ingramcontent.com/pod-product-compliance
Lightning Source LLC
Chambersburg PA
CBHW051328230426
43668CB00010B/1189